임동석중국사상100

세설신어

世說新語

劉義慶 撰 / 林東錫 譯註

〈竹林七賢圖〉清, 華嵒(그림)

"상아, 물소 뿔, 진주, 옥. 진괴한 이런 물건들은 사람의 이목은 즐겁게 하지만 쓰임에는 적절하지 않다. 그런가 하면 금석이나 초목, 실, 삼베, 오곡, 육재는 쓰임에는 적절하나 이를 사용하면 닳아지고 취하면 고갈된다. 그렇다면 사람의 이목을 즐겁게 하면서 이를 사용하기에도 적절하며, 써도 닳지 아니하고 취하여도 고갈되지 않고, 똑똑한 자나 불초한 자라도 그를 통해 얻는 바가 각기 그 자신의 재능에 따라주고, 어진 사람이나 지혜로운 사람이나 그를 통해 보는 바가 각기 그 자신의 분수에 따라주되 무엇이든지 구하여 얻지 못할 것이 없는 것은 오직 책뿐이로다!"

《소동파전집》(34) 〈이씨산방장서기〉에서 구당(丘堂) 여원구(呂元九) 선생의 글씨

책머리에

벌써 30년이 훌쩍 넘었다. 1976년, 대만 유학을 가서 아직 학기가 시작되지 않아 우선 그곳 국립 중앙도서관을 드나들면서 무심코 목록을 검색하다가 「조선수초본 세설신어」(등록번호 1908)라는 것이 보여 흥분을 감춘 채 대출을 신청했더니 대출은 불가하고 대신 그 자리에서 볼 수는 있도록 해주겠다는 것이었다. 그리하여 조심스럽게 건네받은 책은 한지에 아주 곱게 정성을 들여 베낀 《세설신어》였다. 아직 빛도 바래지 않았고 먹물도 냄새가 배어날 정도로 단아하였다. 책 내용보다 우선 가슴을 뭉클하게 하는 것은 바로 "어쩌다가 이 조선 수초본이 흘러흘러 이곳 대만 도서관에 소장되게 되었을까?"하는 것이었다. 그리하여 이를 복사할 수 없겠는가 특별 부탁을 하였지만 전혀 불가한 일이라는 것이었다. 좋은 연구로 보답하겠노라 사정을 이야기하면서 안타까워하는 모습을 보다 못한 사서 선생은 원문은 시중에 얼마든지 있으니 대신 앞 몇 페이지만 복사를 허락하겠다는 것이었다.

그리하여 우선 《세설신어》 책을 모으기 시작하였고 내친김에 한글로 번역을 해볼 참이었다. 유학 과정 중 수시로 이 책과 전국책을 번역하였고 그 원고를 가지고 유학을 마치고 돌아왔을 때는 아직 출판 사정이 여의치 않아 재미있는 일부만 추려 책을 낼 수밖에 없었다. 그것이 1984년 출간된 《세설신어》와 전국책이었다. 그러나 당시 천학비재에 그저 의욕만 앞서 오류와 오역이 한두 곳이 아니었다. 겁이 나서 그 뒤로 내 입으로 책이름도 거론하지 못하다가 아니다 싶어 다시 완역을 서둘러 원고를 완성은 하였지만 이런 저런 사정으로 결국 지금에야 비로소 교정을 보고 책으로 꾸미게 되었다.

물론 지금이라고 옛날보다 문장을 보는 실력이 는 것도 아니요 더 완벽하게 하자 없이 책을 낼 수 있다는 자신감은 없다. 다만 인간은 완벽할 수 없으나 완벽을 추구하는 과정만으로도 가치를 부여받을 수 있으리라는 핑계가 무모하게 다시 덤비게 한 것이다.

일사문학逸事文學의 백미. 과연 읽어볼수록 가슴을 흥분시킨다. 중국 남방 문화와 사상의 정화이며 인간 한계의 모든 것까지 세세히 기록된 이 책은 뒤로 나의 중국학 공부에 적잖은 영향을 주었다. 이 책은 그야말로 사람으로서 감정과 행동이 어디까지 미칠 수 있는가 하는 문제까지 다루고 있다. 사람은 얼마나 해학스러울 수 있으며 언어는 어느 한계까지 아름답게 표현할 수 있으며 나아가 사람은 얼마나 악할 수 있으며 사람은 얼마나 거칠게 행동할 수 있으며 얼마나 화를 낼 수 있고 얼마만큼 지저분할 수 있으며 얼마나 비열할 수 있으며 얼마나 인색할 수 있으며 얼마나 아무것도 아닌 일에 목숨을 걸 수 있으며 얼마나 남을 괴롭힐 수 있으며 자존심은 얼마나 엉뚱한 결과를 낳으며, 얼마나 교묘할 수 있으며, 얼마나 참을 수 있는가 등 이루 헤아릴 수 없는 인간군상의 처절한 밑바닥을 거침없이, 숨김없이, 적나라하게 기록하고 있다. 그 때문에 살아 있는 표현이며 소시민의 일상 감정과 행동이 이렇게까지 아름답게 결말을 맺을 수 있는가를 엿볼 수 있다.

물론 쇄사쇄언瑣事碎言이다. 그 때문에 일사문학이라 명명한 것이다. 여기서 '일사'란 무엇인가? 한자로는 "逸事, 佚事, 軼事" 등 여러 가지로 표기된다. 뜻 그대로 "그대로 지나치면 그만인 일들", "사라져 잃어버릴 일들", "기록을 하지 않아도 편안히 여길 수 있는 일들"이라는 뜻이다. 그러니 기록해 두지 않는다고 해서 누가 안타까워하거나 귀한 역사적 사실을 놓쳤다고 불안해할 일들이 아니다.

한 여름 수업을 하고 있는데 강의실 뒷문이 바람에 계속 열리는 것이었다. 자꾸 신경이 쓰여 뒤에 앉은 학생에게 닫도록 하였다. 그 학생이 일어나서 문을 닫고 돌아서자 다시 문이 열렸다. 학생은 다시 일어서 또 문을 닫았다. 다시 문은 바람에 열렸다. 이렇게 세 번을 반복하자 지켜보고 있던 나는 참다못해 학생에게 한마디 던졌다. "머리를 좀 써라."

그랬더니 그 학생은 아무 말도 하지 아니한 채 자신의 책상을 문 가까이로 옮겨놓고 앉더니 머리를 젖혀 그 문에 대고 열리지 않도록 버티는 것이었다. 한바탕 웃었다. "그래 머리는 그럴 때 쓰는 거야." 물론 문을 닫으면서 종이나 얇은 무엇을 접어 함께 끼워 고정시킬 수 있는 머리는 그 머리가 아니었다.

이러한 것이 일사이다. 이를 기록한다면 그것이 일사문학이 될 것이다. 이처럼 굵은 역사의 큰 줄기나 고매한 사상의 '군자연君子然', '학자연學者然' 해야 하는 그런 일이 아닌 그저 해프닝이나 일상 대화, 모임 속에 오가는 행동들 속의 누구에게나 있을 수 있는 평범한 사안들이다. 조리나 체계가 있는 것도 아니고 교훈이라고 못 박을 것도 아니며, 단편적이기도 하고 길가다 마주친 사람이 툭 던진 그저 좀 특이한 편언片言일 수도 있다.

이러한 이야기를 1,130여 가지 모아두겠다고 한 그 발상이야말로 참으로 중국 남방 문학다운 모습이며 중국을 이해하는 데 필수적인 거울이다. 이제 《세설신어》를 편한 마음으로 읽어보자. 그 속에서 내가 살고 있는 지금 일상의 소중한 보물들을 발견하게 될 것이다. 물론 부담을 갖지 않고 읽어야 한다. 그래야 일사가 내 주위에서 끊임없이 일어나고 있음을 고맙게 여기며 기록에는 영 게으른 나의 안일함에 도리어 행복감을 맛볼 수 있을 테니까 말이다.

줄포 임동석이 취벽헌에서 적음.

일러두기

1. 이 책은 여가석余嘉錫의 《세설신어전소世說新語箋疏》(수정판 1996 上海古籍
   出版社)와 양용楊勇의 《세설신어교전世說新語校箋》(正文書局 1992 臺北)을
   저본으로 하여 완역한 것이다.

2. 그 외 국내외 현대 역주번역본을 충분히 섭렵하였으며 특히 《신역세설
   신어新譯世說新語》(劉正浩 外. 三民書局 1996, 臺北), 《세설신어전역世說新語全譯》
   (柳士鎭 外, 貴州人民出版社 1996, 貴陽)과 《세설신어世說新語》(3책, 金長煥 譯註,
   살림 2000, 서울)는 큰 도움이 되었다.

3. 전체 일련번호를 부여하여 검색과 인용에 편리하도록 하였다.

4. 직역을 위주로 하였으나 간혹 너무 비약된 문장일 경우 의역으로도
   풀이하였다.

5. 역문과 원문을 실어 대조하기에 편리하도록 하였다.

6. 인명과 지명 등 역주 표제어는 매번 출현할 때마다 중복하여 실어
   원의를 이해하는 데 편리하도록 하였다.

7. 〈참고 및 관련 자료〉난을 마련하여 본문에 관련된 여러 기록을 제시
   하여 원문 이해에 도움이 되도록 하였으며 이는 주로 양용楊勇의
   교전본을 근거로 하였다.

8. 부록에 《세설신어》의 내용에 해당하는 〈양한兩漢, 삼국三國, 진晉, 남조
   南朝 세계표世系表〉를 실어 시대 배경을 살필 수 있도록 하였으며, 아울러
   본 《세설신어》 찬자撰者 유의경劉義慶과 주자注者 유효표(劉孝標, 劉峻)의
   전傳을 정사《宋書》, 《南史》, 《梁書》)에서 절록하여 실었다. 그리고 《세설신어》
   관련 역대 서발序跋 등 관련 자료를 원문으로 실어 학술적인 연구에
   도움이 되도록 하였다.

9. 인명 색인과 주요 인물 인칭, 대사 연표大事年表 등은 싣지 않았다. 이는 《세설신어사전世說新語辭典》(張永言 主編, 四川人民出版社 1992. 成都)이 따로 출간되어 이를 이용하는 편이 합리적이라 여겼기 때문이다.
10. 본 책을 역주하는 데에 참고한 기본 자료 목록은 다음과 같다.

❋ 참고문헌

1. 《世說新語箋疏》余嘉錫, 上海古籍出版社 1996, 上海
2. 《世說新語校箋》楊勇, 正文書局 1992, 臺北
3. 《世說新語校箋》楊勇, 臺灣時代書局 1975, 臺北
4. 《世說新語》四庫全書(文淵閣本) 商務印書館(印本) 臺北
5. 《新譯世說新語》劉正浩(外) 三民書局 1996, 臺北
6. 《世說新語全譯》柳士鎭(外) 貴州人民出版社 1996, 貴陽
7. 《世說新語》文白對照全書 姚寶元(外) 天津人民出版社 1997, 天津
8. 《世說新語譯注》張撝之 上海古籍出版社 1996, 上海
9. 《世說新語辭典》張永言(主編) 四川人民出版社 1992, 成都
10. 《世說新語》毛德富·段書偉(主編) 中州古籍出版社 1994, 鄭州
11. 《世說新語選譯》徐傳武 齊魯書社 1991, 濟南
12. 《世說新語》林玉馨 漢學出版社 1992, 臺北
13. 《世說新語》五福出版社(編輯部) 1978, 臺北
14. 《世說新語新釋》白惟良 大衆書局 1978, 臺南

15. 《世說新語(A New Account of Tales of the World)》 Richard B. Mather. University of Minnesota. 1976, 南天書局(印本) 1978, 臺北

16. 中英對照 《世說新語》 Richard B. Mather 文致出版社 1979, 臺北

17. 《世說新語》 簡美玲 文國書局 1992, 臺南

18. 《白話世說新語》 蕭艾 岳麓書社 1996, 長沙

19. 《國語注音世說新語》 金谷書局 1979, 臺北

20. 《世說新語》(朝鮮手抄本) 臺灣 國立中央圖書館 藏本

21. 《世說探幽》 蕭艾 湖南出版社 1992, 長沙

22. 《白話世說新語》 韓秋白(外) 北京廣播學院出版社 1993, 北京

23. 《世說新語》 新編諸子集成本(제8책) 世界書局 1978, 臺北

24. 《世說新語》 中國古典文學大系9 森三樹三郎 平凡社 1979, 東京

25. 《今世說》 王晫(著), 沈世榮(標點) 大達圖書供應社 1936, 上海

26. 《世說新語》 林東錫(譯) 教學研究社 1984, 서울

27. 《世說新語》(3책) 金長煥(譯註) 살림 2000, 서울

28. 《竹林七賢》 林耀川 常春樹書坊 1975, 臺北

29. 《竹林七賢研究》 何啓民 臺灣學生書局 1978, 臺北

30. 《魏晉南北朝文學史參考資料》 北京大學中國文學史教研室 複寫本 臺北

31. 《中國中古文學史》 劉師培 育民出版社 1975, 臺北

32. 《中國文學發展史》 劉大杰 華正書局 1975, 臺北

33. 《漢魏六朝文》 臧勵龢 河洛圖書出版社 1979, 臺北

34. 《漢魏六朝百三家集題辭注》 張溥(著) 殷孟倫(注) 人民文學出版社 1981 北京

35. 《兩漢魏晉南北朝文學批評資料彙編》 國立編譯館 成文出版社 1980, 臺北

36. 《中國通史》傅樂成 大中書局 1973, 臺北

37. 《高僧傳》梁, 慧皎 中華書局 1996, 北京

38. 《洛陽伽藍記》北魏, 楊衒之(著) 劉九洲(譯) 三民書局 1994, 臺北

39. 《歷代高僧傳》李山·過常寶(主編) 山東人民出版社 1994, 濟南

40. 《史記》鼎文書局 1996, 臺北

41. 《漢書》鼎文書局 1996, 臺北

42. 《後漢書》鼎文書局 1996, 臺北

43. 《三國志》鼎文書局 1996, 臺北

44. 《晉書》鼎文書局 1996, 臺北

45. 《宋書》鼎文書局 1996, 臺北

46. 《南齊書》鼎文書局 1996, 臺北

47. 《梁書》鼎文書局 1996, 臺北

48. 《南史》鼎文書局 1996, 臺北

49. 《郡齋讀書志校證》宋, 晁公武(著) 孫猛(校證) 上海古籍出版社 1990 上海

50. 《藝文類聚》唐, 歐陽詢(등) 文光出版社 1977 臺北

51. 《初學記》唐, 徐堅(등) 鼎文書局 1976 臺北

52. 《水經注疏》後魏, 酈道元(주) 淸, 楊守敬(소) 江蘇古籍出版社 1989 江蘇

53. 《文選》梁, 蕭統(편), 唐, 李善(주) 上海古籍出版社 1992 上海

54. 《太平廣記》宋, 李昉(등) 中華書局 1994 北京

55. 《太平御覽》宋, 李昉(등) 中華書局 1995 北京

56. 《三才圖會》明, 王圻·王思義(編集) 上海古籍出版社 2005 上海

57. 기타 공구서 등은 생략함.

해제

1. 《세설신어》의 가치

《세설신어》는 남조 송宋나라 유의경劉義慶이 지은 것으로 중국 문학 중에 소설, 필기, 소품, 전기, 일사逸事 문학에 가장 영향을 크게 끼친 작품이다. 특히 유효표劉孝標의 이 책에 대한 주석은 흔히 《삼국지주三國志注》(裴松之), 《수경주水經注》(酈道元), 《문선주文選注》(李善)와 더불어 중국 주석학의 대표적인 작업으로 널리 알려져 있다.

《세설신어》는 약 1,300여 장의 길고 짧은 문장의 단락으로 이루어져 있으며 짧은 것은 수십 자에 불과하고, 긴 것이라 해도 수백 자를 넘지 않는다. 동한東漢 말부터 삼국, 특히 위魏나라를 중심으로 서진西晉을 거쳐 동진東晉까지 약 200여 년 간 정치가, 문인, 명사, 예술가는 물론 특이한 인물과 여인들까지 모두 36부문으로 주제를 대강 나누어 기록한 것이다. 그 문자의 간결함과 이야기 전개의 우수성은 족히 논픽션이면서도 픽션의 구성에 못지않은 멋진 것들이다. 그 때문에 중국 문학에서 소설을 연구할 때는 그 양과 질로 보아 이 《세설신어》의 내용과 체재, 영향을 거론하지 아니하고는 안 될 정도의 길목을 지키고 있다.

유대걸劉大杰의 《중국문학발전사中國文學發展史》에는 위진 시대 소설을 내용상 3가지로 분류하고 있다. 그 첫째가 이 《세설신어》를 대표하는 것으로서 이는 정시(正始: 240~248, 魏나라 齊王 曹芳의 연호) 시대 현언玄言과 죽림칠현竹林七賢의 광달한 내용을 중심으로 그 언행을 기록한 유형이다. 그리고 종교와 사상을 기초로 한 것이 있으니 바로 왕염王琰의 《명상기冥祥記》와 안지추顏之推의 《원혼지寃魂志》이며, 세 번째 부류는 불경의 고사나 도교의 이야기를 중심으로 펼쳐나간 것으로 오균吳均의 《속제해기續齊諧記》를 들고 있다. 그리고 반중규潘重規는 《중국고대단편소설선주中國古代短篇小說選注》에서 중국의 소설 명칭과 내용에 근거하여 "장화張華의 《열이지列異志》, 유의경의 《세설신어》 등도 소설에 포함시켜야 하며, 《좌전左傳》, 《전국책戰國策》, 《사기史記》, 《한서漢書》, 《맹자》, 《장자》, 《한비자》, 《열자》 중 가장 흡인력 있게 문학성을 가진 작품과 위진 육조시대의 소품이 〈도화원기〉, 《세설신어》 등, 또한 당송 이후의 고문, 즉 한유韓愈의 〈모영전毛穎傳〉, 귀유광歸有光의 〈선비사략先妣事略〉, 〈항척헌기項脊軒記〉 등을 거의가 소설의 조건을 구비한 뛰어난 창작품이다"라 하였다. 이로써 소설의 모태이며 그 발전과정에 길목인 셈인 이 《세설신어》의 가치를 충분히 인정하고 있는 셈이다.

이 《세설신어》는 이상의 소설 발전 단계에서의 확고한 지위를 지닌 것 외에도 사료, 목록학, 일사문학으로서의 가치 등 세 가지 중요한 특징을 가지고 있다.

즉 첫째 이 《세설신어》에 수록된 기록들은 거의가 당대唐代 정관貞觀 18년(644) 태종太宗이 방현령房玄齡, 저수량褚遂良 등에게 《진서晉書》를 중찬 하도록 하였을 때 그 자료 중에 이 책이 중요한 저본이 되었음을 말한다.

둘째, 이 《세설신어》를 양梁나라 때 유효표가 주를 달고 본문의 착오를 정치하게 고증, 교정하였다. 그 때 동원된 인용 서적이 무려 4백 여 종이었으나 그 많은 책은 지금 대부분 사라지고 오늘날은 거의 유효표가 이 《세설신어》 주석에 인용한 구절을 통해 일부나마 살필 수 있어 집일輯佚학자나 목록학자에게는 보고와 같은 역할을 하고 있다는 점이다. 그 때문에 배송지의 《삼국지주》와 역도원의 《수경주》, 이선의 《문선주》와 더불어 고증학, 문헌학, 목록학, 집일학의 귀중한 자료가 되고 있다.

셋째, 일사문학으로서 유의경의 《세설신어》 이전에 물론 진晉나라 때 배계裴啓의 《어림語林》과 곽징郭澄의 《곽자郭子》 등이 있었으나 지금은 모두 전하지 못하고 그 내용의 일부가 《태평광기太平廣記》, 《태평어람太平御覽》, 《예문유취藝文類聚》 등에 전할 뿐 실제 널리 영향을 미치지 못하였다. 그런데 이 《세설신어》가 나온 이래 그 체재, 내용, 기술방법을 본 뜬 많은 필기, 잡기, 일사류의 문학작품이 쏟아져 나왔다. 이를테면 양梁나라 심약沈約의 《속설俗說》(3권. 兩晉 宋齊 시대 명인들의 일사를 기록함), 당唐나라 때의 《속세설續世說》(10권, 《唐志》에 기록되지 않은 것으로 보아 위서라 보고 있음.) 송宋 공평중孔平仲의 《속세설續世說》(12권), 명明 하량준何良俊이 《세설신어》를 모방한 《어림語林》(30권, 兩漢부터 元代에 이르기까지 명인의 일사를 모은 2,700장의 기록), 그 외 당唐 왕방경王方慶의 《속세설신서續世說新書》, 송宋 왕당王讜의 《당어림唐語林》, 청淸 양유추梁維樞의 《옥검존문玉劍尊聞》, 오숙공吳肅公의 《명어림明語林》, 장무공章撫功의 《한세설漢世說》, 이청李淸의 《여세설女世說》, 안종교顏從喬의 《승세설僧世說》, 왕탁王晫 《금세설今世說》, 그리고 근대 역종기易宗夔의 《신세설新世說》 등 그 명칭에 의탁한 아류가 끊임없이 쏟아져 나왔다.

이상 몇 가지 외에도 빼놓을 수 없는 가치는 이 《세설신어》는 곧 위진 문학 연구의 중요한 보고라는 점이다. 즉 이 책에는 「죽림칠현」(阮籍, 嵇康, 山濤, 劉伶, 阮咸, 向秀, 王戎)과 「건안칠자建安七子」(孔融, 王粲, 劉楨, 徐幹, 陳琳, 應瑒, 阮瑀), 「삼조三曹」(曹操, 曹丕, 曹植), 「정시문인」(何晏 등), 「태강문인太康文人」(三張二陸兩潘一左, 즉 張華, 張亢, 張協, 陸機, 陸雲, 潘岳, 潘尼, 左思), 「영가문인永嘉文人」(劉琨 등), 태원왕씨太原王氏와 낭야왕씨瑯琊王氏의 대표적 인물들, 특히 서예 예술로 이름난 서성書聖 왕희지王羲之 집안과 중국 화가의 대표적인 고개지顧愷之, 그리고 석숭石崇과 사씨대족謝氏大族 등 이루 헤아릴 수 없는 인물들이 망라되어 있다. 이 《세설신어》(注 포함)에 이름이 올라 있는 인물이 무려 1,500여 명에 이른다.

이러한 문학 연구 자료로서의 가치를 넘어 또한 위진 사상의 대표라 할 수 있는 현학玄學, 즉 노장을 중심으로 한 청담 현리와 삼현학三玄學, 나아가 불학佛學 연구의 귀중한 문헌적 가치를 가지고 있으며 게다가 왕필王弼, 두예杜預, 곽박郭璞, 복건服虔 등 노장老莊과 《주역周易》 연구의 대성황을 고스란히 담고 있으며 유가의 경학도 그에 못지않게 발달했던 일면을 볼 수 있다. 게다가 당시 복잡한 정치 변화에 대한 생생한 기록은 물론, 이민족과의 결합, 그에 따른 남방 세족의 정서와 생활상 등 이루 헤아릴 수 없는 귀중한 내용을 담고 있다.

그런가 하면 우리의 언어생활에 널리 쓰이는 고사성어도 풍부히 그 근원을 일러주고 있다. 즉 '칠보성시七步成詩', '낙양지고洛陽紙高', '난형난제難兄難弟', '찬핵鑽核', '소시료료小時了了', '칠석폭서七夕曝書', '할석절교割席絶交', '유령병주劉伶病酒', '점입가경漸入佳境', '군계일학群鷄一鶴', '오석산五石散' 등 헤아릴 수 없는 많은 성어를 수록하고 있다. 그보다 대화체 위주의 문장으로 위진 백화어의 어휘와 어법 연구의 살아 있는 자료의 역할도 충분히 하고 있다.

더구나 우리나라에도 관본이 전하고 있으며 조선朝鮮 시대 수초본手抄本까지 있었던 점으로 보아 일찍부터 관심을 가지고 읽혀온 책임을 알 수 있다.

2. 명칭

《세설신어》는 원래 《세설世說》이라 불렸다. 즉 《남사南史》 유의경전劉義慶傳에 "그가 지은 저술은 《세설》 10권(所著《世說》十卷)"이라 하여 단순히 "세설" 두 글자의 서명이었다. 그런데 이 이름이 우선 《세설신서世說新書》로 바뀌었다. 이에 대해 황백사黃伯思는 《동관여론東觀餘論》에서는 "《한서》 예문지에 이미 유향劉向이 서문을 쓴 《세설》이라는 책이 있었는데 이 책이 사라지자 유의경이 같은 책을 쓰고 이와 구별하기 위하여 《세설신서》라 했다"(世說之名, 肇於劉向, 其書已亡, 故義慶所集, 名曰世說新書)라 하였다. 실제로 당대唐代 단성식段成式은 《유양잡조酉陽雜俎》에서 왕돈王敦의 조두澡豆 고사 (본 책 〈紕漏〉 제 1장)를 인용하면서 그 출전을 《세설신서》라 하여 그 때까지 서명이 《세설신서》였음을 알 수 있다. 그러나 이 책이 언제부터 《세설신어》로 바뀌었는지는 알 수 없으며 다만 오대말五代末, 송초宋初부터 바뀐 것이 아닌가 여길 뿐이다. 특히 송대 육유(陸游, 放翁)가 이 책을 중간할 때도 역시 《세설》이라는 이름이었으니 이로 보면 한 동안 《세설》, 《세설신서》, 《세설신어》 등 이름이 그대로 혼용되어 사용되다가 뒤에 완전히 《세설신어》 하나로 굳어진 것이 아닌가 한다.

3. 유의경劉義慶과 유효표(劉孝標, 劉俊)

일반적으로 이 책은 남조 송宋나라 임천왕臨川王 유의경(劉義慶: 403~444)에
의해 찬집된 것으로 인정하고 있다. 다만 노신魯迅은 《중국소설사략中國小說
史略》에서 《송서宋書》의 기록을 중심으로 《세설신어》는 당시 여러 사람들의
손에 의해 이루어진 것을 유의경이 모두 모아 정리한 것이라 의견을 제시
하였다.

유의경은 남조 송대(420~479) 사람으로 그의 전傳은 《송서》(51, 열전 11,
宗室, 臨川烈武王 劉道規傳)와 《남사南史》(13, 宋宗室及諸王列傳(上) 臨川烈武王道規傳)에
실려 있다.

그에 의하면 그는 팽성인彭城人이며 동진東晉 안제安帝 원흥元興 2년(403)에
장사경왕長沙景王 유도련劉道憐의 둘째 아들로 태어났으나 그의 백부 임천
열무왕臨川烈武王 유도규劉道規가 후사가 없어 그의 양자로 들어갔다. 그리고
송 무제武帝 유유劉裕 영초永初 원년(420) 송나라가 들어서자 18세의 나이로
임천왕 자리를 습봉받아 왕호를 얻게 되었다. 그는 어려서부터 무제 유유의
총애를 입어 "此我家豐城"(풍성은 보검이 나는 곳)이라 칭송을 받았으며 유유를
따라 북벌에 참가하여 낙양洛陽과 장안長安을 둘러보는 기회를 얻게 되었다.
그리고 다시 문제(文帝, 劉義隆: 424~452 재위, 연호는 元嘉) 연간에는 수도행정
장관인 단양윤丹陽尹을 9년 간 역임한 뒤 평서장군平西將軍, 형주자사荊州刺史,
강주자사江州刺史, 중서령시중中書令侍中 등의 요직을 거쳐 개부의동삼사開府
儀同三司에 오르게 되었다. 그는 종실의 신분에다가 성격도 청렴하여 13살
때 남군공南郡公에 봉해졌으나 거절할 정도였다. 조정에서도 끝까지 그를
신임하여 평생 큰 변화 없이 생을 마친 사람이다. 그러다가 원가元嘉 21년
(444)에 겨우 42세의 젊은 나이로 생을 마감하고 말았다. 그는 성격이 간박
簡樸하고 욕심이 적었으며 다만 원근의 문인 명사들을 불러들여 함께 문학을

토론하는 것으로 낙을 삼아 당시 뛰어난 문인, 원숙袁叔을 강주자사 때 위군자의衛軍諮議로 삼아 곁에 두었으며 그 외 육전陸展, 하장유何長瑜 등도 막료로 삼아 가까이 하였다. 또한 당시 포조鮑照의 「투시자천投詩自薦」에 즉시 상을 내리고 천거한 일은 유명한 가화佳話로 그의 전에 실려 있다. 그의 저작으로《서주선현전徐州先賢傳》,《유명록幽冥錄》,《집림集林》등이 있었으나 모두 전하지 아니하고 지금은《세설신어》만이 남아 널리 알려져 있다. (부록〈劉義慶傳〉을 볼 것.)

한편 이 책에 주를 단 인물로《세설신어》가 나온 지 불과 50년 뒤 남조 제齊나라 때 이미 경윤敬胤이라는 사람이 있었던 것으로 기록에 나와 있으나 아깝게도 지금은 전하지 아니한다.(서발 참고란을 볼 것.)

지금 전하는《세설신어주世說新語注》는 같은 남조 양(502~557)나라 때 유효표劉孝標의 작업이다. 그는 본명이 유준劉峻이며 유명한《문심조룡文心雕龍》의 저자인 유협劉勰 등과 함께 이름을 날리던 인물로 송宋, 제齊, 양梁 삼대를 거치면서 풍부한 학식과 해박한 견문을 바탕으로 원문의 내용은 물론 미비한 사항을 일일이 교정 보충함으로써《세설신어》를 명실 공히 온전한 저작물로 격상시켰다. 그의 사적은《양서梁書》(50, 列傳 44, 文學)에 실려 있으며 무려 400여 종의 문서와 전적을 동원하여 이 책에 주를 달았다.(부록〈劉峻傳〉을 볼 것) 그리하여 앞서 밝힌 대로《삼국지주》,《수경주》,《문선주》와 함께 주석학, 목록학, 문헌학, 집일학의 귀중한 자료를 제공해 주고 있다.

4. 체재

《사고전서총목》(140) 자부(子部, 50) 소설가류(小說家類, 1)에는 《세설신어》 3권으로 되어 있고 총 38문으로 분류하였다. 그러나 《당서唐書》 예문지에는 "世說新語八卷, 劉孝標續十卷"이라 하였으며, 《숭문총목崇文總目》에는 "十卷" (유의경의 8권과 유효표의 2권을 합해 10권이라 한 것이라 함)으로, 그리고 조공무晁公武의 《군재독서지郡齋讀書志》에는 "世說新語十卷, 重編世說十卷"(袁本前志卷三下小說類 第八)이라 하고 "右宋劉義慶撰, 梁劉孝標注. 記東漢以後事, 分三十八門. 唐藝 文志云: '劉義慶世說八卷, 劉孝標續十卷.' 而崇文總目止載十卷, 當是孝標續 義慶元本八卷, 通成十卷耳. 家本有二: 一極詳, 一殊略. 略有稱改正, 未知誰氏 所定, 然其目則同, 劉知幾頗言此書非實錄, 予亦云"이라 하였다.

그러나 현존하는 것은 상중하 3권에 36문으로 되어 있다. 이를 분류하면 다음과 같다.

상권 4문(德行, 言語, 政事, 文學)

중권 9문(方正, 雅量, 識鑒, 賞譽, 品藻, 規箴, 捷悟, 夙慧, 豪爽)

하권 23문(容止, 自新, 企羨, 傷逝, 棲逸, 賢媛, 術解, 巧藝, 寵禮, 任誕, 簡傲, 排調, 輕詆,
假譎, 黜免, 儉嗇, 汰侈, 忿狷, 讒險, 尤悔. 紕漏, 惑溺, 仇隙)

그러나 황로직黃魯直 본에 의하면 〈직간直諫〉, 〈간녕姦佞〉 등 2편이 더 있어 총 38문의 제목이 보인다. 한편 조목은 모두 여가석余嘉錫 《전소箋疏》본에는 1,130조, 양용 《교전校箋》본에는 1,134조 등 약간의 출입이 있으며 혹 1,131조로 보기도 한다. 본인은 양용본에 의해 1,134조로 분장하여 전체를 역주하였다.

5. 판본 및 근래 연구 동향

본 《세설신어》는 송 소흥紹興 8년(1138) 동분董弅이 안원헌룢元獻의 수초본
手抄本을 근거로 엄주嚴州에서 판각한 것을 시작으로, 남송南宋 때 육유(陸游,
放翁)가 순희淳熙 15년(1188)에 다시 중간한 것이 있으며, 명 가정嘉靖 을미
(1535) 원경袁褧이 육유의 간본을 근거로 오군吳郡에서 다시 출간하였다.
그리고 명 왕세정王世貞이 배계裵啓의 《어림語林》과 이 《세설신어》를 병산倂刪
하여 《세설신어보世說新語補》를 내었다. 근대에 이르러 다시 이 《세설신어》에
대한 연구와 주소注疏가 활발히 이루어져 양용楊勇은 일본 전전씨前田氏
소장의 송본宋本 《세설신어》와 당사본唐寫本 《세설신어》 잔권殘卷을 저본
으로 교열한 《세설신어교전世說新語校箋》(1969)을 내었으며 왕숙민王叔岷의
《세설신어보증世說新語補證》(1976)이 나왔으며, 여가석은 분흔각紛欣閣본과
호남사현정사湖南思賢精舍 간본을 1937년부터 일일이 대조하여 작업한 《세설
신어전소世說新語箋疏》(1983), 그 외 서진악徐震堮의 《세설신어교전世說新語
校箋》(1984) 등이 출간되어 학문적으로 큰 업적을 이룬 것으로 평가받고
있다.(이상 부록 서발 등을 참조할 것.)

그 뒤를 이어 허소조許紹早 등의 《세설신어역주世說新語譯註》, 유정호劉正浩,
구섭우邱燮友, 진만명陳滿銘의 《신역세설신어新譯世說新語》, 유사진柳士鎭의
《세설신어전역世說新語全譯》 등 백화어 번역본, 평역본, 평석본 등은 물론
장영언張永言의 《세설신어사전世說新語辭典》, 장만기張萬起의 《세설신어사전
世說新語詞典》, 오금화吳金華의 《세설신어고석世說新語考釋》, 강람생江藍生의
《위진남조소설사어회석魏晉南朝小說詞語滙釋》, 왕운로王雲路의 《중고한어어사
례석中古漢語語詞例釋》, 동지교董志翹의 《중고허사어법례석中古虛詞語法例釋》 등
관련 저술도 수를 헤아릴 수 없을 정도로 쏟아져 나오고 있다.

한편 이 《세설신어》는 9세기 말 일본으로 흘러들어 송본宋本이 전해져 존경각尊經閣본(金澤文庫본)에 들어 있으며 이로 인해 일본은 한때 《세설신어》 연구 붐이 일기도 하였다. 그리하여 《세설신어색인世說新語索引》(高橋淸)이 이미 나왔으며 일역본으로 대촌매웅大村梅雄의 《세설신어》(平凡社, 中國古典 文學前集 32. 단 〈賞譽〉, 〈品藻〉, 〈輕詆〉 등 몇 편은 생략되어 있음)와 삼삼수삼랑森三樹 三郎의 《세설신어》(平凡社, 中國古典文學大系 9), 천승의웅川勝義雄 등 네 사람이 공역한 《세설신어》(筑摩書坊, 世系文學大系 71. 中國古小說集) 등이 나와 있다.

그런가 하면 서양에서는 이미 하버드 연경학회燕京學會에서 《세설신어 인덱스世說新語引得》(附劉注引書引得)가 나왔으며 1976년에는 미국인 Richard B. Mather(馬瑞志)에 의해 《세설신어世說新語(A New Account of Tales of the World)》(University of Minnesota. 1976)라는 이름으로 영역본이 출간되었다. 그리고 2년 뒤(1978) 이 책은 다시 대만臺灣 남천서국南天書局에서 영인 출간 되었고, 이 책을 간추린 중영대조中英對照 판 《세설신어》가 대만 문광출판사 (文治出版社, 1979)에서 출간되기도 하였다. 그리고 1974년에는 불어로도 번역 되었다.

한편 우리나라에서는 일찍이 이미 조선시대 수초본(3책)이 어쩌다가 대만 국립 중앙도서관에 소장(등기번호 1908)되어 있는 것을 본인이 발견하였 으며, 규장각奎章閣 도서 〈중국본총목록〉에 의하면 청淸 광서光緖 연간에 간행된 목판본과 조선 현종顯宗 실록자實錄字로 인쇄된 《세설신어보》가 있다. 그리고 1984년 본인이 당시 613조를 추려 우리말로 번역한 것이 최초였으며, 뒤에 김장환 교수에 의해 원문과 주까지 상세하게 역주한 《세설신어》가 출간(2000년)되어 학술적으로 큰 반향을 일으키기도 하였다. 그 외에 국내에서는 중국 문학의 획기적인 발전으로 인해 《세설신어》를 대상으로 한 전제專題 논문도 수없이 발표되는 등 상당히 널리 알려져 읽혀지고 있으며 우리에게도 생소하지 않은 중국 대표적인 고전의 읽을거리로 자리를 잡아 가고 있다.

世說新語卷上之上　　宋　劉義慶　撰

　　　　　　　　　　梁　劉孝標　注

德行第一

陳仲舉言為士則行為世範登車攬轡有澄清天下之
志汝南先賢傳曰陳蕃字仲舉汝南平輿人有室荒蕪
不掃除徐穉字孺子南昌人也陳蕃為豫章太守海內先
賢傳曰蕃雖在闇室必正衣冠嘗為豫章太守
不得往臺遊章帝太守
為豫章太守至便問徐孺子所在欲先看之主簿白群
情欲府君先入廨陳曰武王式商容之閭席不暇煖吾之禮賢
有何不可

周子居常云吾時月不見黃叔度則鄙吝之心已復生
矣謝承云汝南周乘字子居常云略曰貴憲宇叔度汝南慎陽人時稱叔
父為牛番頹川民社父汝父為牛番頹川民社
執憲手曰子瞻足下卓卓如野鶴之在雞群憲云汝潁之士利徇高
寧知之子奉高曰卿見吾叔度邪戴良少所服下見憲子
有何不可改一朝去則懸之見憲如此主簿白摩情欲府君先入廨陳曰武王式商
容之閭席不暇煖吾之禮賢
有何不可

郭林宗至汝南造袁奉高車不停軌鸞不輟軛詣黃叔
度乃彌日信宿人問其故林宗曰叔度汪汪如萬頃之
波澄之不清擾之不濁其器深廣難測量也

李元禮風格秀整高自標持欲以天下名教是非為己
任後進
之士有升其堂者皆以為登龍門

李元禮嘗歎荀淑鍾皓曰荀君清識難尚鍾君至德可師

《世說新語》四庫全書(文淵閣) 子部(12) 小說家類(1) 雜事之屬

纂坐好射雉至其時農去夕反群

臣莫不上諫。曰此為小物耽介過人朕

所以好之

深濟吳紀曰往作一起喬太皇帝

之第六子也初村很耶王夢承龍

上天頒不見毛珠絣壤火至延往立之銳意

與楷欲早覽百家之事頗好射雉至春晨出

暮又唯此時格書衞益景皇帝徙列吳事

日往在政蒸之此有遷事頗以射雉為誠

阿兄春乾此答曰陳義小物

木云

唐寫本《世說新語》殘卷

世說新語上

宋臨川王義慶撰
梁劉孝標注

金澤文庫

德行第一

陳仲舉言爲士則行爲世範登車攬轡有澄清天下
之志 汝南先賢傳曰陳蕃字仲舉汝南平輿人有室
荒蕪不掃除曰大丈夫當爲國家掃天下値桓
之末閹豎用事外戚豪撗與大將軍竇武謀誅
諸宦官反爲所害拜太傅録尚書事以忠正
爲豫章太守至便問徐孺子所
在欲先看之 人情多高時趨世絕俗前後未嘗屈
許實戒不得在臺遷豫章太守正
徐稺字孺子豫章南昌人恭儉義讓所
居服其德死葬萬里赴弔常齎磨一隻以水漬
緜中暴乾以裹雞至所赴冢隧外以水一貫斗米
飯白茅為藉以雞置前

宋本《世說新語》

戊寅五月武陵余嘉錫
此日本尊經閣景宋本
每卷署平行及涵芬樓印
行景宋校本明嘉樓印
沈寶硯校宋本明景樓印
十八卷湖中別本重刊十行

上如一圖其沈校與尊經
本不同者別以藍筆錄平
之凡兩本記誤處仍照
錄入二注甚爲帝曰卜此所
蓋烏尚書以忠正忤章軍太守
不得在臺遷豫章太守
自有所案識示用朱筆

過鈔曾指李慈銘批校用墨筆
據景宋本校并嘉錫評注所加……朱筆
校景印唐寫本第六卷校用藍筆　　宋
擬諸書引用或用藍筆　　　　　　梁
　　　　　　　　　　　　　臨川王義慶
沈寶硯校宋本……　　　　　　　梁劉孝標注

德行第一　宋本篇目皆低四格　按諸書所引善懷注校注文亦用藍筆

陳仲舉言爲士則行爲世範登車攬轡有澄清天下之
志

汝南先賢傳曰陳蕃字仲舉汝南平輿人有室荒蕪
不掃除曰大丈夫當爲國家掃天下值漢桓之末閹
豎用事外戚豪橫太傅與大將軍竇武謀誅閹官反爲所害

蕃烏尚書以忠正忤章太守

至便問徐孺子所在欲先看

徐孺子宇孺子豫章南昌人清妙高時
不就徵辟雖不及其死萬里赴
之超從後漢書曰徐穉公所辟雖不就及其
之常蕃後細俗前役爲酒茗中一隻
水糟一鴒一經劍前役
帛絜縜夫主濟白茅情欲府君先入解穉曰武王

《世說新語》紛欣閣 간본. 余嘉錫이 手稿를 더한 것.

階庭耳。

道壹道人好整飾音辭，王珣遊歐陵瀨詩敘曰：道壹
從都下還東山，經吳中。已而會雪下，未甚寒，諸道人問
在道所經。壹公曰：風霜固所不論，乃先集其慘澹郊邑，
正自飄瞥，林岫便已皓然。

張天錫爲涼州刺史，稱制西隅。既爲苻堅所禽，用爲侍
中。俊於壽陽俱敗，至都。安定烏氏人張資涼州記曰：天錫字公純嘏，
永嘉中爲涼州刺史，俊姓張名駿。大亂，遂據涼州。天錫駿
自立爲涼州牧。符堅將姚萇攻没涼州，天錫墓位，
堅以爲侍中。符堅敗歸長安，王壽陽堅遂拜天錫後以貧拜廬。
南歸，拜散騎常侍西平公。中興書曰：天錫後以貧拜廬。
江太守冀爲苻氏所器，每入言論，無不竟日。
誇曾項日聞彼飛鴞集于淳林，食我好音。淳酪養性，人無嫉心。事曰河
西河舊
誇曾項日聞彼飛鴞集于淳林，食我好音。淳酪養性，人無嫉心。

謝靈運好戴曲柄笠，過精好但爲鶿鴞草上，都不解散也。
宣武墓作詩云：山崩溟海竭，魚鳥將何依。

世說新語

四部叢刊子部

上海涵芬樓景印明
袁氏嘉趣堂刊本原
書版正高營造尺六
寸五分寬四寸八分

世說新語卷上之上

德行第一

宋　臨川王義慶　撰

梁　劉孝標　注

陳仲舉言為士則行為世範登車攬轡有澄清天下之志 汝南先賢傳曰陳蕃字仲舉汝南平輿人也祖河東太守蕃幼修操尚知名太尉李膺與為友善膺為尚書令薦達忠賢諸所進拔太丘長陳寔等為國家棟樑及黨事起蕃與竇武謀誅諸官官外戚反忠正害豫章太守為太傅與大將軍竇武謀誅中官閹豎並見殺

為豫章太守至便問徐孺子所在欲先看之 謝承漢書曰徐稚字孺子豫章南昌人少為諸公所辟雖不就及其死萬里赴弔常預炙雞一隻以綿漬酒中暴乾以裹雞徑到所赴冢家外以水漬綿斗米飯白茅為藉以雞置前酹酒畢留謁即去不見喪主

主簿白群情欲府君先入 主簿白群情欲府君先入

陳曰武王式商容之閭席不暇煖吾之禮賢有何不可 禮記曰武王克殷表商容之閭也式車上橫木男子立乘則憑式以為禮

周子居常云吾時月不見黃叔度則鄙吝之心已復生矣 汝南先賢傳曰周乘字子居陳留人也天資聰朗敏而好學周旋進止無愧古人太守黃憲同郡戴良並神明玄遠在母憂問汝南太守如何戴良曰良少所服下從年十五奉高至今恨不睹其為郡也其後所師也

郭林宗至汝南造袁奉高 續漢書曰郭泰字林宗太原介休人也泰少孤年二十

《世說新語》四部叢刊 初編 子部 「書同文」(北京) 電子版

宋　臨川王義慶　撰

梁　劉孝標　注

德行第一

陳仲舉言為士則，行為世範，登車攬轡，有澄清天下之志。先賢行狀曰：陳蕃字仲舉，汝南平輿人。有室荒蕪不埽除，曰：大丈夫當埽除天下，安事一室乎。雖在童齔，為豫章太守，正身率下，以禮讓移風，為豫章太守。正海內。漢書曰：蕃為豫章太守，至，便問徐孺子所在，欲先看之。謝承漢書曰：徐穉字孺子，豫章南昌人。清妙高峙，超世絕俗。前後為諸公所辟，雖不就，及其死，萬里赴弔。常於家豫炙雞一隻，以綿漬酒中暴乾，以裹雞，徑到所赴冢隧外，以水漬綿，使有酒氣，斗米飯，白茅為藉，以雞置前。酹酒畢，留謁則去，不見喪主。主簿曰：羣情欲府君先入廨。陳曰：武王式商容之閭，席不暇煖。吾之禮賢，有何不可。禮記曰：武王克殷，反商，未及下車，而封黃帝之後於薊，封帝堯之後於祝，封帝舜之後於陳，下車而封夏后氏之後於杞，投殷之後於宋。

周子居常云：吾時月不見黃叔度，則鄙吝之心已復生矣。別見下。汝南先賢傳曰：周乘字子居，汝南安城人。天姿聰朗，高峙岳立。為泰山太守，甚有惠政。袁宏漢紀曰：黃憲字叔度，汝南慎陽人。時論者咸云顏子復生。而李元禮、郭林宗並宗友之。見而歎曰：子國顏子也。後見泰州……

世說新語卷一

宋劉義慶撰
梁劉孝標注

德行第一

陳仲舉言為士則，行為世範，登車攬轡，有澄清天下之志。謝承後漢書曰：陳蕃字仲舉，汝南平輿人有室荒蕪不掃除曰：大丈夫當為國家掃天下值漢桓之末閹豎用事表惠豪嶺及拜太傅與大將軍竇武謀誅反為所害。為豫章太守。海內先賢傳曰蕃為豫章太守。中舉欲南先賢傳曰蕃為處士徐穉豫章南昌人情沙高時超超正性黃戚不得在蓋至，便問徐孺子所在，欲先看之。謝承後漢書曰徐穉字孺子豫章南昌人清妙高時超世絕俗前後為諸公所辟雖不就及其死萬里赴弔常為主。主簿白：「群情欲府君先入廨。」陳曰：「武王式商容之閭，席不暇煗。老子師也再曰兩容服之賢人吾之禮賢有何不可。袁宏漢紀曰主簿白群情欲府君先入廨。吾之禮賢有何不可。

周子居常云：「吾時月不見黃叔度，則鄙吝之心已復生矣。」續漢書曰：周乘字子居汝南安城人時人詩乏食衣不蔽形而虚約味道不改其樂李元禮常稱曰叔度汪汪若千頃之陂澄之不清擾之不濁不可量也。論云顏子復生而璵鄒父為牛醫潁川荀季和執憲手曰足下吾師也後見黃叔度慨然若有所失已卽不見

郭林宗至汝南，造袁奉高。續漢書曰郭泰字林宗太原介休人泰少孤年二十行學至城皋屯伯彥精盧之食衣不蔽形而躬約味道不改其樂李元禮一見稱之曰吾見士多矣無如林宗者也及蔡伯喈為作碑謂盧植曰吾為人作銘未曾不有慚容唯郭有道無愧耳初以疾終天之所廢不可支也終辭以疾徒使侯何不復從牛醫兒車不停軌，鸞不輟軛；詣黃叔度，乃彌日信宿。人問其故，林宗曰：「叔度汪汪如萬頃之陂，澄之不清，擾之不濁，其器深廣，難測量也。」泰別傳曰

《世說新語》新編諸子集成 刊本. 小說家類 世界書局(1968) 臺灣.

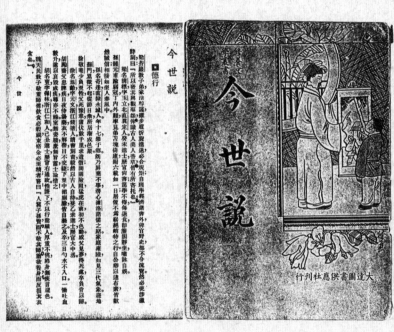

王曄이 《세설신어》를 모방하여 지은 《今世說》 표지와 본문.
1936년 上海 大達圖書에서 간행함.

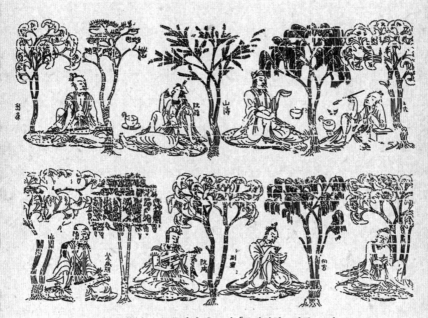

南京 西善橋 六朝墓에서 출토된 「죽림칠현」 벽돌 그림.

차례

◈ 책머리에
◈ 일러두기
◈ 해제

世說新語 下

◉ 부록Ⅰ

◉ 부록Ⅱ

傳記類

◉ 부록Ⅲ

각종 서발 등 자료

9. 품조品藻

총 88장(581-668)

'품조品藻'란 차품差品이나 문질文質을 품정品定, 품평함을 말한다. 《한서漢書》 양웅전揚雄傳에 "稱述品藻"라는 구절에 대하여 안사고顏師古의 주에는 "品藻者, 定其差品及文質也"라 하였다. 또 위진魏晉 시대에는 인물 품평에 대한 풍조가 극성을 이루어 소위 '월단평月旦評'이 성행하기도 하였다. 즉 《후한서後漢書》 허소전許劭傳에 "初, 劭與靖俱有高名, 好共覈論鄕黨人物, 每月輒更其品題, 故汝南有月旦評焉"이라 한 것이 그 예이다.

총 88장이다.

남의 말 전하기 좋아하는 자. 635 참조.

581(9-1)

여남汝南 진중거(陳仲擧, 陳蕃), 영천潁川 이원례(李元禮, 李膺) 두 사람은 모두 현명하여 천하가 그들의 공덕을 논하되 어떻게 우열을 가려낼 수가 없었다. 채백개(蔡伯喈, 蔡邕)는 이렇게 평하였다.

"진중거는 너무 강직해서 쉽게 윗사람에게 근심거리가 되고, 이원례는 아랫사람에게 너무 엄하게 간섭한다. 윗사람에게 대드는 것은 어려우나, 아랫사람 간섭하기는 쉬운 일이다."

이에 진중거는 드디어 세 현사賢士 중의 아래로 평가되었고, 이원례는 여덟 준사俊士의 위로 평가되었다.

汝南陳仲擧·潁川李元禮二人, 共論其功德, 不能定先後.
蔡伯喈評之曰:「陳仲擧彊於患上, 李元禮嚴於攝下;
犯上難, 攝下易.」
仲擧遂在三君之下, 元禮居八俊之上.

【陳仲擧】漢나라 때 인물 陳蕃(?~168). 자는 仲擧. 汝南人. 太傅에 이르렀으며 桓帝 때 대장군 竇武와 宦官을 탄핵하다가 해를 입었음.《後漢書》(66)에 傳이 있음.

【李元禮】李膺(110~169). 인물 품평에 가장 뛰어났던 사람. 孔融과의 '小時了了', 그리고 '登龍門'등의 고사를 남김. 뒤에 당쟁에 얽혀 자결함.《後漢書》(67)에 전이 있음.

【蔡伯喈】蔡邕(132~192). 박학하고 文學에도 뛰어났음. 漢나라 靈帝 때 楊賜 등과 六經의 문자를 확정하여 太學門 앞에 六經碑를 세움. 董卓에게 동조 하여 中郞將이 되었으나 동탁이 패하자 그에 연좌되어 옥사함. 辭章과 音律,

書法 등에 모두 뛰어났으며 저술로 《獨斷》을
남김. 《後漢書》(60)에 전이 있음.

【三君】 당시 사람들은 두무(竇武)·유숙(劉淑)·
진번(陳蕃) 셋을 '三君'이라 불렀음.

【八俊】 당시의 八俊士는 李膺, 王暢, 荀昱, 朱寓,
魏朗, 劉佑, 杜密, 趙典을 꼽았음.

〈蔡邕(伯喈)〉《三才圖會》

참고 및 관련 자료

1. 《續漢書》

蔡伯喈, 陳留圉人. 通達有雋才, 博學善屬文, 伎藝術數, 無不精綜. 仕至左
中郎將, 爲王允所誅.

2. 《漢紀》張璠

時人爲之語曰:「不畏彊禦陳仲擧, 天下模楷李元禮.

3. 《漢書》謝沉

三君者, 一時之所貴也; 竇武·劉淑·陳蕃, 少有高操, 海内尊而稱之, 故得因
以爲目.

4. 《漢書》薛瑩

李膺·王暢·荀昱·朱寓·魏朗·劉祐·杜密·趙典爲八俊.

5. 《英雄記》

先是, 張儉等相與作衣冠紀彈, 彈中人相調言:「我彈中誠有八俊, 八及, 猶古
之八元, 八凱也.」謝沉書曰:「俊者, 卓出之名也.」

6. 《士緯》姚信

陳仲擧勝氣高烈, 有王臣之節; 李元禮忠壯正直, 有社稷之能; 海内論之未決,
蔡伯喈抑一信以變之, 疑論乃定也.

7. 《後漢書》

黨錮傳:「時海内希風之流, 遂共相標榜, 指天下名士, 爲之稱號: 上曰三君,
次曰八俊, 次曰八顧, 次曰八及, 次曰八廚, 猶古之八元, 八凱也. 竇武, 劉淑,
陳蕃爲三君; 君者, 言一世之所宗也. 李膺, 荀昱, 杜密, 王暢, 劉佑, 魏朗, 趙典,

朱寓爲八俊; 俊者, 言人之英也, 郭林宗, 宗慈, 巴肅, 夏馥, 范滂, 尹勳, 蔡衍,
羊陟爲八顧; 顧者, 言能以德引人者也. 張儉, 岑晊, 劉表, 陳翔, 孔昱, 苑康,
檀敷, 翟超爲八及; 及者, 言其能導人追宗者也. 度尙, 張邈, 王考, 劉儒, 胡母班,
秦周, 蕃嚮, 王章爲八廚; 廚者, 言能以財救人者也.

582(9-2)

방사원(龐士元, 龐統)이 오吳 땅에 이르자, 오 땅 사람들이 다투어 그와
친구삼기를 원하였다. 이에 방사원은 육적陸績·고소顧劭·전종全琮 셋을 만
나본 후 이렇게 평하였다.

"육적은 소위 노마駑馬 정도라 할까? 걸어가는 대신 타고 갈 때 소용
되는 인물이지. 고소는 소위 노우駑牛 정도라 할까? 가히 무거운 물건을
싣고 멀리 가는 데 필요한 인물 정도지."

그러자 어떤 이가 이렇게 말하였다.

"당신의 평가에 의한다면 육적이 낮다는 뜻이오?"

그러자 그는 이렇게 말하였다.

"노마라도 말은 빨리 달려야 하는 것, 그러나 한 사람밖에는 못 탄다!
그러나 노우는 하루에 1백 리밖에 가지 못한다 해도 실은 것이 한 사람
몫뿐이랴?"

이에 누구 하나 더 묻지를 않았다. 그는 다시 또 이렇게 덧붙였다.

"전종은 명예를 좋아하니, 마치 여남汝南 번자소樊子昭 같다."

龐士元至吳, 吳人並友之; 見陸績·顧劭·全琮而爲之
目曰:「陸子所謂駑馬有逸足之用, 顧子所謂駑牛可以負

重致遠」

或問:「如所目, 陸爲勝邪?」

曰:「駑馬雖精速, 能致一人耳! 駑牛一日行百里, 所致
豈一人哉?」

吳人無以難.「全子好聲名, 似汝南樊子昭」

【龐士元】龐統(177~214). 자는 士元. 원래 우둔하였으나 18세에 司馬德操를
찾아가자 덕조가 그의 훌륭함을 보고 南州의 冠冕이라 칭찬하여 이름이
날리기 시작함. 뒤에 劉備가 사마덕조를 찾아가 세상을 논할 때 그는
諸葛亮과 방통을 추천하여 '伏龍'과 '鳳雛'로 불림. 유비가 방통을 軍師
中郎將으로 삼아 建安 19년(214)에 洛陽을 공격할 때 유시에 맞아 죽음.
뒤에 關內侯에 봉해졌으며 시호는 靖侯.《三國志》(37)에 전이 있음. 그는
周瑜의 功曹로 있을 때 王愈가 죽자 그의 장례를 위해 吳나라로 갔었음.

【陸績】자는 公紀(186~219). 그의 아버지 陸康은 한말 盧江太守를 지냈음.
육적은 박학다식하여 천문, 율력과 산술에 밝았음. 孫權이 奏曹掾을 삼았
으며 뒤에 鬱林太守를 지냄.《三國志》吳書(12)에 전이 있음.

【顧劭】자는 孝則. 吳郡人. 나이 27세에 豫章太守가 되어 풍화를 크게 진작
시킴.

【全琮】자는 子璜(?~249). 吳나라 사람으로 쌀 수천 곡을 싣고 吳市場에
가서 가난한 사람을 구휼한 것으로도 유명함. 孫權을 도와 關羽를 사로

〈關羽(雲長)〉《三才圖會》

잡을 계책을 세워 성공하자 陽華亭侯에 봉해짐.
그 뒤 綏南將軍을 거쳐 錢唐侯에 봉해졌으며
陸遜과 함께 曹休를 공격하여 石亭에서 이를
깨뜨렸으며 安東太守가 됨. 大司馬와 衛將軍
左護軍徐州牧에 올라 부마가 되었음.《三國志》
(60)에 전이 있음.

【樊子昭】漢末 汝南 사람으로 출신은 빈천하나 덕행으로 許劭의 추천을
받았음. 당시 상인이었다 함.

1. 《蜀志》

周瑜因領南郡, 士元爲功曹, 瑜卒, 士元送喪至吳, 吳人多聞其名, 及當還西, 並會閶門與士元言.

2. 《文士傳》

績字公紀, 幼有雋朗才數, 博學多通. 龐士元年長於績, 共爲交友. 仕至鬱林太守. 自知亡日, 年三十二而卒.

3. 《吳紀》環濟

琮字子璜, 吳郡錢塘人. 有德行義槩, 爲右大司馬.

4. 《萬機論》蔣濟

許子將襃貶不平, 以拔樊子昭, 而抑許文休. 劉曄難曰:「子昭拔自賈豎, 年至七十, 退能守靜, 進不苟競.」濟答曰:「子昭誠自幼至長, 容貌完潔; 然觀其揷齒牙, 樹頰頦, 吐唇吻, 自非文休之敵.」

583(9-3)

고소顧劭가 일찍이 방사원(龐士元, 龐統)과 밤에 얘기를 나누면서 물었다.

"듣자 하니 당신은 유명한 비평가라 하던데, 저와 누가 더 대단한가 비교해 볼까요?"

그러자 방통은 이렇게 말하였다.

"세속을 오히려 도야陶冶하면서 시대에 부침浮沈하는 것은 내가 그대만 못하오. 그러나 왕도·패도에 대한 남은 이야기나 전쟁에서 요해要害를 펼쳐 보이는 것은 내가 아마 하루라도 빠를 걸요."

고소는 이 말을 인정하였다.

顧劭嘗與龐士元宿語, 問曰:「聞子名知人, 吾與足下孰愈?」

曰:「陶冶世俗, 與時浮沈, 吾不如子; 論王霸之餘策, 覽倚伏之要害, 吾似有一日之長」

劭亦安其言.

【顧劭】자는 孝則. 吳郡人. 나이 27세에 豫章太守가 되어 풍화를 크게 진작시킴.

【龐士元】龐統(177~214). 자는 士元. 원래 우둔하였으나 18세에 司馬德操를 찾아가자 덕조가 그의 훌륭함을 보고 南州의 冠冕이라 칭찬하여 이름이 날리기 시작함. 뒤에 劉備가 사마덕조를 찾아가 세상을 논할 때 그는 諸葛亮과 방통을 추천하여 '伏龍'과 '鳳雛'로 불림. 유비가 방통을 軍師中郞將으로 삼아 建安 19년(214)에 洛陽을 공격할 때 유시에 맞아 죽음. 뒤에 關內侯에 봉해졌으며 시호는 靖侯. 《三國志》(37)에 전이 있음. 그는 周瑜의 功曹로 있을 때 王儉가 죽자 그의 장례를 위해 吳나라로 갔었음.

〈周瑜(公瑾)〉《三才圖會》

참고 및 관련 자료

1. 《吳志》

劭好樂人倫, 自州郡庶幾及四方人事, 往來相見, 或諷議而去, 或結友而別, 風聲流聞, 遠近稱之.

2. 《吳錄》

劭安其言, 更親之.

584(9-4)

제갈근諸葛瑾과 동생 제갈량諸葛亮 및 종제從弟 제갈탄諸葛誕은 모두 이름이 나 있었고, 또한 각각 일국의 명사였다. 그래서 당시 사람들은 모두 촉한蜀漢은 용龍을 얻었고, 오吳는 범虎을 얻었고, 위魏는 개狗를 얻었다고 하였다.

제갈탄은 위魏에서 하후현夏侯玄과 이름을 같이하였고, 제갈근은 오나라에 있을 때 그곳 사람들이 모두 그의 큰 도량에 감복하였다.

諸葛瑾·弟亮及從弟誕, 並有盛名, 各在一國.

于時以爲「蜀得其龍, 吳得其虎, 魏得其狗」

誕在魏, 與夏侯玄齊名; 瑾在吳, 吳朝服其弘量.

【諸葛瑾】자는 子瑜(174~241). 山東 琅邪人으로 後漢末 亂을 피해 강남으로 왔다가 吳나라 孫權을 도와 大將軍, 左都護와 豫州牧을 지냄.《三國志》(52)에 전이 있음.

【諸葛亮】자는 孔明(191~234). 한말 陽都人. 은거하여 스스로 밭을 갈며 자신을 管仲과 樂毅에 비교하여 사람들이 그를 臥龍先生이라 불렀음. 뒤에 蜀漢 劉備의 三顧草廬로 불려가 天下三分之策을 정하고 유비를 도와 荊州와 益州를 차지하여 吳, 蜀, 魏 삼국 정립을 이루었음. 유비의 유촉에 의해 그 아들 劉禪을 도와 〈出師表〉를 쓰고 북벌을 시도했으나 五丈原에서 생을 마침. 죽은 뒤 武鄕侯에 봉해졌으며 시호는 忠武.《三國志》(35)에 전이 있음.

【諸葛誕】자는 公休(?~258). 처음 尙書郎으로 滎陽令을 지냈으며 吏部郎을 거쳐 御史中丞尙書에 오름. 다시 正始 초에 양주자사가 되어 司馬懿가 吳나라를 벌할 때 참가하였으며 毌丘儉과 文欽을 토벌하여 그 공으로

高平侯에 봉해졌으나 王浚 등이 주살당하는 것을 보고 불안을 느껴 甘露 2년(257)에 난을 일으켰다가 패하여 삼족이 몰살당함. 《三國志》(28)에 전이 있음. 본문에서 狗로 빗댄 것은 멸시의 뜻으로 쓴 것이 아님.

【夏侯玄】 자는 泰初(太初, 209~254). 夏侯尙의 아들로 일찍이 능력을 인정받아 약관에 散騎黃門侍郎이 되었음. 曹爽을 보좌하여 中護軍이 되어 인재를 선발하였음. 뒤에 征西將軍이 되어 司馬氏가 曹爽을 주벌하여 정권을 쥐자 大鴻臚가 되었다가 太常에 올랐으나 李豐, 張緝 등이 司馬師를 없애고 하후현을 세우려는 모의가 발각되어 하후현도 이에 함께 주살됨. 淸言과 玄風에 뛰어나 당시 玄學의 영수로 추앙받았음. 저술에 〈樂毅論〉, 〈張良論〉, 〈本無肉刑論〉 등이 유명함. 《三國志》(9)에 전이 있음.

참고 및 관련 자료

1.《吳書》

瑾字子瑜, 其先葛氏, 琅邪諸縣人. 後徙陽都, 陽都先有姓葛者, 時人謂之「諸葛」, 因以爲氏. 瑾少以至孝稱. 累遷豫州牧, 六十八卒.

2.《魏志》

誕字公休, 爲吏部郎, 人有所屬託, 輒顯其言而承用之; 後有當不, 則公議其得失, 以爲褒貶. 自是羣寮莫不愼其所擧. 累遷揚州刺史·鎭東將軍·司空. 謀逆, 伏誅.

3.《吳書》

瑾避亂渡江, 大皇帝取爲長史, 遣使蜀, 但與弟亮公會相見, 退無私面; 而又有容貌思度. 時人服其弘量.

蜀漢〈昭烈帝〉劉備
《三才圖會》

585(9-5)

사마문왕(司馬文王, 司馬昭)이 무해武陔에게 물었다.

"진현백(陳玄伯, 陳泰)은 그 아버지 진사공(陳司公, 陳群)과 비교하면 어떤가?"

이에 무해는 이렇게 대답하였다.

"통아박창通雅博暢하여 천하를 가르치는 것을 자기 임무로 삼은 데는 아버지를 따를 수 없지만, 명련간지明練簡至하여 공을 세우고 일을 처리하는 데는 아버지보다 나을 것입니다."

司馬文王問武陔:「陳玄伯何如其父司空?」

陔曰:「通雅博暢, 能以天下聲敎爲己任者, 不如也; 明練簡至, 立功立事, 過之」

【司馬文王】晉文王. 司馬昭. 晉文帝. 晉宣帝의 둘째아들이며 이름은 昭, 자는 子上. 晉武帝 司馬炎이 진나라를 세우고 나서 文帝로 추존함.《晉書》(2)에 紀가 있음.

【武陔】위말진초의 인물로 자는 元夏. 진나라 때 尙書, 左僕射, 左光祿大夫, 開府儀同三司 등을 지냄.《晉書》(45)에 전이 있음.

【陳玄伯】陳泰(?~260). 字는 玄伯. 陳群의 아들. 征西將軍, 尙書左僕射, 侍中 光祿大夫 등을 역임함. 高貴鄕公이 피살되자 피를 토하며 슬피 여기다가 죽음.《三國志》(22)에 전이 있음.

【陳司公】陳群. 자는 長文. 陳寔의 손자이며 陳紀의 아들.《後漢書》(62)와 《三國志》(22)에 전이 있음.

【通雅博暢】사물에 통달하여 文雅하고 두루 화통함.

【明練簡至】명확하고 세련되며 간결함이 지극함.

1.《魏志》
陔與泰善, 故文王問之.

586(9-6)

정시正始 연간에 인사들은 사람을 품평하면서 '오순五荀'을 '오진五陳'에
비교하였다.

순숙荀淑은 진식陳寔에, 순정荀靖은 진심陳諶에, 순상荀爽은 진기陳紀에,
순욱荀彧은 진군陳群에, 순의荀顗는 진태陳泰에 비유한 것이 그것이다.

또 '팔배八裴'를 '팔왕八王'에 비유하였는데, 배휘裴徽와 왕상王祥, 배해
裴楷와 왕이보王夷甫, 배강裴康과 왕수王綏, 배작裴綽과 왕징王澄, 배찬裴瓚과
왕돈王敦, 배하裴遐와 왕도王導, 배위裴頠와 왕융王戎, 배막裴邈과 왕현王玄의
비교가 그것이다.

　正始中, 人士比論, 以五荀方五陳: 荀淑方陳寔, 荀靖方
陳諶, 荀爽方陳紀, 荀彧方陳群, 荀顗方陳泰.

　又以八裴方八王: 裴徽方王祥, 裴楷方王夷甫, 裴康方
王綏, 裴綽方王澄, 裴瓚方王敦, 裴遐方王導, 裴頠方王戎,
裴邈方王玄.

【正始】魏나라 때 齊王. 曹芳의 연호(240~249).

【荀淑】자는 季和(83~149). 荀爽의 아버지이며 당시 李固, 李賢 등이 그를 스승으로 모셨음. 그의 아들 여덟이 모두 훌륭하여 '八龍'이라 불렸음. 《後漢書》(62)에 전이 있음.

【陳太丘】陳寔(104~187). 자는 仲弓. 후한 때 인물로 태구현의 현장을 지냈으며 향리에 덕행으로 소문이 나서 "寧爲刑罰所加, 不爲陳君所短"이라 하였음. 그가 죽었을 때 3만 명의 조문객이 왔다 함. 아들 여섯 중에 陳紀와 陳諶이 가장 어질고 똑똑하였다 함. 《後漢書》(62)에 傳이 있음.

【荀靖】자는 叔慈. 漢末 인물로 荀淑의 셋째아들. '玄行先生'이라 불림.

【陳諶】자는 李方. 後漢 때 인물로 陳寔의 아들이며 陳紀의 아우. 《後漢書》 62에 전이 있음.

【荀爽】자는 慈明(128~190). 荀淑의 여섯째아들. 《春秋》·《論語》 등에 능통하며 당시 사람들이 "荀氏八龍, 慈明無雙"이라 함. 《後漢書》(62)에 전이 있음.

【陳紀】陳寔의 맏이. 자는 元方. 여러 차례 부름을 받았으나 나가지 않음. 董卓이 洛陽을 점령하여 억지로 五官中郎將을 시켰다가 侍中으로 발탁, 平原相에 이름. 뒤에 尙書令이 되었다가 獻帝 建安 초에 大鴻臚가 됨. 《後漢書》(62)에 전이 있음.

【荀彧】자는 文若(163~212). 後漢 인물. 荀淑의 손자이며 荀粲의 아버지. 《後漢書》(70)·《三國志》(10)에 전이 있음.

【陳群】자는 長文. 陳寔의 손자이며 陳紀의 아들. 《後漢書》(62)와 《三國志》(22)에 전이 있음.

【荀顗】자는 景倩(205?~274). 晉初의 인물. 荀彧의 여섯째아들. 《晉書》(39)에 전이 있음.

【陳泰】字는 玄伯(?~260). 陳群의 아들. 征西將軍, 尙書左僕射, 侍中光祿大夫 등을 역임함. 高貴鄕公이 피살되자 피를 토하며 슬피 여기다가 죽음. 《三國志》(22)에 전이 있음.

【裴徽】자는 文季. 삼국시대 위나라 사람. 裴楷의 아버지이며 裴潛의 아우. 冀州刺史를 지냄. 그의 네 아들 裴黎·裴康·裴楷·裴綽은 모두 당시의 名士로 이름을 날렸음. 《三國志》 魏書 裴潛傳 注 참조.

【王祥】자는 休徵(184~268). 위나라 사람. '剖冰得鯉'의 고사를 남긴 인물. 《晉書》(33)에 전이 있음.

【裴楷】자는 叔則(236~311). 裴令公. 자는 叔則. 河東 聞喜人. 裴徽의 셋째아

들이며 司空 裴秀의 從弟. 용모가 준수하고 깨끗하여 '玉人'이라 불렸음.
河南尹과 中書令을 지냄. 시호는 元.《晉書》(35)에 전이 있음.

【王夷甫】王衍(256~311). 자는 夷甫. 王乂의 아들이며 王玄의 父. 죽림칠현의
하나인 王戎의 從弟. 太尉를 지냄.《晉書》(43)에 전이 있음.

【裴康】자는 仲豫. 裴徽의 둘째아들. 太子左率을 지냄.《三國志》魏書 裴潛傳
참조.

【王綏】자는 萬子(257?~257?). 王衍의 아들로 裴康과 비유된 인물. 일찍
죽음.

【裴綽】자는 季舒. 裴徽의 아들이며 裴楷의 아우. 裴遐의 아버지.《三國志》
魏書 裴潛傳 및《晉書》裴秀傳 참조.

【王澄】자는 平子(269~312). 王衍의 아우. 荊州刺史를 지냄. 뒤에 王敦에게
죽임을 당함.《晉書》(43)에 전이 있음.

【裴瓚】자는 國寶. 裴楷의 둘째아들. 裴楷의 아들로 楊駿의 딸을 아내로 맞았
으며 양준이 죽음을 당할 때 그 병란에 함께 죽음.《三國志》魏書 裴潛傳
참조.

【王敦】자는 處仲(266~324). 어릴 때는 阿黑이라 부름. 王含의 아우이며
王導의 종제로 八王之亂 때 공을 세워 散騎常侍, 侍中, 靑州刺史, 鎭東
大將軍 등을 지냄. 西晉이 망하자 司馬睿를 옹립하여 황제로 삼음. 뒤에
明帝 때 난을 일으켰다가 軍中에서 죽음.《晉書》(98)에 전이 있음.

【裴遐】자는 叔道. 裴徽의 손자이며 裴綽의 아들. 散騎郎을 지냄. 王衍의
사위이며 東海王(司馬越)의 太傅主簿를 지냈으나 司馬越의 아들 司馬毗에게
죽임을 당함.《三國志》魏書 裴潛傳 注 및《晉書》裴秀傳 참조.

【王導】자는 茂弘(276~339). 어릴 때 자는 阿龍. 王敦의 從弟. 서진이 망하자
王敦과 함께 司馬睿를 황제로 추대하여 東晉을 세움. 그 공으로 丞相이
되었으며 號를 '仲父'라 하였음. 천하의 권세를 잡아 당시 "王與馬, 共天下"라
하였음. 元帝와 明帝, 成帝를 차례로 즉위시켰음. 아울러 남방 세족의 도움
으로 강남에서의 동진 정권을 안정시킴.《晉書》(65)에 전이 있음.

【裴頠】字는 逸民(267~300). 裴秀의 막내아들. 老莊과 醫術에 밝았으며
〈崇有論〉을 지어 儒家의 인의도덕을 중시할 것을 주장하였음. 尙書左僕射,
侍中 등을 지냈으며 賈后의 난에 인척임에도 정도를 지켰음. 趙王(司馬倫)이
가후에게 빌붙자 이를 탄핵하다가 결국 34세에 司馬倫에게 주살당함. 惠帝가
反正하여 그를 복권시켰으며 시호를 成이라 함.《晉書》(35)에 전이 있음.

【王戎】자는 濬沖(234~305). 王安豐으로도 불림. 王綏의 아버지이며 安豐
縣侯를 역임함. 성격이 인색하였으며 禮敎에 얽매이지 않았음. 阮籍, 山濤,
向秀, 阮咸, 嵇康, 劉伶과 더불어 '竹林七賢'으로 불렸음.《晉書》(43)에 전이
있음.
【裴邈】자는 景聲. 裴頠의 從弟. 청담에 뛰어나 밤을 새울 정도라 하였음.
司馬越의 從事中郞, 左司馬 등을 지냄.《三國志》魏書 裴潛傳 注 참조.
【王玄】자는 眉子(?~313?). 王衍(夷甫)의 아들.《晉書》(43)에 전이 있음.

참고 및 관련 자료

1.《逸士傳》

靖字叔慈, 潁川人. 有雋才, 以孝箸名. 兄弟八人, 號『八龍』. 隱身修學, 勤止合禮.
弟爽, 亦有才學, 顯名當世. 或問汝南許章:「爽與靖孰賢?」章曰:「二人皆玉也.
慈明外朗, 叔慈內潤.」太尉辟不就. 年五十終, 時人惜之, 號玄行先生.

2.《典略》

彧字文若, 潁川人. 爲漢侍中, 守尙書令. 彧爲人英偉, 折節侍士, 坐不累席. 其在
臺閣間, 不以私欲撓意. 年五十薨, 諡曰敬侯. 以其名德高, 追贈太尉.

3.《晉諸公贊》

顗字景倩, 彧之子. 蹈禮立德, 思義溫雅, 加深識國體, 累遷光祿大夫. 晉受禪,
封臨淮公. 典朝儀, 刊正國式, 爲一代之制. 轉太尉, 爲台輔, 德望淸重, 留心禮敎.
卒. 諡康公.

4.《晉百官名》

康字仲豫, 徽之子.

5.《晉諸公贊》

康有弘量, 歷太子左率.

6.《王朝目錄》

綽字季舒, 楷弟也, 名亞於楷. 歷中書黃門侍郞.

7.《晉諸公贊》

瓚字國寶, 楷之子. 才氣爽儁, 終中書郞.

기주자사冀州刺史 양준楊準의 두 아들 양교楊喬와 양모楊髦는 모두 총각 시절에 이미 재주가 드날렸다. 양준은 배위裴頠, 악광樂廣 등과 친하였으므로 두 아들에게 그들을 만나뵙도록 하였다.

배위는 성격이 홍방弘方해서 교喬의 높은 운치를 좋아하여 양준에게 이렇게 말하였다.

"교는 경卿에게 미칠 만한 정도요, 모髦는 조금 떨어질 거요!"

그러나 악광은 성격이 청순淸淳해서 모髦의 신검神檢한 태도를 좋아하여 양준에게 이렇게 말하였다.

"교가 경에게 미칠 만한 정도라면 모는 더욱 그보다 뛰어날걸요!"

이에 양준은 웃으면서 이렇게 말하였다.

"내 두 아들의 우열은 곧 배위와 악광의 우열이다."

이를 평하는 자들은 이렇게 말하였다.

"교는 비록 기질이 고운高韻하나 신검이 모자란다. 그러니 악광의 말이 타당하다. 그러나 두 아들 모두 후진들 중에 준재儁才이다."

冀州刺史楊準二子喬與髦, 俱總角爲成器; 準與裴頠·樂廣友善, 遣見之. 頠性弘方, 愛喬之有高韻; 謂準曰:「喬當及卿, 髦小減也!」

廣性淸淳, 愛髦之有神檢; 謂準曰:「喬自及卿, 然髦尤精出!」

準笑曰:「我二兒之優劣, 乃裴·樂之優劣.」

論者評之以爲:「喬雖高韻, 而神檢不逮, 樂言爲得; 然並爲後出之儁.」

【楊準】자는 始玄. 西晉 때 인물로 어려서 山簡·嵆紹와 이름을 같이함. 자는 始立. 華陰人 楊脩의 손자. 元康末에 冀州刺史를 지냄. 27세에 죽음. 《三國志》魏書 陳思王植傳 주 참조.

【楊喬】자는 國彦.

【楊髦】자는 士彦.

【裴頠】자는 逸民(267~300). 裴秀의 막내아들. 老莊과 醫術에 밝았으며 〈崇有論〉을 지어 儒家의 인의도덕을 중시할 것을 주장하였음. 尙書左僕射, 侍中 등을 지냈으며 賈后의 난에 인척임에도 정도를 지켰음. 趙王(司馬倫)이 가후에게 빌붙자 이를 탄핵하다가 결국 34세에 司馬倫에게 주살당함. 惠帝가 反正하여 그를 복권시켰으며 시호를 成이라 함. 《晉書》(35)에 전이 있음.

【樂廣】자는 彦輔(?~304). 王衍과 같은 시대 인물로 당시 청담 풍조에 이름을 날렸음. 여러 관직을 거쳐 王戎을 이어 尙書令이 됨. 그 때문에 흔히 '樂슈'으로도 불림. 두 딸이 있어 하나는 衛玠에게, 하나는 成都王(司馬穎)에게 시집을 보냈으나 마침 사마영과 長沙王(司馬乂)의 싸움이 심해지니 근심을 품고 죽음. 《晉書》(43)에 전이 있음. 단 '樂'은 성씨의 경우 '악'(yue)으로 읽으나(예 樂毅) 《世說新語辭典》(1992, 四川)에서는 '락'(le)의 항목에 실려 있어 '락광'으로 되어 있음.

참고 및 관련 자료

1. 《冀州記》荀綽

喬字國彦, 爽朗有遠意. 髦字士彦, 淸平有貴識. 並爲後出之雋. 爲裴頠, 樂廣 所重.

2. 《晉諸公贊》

喬似準而疎. 喬·髦皆爲二千石. 髦爲石勒害.

유령언(劉令言, 劉訥)이 처음 낙양洛陽의 여러 명사들을 보고 이렇게 감탄
하였다.

"왕이보(王夷甫, 王衍)는 너무나 밝고, 악언보(樂彦輔, 樂廣)는 내가 존경할 만
하고, 장무선(張茂先, 張華)은 내가 이해할 수 없으며, 주홍무(周弘武, 周恢)는
단점을 잘 활용하며, 두방숙(杜方叔, 杜育)은 장점을 활용하는 데에 모자란다."

劉令言始入洛, 見諸名士而歎曰:「王夷甫太鮮明, 樂彦輔我
所敬, 張茂先我所不解, 周弘武巧於用短, 杜方叔拙於用長」

【劉令言】劉訥. 司隸校尉를 지냄.《晉書》(69)에 전이 있음.

【洛陽】西晉 때의 도읍.

【王夷甫】王衍(256~311). 자는 夷甫. 王乂의 아들이며 王玄의 父. 죽림칠현의
　하나인 王戎의 從弟. 太尉를 지냄.《晉書》(43)에 전이 있음.

【樂彦輔】樂廣. 자는 彦輔(?~304). 王衍과 같은 시대 인물로 당시 청담 풍조에
　이름을 날렸음. 여러 관직을 거쳐 王戎을 이어 尙書令이 됨. 그 때문에 흔히
　'樂令'으로도 불림. 두 딸이 있어 하나는 衛玠에게, 하나는 成都王(司馬穎)
　에게 시집을 보냈으나 마침 사마영과 長沙王(司馬乂)의 싸움이 심해지니
　근심을 품고 죽음.《晉書》(43)에 전이 있음. 단 '樂'은 성씨의 경우 '악'(yue)
　으로 읽으나(예 樂毅)《世說新語辭典》(1992, 四川)에서는 '락'(le)의 항목에 실려
　있어 '락광'으로 되어 있음.

【張茂先】張華(232~300). 자는 茂先. 詩, 書, 文章 등에 고루 능하였던 晉나라
　때의 문호이며 학자. 司空을 지냈으며 趙王 司馬倫에게 해를 입음. 후인이
　집일한《張茂先集》이 있으며 저서로는 유명한《博物志》가 전함.《晉書》
　(36)에 전이 있음.

【周弘武】周恢. 자는 弘武.

【杜方叔】杜育. 총명하고 풍자가 있어 '杜聖'이라 불리었음. 國子祭酒 등을 역임하였으며 中原大亂 때 피살됨.

참고 및 관련 자료

1.《劉氏譜》

訥字令言, 彭城叢亭人. 祖瑾, 樂安令. 父魁, 魏洛陽令. 訥歷司隸校尉.

2.《晉書》王隱

周恢字弘武, 汝南人. 祖斐, 永寧少府. 父隆, 州從事. 恢仕至秦相, 秩中二千石.

3.《晉諸公贊》

杜育字方叔, 襄城定陵人, 杜襲孫也. 育幼便岐嶷, 號神童; 及長, 美風姿, 有才藻, 時人號曰杜聖. 累遷國子祭酒. 洛陽將沒, 爲賊所殺.

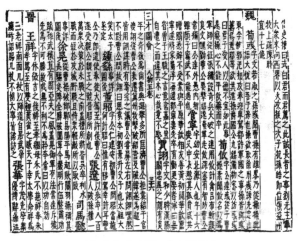

〈魏나라 인물들〉《三才圖會》

왕이보(王夷甫, 王衍)가 이렇게 말하였다.

"여구충閭丘沖은 만분滿奮과 학륭郝隆에 비해 낫다. 그러나 이 세 사람은 모두가 고재高才로서 그 중에 여구충이 제일 먼저 현달하였다."

王夷甫云:「閭丘沖, 優於滿奮·郝隆; 此三人, 並是高才, 沖最先達」

【王夷甫】王衍(256~311). 자는 夷甫. 王乂의 아들이며 王玄의 父. 죽림칠현의 하나인 王戎의 從弟. 太尉를 지냄.《晉書》(43)에 전이 있음.

【閭丘沖】복성. 이름이 沖. 자는 賓卿.

【滿奮】자는 武秋. 삼국시대 위나라 太尉 滿寵(?~242)의 손자. 尙書令을 지냈으나 苗願에게 살해됨.

【郝隆】자는 佐治. 晉나라 汲郡 출신으로 征西參軍을 지냄.

참고 및 관련 자료

1.《兗州記》荀綽

沖字賓卿, 高平人, 家世二千石. 沖淸平有鑒識, 博學有文義. 累遷太傅長史, 雖不能立功蓋世, 然聞義不惑, 當世范事, 務於平允, 操持文案, 必引經誥, 飾以文采, 未嘗有滯. 性尤通達, 不矜不假. 好音樂, 侍婢在側, 不釋弦管. 出入乘四望車, 居之甚夷, 不以虧損恭素之行, 淡然肆其心志. 論者不以爲侈, 不以爲僭; 至於白首, 而淸名令望, 不渝於始. 爲光祿勳, 京邑未潰, 乘車出, 爲賊所害, 時人皆痛惜之.

2.《晉諸公贊》

隆字弘始, 高平人. 爲人通亮淸識. 爲吏部郎·揚州刺史. 齊王冏起義, 隆應檄
稽留, 爲參軍王邃所殺.

3.《兗州記》

于時高平人士偶盛, 滿奮·郝隆達在沖前, 名位已顯, 而劉寶·王夷甫猶以沖之
虛貴, 足先二人.

590(9-10)

왕이보(王夷甫, 王衍)가 왕동해(王東海, 王承)를 악령(樂令, 樂廣)에 비유하였다.
그래서 왕중랑(王中郎, 王坦之)이 왕승의 비문을 지을 때 이렇게 썼다.
"당시 왕승은 시대의 표준이어서 악광과 필적을 이루었다."

王夷甫以王東海比樂令, 故王中郎作碑云:「當時標榜,
爲樂廣之儷」

【王夷甫】 王衍(256~311). 자는 夷甫. 王乂의 아들이며 王玄의 父. 죽림칠현의
하나인 王戎의 從弟. 太尉를 지냄.《晉書》(43)에 전이 있음.
【王東海】 王安期, 王承(275~320).《晉書》(75)에 전이 있음.
【樂廣】 자는 彦輔(?~304). 王衍과 같은 시대 인물로 당시 청담 풍조에 이름
을 날렸음. 여러 관직을 거쳐 王戎을 이어 尙書令이 됨. 그 때문에 흔히

'樂令'으로도 불림. 두 딸이 있어 하나는 衛玠에게, 하나는 成都王(司馬穎)에게 시집을 보냈으나 마침 사마영과 長沙王(司馬乂)의 싸움이 심해지니 근심을 품고 죽음. 《晉書》(43)에 전이 있음. 단 '樂'은 성씨의 경우 '악'(yue)으로 읽으나(예 樂毅) 《世說新語辭典》(1992, 四川)에서는 '락'(le)의 항목에 실려 있어 '락광'으로 되어 있음.

【王中郎】 王坦之(330~375). 자는 文度. 태원 왕씨 王述의 아들이며, 王忱·王愷·王愉의 아버지. '江東獨步'라 하였으며 中書令, 北中郎將을 지냄. 〈廢莊論〉을 써서 당시의 방탕을 비난함. 《晉書》(75)에 전이 있음.

참고 및 관련 자료

1. 《江左名士傳》
承言理辯物, 但明其旨要, 不爲辭費, 有識伏其約而能通. 太尉王夷甫一世龍門, 見而雅重之, 以比南陽樂廣.

591(9-11)

유중랑(庾中郎, 庾敳)과 왕평자(王平子, 王澄)는 그 덕행이 나란히 나는 기러기 같다.

庾中郎與王平子鴈行.

【庾中郎】庾敳(261~311). 자는 子嵩. 王衍의 중시를 받아 吏部郎. 東海王 (司馬越)의 太傅가 되었으며 石勒의 난에 왕연과 함께 피살됨.《晉書》(50)에 전이 있음.

【王平子】王澄(269~312). 자는 平子. 王衍의 아우. 荊州刺史를 지냄. 뒤에 王敦에게 죽임을 당함.《晉書》(43)에 전이 있음.

【鴈行】고저를 구분할 수 없는 伯仲之勢.

참고 및 관련 자료

1.《晉陽秋》

初, 王澄有通朗稱, 而輕薄無行; 兄夷甫有盛名, 時人許以人倫鑒識. 常爲天下士目曰:「阿平第一, 子嵩第二, 處仲第三.」敳以澄·敦莫己若也. 及澄喪·敦敗, 敳世譽如初.

592(9-12)

왕대장군(王大將軍, 王敦)이 서진西晉 때에 주후(周侯, 周顗)를 만났는데, 문득 부채로 얼굴을 가린 채 두려워 견뎌내지 못할 정도였다.

그 뒤 강남으로 천도하여 강좌江左로 옮겨 온 다음에는 그렇지 않았다.

왕돈은 이렇게 탄식하였다.

"내가 진보한 것인가, 아니면 백인(伯仁, 周顗)이 퇴보한 것인가?"

王大將軍在西朝時, 見周侯輒扇面, 不得住; 後渡江左,
不能復爾.
王歎曰:「不知是我進, 伯仁退?」

【王大將軍】王敦(266~324). 자는 處仲. 어릴 때는 阿黑이라 부름. 王舍의
　아우이며 王導의 종제로 八王之亂 때 공을 세워 散騎常侍, 侍中, 靑州刺史,
　鎭東大將軍 등을 지냄. 西晉이 망하자 司馬睿를 옹립하여 황제로 삼음.
　뒤에 明帝 때 난을 일으켰다가 軍中에서 죽음.《晉書》(98)에 전이 있음.
【周侯】周顗(269~322). 자는 伯仁. 周俊의 장자로 吏部尙書郞, 荊州刺史를
　지냄. 僕射로 임명되자 술에 취해 사흘 만에 깨어나 "三日僕射"란 별명을
　들음. 王敦에게 피살되어 "我雖不殺伯仁, 伯仁由我而死"의 고사를 낳음.
　《晉書》(69)에 전이 있음.

  참고 및 관련 자료

1. 劉孝標 注
『敦性彊梁, 自少及長, 季倫斬妓, 曾無異色; 若斯傲狠, 豈憚於周顗乎? 此言不
然也.』
2.《晉書》沈約
周顗, 王敦素憚之, 見輒面熱, 雖復臘月, 亦扇面不休, 其憚如此.

회계會稽 사람 우비虞騑는 원황제(元皇帝, 晉元帝, 司馬睿) 때에 환선무(桓宣武,
桓彝)의 동료였으며, 사람됨이 재주와 명망이 있었다.

왕승상(王丞相, 王導)이 일찍이 이 우비에게 이렇게 말하였다.

"공유孔愉는 삼공三公의 재능이 있으면서 그 삼공의 명망은 없었고, 정담
丁潭은 삼공의 명망은 있으되 삼공의 재능은 없었다. 그런데 그 두 가지
점을 겸한 자가 바로 그대가 아니겠소?"

우비는 현달하기 전에 죽고 말았다.

會稽虞騑, 元皇時與桓宣武同使, 其人有才理勝望.

王丞相嘗謂騑曰:「孔愉有公才而無公望, 丁潭有公望而
無公才, 兼之者其在卿乎?」

騑未達而喪.

【虞騑】 자는 思行. 吳興太守를 거쳐 金紫光祿大夫를 지냄.
【元皇帝】 晉元帝. 司馬睿. 316년 西晉이 망하자 그 다음 해 建康(南京)에
수도를 옮겨 東晉을 세운 황제.《晉書》(6)에 紀가 있음.
【桓宣武】 桓彝(276~328). 자는 茂倫. 蘇峻亂을 평정함.《晉書》74에 전이
있음. 일부 이를 桓溫으로 보았으나 이는 오류임.
【王丞相】 王導(276~339). 자는 茂弘. 어릴 때 자는 阿龍. 王敦의 從弟. 서진이
망하자 王敦과 함께 司馬睿를 황제로 추대하여 東晉을 세움. 그 공으로
丞相이 되었으며 號를 '仲父'라 하였음. 천하의 권세를 잡아 당시 "王與馬,
共天下"라 하였음. 元帝와 明帝, 成帝를 차례로 즉위시켰음. 아울러 남방
세족의 도움으로 강남에서의 동진 정권을 안정시킴.《晉書》(65)에 전이 있음.
【孔愉】 자는 敬康(268~342). 그의 증조 孔潛, 조부 孔竺, 아버지 孔恬, 종형

孔侃 등이 모두 江左에 유명한 인물이었으나 공유는 13살에 고아가 되어
조모에게 자람. 餘不亭侯에 봉해졌으며 車騎將軍, 會稽內史, 鎭軍將軍 등을
역임함. 시호는 貞.《晉書》(78)에 전이 있음.

【丁潭】 자는 世康. 元帝 때 駙馬都尉, 尙書祠部郎 등을 거쳐 廣武將軍, 東陽
太守를 지냈으며 成帝 때 光祿大夫에 오름.《晉書》(78)에 전이 있음.

[참고 및 관련 자료]

1. 楊勇〈校箋〉

『驥字思行, 會稽餘姚人; 虞翻曾孫, 右光祿潭兄子也. 雖機幹不及潭, 而至行
過之. 歷吏部郎·吳興守, 徵爲金紫光祿大夫卒.』

2.《會稽後賢記》

潭字世康, 山陰人, 吳司徒固孫也. 沈婉有雅望, 少與孔愉齊名. 仕至光祿大夫.

3.《晉陽秋》

孔敬康·丁世康·張偉康俱箸名, 時謂「會稽三康」. 偉康名茂, 嘗夢得大象, 以問
萬雅; 雅曰:「君當爲大郡, 而不善也.」或問雅; 雅曰:「象, 大獸也; 取其音狩,
故爲大郡. 然象以齒喪身. 後當爲人所殺, 而取其郡.」後爲吳郡, 果爲沈充所殺.

4.《虞光祿傳》

驥未登台鼎, 時論稱屈.

594(9-14)

명제(明帝, 司馬紹)가 주백인(周伯仁, 周顗)에게 이렇게 물었다.
"그대는 스스로 치감(郗鑒)과 비교하면 어떻다 여기는가?"
그러자, 주백인은 이렇게 대답하였다.

"치감은 저와 비교하면 그분이 저에 비해 공부功夫가 더 있는 듯합니다."

명제가 똑같은 질문을 이번에는 치감에게 던졌다. 치감은 이렇게 대답하였다.

"주의周顗를 저에 비하면 그에게는 국사國士로서의 문풍門風이 있지요."

明帝問周伯仁:「卿自謂何如郗鑒?」

周曰:「鑒方臣, 如有功夫」

復問郗 郗曰:「周顗比臣, 有國士門風」

【明帝】司馬紹. 元帝(司馬睿)의 맏아들이며 東晉의 제 2대 황제. 자는 道畿. 재위 3年(323~326). 묘호는 肅宗. 《晉書》(6)에 기가 있음.

【周伯仁】周顗(269~322). 자는 伯仁. 周俊의 장자로 吏部尙書郎, 荊州刺史를 지냄. 僕射로 임명되자 술에 취해 사흘 만에 깨어나 "三日僕射"란 별명을 들음. 王敦에게 피살되어 "我雖不殺伯仁, 伯仁由我而死"의 고사를 낳음. 《晉書》(69)에 전이 있음.

【郗鑒】자는 道徽(269~339). 高平金鄕人. 두 아들 郗愔과 郗曇 역시 뛰어난 인물이었음. 西晉이 망하자 가족과 마을 사람 천여 명을 데리고 남으로 피난하였으며, 陶侃, 溫嶠 등과 함께 祖約, 蘇峻의 난을 평정함. 侍中을 역임하였으며 太尉에 오름. 《晉書》(67)에 전이 있음.

【功夫】어떤 일에 매달려 노력을 쏟음.

참고 및 관련 자료

1. 《南史》王僧虔傳

僧虔論書, 云宋文帝自言可比王子敬. 時議者云:「天然勝羊欣, 功夫少於欣.」

2. 《晉書》鄧粲

伯仁清正嶷然, 以德望稱之.

595(9-15)

왕대장군(王大將軍, 王敦)이 강을 따라 내려오자 유공(庾公, 庾亮)이 물었다.

"듣건대 그대에게는 네 명의 친구가 있다던데 누구누구요?"

왕대장군은 이렇게 대답하였다.

"그대 집안의 중랑(中郎, 庾敳), 우리 집안의 태위(太尉, 王衍), 그리고 아평(阿平, 王澄)과 호모언국(胡母彦國, 胡母輔之)이오. 그 중에 아평이 제일 모자라지요."

유공은 이렇게 말하였다.

"그가 제일 못하다는 말을 인정하지 않을 텐데요."

그리고 다시 물었다.

"그럼 누가 제일 낫다고 보오?"

왕대장군은 이렇게 얼버무렸다.

"누군가가 있겠지요."

유공이 다시 물었다.

"도대체 누구요?"

왕대장군은 이렇게 말하였다.

"아니! 공론公論들이 있을 게 아니오?"

옆에 있던 사람들이 유공의 발을 밟자, 유공은 그제야 더 질문을 하지 않았다.

王大將軍下, 庾公問:「聞卿有四友, 何者是?」

答曰:「君家中郎, 我家太尉·阿平·胡母彦國; 阿平故當最劣」

庾曰:「似未肯劣」

庾又問:「何者居其右?」

王曰:「自有人」

又問:「何者是?」

王曰:「噫! 其自有公論」

王左右躡庾公, 公乃止.

【王大將軍】王敦(266~324). 자는 處仲. 어릴 때는 阿黑이라 부름. 王舍의
아우이며 王導의 종제로 八王之亂 때 공을 세워 散騎常侍, 侍中, 靑州刺史,
鎭東大將軍 등을 지냄. 西晉이 망하자 司馬睿를 옹립하여 황제로 삼음.
뒤에 明帝 때 난을 일으켰다가 軍中에서 죽음.《晉書》(98)에 전이 있음.

【庾公】庾亮(289~340). 자는 元規. 蘇峻, 祖約의 난을 평정하였으며 명제 때
王導를 이어 中書監이 됨. 征西大將軍, 荊州刺史 등을 지냄. 청담을 좋아하였
으며 老莊에 밝았음. 죽은 후 太尉에 추증되었고 시호는 文康.《晉書》(73)에
전이 있음.

【中郎】庾敳(261~311). 자는 子嵩. 王衍의 중시를 받아 吏部郎, 東海王(司馬越)
의 太傅가 되었으며, 石勒의 난에 왕연과 함께 피살됨.《晉書》(50)에 전이
있음.

【太尉】王衍(256~311). 자는 夷甫. 王乂의 아들이며 王玄의 父. 죽림칠현의
하나인 王戎의 從弟. 太尉를 지냄.《晉書》(43)에 전이 있음.

【阿平】王澄(269~312). 자는 平子. 王衍의 아우. 荊州刺史를 지냄. 뒤에 王敦
에게 죽임을 당함.《晉書》(43)에 전이 있음.

【胡母彦國】이름은 輔之(補之). 자는 彦國. 泰山 高峯人. 湘州刺史를 지냄.
王澄, 王敦, 庾顗 등과 함께 太尉 王衍에게 사랑을 받음. '胡母'는 복성으로
판본에 따라 흔히 '胡毋'로도 표기함.《晉書》(49)에 전이 있음.

> 참고 및 관련 자료

1.《八王故事》

胡母輔之少有雅俗鑒識, 與王澄·庾顗·王敦·王夷甫爲四友, 今故答也.

2. 劉孝標 注

『敦自謂右者在己也.』

596(9-16)

어떤 이가 승상(丞相, 王導)에게 물었다.

"주후(周侯, 周顗)와 화교和嶠를 비교하면 어떻습니까?"

승상은 이렇게 대답하였다.

"장여(長輿, 和嶠)가 더 높지."

人問丞相:「周侯何如和嶠?」

答曰:「長輿嵯辥」

【丞相】王丞相. 王導(276~339). 자는 茂弘. 어릴 때 자는 阿龍. 王敦의 從弟.
서진이 망하자 王敦과 함께 司馬睿를 황제로 추대하여 東晉을 세움.
그 공으로 丞相이 되었으며 號를 '仲父'라 하였음. 천하의 권세를 잡아
당시 "王與馬, 共天下"라 하였음. 元帝와 明帝, 成帝를 차례로 즉위시켰음.
아울러 남방 세족의 도움으로 강남에서의 동진 정권을 안정시킴. 《晉書》
(65)에 전이 있음.

【周侯】周顗(269~322). 자는 伯仁. 周俊의 장자로 吏部尙書郞, 荊州刺史를
지냄. 僕射로 임명되자 술에 취해 사흘 만에 깨어나 "三日僕射"란 별명을
들음. 王敦에게 피살되어 "我雖不殺伯仁, 伯仁由我而死"의 고사를 낳음.
《晉書》(69)에 전이 있음.

【和嶠】자는 長輿. 太子少傅, 中書令, 散騎常侍, 光祿大夫 등을 지냄. 성품이
인색하고 돈에 대하여 집착을 가졌다 함. 《晉書》(45)에 전이 있음.

【嵯辥】첩운어 '嵯峨'와 같음. 높고 우뚝함.

> **참고 및 관련 자료**

1.《晉書》虞預

嶠厚自封植, 嶷然不羣.

597(9-17)

명제(明帝, 司馬紹)가 사곤謝鯤에게 물었다.

"그대는 유량庾亮과 비교하면 어떤가?"

그러자 그는 이렇게 답하였다.

"관복을 입고 조정에 나가 백관의 모범이 되는 데는 제가 그를 따를 수 없지만, 담담히 은일하는 일이라면 그보다 낫다 할 수 있습니다."

明帝問謝鯤:「君自謂何如庾亮?」

答曰:「端委廟堂, 使百僚準則, 臣不如亮; 一丘一壑, 自謂過之」

【明帝】司馬紹. (司馬睿)의 맏아들이며 東晉의 제 2대 황제. 자는 道畿. 재위 3年(323~326). 묘호는 肅宗.《晉書》(6)에 기가 있음.

【謝鯤】자는 幼輿(280~322). 謝衡의 아들이며 謝尙의 아버지. 老莊과《易》에 밝았으며 豫章太守를 지냄. 東海王(司馬越)에게 발탁되어 掾을 거쳐 參軍을 지냄. 뒤에 다시 王敦에게 발탁되었으며 왕돈이 난을 일으키자 이를 극구 간언하였음.《晉書》(49)에 전이 있음.

【庾公】庾亮(289~340). 자는 元規. 蘇峻, 祖約의 난을 평정하였으며 명제 때 王導를 이어 中書監이 됨. 征西大將軍, 荊州刺史 등을 재냄. 청담을 좋아하였으며 老莊에 밝았음. 죽은 후 太尉에 추증되었고 시호는 文康.《晉書》(73)에 전이 있음.

【一丘一壑】은일·은둔을 말함.

1.《文海披沙》

黃帝時適昆吾之丘, 中道而遇容成子, 命方明邀於路. 容成子曰「吾將棲於
一丘, 釣於一壑.」

2.《晉陽秋》

鯤隨王敦下, 入朝, 見太子於東宮, 語及夕, 太子從容問鯤曰:「論者以君方
庾亮, 自謂孰愈?」對曰:「宗廟之美, 百官之富, 臣不如亮; 縱意丘壑, 自謂
過之.」

3.《晉紀》鄧粲

鯤與王澄之徒, 慕竹林諸人, 散首披髮, 裸袒箕踞, 謂之八達. 故鄰家之女, 折其
兩齒. 世爲謠曰:「任達不已, 幼輿折齒.」鯤有勝情遠槩, 爲朝廷之望, 故時以
庾亮方焉.

598(9-18)

왕승상(王丞相, 王導)에게는 두 아우가 있었는데, 강을 건너 남천하기 전에
죽었다. 두 아우는 왕영王穎과 왕창王敞이었다. 당시 사람들은 왕영을 등백도
(鄧伯道, 鄧攸)에게, 그리고 왕창을 온충무(溫忠武, 溫嶠)에 비교하였다. 두 사람은
의랑議郞과 좨주祭酒 벼슬을 지냈다.

王丞相二弟不過江, 曰穎, 曰敞. 時論以穎比鄧伯道, 敞比
溫忠武. 議郞·祭酒者也.

【王丞相】王導(276~339). 자는 茂弘. 어릴 때 자는 阿龍. 王敦의 從弟. 서진이 망하자 王敦과 함께 司馬睿를 황제로 추대하여 東晉을 세움. 그 공으로 丞相이 되었으며 號를 '仲父'라 하였음. 천하의 권세를 잡아 당시 "王與馬, 共天下"라 하였음. 元帝와 明帝, 成帝를 차례로 즉위시켰음. 아울러 남방 세족의 도움으로 강남에서의 동진 정권을 안정시킴.《晉書》(65)에 전이 있음.

【王穎】王導의 아우. 20세에 죽음.

【王敞】역시 王導의 아우로 22세에 죽음.

【鄧伯道】鄧攸(?~326). 자는 伯道. 河東태수일 때 그곳이 石勒에게 함락되자 가족을 데리고 피난하면서 조카를 살리고 아들을 포기함. 元帝 때 吳郡太守, 吏部尙書·尙書左僕射 등을 지냈으며 아들이 없어 "天道無知, 使鄧伯道無兒!" 라 한탄함.《晉書》(90)에 전이 있음.

【溫忠武】溫嶠(288~329). 자는 太眞. 시호는 忠武. 太原 사람. 永嘉之亂 때 유곤의 심부름으로 남으로 내려가 원제(司馬睿)의 추대에 힘씀.《晉書》(67)에 전이 있음.

───

참고 및 관련 자료

1.《王氏譜》
穎字茂英, 位至議郎, 年二十卒. 敞字茂平, 丞相祭酒, 不就. 襲爵堂邑公, 年二十有二而卒.

599(9-19)

명제(明帝, 司馬紹)가 주후(周侯, 周顗)에게 물었다.

"많은 사람들의 의견이 그대를 치감(郗鑒에 비교하던데 어떻게 말할 수 있겠소?"

그러자 주후는 이렇게 대답하였다.

"폐하께서는 나 주의周顗를 억지로 그에게 비교하시려 하지 말아 주십시오."

明帝問周侯:「論者以卿比郗鑒, 云何?」
周曰:「陛下不須牽顗比」

【明帝】司馬紹. 元帝(司馬睿)의 맏아들이며 東晉의 제 2대 황제. 자는 道畿. 재위 3年(323~326). 묘호는 肅宗.《晉書》(6)에 기가 있음.

【周侯】周顗(269~322). 자는 伯仁. 周俊의 장자로 吏部尙書郞, 荊州刺史를 지냄. 僕射로 임명되자 술에 취해 사흘 만에 깨어나 "三日僕射"란 별명을 들음. 王敦에게 피살되어 "我雖不殺伯仁, 伯仁由我而死"의 고사를 낳음. 《晉書》(69)에 전이 있음.

【郗鑒】자는 道徽(269~339). 高平金鄕人. 두 아들 郗愔과 郗曇 역시 뛰어난 인물이었음. 西晉이 망하자 가족과 마을 사람 1천여 명을 데리고 남으로 피난하였으며 陶侃, 溫嶠 등과 함께 祖約, 蘇峻을 난을 평정함. 侍中을 역임하였으며 太尉에 오름.《晉書》(67)에 전이 있음.

참고 및 관련 자료

1. 劉孝標 注
『案: 顗死彌年, 明帝乃卽位. 世說此言妄矣.』

왕승상(王丞相, 王導)이 이렇게 말하였다.

"요즈음 여론이 나를 왕안기(王安期, 王承)·완천리(阮千里, 阮瞻)에 비교하고 있고, 나 역시 그 두 사람을 추앙하고 있다. 오직 누구나 왕태위(王太尉, 王衍)를 추앙하는 것은 그 사람은 특별히 뛰어난 인물이기 때문이리라."

王丞相云:「頃下論, 以我比安期·千里, 亦推此二人; 唯共推太尉, 此君特秀」

【王丞相】王導(276~339). 자는 茂弘. 어릴 때 자는 阿龍. 王敦의 從弟. 서진이 망하자 王敦과 함께 司馬睿를 황제로 추대하여 東晉을 세움. 그 공으로 丞相이 되었으며 號를 '仲父'라 하였음. 천하의 권세를 잡아 당시 "王與馬, 共天下"라 하였음. 元帝와 明帝, 成帝를 차례로 즉위시켰음. 아울러 남방 세족의 도움으로 강남에서의 동진 정권을 안정시킴.《晉書》(65)에 전이 있음.

【王安期】王承(275~320). 자는 安期. 太原 晉陽人. 汝南太守 王湛의 아들이며 王述의 아버지. 東海太守가 되어 덕정을 베풀었음. 王導, 衛玠, 周顗, 庾亮 등과 함께 東晉의 명사로 추앙됨.《晉書》(75)에 전이 있음.

【阮千理】阮瞻. 자는 千里. 阮咸의 장자이며 완부의 형. 거문고에 능하였음. 司徒掾, 司馬越의 記室參軍을 지냈으며 懷帝 때 太子舍人을 지냄. 귀신이란 없다는 뜻을 주장하여 〈無鬼論〉을 지음. 30세에 병으로 죽음.《晉書》(49)에 전이 있음.

【王太尉】王衍(256~311). 자는 夷甫. 王乂의 아들이며 王玄의 父. 죽림칠현의 하나인 王戎의 從弟. 太尉를 지냄.《晉書》(43)에 전이 있음.

1.《晉諸公贊》

夷甫性矜峻, 少爲同志所推.

601(9-21)

송위宋褘가 일찍이 왕대장군(王大將軍, 王敦)의 첩이 되었다가 뒤에 사진서 (謝鎭西, 謝尙)를 따르게 되었다. 진서가 물었다.

"나와 왕대장군을 비교한다면?"

그는 이렇게 답하였다.

"왕대장군을 그대에게 비교한다면, 그는 촌사람이라면 당신은 귀인이라고 할까요?"

사진서가 훨씬 멋지게 생겼기 때문이었다.

宋褘曾爲王大將軍妾, 後屬謝鎭西; 鎭西問褘:「我何如王?」

答曰:「王比使君, 田舍·貴人耳!」

鎭西妖冶故也.

【宋褘】明의 王世懋《世說新語》補注에 "宋褘是綠珠女妹"라 함. 綠珠는 石崇의 美妾. 宋褘는 곧 그의 여동생. 그러나 劉氏 주에는 "宋褘未詳"이라 하였음. 이에 대해 楊勇〈校箋〉에는 다른 의견을 제시함. 참고란을 볼 것.

【王大將軍】王敦(266~324). 자는 處仲. 어릴 때는 阿黑이라 부름. 王舍의
아우이며 王導의 종제로 八王之亂 때 공을 세워 散騎常侍, 侍中, 靑州刺史,
鎭東大將軍 등을 지냄. 西晉이 망하자 司馬睿를 옹립하여 황제로 삼음.
뒤에 明帝 때 난을 일으켰다가 軍中에서 죽음.《晉書》(98)에 전이 있음.
【謝鎭西】謝尙(308~357). 자는 仁祖. 謝鯤의 아들이며 王導가 '小安豊'이라
불렀음. 給事黃門侍郞을 거쳐 建武將軍, 鎭西將軍, 歷陽太守, 豫州刺史,
江夏, 義陽 등 都督을 지냄. 穆帝 때 尙書僕射를 지냄. 음악과 기예에
밝았으며 太樂을 처음으로 정리하였던 인물.《晉書》(79)에 전이 있음.

참고 및 관련 자료

1. 楊勇〈校箋〉

『宋本作「未詳宋禕」, 沈校作「宋禕未詳」, 今依沈校. 劉箋:「初學記笛類云: 古之
善吹笛者宋禕.」自注:「見世說石崇綠珠弟子.」藝文類聚笛類引俗說同. 宋吳
淑笛賦注引世說:「石崇婢綠珠弟子名宋禕, 國色, 善笛. 後入官, 帝疾篤, 出宋禕.
帝曰: '誰欲得者.'阮遙集曰: '願以賜臣.'卽與之.」據三書所引, 似出世說注, 而今
亡矣. 又按: 如吳氏所據, 則宋禕殆由金谷圍入官, 而歸阮孚, 而歸王敦, 而歸
謝尙. 一是簧笄, 數易主君, 如春秋夏姬之行, 亦足悼矣.』

602(9-22)

명제(明帝, 司馬紹)가 주백인(周伯仁, 周顗)에게 물었다.
"그대를 유원규(庾元規, 庾亮)와 비교한다면?"
그러자 백인은 이렇게 대답하였다.

"홀연히 산림에 처하는 것은 유원규가 나에게 미치지 못하지만, 조용히 임금을 보좌하는 것은 제가 그만 못합니다."

明帝問周伯仁:「卿自謂何如庾元規?」
對曰:「蕭條方外, 亮不如臣; 從容廊廟, 臣不如亮.」

【明帝】司馬紹. 元帝(司馬睿)의 맏아들이며 東晉의 제 2대 황제. 자는 道畿.
재위 3年(323~326). 묘호는 肅宗.《晉書》(6)에 기가 있음.

【周伯仁】周顗(269~322). 자는 伯仁. 周俊의 장자로 吏部尙書郎, 荊州刺史를
지냄. 僕射로 임명되자 술에 취해 사흘 만에 깨어나 "三日僕射"란 별명을
들음. 王敦에게 피살되어 "我雖不殺伯仁, 伯仁由我而死"의 고사를 낳음.
《晉書》(69)에 전이 있음.

【庾元規】庾亮(289~340). 자는 元規. 蘇峻, 祖約의 난을 평정하였으며 명제
때 王導를 이어 中書監이 됨. 征西大將軍, 荊州刺史 등을 지냄. 청담을
좋아하였으며 老莊에 밝았음. 죽은 후 太尉에 추증되었고 시호는 文康.
《晉書》(73)에 전이 있음.

참고 및 관련 자료

1. 劉孝標 注
『案: 諸書皆以謝鯤比亮, 不聞周顗.』

603(9-23)

왕승상(王丞相, 王導)이 왕람전(王藍田, 王述)을 연추으로 특채하자, 유공(庾公, 庾亮)이 승상에게 물었다.

"남전은 누구를 닮았습니까?"

그러자 왕승상은 이렇게 설명하였다.

"순박하고 간귀簡貴하기로는 그 아버지나 조부에 미치지 못할 게 없소. 그러나 광담曠澹하여 제자리를 지키는 힘은 좀 모자란 것 같소."

王丞相辟王藍田爲掾, 庾公問丞相:「藍田何似?」
王曰:「眞獨簡貴, 不減父祖; 然曠澹處, 故當不如爾.」

【王丞相】 王導(276~339). 자는 茂弘. 어릴 때 자는 阿龍. 王敦의 從弟. 서진이 망하자 王敦과 함께 司馬睿를 황제로 추대하여 東晉을 세움. 그 공으로 丞相이 되었으며 號를 '仲父'라 하였음. 천하의 권세를 잡아 당시 "王與馬, 共天下"라 하였음. 元帝와 明帝, 成帝를 차례로 즉위시켰음. 아울러 남방 세족의 도움으로 강남에서의 동진 정권을 안정시킴. 《晉書》(65)에 전이 있음.

【王藍田】 王述. 자는 懷祖(303~368). 王承의 아들이며 王坦之의 아버지. 고아가 되어 어머니를 극진히 모심. 아버지를 이어 藍田侯에 봉해졌으며 宛陵令, 臨海太守, 建威將軍, 會稽內史, 揚州刺史, 征虜將軍 등을 역임함. 청렴하기로 이름이 널리 알려졌음. 《晉書》(75)에 전이 있음.

【掾】 屬官. 屬吏. 낮은 직책이었음.

【庾公】 庾亮(289~340). 자는 元規. 蘇峻, 祖約의 난을 평정하였으며 명제 때 王導를 이어 中書監이 됨. 征西大將軍, 荊州刺史 등을 지냄. 청담을 좋아하였으며 老莊에 밝았음. 죽은 후 太尉에 추증되었고 시호는 文康. 《晉書》(73)에 전이 있음.

1. 劉孝標 注

『王述猾隘故也..』

2.《晉書》王述傳

懷祖淸貞簡貴, 不減祖父; 但曠淡微不及耳.

604(9-24)

변망지(卞望之, 卞壼)가 이렇게 말하였다.

"치공(郗公, 郗鑒)은 스스로 세 가지 상반된 모순이 있다. 윗사람에게는 행동이 방정하면서 아랫사람에게는 자신에게 빌붙기를 바란다. 이것이 첫째 모순이다. 다음으로 자기 자신은 청렴하고 올곧으면서 큰 수양에는 따지고 계산해서 행한다. 이것이 둘째 모순이다. 또 스스로는 공부하기를 좋아하면서 남의 학문에 대해서는 미워한다. 이것이 세 번째 모순이다."

卞望之云:「郗公體中有三反: 方於事上, 好下佞己, 一反; 治身淸貞, 大脩計校, 二反; 自好讀書, 憎人學問, 三反」

【卞望之】卞壼(281~328).《晉書》70에 전이 있음.

【郗公】晉나라 때 郗鑒(269~339). 자는 道徽. 高平金鄕人. 두 아들 郗愔과

郗曇 역시 뛰어난 인물이었음. 西晉이 망하자 가족과 마을 사람 1천여 명을 데리고 남으로 피난하였으며 陶侃, 溫嶠 등과 함께 祖約, 蘇峻의 난을 평정함. 侍中을 역임하였으며 太尉에 오름.《晉書》(67)에 전이 있음.

1. 劉孝標 注

『案: 太尉劉寔論王肅方於事上, 好下佞己, 性嗜榮貴, 不求苟合, 治身不穢, 尤惜財物. 王·郗志性, 儻亦同乎?』

605(9-25)

　세상 사람들은 온태진(溫太眞, 溫嶠)을 강을 건너온 이래東晉 제 이류二流의 사람이라 하였다. 당시 명사들이 인물평을 하였는데, 제 일류에 대한 지론이 끝날 즈음이면 온태진은 항상 안색을 잃곤 하였다.

　世論溫太眞, 是過江第二流之高者; 時名輩共說人物, 第一將盡之間. 溫常失色.

　【溫太眞】溫嶠. 자는 太眞(288~329). 太原 사람. 永嘉之亂 때 유곤의 심부름으로 남으로 내려가 원제(司馬睿)의 추대에 힘씀. 시호는 忠武.《晉書》(67)에 전이 있음.

1. 《溫氏譜序》

晉大夫卻至封於溫, 子孫因氏; 居太原祁縣, 爲郡箸姓.

606(9-26)

왕승상(王丞相, 王導)이 이렇게 말하였다.

"사인조(謝仁祖, 謝尙)를 보면 항상 사람으로 하여금 솟고 싶게 한단 말이야. 그러나 하차도(何次道, 何充)와 이야기를 나누면 오직 손을 들어 땅을 가리키며 '바로 여기로부터요!'라 할 뿐이다."

王丞相云:「見謝仁祖, 恆令人得上; 與何次道語, 唯擧手指地, 曰: '正自爾馨!'」

【王丞相】王導(276~339). 자는 茂弘. 어릴 때 자는 阿龍. 王敦의 從弟. 서진이 망하자 王敦과 함께 司馬睿를 황제로 추대하여 東晉을 세움. 그 공으로 丞相이 되었으며 號를 '仲父'라 하였음. 천하의 권세를 잡아 당시 "王與馬, 共天下"라 하였음. 元帝와 明帝, 成帝를 차례로 즉위시켰음. 아울러 남방 세족의 도움으로 강남에서의 동진 정권을 안정시킴. 《晉書》(65)에 전이 있음.
【謝仁祖】謝尙(308~357). 자는 仁祖. 謝鯤의 아들이며 王導가 '小安豐'이라 불렀음. 給事黃門侍郎을 거쳐 建武將軍, 鎭西將軍, 歷陽太守, 豫州刺史, 江夏,

義陽 등 都督을 지냄. 穆帝 때 尙書僕射를 지냄. 음악과 기예에 밝았으며 太樂을 처음으로 정리하였던 인물.《晉書》(79)에 전이 있음.

【何次道】何充(292~340). 자는 次道. 王敦의 主簿를 거쳐 驃騎將軍이 됨. 會稽 內史, 侍中, 驃騎將軍, 揚州刺史를 거쳐 司空을 추증받음. 佛寺 증수에 많은 돈을 썼다 함.《晉書》(77)에 전이 있음.

【馨】語助詞.〈文學〉22참조.

참고 및 관련 자료
>[!참고 및 관련 자료]

1. 劉孝標 注
『前篇及諸書皆云王公重何充, 謂必代己相; 而此章以手指地, 意如輕詆; 或淸 言析理, 何不逮謝故邪?』

607(9-27)

하차도(何次道, 何充)가 재상이 되어 있을 때 사람들은 그가 신임하는 사람들을 제대로 얻지 못하였다고 기롱하였다. 이에 완사광(阮思曠, 阮裕)은 탄식하면서 이렇게 말하였다.

"하차도는 자연히 그런 경지에 이르지 못하였지. 평민 출신을 재상의 지위에 올려놓았으니 그럴 수밖에, 한스러운 것은 이것뿐이다."

何次道爲宰相, 人有譏其信任不得其人. 阮思曠慨然曰:「次道自不至此; 但布衣超居宰相之位, 可恨! 唯此一條而已」

【何次道】何充(292~340). 자는 次道. 王敦의 主簿를 거쳐 驃騎將軍이 됨. 會稽
　內史, 侍中, 驃騎將軍, 揚州刺史를 거쳐 司空을 추증받음. 佛寺 증수에 많은
　돈을 썼다 함. 《晉書》(77)에 전이 있음.
【阮思曠】阮裕(300?~360?). 자는 思曠. 처음 王敦의 主簿였으나 왕돈이 찬위의
　뜻을 품고 있음을 알고 술과 광달한 행동을 보여 이를 면함. 臨海太守와
　東陽太守를 지냈으나 벼슬에 뜻을 버리고 剡山으로 은거하였음. 뒤에 다시
　吏部郎, 秘書監, 侍中, 散騎常侍, 金紫光祿大夫 등의 직책으로 부름을 받았
　으나 나가지 않음. 《晉書》(49)에 전이 있음. 宋 武帝(劉裕)의 이름을 피휘하여
　阮光祿, 阮主簿, 阮公, 阮思曠이라 부름.

> **참고 및 관련 자료**

1. 《晉陽秋》
充所昵庸雜, 以此損名.
2. 《語林》
阮光祿聞何次道爲宰相, 歎曰:「我當何處生活?」此則阮未許何爲鼎輔. 二說
便相符也.

608(9-28)

왕우군(王右軍, 王羲之)이 어렸을 때 승상(丞相, 王導)이 이렇게 말하였다.
“일소(逸少, 王羲之)가 무슨 이유로 유만안(劉萬安, 劉綏)에게 뒤진단 말인가?”

王右軍少時, 丞相云:「逸少何緣復減萬安邪?」

【王右軍】 王羲之(303~361, 혹은 309~365, 321~379). 자는 逸少. 어릴 때 이름은
虎犢. 王尊의 조카. 어려서는 訥言하였으나 뒤에 정치와 예술에 큰 업적을
남김. 특히 글씨에 뛰어나 書聖으로 추앙받았음. 右軍將軍, 會稽內史, 臨川
太守 등을 지냈음. 山陰道士와 《道德經》글씨를 거위와 바꾼 고사를 남겼
으며 그 외에 작품으로 〈蘭亭集序〉·〈樂毅論〉·〈黃庭經〉·〈東方朔畫讚〉·
〈姨母〉·〈初月〉·〈憂懸〉·〈喪亂〉 등을 남김.《晉書》(80)에 전이 있음. 王右軍,
王逸少, 王羲之 등으로 불림. 그 아들 王獻之와 함께 글씨에 뛰어나 ‘二王’
이라 함.

【丞相】 王導(276~339). 자는 茂弘. 어릴 때 자는 阿龍. 王敦의 從弟. 서진이
망하자 王敦과 함께 司馬睿를 황제로 추대하여 東晉을 세움. 그 공으로
丞相이 되었으며 號를 ‘仲父’라 하였음. 천하의 권세를 잡아 당시 “王與馬,
共天下”라 하였음. 元帝와 明帝, 成帝를 차례로 즉위시켰음. 아울러 남방
세족의 도움으로 강남에서의 동진 정권을 안정시킴.《晉書》(65)에 전이 있음.

【劉萬安】 劉綏. 劉寶의 조카. 庾翼의 장인. 〈賞譽篇〉 참조.

609(9-29)

치사공(郗司空, 郗愔) 집에 종이 하나 있었는데, 문장도 지을 줄 알았고
일마다 처리가 뛰어났다. 왕우군(王右軍, 王羲之)이 이 일을 유윤(劉尹, 劉惔)에게
칭찬하자 유윤이 물었다.

"그와 방회(方回, 郗愔)를 비교한다면?"

왕우군은 이렇게 대답하였다.

"이는 소인들 중에 지향志向이 조금 낮다는 뜻이지, 어찌 치사공에 비교
하리요?"

그랬더니 유윤은 이렇게 말하였다.

"만약 치사공만 못하다면 당연히 보통에 불과하지 뭘!"

郗司空家有傖奴, 知及文章, 事事有意; 王右軍向劉尹稱之.
劉問:「何如方回?」
王曰:「此正小人有意向耳, 何得便比方回?」
劉曰:「若不如方回, 故是常奴耳!」

【郗司空】郗愔. 자는 方回(313~384). 太宰 郗鑒의 아들이며 郗超의 아버지. 黃門侍郎과 臨海太守 등을 지냈으며 王羲之, 許詢과 이름을 함께 날렸음. 한때 병으로 은거하면서 글씨에 정진하여 隸書에 능하였으며 道經 백 권을 베낌. 뒤에 다시 출사하여 會稽內史를 지내고 司空에 초빙되었으나 사양함. 侍中과 司空에 추증됨. 《晉書》(67)에 전이 있음.

【傖奴】종, 하인. 흔히 남방 사람이 북방출신을 비하하여 지칭하던 말.

【王右軍】王羲之(303~361, 혹은 309~365, 321~379). 자는 逸少. 어릴 때 이름은 虎犢. 王尊의 조카. 어려서는 訥言하였으나 뒤에 정치와 예술에 큰 업적을 남김. 특히 글씨에 뛰어나 書聖으로 추앙받았음. 右軍將軍, 會稽內史, 臨川太守 등을 지냈음. 山陰道士와 《道德經》글씨를 거위와 바꾼 고사를 남겼으며 그 외에 작품으로 〈蘭亭集序〉·〈樂毅論〉·〈黃庭經〉·〈東方朔畫讚〉·〈姨母〉·〈初月〉·〈憂懸〉·〈喪亂〉 등을 남김. 《晉書》(80)에 전이 있음. 王右軍, 王逸少, 王羲之 등으로 불림. 그 아들 王獻之와 함께 글씨에 뛰어나 '二王'이라 함.

【劉尹】劉惔. 字는 眞長. 劉宏의 손자로 沛國 相 땅 출신. 明帝(323~326 재위)의 盧陵長公主에게 장가들어 駙馬가 됨. 司從左長史, 侍中, 丹陽尹 등을 지냄. 36세에 죽어 孫綽이 "居官無官官之事, 處事無事事之心"이라 誄文을 지어 명언이라 하였음. 《晉書》(75)에 전이 있음.

1. 《郗愔別傳》

愔字方回, 高平金鄉人, 太宰鑒長子也. 淵靜純素, 無執無競, 簡私暱, 罕交遊. 歷會稽內史·侍中·司空.

610(9-30)

당시 사람들이 완사광(阮思曠, 阮裕)을 이렇게 평하였다.

"골기骨氣는 왕우군(王右軍, 王羲之)에게 미치지 못하고, 간결 수려함은 유진장(劉眞長, 劉惔)에게만 못하며, 소윤韶潤함은 왕중조(王仲祖, 王濛)를 따르지 못하며, 사치思致는 은연원(殷淵源, 殷浩)에 미치지 못하나 도리어 이 네 사람의 아름다움을 함께 갖추었다."

時人道阮思曠:「骨氣不及右軍, 簡秀不如眞長, 韶潤不如仲祖, 思致不如淵源; 而兼有諸人之美.」

【阮思曠】阮裕. 자는 思曠(300?~360?). 처음 王敦의 主簿였으나 왕돈 찬위의 뜻을 품고 있음을 알고 술과 광달한 행동을 보여 이를 면함. 臨海太守와 東陽太守를 지냈으나 벼슬에 뜻을 버리고 剡山으로 은거하였음. 뒤에 다시 吏部郎, 秘書監, 侍中, 散騎常侍, 金紫光祿大夫 등의 직책으로 부름을 받았으나 나가지 않음. 《晉書》(49)에 전이 있음. 宋 武帝(劉裕)의 이름을 피휘하여 阮光祿, 阮主簿, 阮公, 阮思曠이라 부름.

【王右軍】王羲之(303~361, 혹은 309~365, 321~379). 자는 逸少. 어릴 때 이름은 虎犢. 王尊의 조카. 어려서는 訥言하였으나 뒤에 정치와 예술에 큰 업적을 남김. 특히 글씨에 뛰어나 書聖으로 추앙받았음. 右軍將軍, 會稽內史, 臨川太守 등을 지냈음. 山陰道士와《道德經》글씨를 거위와 바꾼 고사를 남겼으며 그 외에 작품으로〈蘭亭集序〉·〈樂毅論〉·〈黃庭經〉·〈東方朔畫讚〉·〈姨母〉·〈初月〉·〈憂懸〉·〈喪亂〉 등을 남김.《晉書》(80)에 전이 있음. 王右軍, 王逸少, 王羲之 등으로 불림. 그 아들 王獻之와 함께 글씨에 뛰어나 '二王'이라 함.

【劉眞長】劉尹. 劉惔. 字는 眞長. 劉宏의 손자로 沛國 相 땅 출신. 明帝 (323~326 재위)의 廬陵長公主에게 장가들어 駙馬가 됨. 司從左長史, 侍中, 丹陽尹 등을 지냄. 36세에 죽어 孫綽이 "居官無官官之事, 處事無事事之心"이라 誄文을 지어 명언이라 하였음.《晉書》(75)에 전이 있음.

【王仲祖】王濛(309?~347?). 자는 仲祖. 太原 王氏. 王脩, 王蘊, 哀帝王后의 아버지. 司徒左長史를 지냄.《晉書》(93)에 전이 있음.

【殷淵源】殷浩(?~356). 자는 淵源. 殷羨(洪喬)의 아들이며 弱冠에 이미 이름이 났으며 玄言에 뛰어나 당시 풍류 재자의 숭앙을 받음. 정사에도 뛰어나 사람들은 그를 管仲이나 諸葛孔明에 비유할 정도였음. 建武將軍, 揚州刺史, 記室參軍·安西將軍·中軍將軍 등을 역임하였으며, 北征에 나섰다가 姚襄에게 패배하여 서인으로 강등되기도 하였음. '咄咄怪事'의 고사를 남김. 《晉書》(77)에 전이 있음.

참고 및 관련 자료

1.《中興書》

裕以人不須廣學, 正應以禮讓爲先; 故終日頹然, 無所修綜, 而物自宗之.

611(9-31)

간문제(簡文帝, 司馬昱)가 이렇게 말하였다.

"하평숙(何平叔, 何晏)은 그 교묘함이 오히려 자신의 도에 누가 되고, 혜숙야(嵇叔夜, 嵇康)는 너무 빼어남이 자신의 도를 손상시켰다."

簡文云:「何平叔巧累於理, 嵇叔夜雋傷其道」

【簡文帝】東晉의 제8대 황제 司馬昱. 字는 道萬. 中宗의 少子. 元帝 계실 鄭后 소생이며 司馬紹의 배다른 동생. 穆帝가 어려서 撫軍으로 보필, 뒤에 桓溫이 海西公을 폐하고 이를 세워 皇帝에 오름. 재위 2년(371~372).《世說新語》에서는 흔히 '晉簡文', '簡文', '簡文帝', '簡文皇帝', '相王', '撫軍', '會稽王'등으로 칭함.《晉書》(9)에 紀가 있음.

【何平叔】何晏(190~249). 삼국시대 魏나라 사람.〈道德論〉·〈無爲論〉·《論語集解》등을 남김.《三國志》(9)에 전이 있음.

【嵇叔夜】嵇康(223~262). 三國時代 魏나라 사람. 죽림칠현의 하나.〈琴賦〉·〈養生論〉·〈聲無哀樂論〉·〈與山巨源絕交書〉 등으로 유명함.《晉書》(49)에 전이 있음.

> ### 참고 및 관련 자료

1. 劉孝標 注

『理本眞率, 巧則乖其致, 道唯虛澹, 雋則違其宗. 所以二子不免也.』

612(9-32)

당시 사람들은 모두들 진晉 무제(武帝, 司馬炎)가 제왕(齊王, 司馬攸)을 출임
出任시킨 것과 혜제(惠帝, 司馬衷)를 세워 대를 잇게 한 것 중에 어느 쪽의
실패가 더 큰가를 논의하였다.

대부분 사람들이 혜제를 세운 것이 더 큰 실수라고 하였다.

그러나 환온桓溫만은 이렇게 말하였다.

"그렇지 않다. 아들로 하여금 아버지의 업을 잇게 하고, 동생으로 하여금
집안 제사를 잇게 한 것이 어찌 불가한 일이란 말인가?"

時人共論晉武帝出齊王之與立惠帝, 其失孰多? 多謂立
惠帝爲重.

桓溫曰:「不然, 使子繼父業, 弟承家祀, 有何不可?」

【晉武帝】司馬炎. 晉나라 첫 황제. 武帝. 재위 26년(265~290). 司馬昭의 長子.
자는 安世. 咸熙 2年(265)에 魏나라로부터 禪讓의 형식으로 나라를 이어받아
洛陽에 晉나라를 세움. 묘호는 世祖.《晉書》(3)에 紀가 있음.

【齊王】司馬攸(248~243). 晉 文帝(司馬昭)의 둘째아들. 武帝 司馬炎을 도와
나라를 일으킨 다음 齊王에 봉해졌으나, 국가 행정에 울분을 품고 죽음.
《晉書》38에 전이 있음.

【惠帝】司馬衷(259~306). 武帝 司馬炎의 둘째아들. 재위 17년. 우매하여 八王
之亂이 일어나도록 함.

【桓溫】桓宣武. 桓公(312~373). 자는 元子. 明帝의 사위. 荊州刺史를 지냈
으며, 蜀을 정벌하고 前秦을 쳐부숨. 簡文帝를 세우고 자신이 다시 왕위를
빼앗고자 하였었음. 시호는 武侯. 그의 아들 桓玄이 드디어 제위를 찬탈
하여 楚나라를 세운 다음 아버지 환온을 宣武皇帝로 추존함.《晉書》(99)에
전이 있음.

1.《晉陽秋》

齊王攸, 字大猷, 文帝第二子. 孝敬忠肅, 淸和平允, 親賢下士, 仁惠好旋. 能屬文, 善尺牘. 初, 荀勗·馮紞爲武帝親幸, 攸惡勗之佞, 勗懼攸或嗣立, 必誅己, 具攸 甚得衆心, 朝賢景附. 會帝有疾, 攸及皇太子入問訊, 朝士皆屬目於攸, 而不在 太子. 至是勗從容曰:「陛下萬年後, 太子不得入也」帝曰:「何故?」勗曰:「百寮 內外, 皆歸心於齊王; 太子安得立乎! 陛下試詔齊王歸國, 必擧朝謂之不可; 若然, 則臣言徵矣」侍中馮紞又曰:「陛下必欲建諸侯·成五等, 宜從親始, 親莫若齊王」 帝從之. 於是下詔, 使攸之國. 攸聞勗, 紞間己, 憂忿不知所爲; 入辭, 出, 歐血, 薨. 帝哭之慟. 馮紞侍曰:「齊王名過其實, 而天下歸之; 今自薨殞, 陛下何哀之甚?」 帝乃止. 劉毅聞之, 故終身稱疾焉.

2. 劉孝標 注

『武帝兆禍亂·覆神州, 在斯而已. 輿隷且知其若此, 況宣武之弘雋乎? 此言非也.』

613(9-33)

어떤 이가 은연원(殷淵源, 殷浩)에게 물었다.

"지금 세상의 왕공王公들이 그대를 배숙도(裴叔道, 裴遐)에 비유합니다. 귀하는 어떻게 생각하십니까?"

은연원은 이렇게 대답하였다.

"그러므로 의당 식견이 오묘한 이치에 통하는가로써 비교해야지요."

人問殷淵源:「當世王公以卿比裴叔道, 云何?」

殷曰:「故當以識通暗處.」

【殷淵源】殷浩(?~356). 자는 淵源. 殷羨(洪喬)의 아들이며 弱冠에 이미 이름이
났으며 玄言에 뛰어나 당시 풍류 재자의 숭앙을 받음. 정사에도 뛰어나
사람들은 그를 管仲이나 諸葛孔明에 비유할 정도였음. 建武將軍, 揚州刺史,
記室參軍·安西將軍·中軍將軍 등을 역임하였으며, 北征에 나섰다가 姚襄
에게 패배하여 서인으로 강등되기도 하였음. '咄咄怪事'의 고사를 남김.
《晉書》(77)에 전이 있음.

【裴叔道】裴遐. 자는 叔道. 裴徽의 손자이며 裴綽의 아들. 散騎郎을 지냄.
王衍의 사위이며 東海王(司馬越)의 太傅主簿를 지냈으나 司馬越의 아들
司馬毗에게 죽임을 당함.《三國志》魏書 裴潛傳 注 및 《晉書》裴秀傳
참조.

> ### 참고 및 관련 자료

1. 劉孝標 注

『遐與浩並能清言.』

614(9-34)

무군(撫軍, 司馬昱)이 은호殷浩에게 물었다.
"경은 배일민(裴逸民, 裴頠)과 비교하면 어떻소?
은호는 한참을 망설이다가 이렇게 대답하였다.
"조금 나을 뿐이지요."

撫軍問殷浩:「卿定何如裴逸民?」
良久答曰:「故當勝耳」

【撫軍】 簡文帝. 東晉의 제8대 황제 司馬昱. 字는 道萬. 中宗의 少子. 元帝 계실
鄭后 소생이며 司馬紹의 배다른 동생. 穆帝가 어려서 撫軍으로 보필, 뒤에
桓溫이 海西公을 폐하고 이를 세워 皇帝에 오름. 재위 2년(371~372).《世說
新語》에서는 흔히 '晉簡文', '簡文', '簡文帝', '簡文皇帝', '相王', '撫軍', '會稽王'
등으로 칭함.《晉書》(9)에 紀가 있음.
【殷浩】 자는 淵源(?~356). 殷羨(洪喬)의 아들이며 弱冠에 이미 이름이 났으며
玄言에 뛰어나 당시 풍류 재자의 숭앙을 받음. 정사에도 뛰어나 사람들은
그를 管仲이나 諸葛孔明에 비유할 정도였음. 建武將軍, 揚州刺史, 記室參軍·安西
將軍·中軍將軍 등을 역임하였으며, 北征에 나섰다가 姚襄에게 패배하여 서인
으로 강등되기도 하였음. '咄咄怪事'의 고사를 남김.《晉書》(77)에 전이 있음.
【裴逸民】 裴頠(267~300). 字는 逸民. 裴秀의 막내아들. 老莊과 醫術에 밝았
으며 〈崇有論〉을 지어 儒家의 인의도덕을 중시할 것을 주장하였음. 尙書
左僕射, 侍中 등을 지냈으며 賈后의 난에 인척임에도 정도를 지켰음. 趙王
(司馬倫)이 가후에게 빌붙자 이를 탄핵하다가 결국 34세에 司馬倫에게 주살
당함. 惠帝가 反正하여 그를 복권시켰으며 시호를 成이라 함.《晉書》(35)에
전이 있음.

615(9-35)

환공(桓公, 桓溫)은 젊어서부터 은후(殷侯, 殷浩)와 이름을 다투었는데, 늘 경쟁심을 느꼈다. 그래서 한 번은 환공이 은후에게 물었다.

"그대는 나와 비교해서 어떻다고 생각하오?"

은후는 이렇게 대답하였다.

"나는 내 자신과 오랫동안 주선周旋하고 있소. 차라리 나는 나의 것을 만들고자 하오."

桓公少與殷侯齊名, 常有競心; 桓問殷:「卿何如我?」
殷云:「我與我周旋久, 寧作我」

【桓公】桓宣武. 桓溫(312~373). 자는 元子. 明帝의 사위. 荊州刺史를 지냈으며, 蜀을 정벌하고 前秦을 쳐부숨. 簡文帝를 세우고 자신이 다시 왕위를 빼앗고자 하였음. 시호는 武侯. 그의 아들 桓玄이 드디어 제위를 찬탈하여 楚나라를 세운 다음 아버지 환온을 宣武皇帝로 추존함. 《晉書》(99)에 전이 있음.

【殷侯】殷浩(?~356). 자는 淵源. 殷羨(洪喬)의 아들이며 弱冠에 이미 이름이 났으며 玄言에 뛰어나 당시 풍류 재자의 숭앙을 받음. 정사에도 뛰어나 사람들은 그를 管仲이나 諸葛孔明에 비유할 정도였음. 建武將軍, 揚州刺史, 記室參軍·安西將軍·中軍將軍 등을 역임하였으며, 北征에 나섰다가 姚襄에게 패배하여 서인으로 강등되기도 하였음. '咄咄怪事'의 고사를 남김. 《晉書》(77)에 전이 있음.

【周旋】자기 자신과 싸우느라 다른 생각을 할 겨를이 없음을 뜻함.

1. 楊勇〈校箋〉

『晉書殷浩傳:「浩少與溫齊名, 而每心競; 溫嘗問浩:‘君何如我?’浩曰:‘我與
君周旋久, 寧作我也.’」與世說爲異. 推其語意, 則以晉書爲佳也.』

616(9-36)

무군(撫軍, 司馬昱)이 손흥공(孫興公, 孫綽)에게 물었다.

"유진장(劉眞長, 劉惔)이란 사람은 어떻습니까?"

"청울간령淸蔚簡令한 분이지요."

"그러면 왕중조(王仲祖, 王濛)는 어떻습니까?"

"온윤념화溫潤恬和한 분이지요."

"다음으로 환온桓溫은 어떠합니까?"

"고상매출高爽邁出하지요."

"사인조(謝仁祖, 謝尙)는요?"

"청이영달淸易令達합니다."

"완사광(阮思曠, 阮裕)은요?"

"홍윤통장弘潤通長합니다."

"원양(袁羊, 袁喬)은 어떻습니까?"

"조조청편洮洮淸便합니다."

"은홍원(殷洪遠, 殷融)은 어떠합니까?"

"원유치사遠有致思한 분입니다."

이렇게 되자 무군은 이런 질문을 던졌다.

"그렇다면 경은 스스로를 어떤 인물이라 여깁니까?"

손흥공은 이렇게 설명하였다.

"제 재능이 닿을 수 있는 것은 모두 앞서의 현자들만 못합니다. 시의
時宜를 헤아려 세상에 영향을 미치는 일도 역시 그들에게 미치지 못합니다.
그러나 재주가 없으면서도 때때로 현묘한 이치에 뜻을 두고 《노자老子》·
《장자莊子》를 읊조리며 세속에서 벗어나 시속時俗의 임무에 연연하지 않는
면에 있어서는, 내 스스로 이런 마음을 그들에게 양보할 수 없다고 자부
합니다."

撫軍問孫興公:「劉眞長何如?」

曰:「淸蔚簡令」

　　「王仲祖何如?」

曰:「溫潤恬和」

　　「桓溫何如?」

曰:「高爽邁出」

　　「謝仁祖何如?」

曰:「淸令易達」

　　「阮思曠何如?」

曰:「弘潤通長」

　　「袁羊何如?」

曰:「洮洮淸便」

　　「殷洪遠何如?」

曰:「遠有致思」

　　「卿自謂何如?」

曰:「下官才能所經, 悉不如諸賢; 至於斟酌時宜, 籠罩當世, 亦多所不及. 然以不才, 時復託懷玄勝, 遠詠《老》·《莊》, 蕭條高寄, 不與時務經懷; 自謂此心無所與讓也」

【撫軍】簡文帝. 東晉의 제8대 황제 司馬昱. 字는 道萬. 中宗의 少子. 元帝 계실 鄭后 소생이며 司馬紹의 배다른 동생. 穆帝가 어려서 撫軍으로 보필, 뒤에 桓溫이 海西公을 폐하고 이를 세워 皇帝에 오름. 재위 2년(371~372).《世說新語》에서는 흔히 '晉簡文', '簡文', '簡文帝', '簡文皇帝', '相王', '撫軍', '會稽王' 등으로 칭함.《晉書》(9)에 紀가 있음.

【孫興公】孫綽(314~371). 자는 興公. 孫楚의 손자로 형 孫統과 남으로 내려와 벼슬에 뜻을 버리고〈遂初賦〉를 씀. 그 외에〈遊天台山賦〉가 유명하며 뒤에 庾亮·殷浩·王羲之의 막료를 거쳐 永嘉太守·散騎常侍를 지냄. 桓溫이 수도를 洛陽으로 옮기려 하자 상소하여 반대함. 廷尉卿에 이르렀으며 長樂侯를 습봉받음.《晉書》(56)에 전이 있음.

【劉眞長】劉尹. 劉惔. 劉丹陽. 字는 眞長. 劉宏의 손자로 沛國 相 땅 출신. 明帝(323~326 재위)의 廬陵長公主에게 장가들어 駙馬가 됨. 司從左長史. 侍中. 丹陽尹 등을 지냄. 36세에 죽어 孫綽이 "居官無官官之事, 處事無事事之心"이라 誄文을 지어 명언이라 하였음.《晉書》(75)에 전이 있음.

【王仲祖】王濛(309?~347?). 자는 仲祖. 太原 王氏. 王脩, 王蘊, 哀帝王后의 아버지. 司徒左長史를 지냄.《晉書》(93)에 전이 있음.

【桓溫】桓宣武. 桓公(312~373). 자는 元子. 明帝의 사위. 荊州刺史를 지냈으며, 蜀을 정벌하고 前秦을 쳐부숨. 簡文帝를 세우고 자신이 다시 왕위를 빼앗고자 하였었음. 시호는 武侯. 그의 아들 桓玄이 드디어 제위를 찬탈하여 楚나라를 세운 다음 아버지 환온을 宣武皇帝로 추존함.《晉書》(99)에 전이 있음.

【謝仁祖】謝尙(308~357). 자는 仁祖. 謝鯤의 아들이며 王導가 '小安豐'이라 불렀음. 給事黃門侍郎을 거쳐 建武將軍, 鎭西將軍, 歷陽太守, 豫州刺史, 江夏, 義陽 등 都督을 지냄. 穆帝 때 尙書僕射를 지냄. 음악과 기예에 밝았으며 太樂을 처음으로 정리하였던 인물.《晉書》(79)에 전이 있음.

【阮思曠】阮裕(300?~360?).《世說新語》에서는 宋 武帝 劉裕의 이름을 피휘

하기 위하여 직접 그의 이름을 쓰지 않고, 阮思曠, 阮光祿, 阮主簿, 阮公으로 부름.

【袁羊】袁喬. 자는 彦升. 어릴 때 자가 羊이었음. 陳郡人으로 尙書郎, 江夏相, 益州刺史를 역임함. 湘西伯에 봉해짐.

【殷洪遠】殷融. 殷洪喬의 아우. 《易》과 《老·莊》에 심취하였으며 〈象不盡意〉·〈大賢須易〉 등을 지음. 丹楊尹과 吏部尙書 등을 지냈으며 穆帝 때 太常卿을 지냄.

참고 및 관련 자료

1. 《晉紀》徐廣
凡稱風流者, 皆擧王·劉爲宗焉.

617(9-37)

환대사마(桓大司馬, 桓溫)가 도성을 공략해 내려와서 유진장(劉眞長, 劉惔)에게 물었다.

"듣자 하니 회계왕(會稽王, 司馬昱)이 기이한 진보를 했다던데, 그게 사실이오?"

유진장은 이렇게 대답하였다.

"크게 진보했습니다. 그러나 그 정도는 이류二流급에 불과한 따름입니다!"

환온이 다시 물었다.

"그렇다면 제 일류의 인물은 누구요?"

그러자 유진장이 이렇게 말하였다.

"바로 우리 같은 무리이지요!"

桓大司馬下都, 問眞長曰:「聞會稽王語奇進, 爾邪?」

劉曰:「極進, 然故是第二流中人耳!」

桓曰:「第一流復是誰?」

劉曰:「正是我輩耳!」

【桓大司馬】 桓宣武. 桓公. 桓溫(312~373). 자는 元子. 明帝의 사위. 荊州刺史를
지냈으며, 蜀을 정벌하고 前秦을 쳐부숨. 簡文帝를 세우고 자신이 다시 왕위를
빼앗고자 하였음. 시호는 武侯. 그의 아들 桓玄이 드디어 제위를 찬탈하여
楚나라를 세운 다음 아버지 환온을 宣武皇帝로 추존함. 《晉書》(99)에 전이
있음.

【都】 당시의 수도 建康. 지금의 南京.

【劉眞長】 劉惔. 字는 眞長. 劉宏의 손자로 沛國 相 땅 출신. 明帝(323~326
재위)의 廬陵長公主에게 장가들어 駙馬가 됨. 司從左長史, 侍中, 丹陽尹 등을
지냄. 36세에 죽어 孫綽이 "居官無官官之事, 處事無事事之心"이라 誄文을
지어 명언이라 하였음. 《晉書》(75)에 전이 있음.

【會稽王】 簡文帝. 東晉의 제8대 황제 司馬昱. 字는 道萬. 中宗의 少子. 元帝
계실 鄭后 소생이며 司馬紹의 배다른 동생. 穆帝가 어려서 撫軍으로 보필,
뒤에 桓溫이 海西公을 폐하고 이를 세워 皇帝에 오름. 재위 2년(371~372).
《世說新語》에서는 흔히 '晉簡文', '簡文', '簡文帝', '簡文皇帝', '相王', '撫軍',
'會稽王'등으로 칭함. 《晉書》(9)에 紀가 있음.

참고 및 관련 자료

1.《桓溫別傳》

興寧九年, 以溫克復舊京, 肅靜華夏, 進都督中外諸軍事·侍中·大司馬, 加黃鉞,
使入參朝政.

618(9-38)

은후(殷侯, 殷浩)가 이미 평민으로 깎여 내려가자, 환공(桓公, 桓溫)이 여러 사람에게 이렇게 얘기하였다.

"내 일찍이 어릴 때부터 은후와는 죽마고우竹馬故友였지. 내가 그 죽마를 버리면 그가 즉시 이를 주워서 타곤 했지. 그러니 응당 내 아래에 있어야지!"

殷侯旣廢, 桓公語諸人曰:「少時與淵源共騎竹馬, 我棄去, 已輒取之, 故當出我下!」

【殷侯】殷浩(?~356). 자는 淵源. 殷羨(洪喬)의 아들이며 弱冠에 이미 이름이 났으며 玄言에 뛰어나 당시 풍류 재자의 숭앙을 받음. 정사에도 뛰어나 사람들은 그를 管仲이나 諸葛孔明에 비유할 정도였음. 建武將軍, 揚州刺史, 記室參軍·安西將軍·中軍將軍 등을 역임하였으며, 北征에 나섰다가 姚襄에게 패배하여 서인으로 강등되기도 하였음. '咄咄怪事'의 고사를 남김. 《晉書》(77)에 전이 있음.

【桓公】桓宣武. 桓溫(312~373). 자는 元子. 明帝의 사위. 荊州刺史를 지냈으며, 蜀을 정벌하고 前秦을 쳐부숨. 簡文帝를 세우고 자신이 다시 왕위를 빼앗고자 하였음. 시호는 武侯. 그의 아들 桓玄이 드디어 제위를 찬탈하여 楚나라를 세운 다음 아버지 환온을 宣武皇帝로 추존함. 《晉書》(99)에 전이 있음.

참고 및 관련 자료

1. 《續晉陽秋》

簡文輔政, 引殷浩爲揚州, 欲以抗桓; 桓素輕浩, 未之憚也.

619(9-39)

어떤 사람이 무군(撫軍, 司馬昱)에게 물었다.

"은호殷浩의 담론 솜씨는 어떻습니까?"

이에 무군은 이렇게 말하였다.

"능히 남을 굴복시키지는 못하지만, 여러 사람의 마음에 맞게 좋은 말로 응수할 줄은 아는 정도지."

人問撫軍:「殷浩談竟何如?」

答曰:「不能勝人; 差可獻酬群心」

【撫軍】簡文帝. 東晉의 제8대 황제 司馬昱. 字는 道萬. 中宗의 少子. 元帝 계실 鄭后 소생이며 司馬紹의 배다른 동생. 穆帝가 어려서 撫軍으로 보필, 뒤에 桓溫이 海西公을 폐하고 이를 세워 皇帝에 오름. 재위 2년(371~372).《世說新語》에서는 흔히 '晉簡文', '簡文', '簡文帝', '簡文皇帝', '相王', '撫軍', '會稽王' 등으로 칭함.《晉書》(9)에 紀가 있음.

【殷浩】殷中軍. 자는 淵源(?~356). 殷羨(洪喬)의 아들이며 弱冠에 이미 이름이 났으며 玄言에 뛰어나 당시 풍류 재자의 숭앙을 받음. 정사에도 뛰어나 사람들은 그를 管仲이나 諸葛孔明에 비유할 정도였음. 建武將軍, 揚州刺史, 記室參軍·安西將軍·中軍將軍 등을 역임하였으며, 北征에 나섰다가 姚襄에게 패배하여 서인으로 강등되기도 하였음. '咄咄怪事'의 고사를 남김.《晉書》(77)에 전이 있음.

620(9-40)

간문제(簡文帝, 司馬昱)가 이렇게 말하였다.

"사안남(謝安南, 射奉)의 청령淸令함은 그 동생謝聘만 못하고, 그 학문은 공엄孔嚴만 못하다. 그러나 스스로 지킬 줄 아는 데에는 뛰어난 인물이다."

簡文云:「謝安南淸令不如其弟, 學義不及孔嚴; 居然自勝」

【簡文帝】東晉의 제8대 황제 司馬昱. 字는 道萬. 中宗의 少子. 元帝 계실 鄭后 소생이며 司馬紹의 배다른 동생. 穆帝가 어려서 撫軍으로 보필, 뒤에 桓溫이 海西公을 폐하고 이를 세워 皇帝에 오름. 재위 2년(371~372).《世說新語》에서는 흔히 '晉簡文', '簡文', '簡文帝', '簡文皇帝', '相王', '撫軍', '會稽王' 등으로 칭함.《晉書》(9)에 紀가 있음.

【謝安南】謝奉. 자는 弘道. 魏顗, 虞球, 虞存과 함께 四族之俊으로 일컬어졌던 인물. 何充에게 발탁되어 安南將軍, 廣州刺史, 吏部尙書 등을 지냄.

【아우】謝聘을 가리킴.

【孔嚴】자는 彭祖(?~370). 西陽太守를 지냄. 孔巖으로 잘못 기록된 경우가 많음. 자는 彭祖.《晉書》(78)에 전이 있음.

참고 및 관련 자료

1.《謝氏譜》
奉弟聘, 字弘遠, 歷侍中・廷尉卿.

2.《中興書》
嚴字彭祖, 會稽山陰人. 父儉, 黃門侍郎. 嚴有才學, 歷丹陽尹・尙書・西陽侯. 在朝多所匡正. 爲吳興太守, 大得民和. 後卒於家.

3. 劉孝標 注

『言奉任天眞也.』

621(9-41)

진晉 폐제(廢帝, 司馬奕)가 폐위되어 해서공海西公이 되기 전에 왕원림(王元琳, 王珣)이 환원자(桓元子, 桓溫)에게 물었다.

"기자箕子·비간比干은 그 남긴 흔적은 다르나, 마음은 같았습니다. 그대는 누가 옳고, 누가 그르다고 여기고 계신지 모르겠습니다."

환온은 이렇게 대답하였다.

"어질다는 칭찬은 서로 다른 바가 없다. 그러나 나라면 차라리 관중管仲 같은 인물이 되겠노라!"

未廢海西公時, 王元琳問桓元子:「箕子·比干, 迹異心同, 不審明公孰是孰非?」

曰:「仁稱不異, 寧爲管仲!」

【海西公】晉 廢帝 司馬奕(342~386). 자는 延齡. 晉 哀帝의 이복동생. 咸康 8년(342)에 東海王에 봉해졌다가 哀帝가 죽자 즉위하였으나 桓溫의 간섭 으로 海西縣公이 됨. 《晉書》(8)에 紀가 있음.

【王元琳】王珣(349~400). 자는 元琳. 어릴 때의 자는 法護, 혹은 阿瓜. 王洽(敬和)의 아들이며 王導의 손자. 王珉(僧彌)의 형. 安帝 때 尙書令, 散騎常侍 등을 역임함. 東亭侯에 봉해짐.《晉書》(65)에 전이 있음.

【桓元子】桓宣武. 桓公. 桓溫(312~373). 자는 元子. 明帝의 사위. 荊州刺史를 지냈으며, 蜀을 정벌하고 前秦을 쳐부숨. 簡文帝를 세우고 자신이 다시 왕위를 빼앗고자 하였었음. 시호는 武侯. 그의 아들 桓玄이 드디어 제위를 찬탈하여 楚나라를 세운 다음 아버지 환온을 宣武皇帝로 추존함.《晉書》(99)에 전이 있음.

【管仲】春秋시대 齊 桓公을 보필하여 천하를 제패한 재상.《史記》管晏列傳 참조.

참고 및 관련 자료

1.《論語》

微子去之, 箕之爲之奴, 比干諫而死. 子曰:「殷有三仁焉」 子路曰:「桓公殺公子糾, 召忽死之, 管仲不死, 曰未仁乎?」 子曰:「桓公九合諸侯, 一匡天下, 不以兵車, 管仲之力. 如其仁! 如其仁!」

622(9-42)

유단양(劉丹楊, 劉惔)과 왕장사(王長史, 王濛)가 와관사瓦官寺에서 만났다. 그때 환호군(桓護軍, 桓伊)도 같이 자리를 하게 되었다.

그들은 함께 서조西朝 및 강좌(江左, 東晉) 당시의 인물들에 대해 품평을 하였다. 어떤 이가 물었다.

"두홍치(杜弘治, 杜乂)와 위호(衛虎, 衛玠)를 비교하면 어떨까?"

환이는 이렇게 말하였다.

"두홍치는 피부가 청결하고, 위호는 번쩍번쩍하여 신령神令함이 있지."

왕장사와 유단양은 그 말이 아주 적합하다고 여겼다.

劉丹楊·王長史在瓦官寺集, 桓護軍亦在坐, 共商略西朝
及江左人物.

或問:「杜弘治何如衛虎?」

桓答曰:「弘治膚淸, 衛虎弈弈神令」

王·劉善其言.

【劉丹楊】劉尹. 劉惔. 字는 眞長. 劉宏의 손자로 沛國 相 땅 출신. 明帝
(323~326 재위)의 廬陵長公主에게 장가들어 駙馬가 됨. 司從左長史, 侍中,
丹陽尹 등을 지냄. 36세에 죽어 孫綽이 "居官無官官之事, 處事無事事之心"
이라 誄文을 지어 명언이라 하였음. 《晉書》(75)에 전이 있음. 丹陽尹을
지냄. '丹楊'은 '丹陽'의 오기로 보고 있음.

【王長史】王濛(309?~347?). 자는 仲祖. 太原 王氏. 王脩, 王蘊, 哀帝王后의
아버지. 司徒左長史를 지냄. 《晉書》(93)에 전이 있음.

【瓦官寺】東晉 때의 유명한 사찰. 364년 慧力이 창건. 지금의 南京에 있었음.

【桓護軍】桓伊. 자는 叔夏. 어릴 때의 자는 子野, 혹은 野王이라 함. 武備에
힘쓸 것을 주장하였으며 征西將軍, 右軍將軍, 護軍將軍, 西中郎將, 豫州刺史
등을 지냄. 前秦의 苻堅이 남침하자 謝玄, 謝琰과 함께 그들을 대패시키고
그 공으로 永修侯의 봉을 받음. 피리를 잘 불었으며 蔡邕의 柯亭笛을 소장
하여 江左第一 연주자라 하였다 함. 《晉書》(81)에 전이 있음.

【江左】長江의 왼쪽, 즉 지금의 南京(당시 建康)을 가리키는 것으로 西晉에
상대된 東晉時代를 일컫는 말.

【杜弘治】두예(杜乂). 杜預의 손자. 용모가 준수하여 강좌에 이름이 났으며 丹楊丞, 公府掾 등을 지냄. 當陽侯에 봉해짐. 일찍 죽음. 《晉書》(93)에 전이 있음.

【衛虎】衛玠(287~313). 자는 叔寶. 어릴 때는 虎라 부름. 衛瓘의 손자이며 衛恒의 아들. 《老莊》에 조예가 깊었음. 어려서 王澄, 王玄, 王濟와 함께 이름을 날려 "王家三子, 不如衛家一兒"라 하였음. 中原大亂 때 남으로 피난하여 王敦에게 발탁됨. 太子洗馬를 지냈으며 王承과 더불어 '中興第一名士'로 불림. 《晉書》(36)에 전이 있음.

참고 및 관련 자료

1. 《衛玠別傳》
永和中, 劉眞長·謝仁祖共商略中朝人. 或問:「杜弘治可方衛洗馬不?」謝曰:「安得比? 其間可容數人.」

2. 《江左名士傳》
劉眞長曰:「吾請評之: 弘治膚淸, 叔寶神淸.」論者胃爲知言.

623(9-43)

유윤(劉尹, 劉恢)이 왕장사(王長史, 王濛)의 등을 어루만지며 이렇게 말하였다.
"아노(阿奴, 王濛)와 승상(丞相, 王導)에 비할 만하다. 그러나 그대가 더 뛰어난 점을 가지고 있지."

劉尹撫王長史背曰:「阿奴比丞相, 但有都長」

【劉尹】劉惔. 字는 眞長. 劉宏의 손자로 沛國 相 땅 출신. 明帝(323~326
　재위)의 盧陵長公主에게 장가들어 駙馬가 됨. 司從左長史, 侍中, 丹陽尹 등을
　지냄. 36세에 죽어 孫綽이 "居官無官官之事, 處事無事事之心"이라 誄文을
　지어 명언이라 하였음. 《晉書》(75)에 전이 있음.
【王長史】王濛(309?~347?). 자는 仲祖. 太原 王氏. 王脩, 王蘊, 哀帝王后의
　아버지. 司徒左長史를 지냄. 《晉書》(93)에 전이 있음.
【阿奴】魏晉 시대 어린아이. 혹 친구 사이에 平稱으로 부르던 호칭. 왕몽의
　어릴 때 호라고도 함. 참고란을 볼 것.
【丞相】王導(276~339). 자는 茂弘. 어릴 때 자는 阿龍. 王敦의 從弟. 서진이
　망하자 王敦과 함께 司馬睿를 황제로 추대하여 東晉을 세움. 그 공으로
　丞相이 되었으며 號를 '仲父'라 하였음. 천하의 권세를 잡아 당시 "王與馬,
　共天下"라 하였음. 元帝와 明帝, 成帝를 차례로 즉위시켰음. 아울러 남방
　세족의 도움으로 강남에서의 동진 정권을 안정시킴. 《晉書》(65)에 전이 있음.

참고 및 관련 자료

1. 《語林》
劉眞長與丞相不相得, 每曰:「阿奴比丞相, 條達淸長.」
2. 劉孝標 注
『阿奴, 濛小字也. 都, 美也; 司馬相如傳曰:「閒雅甚都.」』

624(9-44)

유윤(劉尹, 劉惔)과 왕장사(王長史, 王濛)가 같이 술자리를 벌였는데 왕장사가
술이 취하자 일어나 춤을 추었다. 그러자 유윤이 이렇게 말하였다.
"아노(阿奴, 王濛)가 오늘 하는 꼴을 보니 상자기(向子期, 向秀)보다 낫군."

劉尹·王長史同坐, 長史酒酣起舞; 劉尹曰:「阿奴今日不
復減向子期」

【劉尹】 劉惔. 字는 眞長. 劉宏의 손자로 沛國 相 땅 출신. 明帝(323~326
재위)의 廬陵長公主에게 장가들어 駙馬가 됨. 司從左長史, 侍中, 丹陽尹 등을
지냄. 36세에 죽어 孫綽이 "居官無官官之事, 處事無事事之心"이라 誄文을
지어 명언이라 하였음. 《晉書》(75)에 전이 있음.

【王長史】 王濛(309?~347?). 자는 仲祖. 太原 王氏. 王脩, 王蘊, 哀帝王后의
아버지. 司徒左長史를 지냄. 《晉書》(93)에 전이 있음. 어릴 때 자는 阿奴였음.
그러나 阿奴는 六朝時代 친한 친구를 부르는 애칭이라도고 함.

【向子期】 向秀(227?~272?). 자는 子期. 竹林七賢의 하나. 처음 山濤·稽康·
呂安 등과 자연을 즐기다가 稽康과 呂安이 司馬氏에게 죽임을 당한 후 벼슬
길로 들어서 黃門侍郎, 散騎常侍를 지냄. 《老·莊》에 심취하여 《莊子注》를
완성하였으며, 이를 바탕으로 한 郭象의 《莊子注》가 지금도 전함. 賦에도
뛰어나 〈思舊賦〉를 남김. 《晉書》(49)에 傳이 있음. 向은 姓氏나 地名을 경우
'상'으로 읽음.

참고 및 관련 자료

1. 劉孝標 注
『類秀之任率也.』

환공(桓公, 桓溫)이 공서양(孔西陽, 孔嚴)에게 물었다.

"안석(安石, 謝安)을 중문(仲文, 殷仲文)에 비교하면 어떻소?"

공엄은 한참을 생각하며 대답을 하지 않고 있다가 도리어 이렇게 되묻는 것이었다.

"그대 생각은 어떻소?"

환온은 이렇게 대답하였다.

"안석은 떡 버티고 있으면, 그 누구도 능멸하거나 밟을 수 없지요. 그것이 은중문보다 뛰어난 점이지요."

桓公問孔西陽:「安石何如仲文?」

孔思未對, 反問公曰:「何如?」

答曰:「安石居然不可陵踐; 其處, 故勝也」

【桓公】桓宣武. 桓溫(312~373). 자는 元子. 明帝의 사위. 荊州刺史를 지냈으며, 蜀을 정벌하고 前秦을 쳐부숨. 簡文帝를 세우고 자신이 다시 왕위를 빼앗고자 하였었음. 시호는 武侯. 그의 아들 桓玄이 드디어 제위를 찬탈하여 楚나라를 세운 다음 아버지 환온을 宣武皇帝로 추존함.《晉書》(99)에 전이 있음.

【孔西陽】孔嚴(?~370?). 孔嚴으로 잘못 기록된 경우가 많음. 자는 彭祖《晉書》(78)에 전이 있음.

【安石】謝安. 字는 安石(320~385). 謝裒의 아들이며 謝琰(望蔡)의 아버지. 謝奕의 동생. 덕망이 있고 기개가 높아 桓彝, 王濛의 사랑을 받음. 처음에는 벼슬에 뜻을 버리고 王羲之, 支遁 등과 산수를 즐기며 조정의 부름에 응하지 않았으나 40이 넘어 桓溫의 司馬를 거쳐 吳興太守, 侍中, 吏部尙書,

太保錄尚書事 등의 관직을 지냄. 뒤에 다시 太傅에 추증되었으며 시호는
文靖.《晉書》(79)에 전이 있음.
【仲文】殷仲文. 자는 仲文(?~407). 殷顗의 아우이며 桓玄의 姊夫. 諮議參軍,
侍中, 東陽太守, 尙書 등의 벼슬을 역임함. 뒤에 모반으로 주살당함.《晉書》
(99)에 전이 있음.

626(9-46)

사공(謝公, 謝安)은 당시 현사들과 토론을 즐기고 있었다. 사알(謝遏, 謝玄)과
사호아(謝胡兒, 謝朗)도 같이 있었다.

사공이 이홍도(李弘度, 李充)에게 물었다.

"그대 집안의 평양(平陽, 李重)과 악령(樂令, 樂廣)을 비교한다면 어떻소?"

이에 이홍도는 삼연히 눈물을 흘리며 이렇게 설명하였다.

"조왕(趙王, 司馬倫)이 왕위를 찬탈할 때, 악령이 스스로 옥새를 바쳤습니다.
저의 백부平陽께서는 인품이 단정하셔서 어지러운 세상에 처하는 것이
부끄럽다고 스스로 약을 먹고 자살로 마쳤습니다. 아마 비교하기가 어려울
듯합니다. 이 일은 역사에 저절로 나타나는 것이니 사사롭게 친족이라
하여 올리는 말이 아닙니다."

사공은 호아胡兒에게 이렇게 말하였다.

"식견이 있는 자여서 과연 나의 속뜻과는 다르지 않군."

謝公與時賢共賞說, 遏·胡兒並在坐; 公問李弘度曰:「卿家
平陽, 何如樂令?」

於是李潸然流涕曰:「趙王篡逆, 樂令親授璽綬; 亡伯雅正, 恥處亂朝, 遂至仰藥; 恐難以相比. 此自顯於事實, 非私親之言」

謝公語胡兒曰:「有識者果不異人意」

【謝公】謝安. 字는 安石(320~385). 謝裒의 아들이며 謝琰(望蔡)의 아버지. 謝奕의 동생. 덕망이 있고 기개가 높아 桓彝, 王濛의 사랑을 받음. 처음에는 벼슬에 뜻을 버리고 王羲之, 支遁 등과 산수를 즐기며 조정의 부름에 응하지 않았으나 40이 넘어 桓溫의 司馬를 거쳐 吳興太守, 侍中, 吏部尚書, 太保錄尚書事 등의 관직을 지냄. 뒤에 다시 太傅에 추증되었으며 시호는 文靖.《晉書》(79)에 전이 있음.

【遏】謝玄(343~388). 자는 幼度. 어릴 때의 자는 遏(羯). 謝奕의 아들이며 謝靈運의 조부. 謝安의 조카. 徐州刺史로서 謝石, 謝琰 등과 肥水(淝水)에서 苻堅을 대파함. 그로 인해 康樂侯公에 봉해졌으며 죽은 뒤 車騎將軍으로 추증됨.《晉書》(79)에 전이 있음.

【胡兒】謝胡兒. 謝朗. 자는 長度. 어릴 때의 자는 胡兒. 謝據의 장자이며 謝重의 아버지. 著作郎, 東陽太守를 지냈음.《晉書》(79)에 전이 있음.

【李弘度】李充. 자는 弘度. 문장가이며 학자로《尚書注》·《周易旨》·《釋莊論》등이 있으며, 詩·賦·頌·表 등 240여 편을 지었다 함. 大著作郎이 되어 당시의 秘府의 서적을 四部로 나누어 뒤에 중국 서적 분류인 經史子集의 기초를 마련했다 함. 剡縣令과 中書侍郎 등을 역임함.《晉書》(92)에 전이 있음.

【平陽】李重. 자는 茂重. 吏部尚書·平陽太守를 지냄. 李弘道의 백부.

【樂令】樂廣(?~304). 자는 彦輔. 王衍과 같은 시대 인물로 당시 청담 풍조에 이름을 날렸음. 여러 관직을 거쳐 王戎을 이어 尚書令이 됨. 그 때문에 흔히 '樂令'으로도 불림. 두 딸이 있어 하나는 衛玠에게, 하나는 成都王(司馬穎)에게 시집을 보냈으나 마침 사마영과 長沙王(司馬乂)의 싸움이 심해지니 근심을 품고 죽음.《晉書》(43)에 전이 있음. 단 '樂'은 성씨의 경우 '악'(yue)으로 읽으나(예 樂毅)《世說新語辭典》(1992, 四川)에서는 '락'(le)의 항목에 실려 있어 '락광'으로 되어 있음.

【趙王】惠帝 永寧 元年(301)에 趙王(司馬倫)이 惠帝를 쫓아내고 칭제함.

1.《晉諸公贊》

李重字茂曾, 江夏鍾武人. 少以淸高見稱. 歷吏部郞·平陽太守.

2.《晉陽秋》

趙王倫篡位, 樂廣與滿奮·崔隨進璽綬.

3.《晉諸公贊》

趙王爲相國, 取重爲左司馬, 重以倫將篡, 辭疾不就; 敦喩之, 重不復自治, 至於篤甚; 扶曳受拜, 數日卒, 時人惜之. 贈散騎常侍.

627(9-47)

왕수령(王脩齡, 王胡之)이 왕장사(王長史, 王濛)에게 물었다.

"우리 집안의 임천태수(臨川太守, 王羲之)와 그대 집안의 완릉령(宛陵令, 王述)을 비교하면 어떻습니까?"

왕장사가 대답을 머뭇거리자 왕수령은 이렇게 말하였다.

"임천태수가 명성이 높고 고귀하지요."

그러자 왕장사는 이렇게 던졌다.

"완릉령이시라고 귀하지 못할 것은 없지!"

王脩齡問王長史:「我家臨川, 何如卿家宛陵?」

長史未答. 脩齡曰:「臨川譽貴」

長史曰:「宛陵未爲不貴!」

【王脩齡】王胡之. 자는 脩齡(?~349, 혹 ?~364?). 낭야 王氏로 王廙의 둘째 아들이며, 王和之의 아버지. 吳興太守, 侍中, 司州刺史 등을 지냈으며, 石虎 (十六國 중의 後趙)가 죽자 西中郎將이 됨.《晉書》王廙傳 참조.

【王長史】王濛(309?~347?). 자는 仲祖. 太原 王氏. 王脩, 王蘊, 哀帝王后의 아버지. 司徒左長史를 지냄.《晉書》(93)에 전이 있음.

【臨川太守】王羲之(303~361, 혹은 309~365, 321~379). 王尊의 조카. 어려서는 訥言하였으나 뒤에 정치와 예술에 큰 업적을 남김. 특히 글씨에 뛰어나 書聖으로 추앙받았음. 右軍將軍, 臨川太守 등을 지냈으며 자는 逸少. 山陰 道士와《道德經》글씨를 거위와 바꾼 고사를 남겼으며 그 외에 작품으로 〈蘭亭集序〉·〈樂毅論〉·〈黃庭經〉·〈東方朔畫讚〉·〈姨母〉·〈初月〉·〈憂懸〉·〈喪亂〉 등을 남김.《晉書》(80)에 전이 있음. 王右軍, 王逸少, 王羲之 등으로 불림. 그 아들 王獻之와 함께 글씨에 뛰어나 '二王'이라 함.

【宛陵令】王述(303~368). 자는 懷祖. 王承의 아들이며 王坦之의 아버지. 고아가 되어 어머니를 극진히 모심. 아버지를 이어 藍田侯에 봉해졌으며 宛陵令, 臨海太守, 建威將軍, 會稽內史, 揚州刺史, 征虜將軍 등을 역임함. 청렴하기로 이름이 널리 알려졌음.《晉書》(75)에 전이 있음.

참고 및 관련 자료

1.《晉書》王述傳

初, 述家貧, 求試宛陵令, 頗受贈遺, 而修家具, 爲司州所檢, 有一千三百條. 王導 使謂之曰:「名父之子, 不患無祿; 屈臨小縣, 甚不宜耳.」述答云云.

2.《中興書》

羲之自會稽王友, 改授臨川太守; 王述從驃騎功曹, 出爲宛陵令. 述之爲宛陵, 多脩爲家之具, 初有勞苦之聲. 丞相王導使人謂之曰:「名父之子, 不患無祿; 屈臨小縣, 甚不宜爾.」述答曰:「足自當止.」時人未之達也. 後屢臨州郡, 無所 造作, 世始歎服之.

628(9-48)

유윤(劉尹, 劉惔)이 왕장사(王長史, 王濛)의 집을 방문하여 청담을 나누고 있었다. 당시 구자(苟子, 王脩)는 열세 살로 의자 곁에 앉아 듣고 있었다.

유윤이 떠난 뒤에 구자가 아버지에게 여쭈었다.

"유윤 아저씨와 아버님과 비교하면 어떻습니까?"

왕장사는 이렇게 대답하였다.

"뛰어난 목소리와 멋진 말 표현은 나를 따르지 못하지만, 왕왕 곧바로 과녁을 깨뜨리는 면에서는 나보다 낫지."

劉尹至王長史許淸言, 時苟子年十三, 倚牀邊聽; 旣去,
問父曰:「劉尹語何如尊?」

長史曰:「韶音令辭, 不如我; 往輒破的, 勝我.」

【劉尹】劉惔. 字는 眞長. 劉宏의 손자로 沛國 相 땅 출신. 明帝(323~326
　　재위)의 廬陵長公主에게 장가들어 駙馬가 됨. 司從左長史, 侍中, 丹陽尹 등을
　　지냄. 36세에 죽어 孫綽이 "居官無官官之事, 處事無事事之心"이라 誄文을
　　지어 명언이라 하였음. 《晉書》(75)에 전이 있음.
【王長史】王濛(309?~347?). 자는 仲祖. 太原 王氏. 王脩, 王蘊, 哀帝王后의
　　아버지. 司徒左長史를 지냄. 《晉書》(93)에 전이 있음.
【苟子】王脩(335?~358?). 字는 敬仁. 어릴 때 字는 苟子. 王濛의 아들이며
　　隷書에 뛰어났었음. 玄談과 淸言에도 특장을 보였음. 著作郞, 文學, 中軍司馬
　　등을 지냄. 《晉書》(93)에 전이 있음.

1. 《劉恢別傳》

恢有雋才, 其談詠虛勝, 理會所歸, 王濛略同; 而敍致過之, 其詞當也.

629(9-49)

사만謝萬이 수춘壽春에서 패배한 후, 간문제(簡文帝, 司馬昱)가 치초郗超에게
물었다.

"사만은 실패할 수 도 있습니다. 그러나 그 사졸로부터 신임을 잃기가
어찌 이 정도까지 이릅니까?"

치초는 이렇게 대답하였다.

"그 자는 자기 마음대로 하는 성품에다가 자신이 지혜와 용기를 구별
하려 들었기 때문이지요."

謝萬壽春敗後, 簡文問郗超:「萬自可敗, 那得乃爾失卒情?」
超曰:「伊以率任之情, 欲區別智勇.」

【謝萬】謝中郞. 자는 萬石(320?~361?). 謝安의 아우로 일찍 이름이 났으며
簡文帝가 재상으로 삼았음. 撫軍從事中郞을 거쳐 豫州刺史, 淮南太守 등을
역임함. 升平 연간에 北征하여 慕容儁을 토벌하러 나섰으나 壽春에서 패
하여 서인으로 강등됨. 언론에도 뛰어났으며 문장을 잘 지었음. 漁父, 屈原,

司馬季主, 賈誼, 楚老, 龔勝, 孫登, 嵇康 등 여덟 명을 四隱과 四顯으로
나누어 우열을 가린 〈八賢論〉이 유명함. 《晉書》(79)에 전이 있음.
【壽春】縣 이름. 지금의 安徽省 壽縣. 北胡 및 鮮卑族과 謝萬이 싸우다가
패한 곳.
【簡文帝】東晉의 제8대 황제 司馬昱. 字는 道萬. 中宗의 少子. 元帝 계실 鄭后
소생이며 司馬紹의 배다른 동생. 穆帝가 어려서 撫軍으로 보필, 뒤에 桓溫이
海西公을 폐하고 이를 세워 皇帝에 오름. 재위 2년(371~372). 《世說新語》
에서는 흔히 ‘晉簡文’, ‘簡文’, ‘簡文帝’, ‘簡文皇帝’, ‘相王’, ‘撫軍’, ‘會稽王’등
으로 칭함. 《晉書》(9)에 紀가 있음.
【郗超】자는 景興(336~377). 또는 嘉賓으로도 부름. 郗愔의 아들. 《晉書》(67)
에 전이 있음.

┌─────────────────────┐
│ 참고 및 관련 자료 │
└─────────────────────┘

1. 《中興書》
萬之爲豫州. 氐·羌暴掠司·豫, 鮮卑屯結幷·冀, 萬旣受方任, 自率衆入潁, 以援
洛陽. 萬矜豪傲物, 失士衆之和. 北中郎郗曇以疾還彭城, 萬以爲賊盛, 致退;
便回還南, 遂自潰亂, 狼狽單歸. 太宗責之, 廢爲庶人.

630(9-50)

유윤(劉尹, 劉惔)이 사인조(謝仁祖, 謝尙)에게 이렇게 말하였다.
“나에게 사우四友가 있고 나서 제자들이 더욱 친밀하게 되었다는 말이
있지요.”
그리고 허현도(許玄度, 許詢)에게는 이렇게 말하였다.

"나에게 중유(仲由, 子路)가 있고부터 나쁜 말이 내 귀에까지 미치지 않는 다는 말이 있지요."

두 사람은 이 말을 듣고 모두 수용하면서 원망함이 없었다.

劉尹謂謝仁祖曰: 「自吾有四友, 門人加親」

謂許玄度曰: 「自吾有由, 惡言不及於耳」

二人皆受而不恨.

【劉尹】劉恢. 字는 眞長. 劉宏의 손자로 沛國 相 땅 출신. 明帝(323~326 재위)의 廬陵長公主에게 장가들어 駙馬가 됨. 司從左長史, 侍中, 丹陽尹 등을 지냄. 36세에 죽어 孫綽이 "居官無官官之事, 處事無事事之心"이라 誄文을 지어 명언이라 하였음. 《晉書》(75)에 전이 있음.

【謝仁祖】謝尙(308~357). 자는 仁祖. 謝鯤의 아들이며 王導가 '小安豐'이라 불렀음. 給事黃門侍郎을 거쳐 建武將軍, 鎭西將軍, 歷陽太守, 豫州刺史, 江夏, 義陽 등 都督을 지냄. 穆帝 때 尙書僕射를 지냄. 음악과 기예에 밝았으며 太樂을 처음으로 정리하였던 인물. 《晉書》(79)에 전이 있음.

【許玄度】許詢. 字는 玄度. 許允의 현손으로 어릴 때 神童이라 불렸음. 高陽人. 벼슬에 뜻이 없어 孫綽, 郗愔, 王羲之, 謝安, 支遁 등과 會稽에서 산수를 유람하며 黃老에 관심을 보였음. 일찍 죽음. 司徒掾 벼슬을 지냈음.

【四友·有由】《尙書大傳》의 구절. 참고란을 볼 것.

참고 및 관련 자료

1. 《尙書大傳》

孔子曰: 「文王有四友: 自吾得回也, 門人加親, 是非胥附邪? 自吾得賜也, 遠方 之士至, 是非奔走邪? 自吾得師也, 前有輝, 後有光, 是非先後邪? 自吾得由也, 惡言不入於耳, 是非禦侮邪?」

631(9-51)

세상 사람들은 은중군(殷中軍, 殷浩)을 이렇게 평하였다.
"생각이 깊고 사리에 통달하여 양숙자(羊叔子, 羊祜)에 비견된다."

世目殷中軍:「思緯淹通, 比羊叔子」

【殷中軍】殷浩(?~356). 자는 淵源. 殷羨(洪喬)의 아들이며 弱冠에 이미 이름이 났으며 玄言에 뛰어나 당시 풍류 재자의 숭앙을 받음. 정사에도 뛰어나 사람들은 그를 管仲이나 諸葛孔明에 비유할 정도였음. 建武將軍, 揚州刺史, 記室參軍·安西將軍·中軍將軍 등을 역임하였으며, 北征에 나섰다가 姚襄에게 패배하여 서인으로 강등되기도 하였음. '咄咄怪事'의 고사를 남김. 《晉書》(77)에 전이 있음.
【羊叔子】羊祜(221~278). 자는 叔子. 羊續의 손자이며 司馬師 羊皇后의 아우. 司馬昭가 권력을 독점하자 이에 좇아 中書侍郎, 給事中, 黃門郎, 秘書監 등의 직책을 담당하면서 荀勗과 더불어 국가 기밀을 관장함. 晉나라가 되면서 中軍將軍, 散騎常侍 등을 거쳐 尙書左僕射, 衛將軍 등을 역임함. 荊州를 지키면서 吳나라 백성에게 잘해주어 오나라 사람들이 그들 羊公이라 불렀음. 선정을 베풀고 그가 죽자 백성들이 罷市를 할 정도였다 함. 그의 碑廟는 杜預가 짓고 〈墮淚碑〉라 불렀음. 《老子傳》이 있으며 《晉書》 (34)에 전이 있음.

> **참고 및 관련 자료**

1. 劉孝標 注
『羊祜德高一世, 才經夷險; 淵源蒸燭之曜, 豈喩日月之明也.』

632(9-52)

어떤 이가 사안석謝安石과 왕탄지王坦之의 우열을 환공(桓公, 桓溫)에게
물었다. 환공은 하던 말을 그치고 중간에 후회하는 표정으로 이렇게
말하였다.

"그대는 말 옮기기를 좋아하지. 다시는 너에게 말을 않으리라."

有人問謝安石·王坦之優劣於桓公; 桓公停欲言, 中悔曰:
「卿喜傳人語, 不能復語卿」

【謝安石】謝安. 字는 安石(320~385). 謝裒의 아들이며 謝琰(望蔡)의 아버지.
謝奕의 동생. 덕망이 있고 기개가 높아 桓彝, 王濛의 사랑을 받음. 처음에는
벼슬에 뜻을 버리고 王羲之, 支遁 등과 산수를 즐기며 조정의 부름에
응하지 않았으나 40이 넘어 桓溫의 司馬를 거쳐 吳興太守, 侍中, 吏部尙書,
太保錄尙書事 등의 관직을 지냄. 뒤에 다시 太傅에 추증되었으며 시호는
文靖.《晉書》(79)에 전이 있음.
【王坦之】王中郎. 王坦之(330~375). 자는 文度. 태원 왕씨 王述의 아들이며,
王忱·王愷·王愉의 아버지. '江東獨步'라 하였으며 中書令, 北中郎將을 지냄.
〈廢莊論〉을 써서 당시의 방탕을 비난함.《晉書》(75)에 전이 있음.

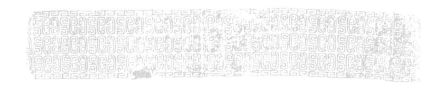

633(9-53)

왕중랑(王中郞, 王坦之)이 일찍이 유장사(劉長沙, 劉奭)에게 물었다.

"나와 구자(苟子, 王脩)를 비교한다면 어떻습니까?"

그러자 유장사는 이렇게 말하였다.

"그대의 재주는 마땅히 구자에 미치지 못한다. 그러나 멋진 이론을 모으는 면에서는 네가 좀 낫지."

이에 왕중랑은 웃으며 이렇게 말하였다.

"바보!"

王中郞嘗問劉長沙曰:「我何如苟子?」

劉答曰:「卿才乃當不勝苟子; 然會名處多」

王笑曰:「癡!」

【王中郞】 王坦之(330~375). 자는 文度. 태원 왕씨 王術의 아들이며, 王忱·王愷·王愉의 아버지. '江東獨步'라 하였으며 中書令, 北中郞將을 지냄. 〈廢莊論〉을 써서 당시의 방탕을 비난함.《晉書》(75)에 전이 있음.

【劉長沙】 劉奭. 자는 文時, 혹은 長沖. 조부 劉昶은 彭城內史를 지냈으며 아버지 劉濟는 臨海令을, 그리고 劉奭는 長沙相을 지냄.

【王苟子】 王脩(335?~358?). 字는 敬仁. 어릴 때 字는 苟子. 王濛의 아들이며 隷書에 뛰어났음. 玄談과 淸言에도 특장을 보였음. 著作郞, 文學, 中軍司馬 등을 지냄.《晉書》(93)에 전이 있음.

【癡】 천진하다는 뜻. 불만과 흡족함을 함께 토로한 것임.

참고 및 관련 자료

1.《大司馬官屬名》

劉奭字文時, 彭城人.

2.《劉氏譜》

奭祖昶, 彭城内史. 父濟, 臨海令. 奭歷車騎咨議·長沙相·散騎常侍.

634(9-54)

지도림(支道林, 支遁)이 손흥공(孫興公, 孫綽)에게 물었다.

"그대와 허연(許掾, 許詢)의 우열은?"

손작은 이렇게 대답하였다.

"허연은 지조가 높고 빼어나서 제자들이 모두 그에게 복종하고 있습니다. 다만 시를 읊는 데는 제자들을 향해 북면北面해야 할 것입니다."

支道林問孫興公:「君何如許掾?」

孫曰:「高情遠致, 弟子早已服膺; 一吟一詠, 許將北面」

【支道林】林公. 支公. 支遁. 晉나라 때의 道僧. 河内 林慮人으로 속성은 關氏. 25세 때 출가하여 53세 때 洛陽에서 入滅함. 支硏山에 은거하여 支遁, 支道林, 林公 등으로 불림. 梁나라 慧皎《高僧傳》(4)에 支遁傳이 있음.

【孫綽】자는 興公(314~371). 孫楚의 손자로 형 孫統과 남으로 내려와 벼슬에 뜻을 버리고 〈遂初賦〉를 씀. 그 외에 〈遊天台山賦〉가 유명하며 뒤에 庾亮·

殷浩·王羲之의 막료를 거쳐 永嘉太守·散騎常侍를 지냄. 桓溫이 수도를 洛陽으로 옮기려 하자 상소하여 반대함. 廷尉卿에 이르렀으며 長樂侯를 습봉받음. 《晉書》(56)에 전이 있음.

【許掾】許詢. 字는 玄度. 許允의 현손으로 어릴 때 神童이라 불렸음. 高陽人. 벼슬에 뜻이 없어 孫綽, 郗愔, 王羲之, 謝安, 支遁 등과 會稽에서 산수를 유람하며 黃老에 관심을 보였음. 일찍 죽음. 司徒掾 벼슬을 지냈음.

【北面】제자, 혹은 신하의 자리에 있음. 더 낮음을 말함.

참고 및 관련 자료

1.《南史》沈峻傳

並執經下坐, 北面受業, 莫不歎服.

635(9-55)

왕우군(王右軍, 王羲之)이 허현도(許玄度, 許詢)에게 물었다.

"그대와 사안謝安과 사만謝萬의 우열을 따진다면?"

그러자 허현도는 대답을 않고 있었다. 이에 왕우군은 이렇게 말하였다.

"사안은 그대와 자웅을 다투는 사이고, 사만은 그대와 서로 눈 흘겨 대적하는 사이지요!"

王右軍問許玄度:「卿自言何如安·萬?」

許未答. 王因曰:「安石故相與雄, 阿萬當裂眼爭邪!」

【王右軍】 王羲之(303~361, 혹은 309~365, 321~379). 자는 逸少. 어릴 때 이름은 虎犢. 王尊의 조카. 어려서는 訥言하였으나 뒤에 정치와 예술에 큰 업적을 남김. 특히 글씨에 뛰어나 書聖으로 추앙받았음. 右軍將軍, 會稽內史, 臨川太守 등을 지냈음. 山陰道士와 《道德經》글씨를 거위와 바꾼 고사를 남겼으며 그 외에 작품으로 〈蘭亭集序〉·〈樂毅論〉·〈黃庭經〉·〈東方朔畫讚〉·〈姨母〉·〈初月〉·〈憂懸〉·〈喪亂〉 등을 남김. 《晉書》(80)에 전이 있음. 王右軍, 王逸少, 王羲之 등으로 불림. 그 아들 王獻之와 함께 글씨에 뛰어나 '二王'이라 함.

【許玄度】 許詢. 字는 玄度. 許允의 현손으로 어릴 때 神童이라 불렸음. 高陽人. 벼슬에 뜻이 없어 孫綽, 郗愔, 王羲之, 謝安, 支遁 등과 會稽에서 산수를 유람하며 黃老에 관심을 보였음. 일찍 죽음. 司徒掾 벼슬을 지냈음.

【安石】 謝安. 字는 安石(320~385). 謝裒의 아들이며 謝琰(望蔡)의 아버지. 謝奕의 동생. 덕망이 있고 기개가 높아 桓彝, 王濛의 사랑을 받음. 처음에는 벼슬에 뜻을 버리고 王羲之, 支遁 등과 산수를 즐기며 조정의 부름에 응하지 않았으나 40이 넘어 桓溫의 司馬를 거쳐 吳興太守, 侍中, 吏部尙書, 太保錄尙書事 등의 관직을 지냄. 뒤에 다시 太傅에 추증되었으며 시호는 文靖. 《晉書》(79)에 전이 있음.

【阿萬】 謝萬. 謝中郎. 자는 萬石(320?~361?). 謝安의 아우로 일찍 이름이 났으며 簡文帝가 재상으로 삼았음. 撫軍從事中郎을 거쳐 豫州刺史, 淮南太守 등을 역임함. 升平 연간에 北征하여 慕容儁을 토벌하러 나섰으나 壽春에서 패하여 서인으로 강등됨. 언론에도 뛰어났으며 문장을 잘 지었음. 漁父, 屈原, 司馬季主, 賈誼, 楚老, 龔勝, 孫登, 嵇康 등 여덟 명을 四隱과 四顯으로 나누어 우열을 가린 〈八賢論〉이 유명함. 《晉書》(79)에 전이 있음. 阿는 이름 앞에 붙이는 애칭. 平稱.

참고 및 관련 자료

1. 《中興書》
萬器量不及安石, 雖居藩任, 安在私門之時, 名稱居萬之上.

636(9-56)

유윤(劉尹, 劉恢)이 이렇게 말하였다.

"사람들은 강반江彪을 시골뜨기라고 하나, 강반은 스스로 집을 짓고 그 농토를 경영하여 재물을 모으고 있지."

劉尹云: 「人言江彪田舍, 江乃自田宅屯」

【劉尹】劉恢. 字는 眞長. 劉宏의 손자로 沛國 相 땅 출신. 明帝(323~326 재위)의 廬陵長公主에게 장가들어 駙馬가 됨. 司從左長史, 侍中, 丹陽尹 등을 지냄. 36세에 죽어 孫綽이 "居官無官官之事, 處事無事事之心"이라 誄文을 지어 명언이라 하였음. 《晉書》(75)에 전이 있음.

【江彪】자는 思玄(?~370?). 江統의 아들. 학문과 바둑에 뛰어났었음. 尙書左僕射와 司馬昱의 相이 되어 그를 보필함. 뒤에 護軍將軍, 國子祭酒 등을 지냄. 《晉書》(56)에 전이 있음.

참고 및 관련 자료

1. 劉孝標 注
『謂能多出有也.』

사공(謝公, 謝安)이 이렇게 말하였다.

"금곡金谷의 여러 현인들 중에 소소蘇紹가 가장 뛰어나다."

소소는 석숭石崇의 매형이며, 소칙蘇則의 손자이고, 소유蘇愉의 아들이다.

謝公云:「金谷中, 蘇紹最勝; 紹是石崇姉夫, 蘇則孫,
愉子也」

【謝公】謝安. 字는 安石(320~385). 謝裒의 아들이며 謝琰(望蔡)의 아버지.
謝奕의 동생. 덕망이 있고 기개가 높아 桓彝, 王濛의 사랑을 받음. 처음에는
벼슬에 뜻을 버리고 王羲之, 支遁 등과 산수를 즐기며 조정의 부름에
응하지 않았으나 40이 넘어 桓溫의 司馬를 거쳐 吳興太守, 侍中, 吏部尙書,
太保錄尙書事 등의 관직을 지냄. 뒤에 다시 太傅에 추증되었으며 시호는
文靖.《晉書》(79)에 전이 있음.

【金谷】地名. 지금의 河南省 洛陽 서북쪽. 石崇이 園林을 마련하였던 곳으로
유명함.

【蘇紹】자는 世嗣(247~300). 紹則의 손자이며 晉 武帝의 아들 吳王(司馬晏)의
스승. 議郞를 지냈으며 石崇의 매형으로 關中侯에 봉해짐.

【石崇】자는 季倫(249~300). 修武令, 城陽太守 등을 지냈으며 吳나라를 벌한
공으로 安陽鄕侯에 봉해짐. 뒤를 이어 散騎常侍, 侍中, 荊州刺史 등을 역임
하였으며, 당시 최고의 부자로 金谷園을 지어 온갖 사치와 부를 누렸던
인물. 특히 羊琇, 王愷 등과 사치를 다툰 일화로도 유명함. 潘岳 등과 賈后,
賈謐을 모함하였으며, 다시 淮南王(司馬允), 齊王(司馬冏)과 결탁하였다가
趙王(司馬倫)에게 참살당함.《晉書》(33)에 전이 있음.

【蘇則】자는 文師(?~223). 三國時代 魏나라 인물. 蘇紹의 조부. 漢末에 酒泉
太守를 지냈으며 曹操를 도와 張魯를 정벌하고 金城太守를 거쳐 護羌校尉,

侍中 등을 역임함. 직언으로 魏 文帝(曹丕)의 미움을 사서 黃初 4년(223)에 東平相으로 좌천되어 부임 도중에 죽음. 시호는 剛侯.《三國志》(16)에 傳이 있음.

【蘇愉】자는 休豫.

1.《太平寰宇記》3 郭緣主《述征記》

金谷, 谷也. 地有金水, 自太白原南流, 經此谷, 晉衛尉石崇因卽川阜而造爲園.

2.《魏書》

蘇則字文師, 扶風武功人. 剛直疾惡, 常慕汲黯之爲人. 仕至侍中, 河東相.

3.《晉百官名》

愉字休豫, 則次子.

4.《山濤啓事》

愉忠義有智意, 位至光祿大夫.

5.《金谷詩敍》石崇

余以元康六年, 從太僕卿出爲使, 持節監靑·徐諸軍事·征虜將軍. 有別廬在河南縣界金谷澗中, 或高或下, 有淸泉茂林, 衆果竹柏, 藥菓之屬, 莫不畢備; 又有水碓·魚池·土窟, 其爲娛目歡心之物備矣. 時征西大將軍祭酒王詡當還長安, 余與衆賢共送往澗中, 晝夜遊宴, 屢遷其坐; 或登高臨下, 或列坐水濱; 時琴瑟笙筑, 合載車中, 道路並作. 及住, 令與鼓吹遞奏; 遂各賦詩, 以敍中懷. 或不能者, 罰酒三斗. 感性命之不永, 懼凋落之無期. 故具列時人官號, 姓名, 年紀, 又寫詩箸後. 後之好事者, 其覽之哉! 凡三十人, 吳王師·議郎·關中侯·始平武公蘇紹字世嗣. 年五十, 爲首.

638(9-58)

유윤(劉尹, 劉惔)이 유중랑(庾中郎, 庾敳)을 이렇게 평하였다.

"비록 언변은 도道에 가깝지 않으나, 돌올突兀한 용기는 가히 도에 가깝다."

劉尹目庾中郎:「雖言不惛惛似道, 突兀差可以擬道」

【劉尹】劉惔. 字는 眞長. 劉宏의 손자로 沛國 相 땅 출신. 明帝(323~326
재위)의 盧陵長公主에게 장가들어 駙馬가 됨. 司從左長史, 侍中, 丹陽尹 등을
지냄. 36세에 죽어 孫綽이 "居官無官官之事, 處事無事事之心"이라 誄文을
지어 명언이라 하였음. 《晉書》(75)에 전이 있음.

【庾中郎】庾敳(261~311). 자는 子嵩. 王衍의 중시를 받아 吏部郎. 東海王
(司馬越)의 太傅가 되었으며 石勒의 난에 왕연과 함께 피살됨. 《晉書》(50)에
전이 있음.

【突兀】우뚝 빼어남. 疊韻連綿語.

참고 및 관련 자료

1.《名士傳》
敳頹然淵放, 莫有動其聽者.

손승공(孫承公, 孫統)이 이렇게 말하였다.

"사공(謝公, 謝安)은 사무혁(謝無奕, 謝奕)보다 맑고, 임도(林道, 陳逵)보다 윤후
潤厚하다."

孫承公云:「謝公淸於無奕, 潤於林道」

【孫承公】 孫統. 자는 承公. 孫綽의 형이며 孫楚(子荊)의 손자. 山水를 즐겼으며
吳寧令, 餘姚令 등을 지냄.《晉書》(56)에 전이 있음.

【謝公】 謝安. 字는 安石(320~385). 謝裒의 아들이며 謝琰(望蔡)의 아버지.
謝奕의 동생. 덕망이 있고 기개가 높아 桓彝, 王濛의 사랑을 받음. 처음에는
벼슬에 뜻을 버리고 王羲之, 支遁 등과 산수를 즐기며 조정의 부름에
응하지 않았으나 40이 넘어 桓溫의 司馬를 거쳐 吳興太守, 侍中, 吏部尙書,
太保錄尙書事 등의 관직을 지냄. 뒤에 다시 太傅에 추증되었으며 시호는
文靖.《晉書》(79)에 전이 있음.

【謝無奕】 謝弈(?~358). '弈'은 흔히 '奕'과 통용하여 씀. 자는 無奕. 謝安의
형이며 謝玄의 아버지. 安西將軍·豫州刺史를 지냈으며 죽은 후 鎭西將軍에
추증됨.《晉書》(79)에 전이 있음. 奕을 '역'으로도 읽음.

【林道】 陳逵. 자는 林道. 廣陵公에 봉해졌음.

참고 및 관련 자료

1.《中興書》

孫統字承公, 太原人. 善屬文, 時人謂其有祖楚風. 仕至餘姚令.

2.《陳逵別傳》

逵字林道, 潁川許昌人. 祖淮, 太尉. 父畛, 光祿大夫. 逵少有榦, 以淸敏立名.
襲封廣陵公·黃門郎·西中郎將, 領梁淮南二郡太守.

640(9-60)

어떤 사람이 임공(林公, 支道林)에게 물었다.

"사주(司州, 王胡之)와 이사(二謝: 謝安·謝萬)를 비교하면 어떻습니까?"

임공이 대답하였다.

"사안은 붙잡고 올라가야 하고, 사만 정도는 이끌고 갈 수 있지요."

或問林公:「司州何如二謝?」

林公曰:「故當攀安提萬.」

【林公】支道林. 支公. 支遁. 晉나라 때의 道僧. 河內 林慮人으로 속성은 關氏.
25세 때 출가하여 53세 때 洛陽에서 入滅함. 支研山에 은거하여 支遁.
支道林, 林公 등으로 불림. 梁나라 慧皎《高僧傳》(4)에 支遁傳이 있음.

【王司州】王胡之. 자는 脩齡(?~349, 혹 ?~364?). 낭야 王氏로 王廙의 둘째
아들이며, 王和之의 아버지. 吳興太守, 侍中, 司州刺史 등을 지냈으며, 石虎
(十六國 중의 後趙)가 죽자 西中郎將이 됨.《晉書》王廙傳 참조.

【二謝】謝安(安石)과 謝萬(萬石) 형제.

참고 및 관련 자료

1.《王胡之別傳》

胡之好談講, 善屬文辭, 爲當世所重.

손흥공(孫興公, 孫綽)과 허현도(許玄度, 許詢)는 모두가 일대의 명류였다. 어떤 이는 허순의 고아한 정취를 높이 보고 대신 손작의 더러운 행동을 비루하게 보았고, 또 어떤 이는 손작의 재능과 조품藻品을 아끼면서 허순에게는 취할 것이 없다고 여기기도 하였다.

孫興公·許玄度皆一時名流. 或重許高情, 則鄙孫穢行;
或愛孫才藻, 而無取於許.

【孫興公】孫綽(314~371). 자는 興公. 孫楚의 손자로 형 孫統과 남으로 내려와 벼슬에 뜻을 버리고 〈遂初賦〉를 씀. 그 외에 〈遊天台山賦〉가 유명하며 뒤에 庾亮·殷浩·王羲之의 막료를 거쳐 永嘉太守·散騎常侍를 지냄. 桓溫이 수도를 洛陽으로 옮기려 하자 상소하여 반대함. 廷尉卿에 이르렀으며 長樂侯를 습봉받음.《晉書》(56)에 전이 있음.
【許玄度】許詢. 字는 玄度. 許允의 현손으로 어릴 때 神童이라 불렸음. 高陽人. 벼슬에 뜻이 없어 孫綽, 郗愔, 王羲之, 謝安, 支遁 등과 會稽에서 산수를 유람하며 黃老에 관심을 보였음. 일찍 죽음. 司徒掾 벼슬을 지냈음.

참고 및 관련 자료

1.《文章志》宋 明帝
綽博涉經史, 長於屬文, 與許詢俱有負俗之談. 詢卒不降志, 而綽嬰綸世務焉.
2.《續晉陽秋》
綽雖有文才, 而誕縱多穢行, 時人鄙之.

치가빈(郗嘉賓, 郗超)이 사공(謝公, 謝安)을 이렇게 평하였다.

"현묘한 도리에 무릎을 맞댐에 있어서는 비록 철저하지 못하지만, 세밀하게 짜는 데에는 뛰어난 사람이다."

어떤 사람이 이렇게 말하였다.

"왕우군(王右軍, 王羲之)은 치초에게 거의 닿아 있다."

그러자 치초가 이를 듣고 이렇게 말하였다.

"닿아 있다는 말은 이치에 맞지 않는다. 그저 친구 사이라고 일컫는다면 모를까."

사공은 치가빈의 이 말에 납득을 하였다.

郗嘉賓道謝公:「造膝雖不深徹, 而纏綿綸至.」

又曰:「右軍詣嘉賓.」

嘉賓聞之云:「不得稱詣, 政得謂之朋耳.」

謝公以嘉賓言爲得.

【郗嘉賓】郗超. 자는 景興(336~377). 또는 嘉賓으로도 부름. 郗愔의 아들. 《晉書》(67)에 전이 있음.

【謝安】字는 安石(320~385). 謝裒의 아들이며 謝琰(望蔡)의 아버지. 謝奕의 동생. 덕망이 있고 기개가 높아 桓彝, 王濛의 사랑을 받음. 처음에는 벼슬에 뜻을 버리고 王羲之, 支遁 등과 산수를 즐기며 조정의 부름에 응하지 않았으나 40이 넘어 桓溫의 司馬를 거쳐 吳興太守, 侍中, 吏部尙書, 太保錄尙書事 등의 관직을 지냄. 뒤에 다시 太傅에 추증되었으며 시호는 文靖. 《晉書》(79)에 전이 있음.

【造膝】무릎에 닿을 정도로 가까움을 말함. 명리에 접근하였음을 뜻함.

【王右軍】王羲之(303~361, 혹은 309~365, 321~379). 자는 逸少. 어릴 때 이름은 虎犢. 王尊의 조카. 어려서는 訥言하였으나 뒤에 정치와 예술에 큰 업적을 남김. 특히 글씨에 뛰어나 書聖으로 추앙받았음. 右軍將軍, 會稽內史, 臨川太守 등을 지냈음. 山陰道士와 《道德經》글씨를 거위와 바꾼 고사를 남겼으며 그 외에 작품으로 〈蘭亭集序〉·〈樂毅論〉·〈黃庭經〉·〈東方朔畫讚〉·〈姨母〉·〈初月〉·〈憂懸〉·〈喪亂〉 등을 남김. 《晉書》(80)에 전이 있음. 王右軍, 王逸少, 王羲之 등으로 불림. 그 아들 王獻之와 함께 글씨에 뛰어나 '二王'이라 함.

참고 및 관련 자료

1. 劉孝標 注
『凡徹詣者, 蓋深覈之名也. 謝不徹, 王亦不詣; 謝, 王於理, 相與爲朋儔也.』

643(9-63)

유도계(庾道季, 庾龢)가 이렇게 말하였다.

"사리륜화思理倫和한 면에 있어서는 나는 강백(康伯, 韓伯)에게 부끄럽고, 지력강정志力彊正에 있어서는 문도(文度, 王坦之)에게 부끄럽다. 그 외에는 모두가 그들보다 내가 백 배 낫다."

庾道季云:「思理倫和, 吾愧康伯; 志力彊正, 吾愧文度; 自此以還, 吾皆百之」

【庾道季】유화(庾龢). 庾亮(289~340)의 막내아들, 丹陽尹을 지냈음. 《晉書》
(73)에 전이 있음. 〈言語篇〉 참조.

【康伯】韓伯. 자는 康伯. 穎川人. 秀才로 천거되어 著作郞에 부름을 받았으나
응하지 않음. 뒤에 侍中, 丹陽尹, 吏部尙書, 令軍將軍, 豫章太守 등의 벼슬을
지냄. 죽은 후 太常에 추증됨. 韓太常, 韓豫章으로도 불림. 《晉書》(75)에 전이
있음.

【文度】王中郞. 王坦之(330~375). 자는 文度. 태원 왕씨 王術의 아들이며,
王忱·王愷·王愉의 아버지. '江東獨步'라 하였으며 中書令, 北中郞將을 지냄.
〈廢莊論〉을 써서 당시의 방탕을 비난함. 《晉書》(75)에 전이 있음.

【百】백 배. 그러나 楊勇 〈校箋〉에는 이를 '白'으로 보아 "내 그들에게 고백
하겠다"의 뜻으로 여겼음.

참고 및 관련 자료

1. 楊勇 〈校箋〉

『說文:「百, 十十也; 從一白, 數, 十十爲一百. 百, 白也.」段注:「白, 告白也. 此說
從白之意, 數長於百, 可以詞言白人也.」又云:「白, 百, 疊韻.」』

644(9-64)

왕승은(王僧恩, 王褘之)은 임공(林公, 支遁)을 경멸하였다. 그러자 아버지
왕남전(王藍田, 王述)이 이렇게 일렀다.

"너의 형을 따라하지 마라. 너의 형은 그만 못하였어."

王僧恩輕林公. 藍田曰:「勿學汝兄, 汝兄自不如伊」

【王僧恩】王禕之. 王述의 둘째아들이며 王坦之의 아우. 자는 文劭. 어릴 때
자는 僧恩. 심양공주에게 장가들었으며 중서시랑을 지냄. 30이 되지 않아
일찍 죽음. 《晉書》(75)에 전이 있음.
【林公】支道林. 支公. 支遁. 晉나라 때의 道僧. 河內 林慮人으로 속성은 關氏.
25세 때 출가하여 53세 때 洛陽에서 入滅함. 支硏山에 은거하여 支遁,
支道林, 林公 등으로 불림. 梁나라 慧皎의 《高僧傳》(4)에 支遁傳이 있음.
【王藍田】王述. 자는 懷祖(303~368). 王承의 아들이며 王坦之의 아버지. 고아가
되어 어머니를 극진히 모심. 아버지를 이어 藍田侯에 봉해졌으며 宛陵令,
臨海太守, 建威將軍, 會稽內史, 揚州刺史, 征虜將軍 등을 역임함. 청렴하기로
이름이 널리 알려졌음. 《晉書》(75)에 전이 있음. 支遁과의 반목은 〈輕詆篇〉을
볼 것.

참고 및 관련 자료

1. 《王氏世家》
禕之字文劭, 述次子. 少知名, 尙尋陽公主. 仕至中書郎, 未三十而卒. 坦之悼念,
與桓溫稱之, 贈散騎常侍.

645(9-65)

간문제(簡文帝, 司馬昱)가 손흥공(孫興公, 孫綽)에게 물었다.
"원양(袁羊, 袁喬)은 누구를 닮았습니까?"

손흥공은 이렇게 대답하였다.

"모르는 사람은 그의 재주가 인정받지 못하고 있다고 여기고, 아는 자는 그에게 아무것도 취할 것이 없다고 하지요."

簡文問孫興公:「袁羊何似?」
答曰:「不知者不負其才, 知之者無取其體」

【簡文帝】東晉의 제8대 황제 司馬昱. 字는 道萬. 中宗의 少子. 元帝 계실 鄭后 소생이며 司馬紹의 배다른 동생. 穆帝가 어려서 撫軍으로 보필, 뒤에 桓溫이 海西公을 폐하고 이를 세워 皇帝에 오름. 재위 2년(371~372). 《世說新語》에서는 흔히 '晉簡文', '簡文', '簡文帝', '簡文皇帝', '相王', '撫軍', '會稽王' 등으로 칭함. 《晉書》(9)에 紀가 있음.

【孫興公】孫綽. 자는 興公(314~371). 孫楚의 손자로 형 孫統과 남으로 내려와 벼슬에 뜻을 버리고 〈遂初賦〉를 씀. 그 외에 〈遊天台山賦〉가 유명하며 뒤에 庾亮·殷浩·王羲之의 막료를 거쳐 永嘉太守·散騎常侍를 지냄. 桓溫이 수도를 洛陽으로 옮기려 하자 상소하여 반대함. 廷尉卿에 이르렀으며 長樂侯를 습봉받음. 《晉書》(56)에 전이 있음.

【袁羊】袁喬. 자는 彦升. 어릴 때 자가 羊이었음. 陳郡人으로 尙書郎, 江夏相, 益州刺史를 역임함. 湘西伯에 봉해짐.

【不負】負는 辜負, 즉 '잘못이나 사실과 다름'을 뜻한다. 이를 부정하여 '기대나 소문을 저버림이 없고, 그 명성에 어긋남이 없음'을 말한 것이다.

⸢ 참고 및 관련 자료 ⸥

1. 劉孝標 注
『言其有才而無德也.』

646(9-66)

채숙자(蔡叔子, 蔡謨)가 이렇게 말하였다.

"한강백(韓康伯, 韓伯)은 비록 뼈대가 없는 것 같으나, 역시 살만 가지고도 설 수 있는 인물이다."

蔡叔子云:「韓康伯雖無骨骭, 然亦膚立.」

【蔡叔子】 蔡謨(281~356). 자는 道明. 蔡克의 아들. 侍中을 거쳐 康帝 때 侍中 司徒에 오름. 시호는 文穆. 《晉書》(77)에 전이 있음. 본 장은 이를 蔡子叔(蔡系)의 표기오류로 보기도 함.

【韓康伯】 韓伯. 자는 康伯. 潁川人. 秀才로 천거되어 著作郎에 부름을 받았으나 응하지 않음. 뒤에 侍中, 丹陽尹, 吏部尙書, 令軍將軍, 豫章太守 등의 벼슬을 지냄. 죽은 후 太常에 추증됨. 韓太常, 韓豫章으로도 불림. 《晉書》 (75)에 전이 있음.

647(9-67)

치가빈(郗嘉賓, 郗超)이 사태부(謝太傅, 謝安)에게 물었다.

"임공(林公, 支遁, 支道林)의 현담玄談은 혜공(嵇公, 嵇康)과 비교하면 어떻습니까?"

사태부는 이렇게 대답하였다.

"혜공은 부지런히 발로 뛰어야 가히 임공을 따라갈 수 있지요."

그러자 치가빈이 다시 물었다.

"은호殷浩와 지도림支道林을 비교하면 어떻습니까?"

이 질문에 사안은 이렇게 설명하였다.

"아주 뛰어난 탁견에 있어서는 지도림이 은호를 초과합니다. 그러나 쉬지 않고 논변하는 데에는 그 구변이 지도림을 제압할까 두렵습니다."

郗嘉賓問謝太傅曰:「林公談何如嵇公?」

謝云:「嵇公勤箸脚, 裁可得去耳」

又問:「殷何如支?」

謝曰:「正爾有超拔, 支乃過殷; 然亹亹論辯, 恐口欲制支」

【郗嘉賓】郗超. 자는 景興(336~377). 또는 嘉賓으로도 부름. 郗愔의 아들. 《晉書》(67)에 전이 있음.

【謝太傅】謝安. 字는 安石(320~385). 謝裒의 아들이며 謝琰(望蔡)의 아버지. 謝奕의 동생. 덕망이 있고 기개가 높아 桓彝, 王濛의 사랑을 받음. 처음에는 벼슬에 뜻을 버리고 王羲之, 支遁 등과 산수를 즐기며 조정의 부름에 응하지 않았으나 40이 넘어 桓溫의 司馬를 거쳐 吳興太守, 侍中, 吏部尙書, 太保錄尙書事 등의 관직을 지냄. 뒤에 다시 太傅에 추증되었으며 시호는 文靖. 《晉書》(79)에 전이 있음.

【林公】支道林. 支公. 支遁. 晉나라 때의 道僧. 河內 林慮人으로 속성은 關氏. 25세 때 출가하여 53세 때 洛陽에서 入滅함. 支硏山에 은거하여 支遁, 支道林, 林公 등으로 불림. 梁나라 慧皎 《高僧傳》(4)에 支遁傳이 있음.

【嵇公】嵇康. 자는 叔夜(223~262). 어릴 때 고아였으며 奇才가 있었음. 老莊에 심취하였으며 시문에 능하였고 '竹林七賢'의 하나임. 뒤에 鍾會의 모함을 입어 司馬昭에게 죽임을 당함. 本姓은 奚氏였으나 뒤에 銍縣 嵇山 곁에 옮겨 살아 성을 嵇氏로 바꾸었다 함. 〈廣陵散曲〉·〈琴賦〉·〈養生論〉·〈聲無哀樂論〉·〈與山巨源絶交書〉 등이 유명함. 《晉書》(49)에 전이 있음.

【殷浩】殷中軍. 자는 淵源(?~356). 殷羨(洪喬)의 아들이며 弱冠에 이미 이름이

났으며 玄言에 뛰어나 당시 풍류 재자의 숭앙을 받음. 정사에도 뛰어나 사람들은 그를 管仲이나 諸葛孔明에 비유할 정도였음. 建武將軍, 揚州刺史, 記室參軍·安西將軍·中軍將軍 등을 역임하였으며, 北征에 나섰다가 姚襄에게 패배하여 서인으로 강등되기도 하였음. '咄咄怪事'의 고사를 남김.《晉書》(77)에 전이 있음.

【亹亹】부지런함. 권태를 느끼지 아니함. '미미'로 읽음.《詩經》大雅 文王에 『亹亹文王』이라 함.

【恐□欲制支】□ 안의 글자는 '殷'자일 것으로 봄.《高僧傳》(4)에 "恐殷制超"라 함.

▶ 참고 및 관련 자료

1.《支遁傳》
遁神悟機發, 風期所得, 自然超邁也.

648(9-68)

유도계(庾道季, 庾龢)가 말하였다.

"염파廉頗와 인상여藺相如는 비록 1천 년 전에 결사의 마음을 가진 분이었지만, 너무 늠름하여 오히려 지금도 살아 있는 것 같다. 조여曹蜍와 이지李志는 비록 현세에 살아 있는 사람이면서도 오히려 생기가 없어 마치 죽은 자와 같다. 사람들이 모두 이지·조여 같다면 가히 상고의 결승結繩으로 다스리던 시대와 같겠지만, 다만 여우, 이리, 오소리, 담비 같은 짐승들에게 잡아 먹히지 않을까 걱정된다."

庾道季云:「廉頗·藺相如雖千載上死人, 懍懍恆有生氣; 曹蜍·李志雖見在, 厭厭如九泉下人. 人皆如此, 便可結繩而治; 但恐狐狸猯貒噉盡.」

【庾道季】 庾龢. 庾亮의 막내아들. 丹陽尹·中領軍 등을 지냄.《晉書》(73)에 전이 있음.
【廉頗·藺相如】 戰國時代 趙나라의 두 인물로 '完璧歸趙'와 '刎頸之交'의 고사를 낳음.《史記》趙世家 및 廉頗藺相如列傳 참조.
【曹蜍】 趙茂之. 자는 永世. 어릴 때 자가 蜍였음. 尙書郞을 지냄.
【李志】 자는 溫祖. 員外常侍와 南康相을 지냄. 조부 李重은 散騎常侍를 지냈으며 아버지 李慕는 純陽令을 지냄.
【厭厭】 '厭'은 '奄'과 통용되며 '생기가 없이 늘어진 모습'을 뜻함.
【結繩而治】 상고시대 문자가 없어 새끼줄로 기호를 나타내며 살던 시대, 즉 태평성대.

> 참고 및 관련 자료

1.《史記》趙世家
廉頗者, 趙良將也. 以勇氣聞諸侯. 藺相如者, 趙人也. 趙惠文王時, 得楚和氏璧, 秦昭王請以十五城易之. 趙遣相如送璧, 秦受之, 無還城意. 相如請璧示其瑕, 因持璧卻立倚柱, 怒髮上衝冠曰:「王欲急臣, 臣頭今與璧俱碎!」秦王謝之. 後秦王使趙王鼓瑟, 相如請秦王擊筑. 趙以相如功大, 拜上卿, 位在廉頗上.

2.《曹氏譜》
茂之字永世, 彭城人也. 祖韶, 鎭東將軍司馬. 父曼, 小府卿. 茂之仕至尙書郎.

3.《晉百官名》
志字溫祖, 江夏鍾武人.

4.《李氏譜》
志祖重, 散騎常侍. 父慕, 純陽令. 志仕至員外常侍·南康相.

5. 劉孝標 注

『言人皆如曹, 李質魯淳愨, 則天下武姦民, 可結繩致治. 然才智無聞, 功迹俱滅, 身盡於狐狸, 無擅世之名也.』

649(9-69)

위군장(衛君長, 衛永)은 소조주(蕭祖周, 蕭輪)의 처형이었다. 사공(謝公, 謝安)이 손승노(孫僧奴, 孫騰)에게 물었다.

"그대 집안의 위군장은 어떤 인물인가?"

손등은 이렇게 대답하였다.

"세상에 업적을 이룬 사람이라고 말들 합니다."

사공이 이렇게 말하였다.

"결코 그런 사람이 아니다. 그는 오히려 청담의리淸談義理에 능한 사람이던데."

당시 사람들은 그의 청담을 은홍원(殷洪遠, 殷融)에 비유하였다.

衛君長是蕭祖周婦兄. 謝公問孫僧奴:「君家道衛君長云何?」

孫曰:「云是世業人」

謝曰:「殊不爾. 衛自是理義人」

于時以比殷洪遠.

【衛君長】衛永. 자는 君長. 溫嶠의 長史를 지냈으며 孫統의 처남. 謝安이 그를 理義中人이라 여겨 殷洪遠에 비유하였음.

【蕭祖周】蕭輪. 字는 祖周. 孫統의 장인이며 三禮에 밝았음. 常侍와 國子博士, 中郞 등을 지냄.

【謝公】謝安. 字는 安石(320~385). 謝裒의 아들이며 謝琰(望蔡)의 아버지. 謝奕의 동생. 덕망이 있고 기개가 높아 桓彝, 王濛의 사랑을 받음. 처음에는 벼슬에 뜻을 버리고 王羲之, 支遁 등과 산수를 즐기며 조정의 부름에 응하지 않았으나 40이 넘어 桓溫의 司馬를 거쳐 吳興太守, 侍中, 吏部尙書, 太保錄尙書事 등의 관직을 지냄. 뒤에 다시 太傅에 추증되었으며 시호는 文靖.《晉書》(79)에 전이 있음.

【孫僧奴】孫騰. 어릴 때의 이름이 僧奴. 자는 伯海. 孫統의 아들.

【殷洪遠】殷融.《易》과《老莊》에 뛰어난 인물로 殷洪喬의 아우이며 殷顗의 조부. 丹陽尹을 지냄.

참고 및 관련 자료

1.《晉百官名》
騰字伯海, 太原人.

2.《中興書》
騰, 統子也. 博學. 歷中庶子·廷尉.

650(9-70)

왕자경(王子敬, 王獻之)이 사공(謝公, 謝安)에게 물었다.
"임공(林公, 支道林)을 유공(庾公, 庾亮)에 비교하면 어떻습니까?"

사공은 그런 질문을 받는 것이 싫었다. 이에 이렇게 대답하였다.

"선배들은 그 두 사람을 비교해 말하지 않았소. 유공은 스스로 족히 임공을 함몰시킬 수 있소."

王子敬問謝公: 「林公何如庾公?」

謝殊不受; 答曰: 「先輩初無論, 庾公自足沒林公」

【王子敬】王獻之(344~388). 자는 子敬. 王羲之의 아들이며 安帝皇后의 아버지. 첫 부인 郗曇의 딸을 버리고 다시 簡文帝의 딸 新安公主를 아내로 맞음. 아버지 왕희지와 함께 글씨에 뛰어나 '二王'이라 불림. 지금 전하는 그의 작품은 〈洛神賦十三行〉(眞書)·〈鴨頭丸帖〉(行書)·〈十二月帖〉(草書) 등이 있음. 《晉書》(80)에 전이 있음.

【謝公】謝安. 字는 安石(320~385). 謝裒의 아들이며 謝琰(望蔡)의 아버지. 謝奕의 동생. 덕망이 있고 기개가 높아 桓彝, 王濛의 사랑을 받음. 처음에는 벼슬에 뜻을 버리고 王羲之, 支遁 등과 산수를 즐기며 조정의 부름에 응하지 않았으나 40이 넘어 桓溫의 司馬를 거쳐 吳興太守, 侍中, 吏部尙書, 太保錄尙書事 등의 관직을 지냄. 뒤에 다시 太傅에 추증되었으며 시호는 文靖. 《晉書》(79)에 전이 있음.

【林公】支道林. 支公. 支遁. 晉나라 때의 道僧. 河內 林慮人으로 속성은 關氏. 25세 때 출가하여 53세 때 洛陽에서 入滅함. 支硏山에 은거하여 支遁, 支道林, 林公 등으로 불림. 梁나라 慧皎《高僧傳》(4)에 支遁傳이 있음.

【庾公】庾亮(289~340). 자는 元規. 蘇峻, 祖約의 난을 평정하였으며 명제 때 王導를 이어 中書監이 됨. 征西大將軍, 荊州刺史 등을 지냄. 청담을 좋아하였으며 老莊에 밝았음. 죽은 후 太尉에 추증되었고 시호는 文康. 《晉書》(73)에 전이 있음.

【沒】埋沒, 淹沒의 뜻.

1. 《殷羨言行》

時有人稱庾太尉理者. 羨曰:「此公好擧, 宗本槌人.」

651(9-71)

사알(謝遏, 謝玄) 등 여럿이서 죽림칠현竹林七賢들의 우열을 논하려 하자 사공(謝公, 謝安)은 이렇게 말렸다.

"당신 선배들도 죽림칠현을 포폄襃貶하지 않았다."

謝遏諸人, 共道竹林優劣.

謝公云:「先輩初不臧貶七賢.」

【謝遏】謝玄(343~388). 자는 幼度. 어릴 때의 자는 遏(羯). 謝奕의 아들이며 謝靈運의 조부. 謝安의 조카. 徐州刺史로서 謝石, 謝琰 등과 肥水(淝水)에서 符堅을 대파함. 그로 인해 康樂侯公에 봉해졌으며 죽은 뒤 車騎將軍으로 추증됨. 《晉書》(79)에 전이 있음.

【謝公】謝安. 字는 安石(320~385). 謝裒의 아들이며 謝琰(望蔡)의 아버지. 謝奕의 동생. 덕망이 있고 기개가 높아 桓彝, 王濛의 사랑을 받음. 처음에는 벼슬에 뜻을 버리고 王羲之, 支遁 등과 산수를 즐기며 조정의 부름에 응하지 않았으나 40이 넘어 桓溫의 司馬를 거쳐 吳興太守, 侍中, 吏部尙書, 太保錄尙書事 등의 관직을 지냄. 뒤에 다시 太傅에 추증되었으며 시호는 文靖. 《晉書》(79)에 전이 있음.

1. 《魏氏春秋》

山濤通簡有德, 秀, 咸, 戎, 伶朗達有雋才; 于時之談, 以阮爲首, 王戎次之, 山, 向之徒, 皆其倫也. 若如盛言, 則非無臧貶, 此言謬也.

652(9-72)

어떤 사람이 왕중랑(王中郞, 王坦之)을 거기(車騎, 謝玄)에 비교하였다.
사현이 이를 듣고 이렇게 말하였다.
"그 사람은 급히 노력하여 목적을 성취하는 인물이다."

有人以王中郎比車騎.
車騎聞之, 曰: 「伊窟窟成就.」

【王中郎】 王坦之(330~375). 자는 文度. 태원 왕씨 王術의 아들이며, 王忱・王愷・王愉의 아버지. '江東獨步'라 하였으며 中書令, 北中郎將을 지냄. 〈廢莊論〉을 써서 당시의 방탕을 비난함. 《晉書》(75)에 전이 있음.
【謝車騎】 謝玄(343~388). 자는 幼度. 어릴 때의 자는 遏(羯). 謝奕의 아들이며 謝靈運의 조부. 謝安의 조카. 徐州刺史로서 謝石, 謝琰 등과 肥水(淝水)에서 苻堅을 대파함. 그로 인해 康樂侯公에 봉해졌으며 죽은 뒤 車騎將軍으로 추증됨. 《晉書》(79)에 전이 있음.
【窟】 갑자기 성취를 이룸을 뜻함.

1. 楊勇〈校箋〉

『窟, 音倔, 突也; 屈屈成就者, 突出成就也.』

2.《續晉陽秋》

坦之雅貴有識量, 風格峻整.

653(9-73)

사태부(謝太傅, 謝安)가 왕효백(王孝伯, 王恭)에게 이렇게 말하였다.

"유윤(劉尹, 劉惔)은 역시 기이하고, 스스로 알아내는 명석함이 있다. 그러나 장사(長史, 王濛)보다 낫다고는 말할 수 없다."

謝太傅謂王孝伯:「劉尹亦奇自知, 然不言勝長史」

【謝太傅】謝安. 字는 安石(320~385). 謝袞의 아들이며 謝琰(望蔡)의 아버지. 謝奕의 동생. 덕망이 있고 기개가 높아 桓彝, 王濛의 사랑을 받음. 처음에는 벼슬에 뜻을 버리고 王羲之, 支遁 등과 산수를 즐기며 조정의 부름에 응하지 않았으나 40이 넘어 桓溫의 司馬를 거쳐 吳興太守, 侍中, 吏部尙書, 太保錄尙書事 등의 관직을 지냄. 뒤에 다시 太傅에 추증되었으며 시호는 文靖.《晉書》(79)에 전이 있음.

【王孝伯】王恭(?~398). 자는 孝伯(?~398). 王蘊의 아들이며 王爽의 형. 安帝의 처남. 太原 王氏. 著作郞·祕書丞·吏部郞 등을 지냄. 뒤에 난을 일으켰다가 피살됨.《晉書》(84)에 전이 있음.

【劉尹】劉惔. 字는 眞長. 劉宏의 손자로 沛國 相 땅 출신. 明帝(323~326
　재위)의 廬陵長公主에게 장가들어 駙馬가 됨. 司從左長史, 侍中, 丹陽尹 등을
　지냄. 36세에 죽어 孫綽이 "居官無官官之事, 處事無事事之心"이라 誄文을
　지어 명언이라 하였음. 《晉書》(75)에 전이 있음.
【長史】王長史. 王濛(309?~347?). 자는 仲祖. 太原 王氏. 王脩, 王蘊, 哀帝
　王后의 아버지. 司徒左長史를 지냄. 《晉書》(93)에 전이 있음.

654(9-74)

　왕황문(王黃門, 王徽之) 형제 셋이 함께 사공(謝公, 謝安)을 찾아갔다. 자유(子猷,
王徽之)와 자중(子重, 王操之)은 속된 일을 많이 얘기하였으나, 자경(子敬, 王獻之)은
그저 춥고 더운 것만 물을 뿐이었다. 그들이 돌아가자 앉았던 객들이 사공
에게 물었다.
　"방금 세 사람 중 누가 제일 뛰어나다고 봅니까?"
　사공은 이렇게 말하였다.
　"막내 자경이 제일 낫지!"
　객이 다시 물었다.
　"어찌하여 그렇다고 아십니까?"
　사공은 이렇게 말하였다.
　"길인吉人은 말이 적고, 경솔한 자는 말이 많다'고 하였으니 이로써 안다."

　　王黃門兄弟三人俱詣謝公, 子猷·子重多說俗事, 子敬
寒溫而已.

旣出, 坐客問謝公:「向三賢孰愈?」

謝公曰:「小者最勝!」

客曰:「何以知之?」

謝公曰:「『吉人之辭寡, 躁人之辭多』推此知之」

【王黃門】王徽之(?~388). 자는 子猷. 낭야왕씨. 王羲之의 다섯째아들이며 王凝之의 아우. 王獻之의 형. 桓溫의 參軍과 黃門侍郞을 지냈음. 대나무를 좋아하였으며 한때 관직을 버리고 山陰에 은거하기도 하였음.《晉書》(80)에 전이 있음.

【謝公】謝安. 字는 安石(320~385). 謝裒의 아들이며 謝琰(望蔡)의 아버지. 謝奕의 동생. 덕망이 있고 기개가 높아 桓彝, 王濛의 사랑을 받음. 처음에는 벼슬에 뜻을 버리고 王羲之, 支遁 등과 산수를 즐기며 조정의 부름에 응하지 않았으나 40이 넘어 桓溫의 司馬를 거쳐 吳興太守, 侍中, 吏部尚書, 太保錄尚書事 등의 관직을 지냄. 뒤에 다시 太傅에 추증되었으며 시호는 文靖.《晉書》(79)에 전이 있음.

【子重】王操之. 자는 子重. 王羲之의 여섯째아들.

【子敬】王子敬. 王獻之(344~388). 자는 子敬. 王羲之의 아들이며 安帝皇后의 아버지. 첫 부인 郗曇의 딸을 버리고 다시 簡文帝의 딸 新安公主를 아내로 맞음. 아버지 왕희지와 함께 글씨에 뛰어나 '二王'이라 불림. 지금 전하는 그의 작품은 〈洛神賦十三行〉(眞書)·〈鴨頭丸帖〉(行書)·〈十二月帖〉(草書) 등이 있음.《晉書》(80)에 전이 있음. 吳興太守를 지냄.

【吉人】《周易》繫辭傳(下)의 구절. "吉人之辭寡, 躁人之辭多"라 함.

참고 및 관련 자료

1.《王氏譜》

操之字子重, 羲之第六子. 歷祕書監·侍中·尚書·豫章太守.

655(9-75)

사공(謝公, 謝安)이 왕자경(王子敬, 王獻之)에게 물었다.

"그대의 글씨와 아버지의 글씨는 어떤고?"

자경은 이렇게 대답하였다.

"진실로 응당 같을 수가 없지요."

그러자 사공이 다시 물었다.

"밖의 사람들 평은 그렇지 않던데?"

이에 자경은 이렇게 대꾸하고 만다.

"문외한들이 어찌 알리오!"

謝公問王子敬:「君書何如君家尊?」

答曰:「固當不同」

公曰:「外人論殊不爾?」

王曰:「外人那得知!」

【謝公】謝安. 字는 安石(320~385). 謝裒의 아들이며 謝琰(望蔡)의 아버지. 謝奕의 동생. 덕망이 있고 기개가 높아 桓彝, 王濛의 사랑을 받음. 처음에는 벼슬에 뜻을 버리고 王羲之, 支遁 등과 산수를 즐기며 조정의 부름에 응하지 않았으나 40이 넘어 桓溫의 司馬를 거쳐 吳興太守, 侍中, 吏部尙書, 太保錄尙書事 등의 관직을 지냄. 뒤에 다시 太傅에 추증되었으며 시호는 文靖.《晉書》(79)에 전이 있음.

【王子敬】王獻之(344~388). 자는 子敬. 王羲之의 아들이며 安帝皇后의 아버지. 첫 부인 郗曇의 딸을 버리고 다시 簡文帝의 딸 新安公主를 아내로 맞음. 아버지 왕희지와 함께 글씨에 뛰어나 '二王'이라 불림. 지금 전하는 그의

작품은 〈洛神賦十三行〉(眞書)·〈鴨頭丸帖〉(行書)·〈十二月帖〉(草書) 등이 있음.
《晉書》(80)에 전이 있음.

참고 및 관련 자료

1.《文章志》宋 明帝

獻之善隷書, 變右軍法爲今體, 字畫秀媚, 妙絶時倫, 與父俱得名. 其章草疎弱,
殊不及父. 或訊獻之云:「羲之書勝不?」「莫能判」有問羲之云:「世論卿書不逮
獻之?」答曰:「殊不爾也」它日見獻之, 問:「尊軍書何如?」獻之不答. 又問:
「論者云, 君固當不如?」獻之笑而答曰:「人那得知之也?」

2.《書譜》唐 孫過庭

謝安素善尺牘, 而輕子敬之書. 安嘗問:「卿書如何右軍?」答云:「故當勝」又曰:
「時人那得知!」敬雖權辭折安, 自稱勝父, 不亦過乎? 後右軍題壁, 子敬輒書易
其處; 羲之還見,乃嘆曰:「吾去時眞大醉也.」敬乃內慚. 子敬不及逸少, 無惑
疑焉.

656(9-76)

왕효백(王孝伯, 王恭)이 사태부(謝太傅, 謝安)에게 물었다.
"임공(林公, 支道林)을 저의 조부 장사(長史, 王濛)와 비교하면 어떻습니까?"
사태부는 이렇게 말하였다.
"너의 조부 장사께서는 멋진 흥취가 있지."
왕공이 다시 물었다.
"그럼 유윤(劉尹, 劉恢)과 비교하면 어떻습니까?"

사태부는 이렇게 대답하였다.

"아! 유윤은 뛰어난 분이지."

왕공이 다시 물었다.

"만약 선생님의 말씀대로라면 지도림이 다른 두 분과 못하다는 것입니까?"

사태부는 이렇게 말하였다.

"내 뜻이 그렇다는 것이다."

王孝伯問謝太傅:「林公何如長史?」

太傅曰:「長史韶興.」

問:「何如劉尹?」

謝曰:「噫! 劉尹秀.」

王曰:「若如公言, 並不如此二人邪?」

謝云:「身意正爾也.」

【王孝伯】王恭. 자는 孝伯(?~398). 王蘊의 아들이며 王爽의 형. 安帝의 처남.
  太原 王氏. 著作郎·祕書丞·吏部郎 등을 지냄. 뒤에 난을 일으켰다가 피살됨.
  《晉書》(84)에 전이 있음.
【謝太傅】謝安. 字는 安石(320~385). 謝裒의 아들이며 謝琰(望蔡)의 아버지.
  謝奕의 동생. 덕망이 있고 기개가 높아 桓彝, 王濛의 사랑을 받음. 처음에는
  벼슬에 뜻을 버리고 王羲之, 支遁 등과 산수를 즐기며 조정의 부름에
  응하지 않았으나 40이 넘어 桓溫의 司馬를 거쳐 吳興太守, 侍中, 吏部尚書,
  太保錄尚書事 등의 관직을 지냄. 뒤에 다시 太傅에 추증되었으며 시호는
  文靖. 《晉書》(79)에 전이 있음.
【林公】支道林. 支公. 支遁. 晉나라 때의 道僧. 河內 林慮人으로 속성은 關氏.
  25세 때 출가하여 53세 때 洛陽에서 入滅함. 支硏山에 은거하여 支遁,
  支道林, 林公 등으로 불림. 梁나라 慧皎 《高僧傳》(4)에 支遁傳이 있음.

【長史】王長史. 王濛(309?~347?). 자는 仲祖. 太原 王氏. 王脩, 王蘊, 哀帝
王后의 아버지. 司徒左長史를 지냄. 《晉書》(93)에 전이 있음.

【劉尹】劉惔. 字는 眞長. 劉宏의 손자로 沛國 相 땅 출신. 明帝(323~326
재위)의 廬陵長公主에게 장가들어 駙馬가 됨. 司從左長史, 侍中, 丹陽尹 등을
지냄. 36세에 죽어 孫綽이 "居官無官官之事, 處事無事事之心"이라 誄文을
지어 명언이라 하였음. 《晉書》(75)에 전이 있음.

657(9-77)

어떤 이가 태부(太傅, 謝安)에게 물었다.

"자경(子敬, 王獻之)은 선배들 중에 누구와 비교할 수 있습니까?"

사안은 이렇게 대답하였다.

"아경(阿敬, 子敬)은 가까이는 왕王濛·유劉惔를 모아둔 표준과 같습니다."

人有問太傅:「子敬可是先輩誰比?」

謝曰:「阿敬近撮王·劉之標」

【太傅】謝安. 字는 安石(320~385). 謝裒의 아들이며 謝琰(望蔡)의 아버지.
謝奕의 동생. 덕망이 있고 기개가 높아 桓彝, 王濛의 사랑을 받음. 처음에는
벼슬에 뜻을 버리고 王羲之, 支遁 등과 산수를 즐기며 조정의 부름에
응하지 않았으나 40이 넘어 桓溫의 司馬를 거쳐 吳興太守, 侍中, 吏部尚書,
太保錄尚書事 등의 관직을 지냄. 뒤에 다시 太傅에 추증되었으며 시호는
文靖. 《晉書》(79)에 전이 있음.

【子敬】王子敬. 王獻之(344~388). 자는 子敬. 王羲之의 아들이며 安帝皇后의

아버지. 첫 부인 郤曇의 딸을 버리고 다시 簡文帝의 딸 新安公主를 아내로 맞음. 아버지 왕희지와 함께 글씨에 뛰어나 '二王'이라 불림. 지금 전하는 그의 작품은 〈洛神賦十三行〉(眞書)·〈鴨頭丸帖〉(行書)·〈十二月帖〉(草書) 등이 있음. 《晉書》(80)에 전이 있음.

【阿敬】子敬, 阿는 平輩, 혹 다정함과 친근감을 표시하는 접두어.

【王·劉】王濛과 劉尹(劉惔).

1. 《續晉陽秋》

獻之文義, 並非所長, 而能撮其勝會; 故擅名一時, 爲風流之冠也.

658(9-78)

사공(謝公, 謝安)이 효백(孝伯, 王恭)에게 말하였다.

"그대의 조부王濛와 유윤(劉尹, 劉惔)과 비교한다면 진실로 따라갈 수 있겠는가?"

효백은 이렇게 대답하였다.

"유윤은 능히 따라갈 수 없는 것이 아니라, 우리 조부께서 그를 뒤쫓으려 하지 않을 뿐입니다."

謝公語孝伯:「君祖比劉尹, 故爲得逮?」

孝伯云:「劉尹非不能逮, 直不逮」

【謝公】謝安. 字는 安石(320~385). 謝裒의 아들이며 謝琰(望蔡)의 아버지. 謝奕의 동생. 덕망이 있고 기개가 높아 桓彝, 王濛의 사랑을 받음. 처음에는 벼슬에 뜻을 버리고 王羲之, 支遁 등과 산수를 즐기며 조정의 부름에 응하지 않았으나 40이 넘어 桓溫의 司馬를 거쳐 吳興太守, 侍中, 吏部尙書, 太保錄尙書事 등의 관직을 지냄. 뒤에 다시 太傅에 추증되었으며 시호는 文靖.《晉書》(79)에 전이 있음.

【孝伯】王恭. 자는 孝伯(?~398). 王蘊의 아들이며 王爽의 형. 王濛의 손자. 安帝의 처남. 太原 王氏. 著作郎·祕書丞·吏部郎 등을 지냄. 뒤에 난을 일으켰다가 피살됨.《晉書》(84)에 전이 있음.

【劉尹】劉惔. 字는 眞長. 劉宏의 손자로 沛國 相 땅 출신. 明帝(323~326 재위)의 廬陵長公主에게 장가들어 駙馬가 됨. 司從左長史, 侍中, 丹陽尹 등을 지냄. 36세에 죽어 孫綽이 "居官無官官之事, 處事無事事之心"이라 誄文을 지어 명언이라 하였음.《晉書》(75)에 전이 있음.

참고 및 관련 자료

1. 劉孝標 注

『言濛質, 而惔文也.』

659(9-79)

　원언백(袁彦伯, 袁宏)이 이부랑吏部郎이 되자, 자경(子敬, 王獻之)이 치가빈(郗嘉賓,
郗超)에게 이런 편지를 썼다.

　"언백이 이미 관직에 들어갔으니 족히 자신의 흥왕지기興往之氣를 꺾을
것입니다. 그는 업무로 인해 추달捶撻의 고통으로는 삶이 되기 어렵다는
것을 알고, 그나마 물러나 조금 나아지기를 바랄 뿐이겠지요!"

　　袁彦伯爲吏部郞, 子敬與郗嘉賓書曰:『彦伯已入, 殊足頓
興往之氣; 故知捶撻自難爲人. 冀小卻, 當復差耳!』

【袁彦伯】 袁宏(328~376). 자는 彦伯. 어릴 때는 虎라 불렸으며, 어려서 고아가
　됨. 문장이 뛰어나 謝尙의 발탁으로 大司馬 桓溫의 記室이 됨. 著述에 힘써
　《後漢記》·《竹林名士傳》·《北征賦》·《三國名臣頌》을 지었으며 《三國名臣頌》은
　《晉書》에 수록되어 있음. 《晉書》(92)에 전이 있음.
【子敬】 王子敬. 王獻之(344~388). 자는 子敬. 王羲之의 아들이며 安帝皇后의
　아버지. 첫 부인 郗曇의 딸을 버리고 다시 簡文帝의 딸 新安公主를 아내로
　맞음. 아버지 왕희지와 함께 글씨에 뛰어나 '二王'이라 불림. 지금 전하는
　그의 작품은 〈洛神賦十三行〉(眞書)·〈鴨頭丸帖〉(行書)·〈十二月帖〉(草書) 등이
　있음. 《晉書》(80)에 전이 있음.
【郗嘉賓】 郗超. 자는 景興(336~377). 또는 嘉賓으로도 부름. 郗愔의 아들.
　《晉書》(67)에 전이 있음.

왕자유(王子猷, 王徽之)·자경(子敬, 王獻之) 형제가 《고사전高士傳》의 인물과
그 찬贊을 감상하고 있었다. 자경이 정단井丹이라는 사람이 매우 고결하다고
칭찬하자, 자유는 이렇게 말하였다.

"그래도 장경長卿의 이 세상을 오만하게 대하였던 것만은 못해."

王子猷·子敬兄弟, 共賞《高士傳》人及贊.
子敬賞井丹高潔; 子猷云:「未若長卿慢世」

【王子猷】 王徽之(?~388). 자는 子猷. 낭야왕씨. 王羲之의 다섯째아들이며
王凝之의 아우. 王獻之의 형. 桓溫의 參軍과 黃門侍郎을 지냈음. 대나무를
좋아하였으며 한때 관직을 버리고 山陰에 은거하기도 하였음. 《晉書》(80)에
전이 있음.

【子敬】 王子敬. 王獻之(344~388). 자는 子敬. 王羲之의 아들이며 安帝皇后의
아버지. 첫 부인 郗曇의 딸을 버리고 다시 簡文帝의 딸 新安公主를 아내로
맞음. 아버지 왕희지와 함께 글씨에 뛰어나 '二王'이라 불림. 지금 전하는
그의 작품은 〈洛神賦十三行〉(眞書)·〈鴨頭丸帖〉(行書)·〈十二月帖〉(草書) 등이
있음. 《晉書》(80)에 전이 있음.

【高士傳】 嵇康이 짓고 贊을 붙인 고대 고사들의 전기.

【井丹】 漢나라 때 인물로 자는 大春.

【長卿】 司馬相如. 자는 長卿(B.C.179~B.C.118). 한대 제일의 부가(賦家). 탁문군
(卓文君)과의 사랑 고사로 유명함. 한 무제에게 발탁되어 궁중 시인으로
〈上林賦〉, 〈子虛賦〉, 〈大人賦〉 등을 남겼음. 《史記》(117) 및 《漢書》(57) 司
馬相如列傳 참조.

참고 및 관련 자료

1.《高士傳》贊
井丹高潔, 不慕榮貴.

2.《高士傳》贊
長卿慢世, 越禮自防.

3.《高士傳》嵇康
丹字大春, 扶風郿人. 博學高論, 京師爲之語曰:「五經紛綸井大春, 未嘗書刺謁一人.」北宮五王更請, 莫能致. 新陽侯陰就使人要之, 不得已而行, 侯設麥飯, 葱菜, 以觀其意, 丹推卻曰:「以君侯能供美膳, 故來相過, 何謂如此?」乃出盛饌. 侯起, 左右進輦, 丹笑曰:「聞桀·紂駕人車, 此所謂人車者邪?」侯即去輦. 越騎梁松, 貴震朝廷, 請交丹, 丹不肯見. 後丹得時疾, 松自將醫視之. 病愈久之, 松失大男磊, 丹一往弔之, 時賓客滿廷, 丹裘褐不完, 入門, 坐者皆悚望其顔色. 丹四向長揖, 前與松語, 客主禮畢後, 長揖徑坐, 莫得與語. 不肯爲吏, 徑出, 後遂隱遁. 其贊曰:「井丹高潔, 不慕榮貴; 抗節五王, 不交非類. 顯譏輦車, 左右失氣; 披褐長揖, 義陵羣萃.」司馬相如者, 蜀郡成都人, 字長卿. 初爲郎, 事景帝. 梁孝王來朝, 從遊說士鄒陽等, 相如說之, 因病免遊梁. 後過臨邛, 富人卓王孫女文君新寡, 好音, 相如以琴心挑之, 文君奔之, 俱歸成都. 後居貧, 至臨邛買酒舍, 文君當壚, 相如箸犢鼻褌, 滌器市中. 爲人口吃; 善屬文. 仕宦不慕高爵, 常託疾不與公卿大事. 終于家. 其贊曰:「長卿慢世, 越禮自防; 犢鼻居市, 不恥其狀. 託疾避官, 蔑此卿相: 乃賦大人, 超然莫尙.」

어떤 사람이 원시중(袁侍中, 袁恪之)에게 물었다.

"은중감殷仲堪을 한강백(韓康伯, 韓伯)에 비교한다면 어떻소?"

원시중은 이렇게 대답하였다.

"의리義理 방면으로 얻은 우열은 비교하기가 어렵지만, 그러나 문정門庭이 적막하여 여전히 명사의 풍류를 가지고 있는 면은 은중감이 한강백에게 미치지 못한다."

그래서 뒤에 은중감이 한강백의 제문을 쓸 때 이렇게 썼다.

"사립문이 낮에도 닫혀 있고, 빈 뜰이 고요하였다."

有人問袁侍中曰:「殷仲堪何如韓康伯?」

答曰:「義理所得, 優劣乃復未辨; 然門庭蕭寂, 居然有名士風流, 殷不及韓」

故殷作誄云:『荊門晝掩, 閒庭晏然』

【袁侍中】袁恪之. 자는 元祖. 黃門侍郎을 거쳐 安帝 때 侍中을 역임하였음.

【殷仲堪】(?~399). 殷融(洪遠)의 손자이며 殷仲文의 종형. 문장과 현언에 뛰어나 韓康伯과 이름을 나란히 하였음. 振威將軍, 荊州刺史 등을 역임함. 뒤에 桓玄에게 죽임을 당함.《晉書》(84)에 전이 있음.

【韓康伯】韓伯. 자는 康伯. 潁川人. 秀才로 천거되어 著作郎에 부름을 받았으나 응하지 않음. 뒤에 侍中, 丹陽尹, 吏部尙書, 令軍將軍, 豫章太守 등의 벼슬을 지냄. 죽은 후 太常에 추증됨. 韓太常, 韓豫章으로도 불림.《晉書》(75)에 전이 있음.

1.《袁氏譜》

恪之字元祖, 陣郡陽夏人. 祖王孫, 司徒從事中郎. 父綸, 臨汝令. 恪之仕黃門
侍郎. 義熙初爲侍中.

662(9-82)

왕자경(王子敬, 王獻之)이 사공(謝公, 謝安)에게 물었다.

"가빈(嘉賓, 郗超)과 도계(道季, 庚龢)를 비교하면 어떻습니까?"

사공은 이렇게 대답하였다.

"도계가 진실로 청담·현리를 다시 연구해 그 요체를 터득한다고 해도
가빈은 이미 스스로 그 위에 있을걸!"

王子敬問謝公:「嘉賓何如道季?」

答曰:「道季誠復鈔撮淸悟, 嘉賓故自上!」

【王子敬】王獻之(344~388). 자는 子敬. 王羲之의 아들이며 安帝皇后의 아버지.
첫 부인 郗曇의 딸을 버리고 다시 簡文帝의 딸 新安公主를 아내로 맞음.
아버지 왕희지와 함께 글씨에 뛰어나 '二王'이라 불림. 지금 전하는 그의
작품은 〈洛神賦十三行〉(眞書)·〈鴨頭丸帖〉(行書)·〈十二月帖〉(草書) 등이 있음.
《晉書》(80)에 전이 있음.

【謝公】謝安. 字는 安石(320~385). 謝裒의 아들이며 謝琰(望蔡)의 아버지. 謝奕의 동생. 덕망이 있고 기개가 높아 桓彝, 王濛의 사랑을 받음. 처음에는 벼슬에 뜻을 버리고 王羲之, 支遁 등과 산수를 즐기며 조정의 부름에 응하지 않았으나 40이 넘어 桓溫의 司馬를 거쳐 吳興太守, 侍中, 吏部尙書, 太保錄尙書事 등의 관직을 지냄. 뒤에 다시 太傅에 추증되었으며 시호는 文靖.《晉書》(79)에 전이 있음.

【嘉賓】郗超. 자는 景興(336~377). 또는 嘉賓으로도 부름. 郗愔의 아들. 《晉書》(67)에 전이 있음.

【道季】庾道季. 庾龢. 庾亮의 막내아들. 丹陽尹·中領軍 등을 지냄.《晉書》(73)에 전이 있음.

참고 및 관련 자료

1. 劉孝標 注
『謂超拔也.』

663(9-83)

왕순王珣이 병이 나서 임종이 가까워 오자, 왕무강(王武岡, 王謐)에게 물었다.
"세상 사람들이 우리 부친이신 영군(領軍, 王洽)을 누구와 비교하더이까?"
무강이 이렇게 대답하였다.
"세상 사람들은 왕북중랑(王北中郎, 王坦之)과 비교하더이다."
그러자 동정(東亭, 王珣)은 몸을 돌려 벽을 향하고는 이렇게 탄식하였다.
"사람은 진실로 일찍 죽어서는 안 돼!"

王珣疾, 臨困, 問王武岡曰:「世論以我家領軍比誰?」

武岡曰:「世以比王北中郎」

東亭轉臥向壁, 嘆曰:「人固不可以無年!」

【王珣】자는 元琳(349~400). 어릴 때의 자는 法護, 혹은 阿瓜(阿爪). 王洽(敬和)의 아들이며 王導의 손자. 王珉(僧彌)의 형. 安帝 때 尙書令, 散騎常侍 등을 역임함. 東亭侯에 봉해짐.《晉書》(65)에 전이 있음.

【王武岡】王謐(360~407). 자는 稚遠(혹 雅遠). 王導의 다섯째 아들인 王劭의 아들로서 王協(王導의 넷째아들)에게 양자로 감.《晉書》65에 전이 있음.

【領軍】王洽. 자는 敬和. 王導의 셋째아들로 吳郡內史를 지냈으며 王敬和, 王車騎 등으로 불림. 일찍 죽음.

【王北中郎】王坦之(330~375). 자는 文度. 태원 왕씨 王述의 아들이며, 王忱·王愷·王愉의 아버지. '江東獨步'라 하였으며 中書令, 北中郎將을 지냄. 〈廢莊論〉을 써서 당시의 방탕을 비난함.《晉書》(75)에 전이 있음.

【東亭】王珣(349~400). 자는 元琳. 어릴 때의 자는 法護, 혹은 阿瓜. 王洽(敬和)의 아들이며 王導의 손자. 王珉(僧彌)의 형. 安帝 때 尙書令, 散騎常侍 등을 역임함. 東亭侯에 봉해짐.《晉書》(65)에 전이 있음.

【 참고 및 관련 자료 】

1.《中興書》

謐字稚遠, 丞相導孫, 車騎劭子. 有才器, 襲爵武岡侯, 位至司徒.

2. 劉孝標 注

『領軍, 王洽; 珣之父也. 年二十六卒. 珣意以其父名德過坦之, 而無年, 故致此論.』

3. 王坦之보다 나으나 36세 일찍 죽어 더 이상 이름을 떨치지 못하였음을 탄식한 것.

664(9-84)

왕효백(王孝伯, 王恭)이 사공(謝公, 謝安)을 두고 "익을 대로 익은 분"이라
하였다. 그리고 다시 이렇게 말하였다.
"장사(長史, 王濛)께서는 겸허하셨고, 유윤(劉尹, 劉惔)은 뛰어나셨으며, 사공은
온륭蘊融한 분이시지."

王孝伯道謝公「濃至」.
又曰:「長史虛, 劉尹秀, 謝公融」

【王孝伯】王恭. 자는 孝伯(?~398). 王蘊의 아들이며 王爽의 형. 王濛의 손자.
安帝의 처남. 太原 王氏. 著作郞·祕書丞·吏部郞 등을 지냄. 뒤에 난을
일으켰다가 피살됨.《晉書》(84)에 전이 있음.
【謝公】謝安. 字는 安石(320~385). 謝裒의 아들이며 謝琰(望蔡)의 아버지.
謝奕의 동생. 덕망이 있고 기개가 높아 桓彝, 王濛의 사랑을 받음. 처음에는
벼슬에 뜻을 버리고 王羲之, 支遁 등과 산수를 즐기며 조정의 부름에
응하지 않았으나 40이 넘어 桓溫의 司馬를 거쳐 吳興太守, 侍中, 吏部尙書,
太保錄尙書事 등의 관직을 지냄. 뒤에 다시 太傅에 추증되었으며 시호는
文靖.《晉書》(79)에 전이 있음.
【長史】王長史. 王濛(309?~347?). 자는 仲祖. 太原 王氏. 王脩, 王蘊, 哀帝
王后의 아버지. 司徒左長史를 지냄.《晉書》(93)에 전이 있음.
【劉尹】劉惔. 字는 眞長. 劉宏의 손자로 沛國 相 땅 출신. 明帝(323~326
재위)의 廬陵長公主에게 장가들어 駙馬가 됨. 司從左長史, 侍中, 丹陽尹 등을
지냄. 36세에 죽어 孫綽이 "居官無官官之事, 處事無事事之心"이라 誄文을
지어 명언이라 하였음.《晉書》(75)에 전이 있음.

1. 劉孝標 注

『謂條暢也.』

665(9-85)

왕효백(王孝伯, 王恭)이 사공(謝公, 謝安)에게 물었다.

"임공(林公, 支道林)을 우군(右軍, 王羲之)에게 비교하면 어떻습니까?"

이에 사공은 이렇게 대답하였다.

"왕우군이 임공보다 낫지. 그러나 임공이 사주(司州, 王胡之)에게는 앞서 역시 훨씬 뛰어나고 귀하지."

王孝伯問謝公:「林公何如右軍?」

謝曰:「右軍勝林公; 林公在司州前, 亦貴徹」

【王孝伯】王恭. 자는 孝伯(?~398). 王蘊의 아들이며 王爽의 형. 王濛의 손자. 安帝의 처남. 太原 王氏. 著作郎・祕書丞・吏部郎 등을 지냄. 뒤에 난을 일으켰다가 피살됨.《晉書》(84)에 전이 있음.

【謝公】謝安. 字는 安石(320~385). 謝裒의 아들이며 謝琰(望蔡)의 아버지. 謝奕의 동생. 덕망이 있고 기개가 높아 桓彝, 王濛의 사랑을 받음. 처음에는 벼슬에 뜻을 버리고 王羲之, 支遁 등과 산수를 즐기며 조정의 부름에

응하지 않았으나 40이 넘어 桓溫의 司馬를 거쳐 吳興太守, 侍中, 吏部尙書, 太保錄尙書事 등의 관직을 지냄. 뒤에 다시 太傅에 추증되었으며 시호는 文靖. 《晉書》(79)에 전이 있음.

【林公】 支道林. 支公. 支遁. 晉나라 때의 道僧. 河內 林慮人으로 속성은 關氏. 25세 때 출가하여 53세 때 洛陽에서 入滅함. 支硏山에 은거하여 支遁, 支道林, 林公 등으로 불림. 梁 慧皎 《高僧傳》(4)에 支遁傳이 있음.

【王右軍】 王羲之(303~361, 혹은 309~365, 321~379). 王尊의 조카. 어려서는 訥言하였으나 뒤에 정치와 예술에 큰 업적을 남김. 특히 글씨에 뛰어나 書聖으로 추앙받았음. 右軍將軍을 지냈으며 자는 逸少. 山陰道士와 《道德經》 글씨를 거위와 바꾼 고사를 남겼으며 그 외에 작품으로 〈蘭亭集序〉·〈樂毅論〉·〈黃庭經〉·〈東方朔畫讚〉·〈姨母〉·〈初月〉·〈憂懸〉·〈喪亂〉 등을 남김. 《晉書》(80)에 전이 있음. 王右軍, 王逸少, 王羲之 등으로 불림. 그 아들 王獻之와 함께 글씨에 뛰어나 '二王'이라 함.

【司州】 王胡之. 자는 脩齡(?~349, 혹 ?~364?). 낭야 王氏로 王廙의 둘째아들이며, 王和之의 아버지. 吳興太守, 侍中, 司州刺史 등을 지냈으며, 石虎(十六國 중의 後趙)가 죽자 西中郎將이 됨.《晉書》王廙傳 참조.

참고 및 관련 자료

1. 劉孝標 注
『不言若羲之, 而言勝胡之.』

666(9-86)

환현桓玄이 태위太尉가 되었을 때 큰 잔치를 벌여 조정의 신하들이 무두 모였다. 곧 앉자마자 환현이 왕정지王楨之에게 물었다.

"나와 그대의 일곱째 삼촌王獻之과는 어떻소?"

당시 사람들은 모두 왕정지를 대신해서 긴장으로 숨을 죽였다. 이에 왕정지는 천천히 이렇게 말하였다.

"돌아가신 우리 숙부는 한 시대의 표준이오. 그대는 천재千載의 영웅이지요!"

손님들 모두 시원스럽게 여겼다.

桓玄爲太尉, 大會, 朝臣畢集; 坐裁竟, 問王楨之曰:「我何如卿第七叔?」

于時賓客爲之咽氣.

王徐徐答曰:「亡叔是一時之標, 公是千載之英!」

一坐懽然.

【桓玄】자는 敬道(369~404). 大司馬 桓溫의 막내아들. 南郡公에 봉해졌음. 劉裕의 기병에 맞섰다가 建康에서 참수당함.《晉書》(99)에 전이 있음. 譙國 龍亢人 대사마 桓溫의 少子이며 아버지를 이어 南郡公이 됨. 桓太傅라고도 부름.

【王楨】자는 公幹. 어릴 때의 자는 思道. 王徽之의 아들. 王禎之로도 표기함. 侍中, 大司馬長沙, 主簿 등을 거쳐 安帝 때 御史中丞을 지냄.《晉書》(80)에 전이 있음.

【七叔】王子敬(獻之)을 가리킴.

참고 및 관련 자료

1.《王氏譜》

楨之字公幹, 琅邪人, 徽之子. 歷侍中·大司馬長史.

667(9-87)

환현桓玄이 유태상(劉太常, 劉瑾)에게 물었다.

"나와 사태부(謝太傅, 謝安)를 비교한다면 누가 어질다 보오?"

유태상이 이렇게 대답하였다.

"당신은 높고, 사태부는 깊지요."

그러자 다시 이렇게 물었다.

"그러면 그대의 외삼촌인 자경(子敬, 王獻之)과 비교한다면 어떻습니까?"

유태상은 이렇게 대답하였다.

"사櫨·배·귤·유자처럼 각각 그 아름다운 맛이 다르지요."

桓玄問劉太常曰:「我何如謝太傅?」

劉答曰:「公高, 太傅深」

又曰:「何如賢舅子敬?」

答曰:「櫨·梨·橘·柚, 各有其美」

【桓玄】 자는 敬道(369~404). 大司馬 桓溫의 막내아들. 南郡公에 봉해졌었음. 劉裕의 기병에 맞섰다가 建康에서 참수당함.《晉書》(99)에 전이 있음. 譙國 龍亢人. 대사마 桓溫의 少子이며 아버지를 이어 南郡公이 됨. 桓太傅라고도 부름.

【劉太常】 劉瑾. 자는 仲璋. 尙書太常卿을 지냄.

【謝太傅】 謝安. 字는 安石(320~385). 謝裒의 아들이며 謝琰(望蔡)의 아버지. 謝奕의 동생. 덕망이 있고 기개가 높아 桓彝, 王濛의 사랑을 받음. 처음에는 벼슬에 뜻을 버리고 王羲之, 支遁 등과 산수를 즐기며 조정의 부름에 응하지 않았으나 40이 넘어 桓溫의 司馬를 거쳐 吳興太守, 侍中, 吏部尙書, 太保錄尙書事 등의 관직을 지냄. 뒤에 다시 太傅에 추증되었으며 시호는

文靖. 《晉書》(79)에 전이 있음.

【子敬】王子敬. 王獻之(344~388). 자는 子敬. 王羲之의 아들이며 安帝皇后의
아버지. 첫 부인 郗曇의 딸을 버리고 다시 簡文帝의 딸 新安公主를 아내로
맞음. 아버지 왕희지와 함께 글씨에 뛰어나 '二王'이라 불림. 지금 전하는
그의 작품은 〈洛神賦十三行〉(眞書)·〈鴨頭丸帖〉(行書)·〈十二月帖〉(草書) 등이
있음. 《晉書》(80)에 전이 있음.

【樝】山樝(山楂)나무의 열매. 배처럼 생겼으며 맛이 시다 함.

┌─────────────────┐
│ 참고 및 관련 자료 │
└─────────────────┘

1. 《劉瑾集》敍
『瑾字仲璋, 南陽人, 祖遐·父暢. 暢娶王羲之女, 生瑾. 瑾有才力, 歷尙書·太常卿.』

2. 《莊子》
樝·梨·橘·柚, 其味相反, 皆可於口也.

3. 楊勇 〈校箋〉
『爾雅釋木:「樝梨, 曰鑽之.」郭注:「樝, 似梨而酢澀.」勇按: 樝, 又名木桃.
形凹凸, 味酸甛, 俗名楊桃也.』

668(9-88)

옛날에는 사람들이 환겸桓謙을 은중문殷仲文에게 비교하였다. 그러나
환현桓玄이 조정에 실권을 잡고 나서 은중문이 조정으로 들어올 때면
환현은 조정에서 멀리 은중문의 모습을 보고 같이 앉은 사람들에게
이렇게 말하였다.

"우리 집안의 중군(中軍, 桓謙)이 어찌 저 은중문을 따를 수 있단 말이오?"

舊以桓謙比殷仲文. 桓玄時, 仲文入, 桓於庭中望見之, 謂同坐曰:「我家中軍, 那得及此也?」

【桓謙】자는 敬祖. 桓沖의 아들.《晉書》(74)에 전이 있음.
【殷仲文】자는 仲文(?~407). 殷顗의 아우이며 桓玄의 姊夫. 諮議參軍, 侍中, 東陽太守, 尚書 등의 벼슬을 역임함. 뒤에 모반으로 주살당함.《晉書》(99)에 전이 있음.
【桓玄】 (369~404). 자는 敬道. 桓溫의 아들. 晉安帝를 협박하여 帝位를 선양 받은 후 나라이름을 楚라 하였으나, 뒤이어 劉裕(남조 宋)에게 패하여 建康 에서 참수당함.《晉書》99에 전이 있음.

참고 및 관련 자료

1.《中興書》
謙字敬祖, 沖第二子, 尚書僕射·中軍將軍.
2.《晉安帝紀》
仲文有器貌才思.

10. 규잠規箴

총 27장 (669-695)

'규잠規箴'이란 충정한 말로 선행과 덕행을 서로 권면함을 말한다. 양용楊勇 〈교전校箋〉에 "規箴者, 能以忠正之言, 相勸規箴砭之也"라 하였다.

총 27장이다.

상유지광(桑楡之光)의 고사. 692 참조.

한漢 무제(武帝, 劉徹) 때, 어린 시절 무제를 키웠던 유모가 일찍이 밖에서 죄를 범한 적이 있었다. 무제는 이를 법으로 다스리려 하였다. 유모는 동방삭東方朔에게 구원을 청하였다. 동방삭은 이렇게 일러주었다.

"이것은 입으로 다툴 일이 아니오. 그대가 구제받기를 원한다면, 어서 무제에게 가서 그에게서 떠날 때 자꾸 그를 뒤돌아보며 주시하고 말은 절대로 하지 마시오. 이렇게 하면 만에 하나 희망이 있을지도 모르지요."

유모가 무제 곁에 이르자, 동방삭도 역시 무제 옆에 있었다. 그리고는 기회를 보아 유모에게 짐짓 이렇게 입을 열었다.

"그대는 멍청도 하오! 지금 황제께서 어찌 그대가 젖을 먹여 주던 은혜를 기억한단 말이오?"

무제는 비록 재주가 뛰어나고 마음이 모질었지만 역시 유모에게 깊은 사랑과 정이 들었던 터라 그를 불쌍히 여겨 곧 사면해 주었다.

漢武帝乳母嘗於外犯事, 帝欲申憲, 乳母求救東方朔.

朔曰:「此非脣舌所爭. 爾必望濟者, 將去時, 但當屢顧帝, 愼勿言; 此或可萬一冀耳」

乳母旣至, 朔亦侍側, 因謂曰:「汝癡耳! 帝豈復憶汝乳哺時恩邪?」

帝雖才雄心忍, 亦深有情戀; 乃悽然愍之, 卽敕免罪.

【漢武帝】西漢의 제5대 황제(B.C.156~B.C.87). 劉徹. 景帝의 아들로 한나라 중흥의 대표적인 황제. 재위 54년(B.C.140~B.C.87). 《史記》(12)와 《漢書》(6)에 기가 있음.

【東方朔】자는 曼倩(B.C.154~B.C.93). 무제 때에 中郞을 지냈으며 골계가로 유명함. 〈答客難〉, 〈非有先生論〉, 〈七諫〉 등 명문을 남김. 아울러 神仙 方士에도 일화를 남겨 六朝 시대 《神異經》, 《海內十洲記》 등은 그의 이름에 의탁하여 전해짐. 《史記》(126), 《漢書》(65)에 전이 있음.

참고 및 관련 자료

1. 《漢書》
朔字曼倩, 平原厭次人.

2. 《東方朔別傳》
朔, 南陽步廣里人.

3. 《列仙傳》
朔是楚人. 武帝時上書說便宜, 拜郞中. 宣帝初, 棄官而去, 共謂歲星也.

4. 《史記》 滑稽傳
漢武帝少時, 東武侯母嘗養帝, 後號大乳母. 其子孫奴從, 橫暴長安中, 當道奪人衣物. 有司請徙乳母於邊. 奏可, 乳母入辭. 帝所幸倡郭舍人發言陳辭, 雖不合大道, 然令人主和說. 乳母乃先見, 爲下泣. 舍人曰:「卽入見, 辭去, 疾步, 數還顧.」乳母如其言. 舍人疾言罵之曰:「咄! 老女子! 何不疾行? 陛下已壯矣, 寧尙須汝乳而活邪? 尙何還顧邪?」於是人主憐之; 詔止毋徙, 罰請者.

〈武帝〉 劉徹 《三才圖會》

경방京房이 한漢 원제(元帝, 劉奭)와 토론을 벌이다가 원제에게 물었다.

"주나라 때 유왕幽王과 여왕厲王은 왜 망하였습니까? 또 그들은 어떤 인물을 임용하였습니까?"

원제가 대답하였다.

"그 임용된 인물은 모두 불충하였지."

경방이 다시 물었다.

"불충한 줄 알면서 임용한 것은 무엇 때문입니까?"

원제가 대답하였다.

"나라를 망치는 임금은 모두 그 신하가 어진 줄 알지 불충한 줄 알면 어찌 임용하겠는가?"

그러자 경방이 머리를 조아리며 말하였다.

"지금에 옛날을 살피는 것이 곧 후일에 지금을 살피는 것과 같을까 두렵습니다!"

京房與漢元帝共論, 因問帝:「幽·厲之君何以亡? 所任何人?」

答曰:「其任人不忠.」

房曰:「知不忠而任之, 何邪?」

曰:「亡國之君, 各賢其臣; 豈知不忠而任之?」

房稽首曰:「將恐今之視古, 亦猶後之視今也!」

【京房】 자는 君明(B.C.77~B.C.37). 東郡 頓丘人. 본성은 李氏. 音律과 學術, 占術 등에 밝았으며 처음에 孝廉으로 뽑혀 뒤에 東郡太守가 됨. 漢 元帝 때 博士가 되어 魏郡太守 등을 지냄. 뒤에 石顯과 권력을 다투다가 미움을

사서 감옥에 갇힘. 焦延壽에게 《易》을 배워 西漢 今文 《易》을 창시하여 이를 《京氏易傳》(3권)이라 하며 지금도 전함.

【元帝】漢 元帝. 劉奭. 前漢 8代 帝王. B.C.48~B.C.33년 재위.

【幽王·厲王】西周 末期의 포악한 두 임금.

참고 및 관련 자료

1. 《漢書》京房傳

京房字君明, 東郡頓丘人. 治易, 尤好鍾律, 知音聲, 以孝廉爲郎. 是時, 中書令石顯專權, 及友人五鹿充宗爲尙書令, 與房同經, 論議相非, 而此二人用事; 房嘗宴見, 問上曰: 「幽·厲之君何以亡? 所任何人?」上曰: 「君亦不明, 而臣巧佞.」房曰: 「知其巧佞而任之邪? 將以爲賢邪?」上曰: 「賢之.」房曰: 「然則, 今何以知其不賢?」上曰: 「以其時亂而君危知之.」房曰: 「是任賢則理, 任不肖而亂, 自然之道也. 幽, 厲何不覺悟而更納賢? 何爲卒任不肖以至亡?」於是上曰: 「亂亡之君, 各賢其臣; 令皆覺悟, 安得亂亡之君?」房曰: 「齊桓, 二世, 何不以幽, 厲卜之, 而任豎刁, 趙高, 政治日亂邪?」上曰: 「唯有道者能以往知來耳.」房曰: 「自陛下卽位, 盜賊不禁, 刑人滿市云云問上曰: '今治邪? 亂邪?'」上曰: 「然愈於彼.」房曰: 「前二君皆然. 臣恐後之視今, 猶今之視前也!」上曰: 「今爲亂者誰?」房曰: 「上所親與圖事帷幄中者.」房指謂石顯及充宗. 顯等乃建言, 宜試房以郡守. 遂以房爲魏郡. 顯發其私事, 坐棄市.

671(10-3)

진원방(陳元方, 陳紀)이 아버지의 상을 당하여 너무 애통히 울던 나머지 모습이 초췌해지고 골격이 바짝 마르게 되었다. 그의 모친은 아들의 이런 상황을 가련히 여겨 그가 잠든 사이에 몰래 비단이불을 덮어 주었다.

곽림종(郭林宗, 郭泰)이 조문을 갔다가 이런 모습을 보고는 이렇게 비꼬았다.
"그대는 우리 진晉나라에 준재라고 알려진 인물로 천하의 법칙이 되고 있는 터에 어찌 상중喪中에 비단이불을 덮고 누워 자고 있소? 공자孔子가 '비단옷을 입고 쌀밥을 먹으면 네 마음이 편하냐?'라고 하였는데, 나는 다시 거들떠보지도 않겠소!"

그러고는 옷깃을 털며 가버렸다. 이로부터 근 1백 일 동안 찾아오는 문상객이 없었다.

陳元方遭父喪, 哭泣哀慟, 軀體骨立; 其母愍之, 竊以錦被蒙上.

郭林宗弔而見之, 謂曰:「卿海內之儁才, 四方是則; 如何當喪, 錦被蒙上? 孔子曰:『衣夫錦也, 食夫稻也, 於汝安乎?』吾不取也!」

奮衣而去. 自後賓客絶百所日.

【陳元方】陳寔의 맏이 陳紀. 자는 元方. 여러 차례 부름을 받았으나 나가지 않음. 董卓이 洛陽을 점령하여 억지로 五官中郎將을 시켰다가 侍中으로 발탁, 平原相에 이름. 뒤에 尙書令이 되었다가 獻帝 建安 초에 大鴻臚가 됨. 《後漢書》(62)에 전이 있음.
【郭林宗】郭泰(127~169). 經典에 博通하여 제자가 1천여 명에 이르렀으며 당시 학문을 조종으로 추앙받았음. 뒤에 范曄이 《後漢書》를 쓰면서 자신의 아버지(范泰)의 이름을 피휘하여 '郭太'로 표기하였음. 《後漢書》(68)에 전이 있음. 李元禮(李膺)가 극찬하였던 인물.
【孔子曰】이는 《論語》 陽貨篇의 기록으로 宰我가 삼년상을 줄일 것을 말하자 공자가 질책한 내용임.

1. 《論語》陽貨篇

宰我問:「三年之喪, 朞已久矣.」子曰:「食夫稻, 衣夫錦, 於汝安乎? 夫君子居喪,
食旨不甘, 聞樂不樂, 居處不安, 故不爲也; 今汝安, 則爲之.」

672(10-4)

손휴孫休는 꿩 사냥을 매우 좋아해서 매번 사냥철을 만나면 새벽에
나가서 밤늦게 돌아오곤 하였다. 이 때문에 신하들은 간언하지 않은 자가
없었다. 모두들 이렇게 말렸다.

"이것은 조그마한 놀이입니다. 어찌 탐닉할 만한 가치가 있으리오?"

그러자 손휴는 이렇게 대답하였다.

"비록 작은 물건이지만, 경개耿介함이 사람보다 낫기에 좋아하는 것이다."

孫休好射雉, 至其時, 晨去夕反.

群臣莫不上諫, 曰:「此爲小物, 何足甚耽?」

休答曰:「雖爲小物, 耿介過人; 朕所以好之.」

【孫休】三國 때 吳의 大帝 孫權의 여섯째아들. 자는 子烈(233~263 혹은
235~264). 처음에는 琅邪王에 봉해짐. 孫琳이 少主(孫亮)를 폐하고 이를
맞아 제왕으로 등극시킴. 그러나 재위 8년 동안 독서와 꿩 사냥으로 정신이
없었음. 시호는 景皇帝.《三國志》(48)에 전이 있음.

【耻介過人】옛날 상견례에 꿩을 이용하였던 것을 말함. 꿩은 자신의 고집을
지켜 죽음도 불사함을 높이 산 것임. 《禮記》에 "士相見之贄 各執雉"라 하였
으며 《周禮》 春官 大宗伯의 "士執雉"의 鄭玄 주에 "雉, 取其守介而死, 不失
其節"이라 함. 한편 《白虎通》 文質에는 "士以雉爲贄者, 取其不可誘之以食,
懾之以威, 必死不可生畜. 士行威守節死義, 不當移轉也"라 함.

참고 및 관련 자료

1. 《吳紀》 環濟

休字子烈, 吳大帝第六子. 初封琅邪王, 夢乘龍上天, 顧不見尾. 孫琳廢少主,
迎休立之. 銳意典籍, 欲畢覽百家之事. 頗好射雉, 至春, 晨出暮反, 唯此時捨書.
崩, 諡景皇帝.

2. 《條列吳事》

休在政烝烝, 少有違事, 頗以射雉爲譏云爾.

673(10-5)

손호孫晧가 승상丞相 육개陸凱에게 물었다.

"승상의 친척은 지금 조정에 몇 분이나 되십니까?"

이에 육개는 이렇게 대답하였다.

"승상이 두 분, 후侯가 다섯, 장군이 10여 명 되지요."

손호는 이렇게 감탄하였다.

"풍성하군요!"

그러자 육개는 이렇게 말하였다.

"임금이 어질고 신하가 충성되면 나라가 흥성해지는 법이요, 부모가 자상하고 자녀가 효도하면 집이 잘되는 법, 그런데 지금 정치는 황폐하고 민정은 어그러져 있어서 언제 엎어질지 모를 불안한 시대, 제가 어찌 감히 풍성하다 말한 것이겠습니까?"

孫晧問丞相陸凱曰:「卿一宗在朝有幾人?」

陸答曰:「二相·五侯·將軍十餘人」

晧曰:「盛哉!」

陸曰:「君賢臣忠, 國之盛也; 父慈子孝, 家之盛也. 今政荒民弊, 覆亡是懼, 臣何敢言盛?」

【孫晧】孫皓로도 표기함. 자는 元宗(243~284). 혹은 이름은 彭祖, 자는 皓宗이라고도 함. 吳의 마지막 임금. 孫權의 孫子이며 孫和의 아들. 처음 烏程侯에 봉해졌다가 孫休(景帝)가 죽자 제위에 오름. 황음무도하여 민심을 잃고 晉 武帝 咸寧 6년(280)에 나라가 망하여 歸命侯에 封해짐.《三國志》(48)에 전이 있음. 한편 宋本에는 孫晧의 '晧'가 '皓'로 되어 있으나《吳志》에 따라 '晧'가 맞는 것으로 보고 있음.
【陸凱】자는 敬風. 승상 陸遜의 친족. 建忠尉와 左丞相을 지냈음.

참고 및 관련 자료

1.《吳錄》

凱字敬風, 吳人, 丞相遜族子也. 忠鯁有大節, 篤志好學. 初爲建忠校尉, 雖有軍事, 手不釋卷. 累遷左丞相. 時後主暴虐, 凱正直彊諫, 以其宗族彊盛, 故不敢加誅也.

하안何晏과 등양鄧颺 둘이서 관로管輅에게 점을 쳐달라고 하면서 이렇게 물었다.

"장래에 삼공三公의 지위에 오를 수 있을지 모르겠소?"

이에 관로가 점을 치고 나서 점괘의 옛 뜻을 풀어 주면서 경계해야 할 일을 잘 설명해 주었다. 그러자 등양은 불평을 털어놓았다.

"이는 늙은 서생의 평범한 말이 아닌가?"

그러자 옆에 있던 하안이 등양에게 이렇게 설명해 주었다.

"신처럼 징조를 아는 것은 옛 사람들이 어렵게 여겼던 것이오. 친한 사이가 아닌데도 성실을 다해 이야기해 주는 것은 지금 사람들이 어렵게 여기는 바입니다. 지금 그대는 하나의 일에 연고해서 두 가지 어려운 일을 해결하려고 하고 있소. '명덕明德은 곧 향기'란 말이 있지 않습니까? 또한 《시경詩經》에도 역시 이르지 않았소이까? '내 마음속에 충심으로 군자를 찬미하고 있으니, 하루라도 그를 잊으리오!'라고 말입니다."

何晏·鄧颺令管輅作卦, 云:「不知位至三公不?」

卦成, 輅稱引古義, 深以誡之.

颺曰:「此老生之常談.」

晏曰:「『知幾其神乎』, 古人以爲難; 交疎而吐誠, 今人以爲難. 今君一面盡二難之道, 可謂『明德惟馨』!《詩》不云乎:『中心藏之, 何日忘之!』」

【何晏】 자는 平叔(190~249). 한나라 때 何進의 손자이며 삼국시대 魏나라 인물. 평소 분을 발라 용모가 아름다웠으며 魏나라 金鄕公主에게 장가

들었음. 尚書 벼슬로 관리를 선발하면서 자신의 친구를 등용시켜 曹爽에게
빌붙었다가 司馬懿에게 죽임을 당함. 老莊에 밝았고 청담에 뛰어났으며
夏侯玄, 王弼 등과 玄學을 창도함. 〈道德論〉, 〈無爲論〉 등을 지었으며 특히
그의 《論語集解》는 지금도 전함. 《晉書》(9)에 전이 있음.

【鄧颺】 자는 玄茂(?~249). 南陽人. 鄧禹의 후손으로 명제 때 尚書郎, 洛陽令을
지냈으며 뒤에 潁川太守를 거쳐 侍中尚書를
지냄. 탐욕을 부리다가 결국 曹爽의 무리에
게 죽임을 당함. 《三國志》(9)에 전이 있음.

【管輅】 자는 公明(208~256). 平原人. 《易》에
능통하였으며 당시 점을 잘 치기로 천하에
이름이 났었음. 少府丞을 지냄. 《三國志》(29)
에 傳이 있음.

〈鄧禹(仲華)〉《三才圖會》

1.《管輅別傳》

輅字公明, 平原人也. 八歲便好仰觀星辰, 得人輒問. 及成人, 果明周易, 仰觀·
風角·占·相之道, 聲發徐州, 號曰「神童」冀州刺史裴徽召補文學, 一見淸論終日,
再見轉爲部鉅鹿從事, 三見轉爲治中, 四見轉爲別駕, 至十月, 擧爲秀才, 臨辭,
徽謂曰:「何·鄧二尚書, 有經國才略, 於物理無不精也. 何尚書神明淸徹, 殆破
秋毫, 君當愼之! 自言不解易中九事, 必當相問. 比至洛, 宜善精其理也.」輅曰:
「若九事皆王義者, 不足勞思也; 若陰陽者, 精之久矣.」輅至洛, 果爲何尚書所請,
共論易九事, 九事皆明. 何曰:「君論陰陽, 此世無雙也.」時鄧尚書在坐曰:「此君
善易, 而語初不及易中辭義, 何邪?」輅尋聲答曰:「夫善易者, 不論易也.」何尚
書含笑贊之曰:「可謂要言不煩也.」因謂輅曰:「聞君非徒善論易而已, 至於分著,
思爻, 亦爲神妙; 試爲作一卦, 知位當至三公不? 又頃連夢靑蠅數十頭來鼻上,
驅之不去, 有何意故?」輅曰:「鴟鴞, 天下賤鳥也; 及其在林, 食其桑椹, 則懷
我好音. 況輅心過草木, 注情葵, 藿1 敢不盡忠? 唯察之爾! 昔元, 凱之相重華,
宣慈惠和, 仁義之至也. 周公之翼成王, 坐以待旦, 敬愼之至也. 故能流光六合,
萬國咸寧, 然後據鼎足而登金鉉, 調陰陽而濟兆民, 此履道之休應, 非卜筮之所
明也. 今君侯位重山嶽, 勢若雷霆, 望雲赴景, 萬里馳風; 而懷德者少, 畏威者衆,

殆非小心翼翼, 多福之士? 又鼻者, 艮也; 此天中之山, 高而不危, 所以長守貴也.
今靑蠅臭惡之物, 而集之焉; 位峻者顚, 輕豪者亡, 必至之分也. 夫變化雖相生,
極則有害; 虛滿雖相受, 溢則有竭. 聖人見陰陽之性, 明存亡之理, 損益以爲衰,
抑進以爲退; 是故山在地中曰謙, 雷在天上曰大壯; 謙則裒多益寡, 大壯則非禮
不履. 伏願君侯上尋文王六爻之旨, 下思尼父彖, 象之義, 則三公可決, 靑蠅可驅.」
鄧尙書曰:「此老生之常談.」輅曰:「夫老生者, 見不生; 常談者, 見不談也.」

2.《周易》繫辭傳 疏

知幾其神乎者, 神道微妙, 寂然不測, 人若能豫知事之幾微, 則能與其神道合
會也.

3.《書經》君陳篇 疏

明德之所遠及, 乃惟馨香耳.

4.《詩經》小雅 隰桑 鄭玄 箋

藏, 善也. 我心善此君子, 又誠不能忘也.

5.《名士傳》

是時曹爽輔政, 識者慮有危機. 晏有重名, 與魏姻戚, 內雖懷憂, 而無復退地.
箸五言詩以言志曰:「鴻鵠比翼遊, 羣飛戲大淸; 常畏天網羅, 憂禍一旦幷. 豈若
集五湖, 從流唼浮萍: 永寧曠中懷, 何爲怵惕驚!」因管輅言懼而著詩也.

675(10-7)

　　진晉 무제(武帝, 司馬炎)는 태자(太子, 司馬衷)가 어리석은 줄을 몰랐다. 무제가
태자에게 정권을 물려주려 하자, 많은 대신들은 그에게 정권을 넘길 수
없다고 여러 차례 간언하였다.

　　어느 날 무제가 능운대陵雲臺에 앉아 있을 때, 위관衛瓘이 곁에 모시고
있다가 자기의 뜻을 표명하여 태자의 즉위를 막으려고 궁리한 끝에, 문득
취한 듯 무제 앞에 꿇어앉아 손으로 임금의 용상을 만지면서 이렇게

말하였다.

"이 자리가 가히 아깝도다!"

무제는 비록 그 뜻을 알아차리기는 하였지만, 오히려 웃으면서 이렇게
말하였다.

"그대는 술이 취하였소?"

晉武帝旣不悟太子之愚, 必有傳後意, 諸名臣亦多獻直言.

帝嘗在陵雲臺上坐, 衛瓘在側, 欲微申其懷, 因如醉跪帝前,
以手撫牀曰:「此坐可惜!」

帝雖悟, 因笑曰:「公醉邪?」

【晉武帝】司馬炎. 晉나라 첫 황제. 武帝. 재위 26년(265~290). 司馬昭의 長子.
자는 安世. 咸熙 2年(265)에 魏나라로부터 禪讓의 형식으로 나라를 이어
받아 洛陽에 晉나라를 세움. 묘호는 世祖.《晉書》(3)에 紀가 있음.

【太子】西晉 제2대 황제인 惠帝(司馬衷). 武帝의 둘째아들로 290~306년 재위함.

【陵雲臺】晉宮 太極殿 안에 있는 누대.

【衛瓘】자는 伯玉(220~291). 安邑人. 衛恒의 아버지이며 衛玠의 조부. 晉初
人物. 약관에 이미 尙書郎을 거쳐 通事郎, 中書郎, 散騎常侍, 侍中, 廷尉卿
등을 지냄. 鄧艾와 鍾會를 따라 蜀을 벌하였으며 다시 등애와 종회의
반란을 평정하여 關中의 여러 군사를 관할하는 도독이 됨. 鎭西將軍, 鎭東
將軍을 거쳐 晉나라가 들어서자 侍中, 司空, 太保가 되었으며 蘭陵郡公에
봉해짐. 汝南王(司馬亮)을 돕다가 賈后와 틈이 벌어져 죽임을 당함. 草書에도
능하여 張芝의 풍을 이어받았다는 평을 받았음.《晉書》(36)에 전이 있음.

⬛ 참고 및 관련 자료

1.《晉陽秋》

初, 惠帝之爲太子, 朝廷百僚, 咸謂太子不能親政事. 衛瓘每欲陳啓廢之, 而未

敢也. 後因會醉, 遂跪世祖牀前曰:「臣欲有所啓」帝曰:「公所欲言者何邪?」
瓘欲言而復止者三; 因以手撫牀曰:「此坐可惜!」帝意乃悟, 因謬曰:「公眞大
醉也!」帝後悉召東宮官屬大會, 令左右齎尚書處事, 以示太子處決, 太子不知
所對. 賈妃以問外人, 或代太子對, 多引古義. 給使張泓曰:「太子不學, 陛下所知,
今宜以見事斷, 不宜引書也.」妃從之. 泓具草, 令太子書呈帝; 帝讀, 大說,
以示瓘. 於是賈充語妃曰:「衛瓘老奴, 幾敗汝家!」妃由是怨瓘, 後遂誅之.

676(10-8)

　왕이보(王夷甫, 王衍)의 처는 곽태녕(郭泰寧, 郭像)의 딸로 재주가 낮고 성격이
강퍅하였으며 재물을 모으는 데 만족을 몰랐다. 게다가 남편의 일에
간섭이 심하였다. 왕이보는 이를 근심만 하였지 어떻게 막을 길이 없었다.
　이때 왕이보와 동향同鄕인 유주자사幽州刺史 이양李陽이 서울에서 유협
遊俠을 이끌고 있어서 마치 한漢나라 때의 누호樓護와 같았다. 곽부인도
이를 두려워하고 있는 터였다. 왕이보는 아내를 달랠 때마다 이렇게 말
하였다.
　"내가 당신께 이렇게 해서는 안 된다고 여길 뿐 아니라, 이양도 역시
당신의 하는 일은 너무하다고 합디다."
　그러자 곽부인의 악습은 조금씩 줄어들게 되었다.

王夷甫婦, 郭泰寧女, 才拙而性剛, 聚斂無厭, 干豫人事;
夷甫患之, 而不能禁. 時其鄕人幽州刺史李陽, 京都大俠,
猶漢之樓護.

郭氏憚之, 夷甫驟諫之, 乃曰:「非但我言卿不可, 李陽亦謂不可!」

　郭氏爲之小損.

【王夷甫】王衍(256~311). 자는 夷甫. 王乂의 아들이며 王玄의 아버지. 죽림
　칠현의 하나인 王戎의 從弟. 太尉를 지냄.《晉書》(43)에 전이 있음.
【郭泰寧】郭豫. 자는 泰寧. 相國參軍을 지냈으며 일찍 죽음.
【幽州】지금의 河北 涿縣.
【李陽】자는 景祖. 高平人. 任俠에 흥미를 느꼈으며 武帝 때 幽州刺史를 지냄.
【樓護】자는 君卿. 漢나라 때 齊人. 어머니가 죽자 장례행렬에 따르는 수레가
　3천 량이었다 함. 天水太守를 지냄.

참고 및 관련 자료

1.《晉諸公贊》
郭豫字太寧, 太原人. 仕至相國參軍, 知名. 蚤卒也.

2.《晉百官名》
陽字景祖, 高平人. 武帝時爲幽刺史.

3.《語林》
陽性遊俠, 爲幽州, 盛署, 一日詣數百家別, 賓客與別, 常塡門, 遂死于几下, 故懼之.

4.《漢書》遊俠傳
護字君卿, 齊人. 學經傳, 甚得名譽. 母死, 送葬者致車二三千兩. 仕至天水太守也.

왕이보(王夷甫, 王衍)는 성격이 고아하여 늘 부인이 재물만 탐내는 것을 몹시 못마땅히 여겼으며, 한 번도 입으로 '돈錢'이라는 말을 해 본 적이 없었다.

부인은 이를 시험해 보려고 어느 날 여종을 시켜서 그가 잠든 사이 돈을 가져다가 침대 둘레에 뿌려 막아서 나오지 못하게 해두었다.

왕이보가 잠에서 깨어 돈이 막혀 나갈 수 없게 되어 있음을 보고 하녀를 불러 소리쳤다.

"물건阿堵物을 들어다 치워라!"

王夷甫雅尚玄遠, 常嫉其婦貪濁, 口未嘗言「錢」. 婦欲試之, 令婢以錢繞牀, 不得行.

夷甫晨起, 見錢閡行, 謂婢曰:「擧阿堵物卻!」

【王夷甫】王衍(256~311). 자는 夷甫. 王乂의 아들이며 王玄의 父. 죽림칠현의 하나인 王戎의 從弟. 太尉를 지냄.《晉書》(43)에 전이 있음.

【阿堵物】阿堵는 당시 백화어, 구어로 "이, 이것"의 뜻. 당시의 習語. 여기서는 이 물건. 즉 돈을 말함. '길을 막는 물건'이라는 뜻도 됨. 〈文學篇〉을 볼 것.

참고 및 관련 자료

1.《晉陽秋》
夷甫善施捨, 父時有假貨者, 皆與焚券, 未嘗謀貨利之事.

2.《晉書》王隱
夷甫求富貴得富貴, 資財山積, 用不能消, 安須問錢乎? 而世乃以不問爲高, 不亦惑乎?

678(10-10)

왕평자(王平子, 王澄)는 나이 열네다섯 때에 형수 왕이보(王夷甫, 王衍)의 처 곽씨郭氏가 너무 탐욕스러운 것을 보고 참지 못해 안달이었다.

한 번은 곽씨가 여종을 시켜 인분을 지고 거리를 지나게 하는 것을 보고는 참다못해 이를 간하면서 그렇게까지 할 일이 있느냐고 말렸다.

그러자 형수인 곽씨는 크게 화를 내면서 왕평자에게 이렇게 말하였다.

"옛날 너의 어머니가 돌아가실 때 그대 소랑小郎을 나에게 부탁하였지, 나를 그대에게 부탁한 게 아니오!"

그러면서 소매를 잡고 싸움을 걸어왔다. 평자는 힘이 세었으므로 겨우 뿌리치고 창문을 넘어 도망칠 수 있었다.

王平子年十四五, 見王夷甫妻郭氏貪欲, 令婢路上儋糞; 平子諫之, 並言諸不可.

郭大怒, 謂平子曰:「昔夫人臨終, 以小郎囑新婦, 不以新婦囑小郎!」

急捉衣裾, 將與杖; 平子饒力, 爭得脫, 踰窗而走.

【王平子】王澄(269~312). 자는 平子. 王衍의 이복 동생. 荊州刺史를 지냄. 뒤에 王敦에게 죽임을 당함. 《晉書》(43)에 전이 있음.
【너의 어머니】王澄의 어머니는 樂安 任氏의 딸이었음.
【小郎】도련님의 당시 칭호.

1. 《永嘉流人名》

澄父乂, 第三取樂安任氏女, 生澄也.

679(10-11)

진晉 원제(元帝, 司馬睿)는 강江을 건너 천도한 후에도 여전히 술을 좋아하여 정사에 게을렀다. 마침 왕무홍(王茂弘, 王導)은 원제와 친교가 있는 터였는데, 늘 울면서 술을 그칠 것을 간언하였다.

원제는 마침내 그의 말을 듣고는 그에게 술을 권하고, 자기는 술을 입에만 댄 채 삽啑만 하는 것이었다. 이때부터 원제는 술을 끊었다.

元帝過江猶好酒, 王茂弘與帝有舊, 常流涕諫, 帝許之, 命酌酒一啑, 從是遂斷.

【元帝】東晉의 첫 임금. 司馬睿. 317~323 재위. 字는 景文. 西晉이 망하자 建康(지금의 남경)에 동진을 세운 황제로 묘호는 中宗. 《晉書》(6)에 기가 있음.

【王茂弘】王導(276~339). 자는 茂弘. 어릴 때 자는 阿龍. 王敦의 從弟. 서진이 망하자 王敦과 함께 司馬睿를 황제로 추대하여 東晉을 세움. 그 공으로 丞相이 되었으며 號를 '仲父'라 하였음. 천하의 권세를 잡아 당시 "王與馬, 共天下"라 하였음. 元帝와 明帝, 成帝를 차례로 즉위시켰음. 아울러 남방

세족의 도움으로 강남에서의 동진 정권을 안정시킴. 《晉書》(65)에 전이 있음.

【啑】 입술에 대기만 하는 것. 고대 歃血(啑血)의 의식을 본뜬 것으로 여겨짐.

1.《晉紀》鄧粲

上身服儉約, 以先時務, 性素好酒, 將渡江, 王導深以戒諫, 帝乃令左右進觴, 飮而覆之, 自是遂不復飮. 克己復禮, 官脩其方, 而中興之業隆焉.

680(10-12)

사곤謝鯤이 예장태수豫章太守가 되어 대장군(大將軍, 王敦)을 따라 내려가 석두石頭에 이르렀다. 이때 왕돈이 사곤에게 이렇게 말하였다.

"내 더 이상 성덕지사盛德之事를 할 수 없을 것 같소이다!"

사곤은 이렇게 달랬다.

"어찌 그럴 리 있겠습니까? 다만 이제부터는 세월이 가는 대로 따라가면 될 뿐입니다."

그러나 왕돈은 다시 병을 핑계로 조회에도 나가지 않는 것이었다.

사곤은 왕돈을 달랬다.

"근래 명공(明公, 王敦)의 거동은 비록 크게 사직을 존속시키고자 하는 일이었으나, 사해四海 내의 모든 이들이 아직 이를 깨닫지 못하고 있습니다. 만약 능히 천자를 조알하셔서 여러 신하들로 하여금 밝히 알도록 하신다면 세상 만물 그 누구도 모두 이에 복종하게 될 것입니다.

백성의 명망을 의지하여 무리들이 따르게 하고, 충퇴沖退를 다하여 임금을 받들어 모시십시오. 이렇게만 되면 귀하의 공훈은 일광一匡과 같아서 그 이름이 천재千載에 길이 남을 것입니다."

당시 사람들은 사곤의 이 말을 명언이라 여겼다.

謝鯤爲豫章太守, 從大將軍下, 至石頭, 王敦謂鯤曰:「余不得復爲盛德之事矣!」

鯤曰:「何爲其然? 但使自今以後, 日亡日去耳!」

敦又稱疾不朝.

鯤諭敦曰:「近者, 明公之擧, 雖欲大存社稷, 然四海之內, 實懷未達. 若能朝天子, 使群臣釋然, 萬物之心, 於是乃服. 仗民望以從衆懷, 盡沖退以奉主上; 如斯, 則勳年一匡, 名垂千載」

時人以爲名言.

【謝鯤】 자는 幼輿(280~322). 謝衡의 아들이며 謝尙의 아버지. 老莊과 《易》에 밝았으며 豫章太守를 지냄. 東海王(司馬越)에게 발탁되어 掾을 거쳐 參軍을 지냄. 뒤에 다시 王敦에게 발탁되었으며 왕돈이 난을 일으키자 이를 극구 간언하였음. 《晉書》(49)에 전이 있음.

【王敦】 자는 處仲(266~324). 어릴 때는 阿黑이라 부름. 王舍의 아우이며 王導의 종제로 八王之亂 때 공을 세워 散騎常侍, 侍中, 靑州刺史, 鎭東大將軍 등을 지냄. 晉 武帝의 부마. 西晉이 망하자 王導와 함께 司馬睿(東晉의 元帝)를 세웠으며 元帝가 劉隗·刁協·戴淵을 중용하여 자신을 견제하자 거병하여 石頭城을 거쳐 建康을 함락시킴. 특히 이때 謝鯤의 명망을 믿고 그를 억지로 참여시킴. 본장의 이야기는 그때의 사건임. 《晉書》(98)에 전이 있음.

【石頭】城 이름. 지금의 南京(당시 建康)市 石頭山 뒤쪽.
【明公】상대를 높이 부른 칭호.
【沖退】沖虛謙退를 뜻함.
【一匡】"一匡天下"의 뜻. 管仲이 齊桓公을 도와 "九合諸侯, 一匡天下"함에
비유한 것. 《論語》憲問篇에 "管仲相桓公, 霸諸侯, 一匡天下"라 함.

참고 및 관련 자료

1. 《謝鯤別傳》
鯤之諷切雅正, 皆此類也.

2. 《晉陽秋》
鯤爲豫章太守, 王敦將肆逆, 以鯤有時望, 逼與俱行; 旣克京邑, 將旋武昌. 鯤曰:
「不就朝覲, 鯤懼天下私議也!」敦曰:「君能保無變乎?」對曰:「鯤近日入覲,
主上側席, 遲得見公, 宮省穆然, 必無不虞之慮. 公若入朝, 鯤請侍從.」敦曰:
「正復殺君等數百, 何損於時?」遂不朝而去也.

681(10-13)

진晉 원제(元帝, 司馬睿) 시절에 정위廷尉 벼슬 장개張闓라는 자가 작은
도시에 살고 있었다. 그는 사사로이 그 도시의 도성문을 만들어 저녁
일찍 닫고 아침 늦어서야 열어 많은 백성들이 불편을 겪게 되었다.
　그러자 백성들은 주부州府의 행정관청을 찾아가 시정을 요구하였지만
결말을 보지 못하였다. 참다못한 백성들은 서울로 올라가 등문고登聞鼓를
두드려 호소하였지만, 그 또한 심판의 대상이 되지 못하였다.

이때 하사공(賀司空, 賀循)이 파강破岡에 도착했다는 소식을 듣고 연명連名으로 그 하사공에게 호소하였다. 그러나 하사공은 겨우 이렇게 말하는 것이었다.

"나는 예관禮官의 신분으로 소명을 받아 불려오는 길이오. 이러한 일과는 관계가 없소이다!"

백성들은 머리를 조아리며 다시 부탁하였다.

"만약 부군(府君, 賀循)께서조차 처리해 주지 않으시면, 더 이상 호소해 볼 곳조차 없습니다!"

하사공은 더 이상 말을 아니 한 채 그들은 돌아가 잠시 기다리라고 하였다. 그리고 하사공이 장개를 만나자 그 문제를 언급하였다. 장개는 그 말을 듣자마자 즉시 그 성문을 헐어 버리고, 스스로 방산方山까지 나가 하사공을 영접하였다. 하사공이 나타나 장개에게 사양하며 이렇게 말하였다.

"이 일은 반드시 내 직책과 관련이 있는 것도 아니고, 다만 그대와 가문의 교정交情을 생각하여 서로 아끼는 마음에서 한 것뿐이오!"

이 말에 장개는 부끄럽기도 하고 고맙기도 하여 이렇게 말하였다.

"소인이 이런 일을 한 것은 처음에는 저도 몰랐습니다. 이렇게 될 줄 알았더라면 일찍이 이미 허물어 버렸을 것입니다."

元皇帝時, 廷尉張闓, 在小市居, 私作都門, 早閉晚開, 群小患之; 詣州府所, 不得理; 遂至撾登聞鼓, 猶不被判. 聞賀司空出, 至破岡, 連名詣賀訴.

賀曰:「身被徵作禮官, 不關此事!」

群小叩頭曰:「若府君復不見治, 便無所訴!」

賀未語, 令且去:「見張廷尉當爲及之」

張闓, 卽毀門, 自至方山迎賀. 賀出見, 辭之曰:「此不必見關, 但與君門情, 相爲惜之!」
張愧謝曰:「小人有此, 始不卽知, 早已毀壞」

【元皇帝】 東晉의 첫 임금 元帝. 司馬睿. 317~323 재위. 字는 景文. 西晉이
망하자 建康(지금의 남경)에 동진을 세운 황제로 묘호는 中宗.《晉書》(6)에
기가 있음.

【張闓】 자는 敬緒. 吳나라 때의 승상이었던 張昭의 증손. 많은 땅을 일구어
豐收를 이룩하였고 晉陵內史를 거쳐 宜陽伯의 작위를 받음. 廷尉 벼슬을
거쳐 金紫光祿大夫가 됨.《晉書》(76)에 전이 있음.

【賀司空】 賀循(260~319). 자는 産先. 賀邵의 아들. 죽은 후 司空에 추증됨.
《晉書》(68)에 전이 있음.

【登聞鼓】 申聞鼓와 같음. 고대 제왕이 백성의 억울함을 직접 듣기 위해 마련
하였던 북.

【破岡】 지명. 三國時代 吳나라 京烏 8년(245). 陳勳을 시켜 句容부터 雲陽까지
운하를 파게 하였으며 이를 '破岡瀆'이라 불렀음.

【禮官】 儀禮와 敎化를 맡은 관직.

【方山】 산 이름. 지금의 江蘇省 江寧縣 동쪽 50리에 있음.

참고 및 관련 자료

1.《富民塘頌敍》葛洪

闓字敬緒, 丹陽人, 張昭曾孫也.

2.《中興書》

闓累遷侍中, 晉陵內史, 甚有威惠; 轉廷尉, 光祿大夫卒也.

3.《賀循別傳》

循字産先, 會稽山陰人. 本姓慶, 高祖純, 避漢安帝父諱, 改爲賀氏. 父劭, 吳中
書令, 以忠正見害. 循少嬰家禍, 流放荒裔, 吳平乃還. 秉節高厲, 擧動以正.
元帝爲安東, 上循爲吳國內史. 遷太常, 太傅. 薨, 贈司空也.

682(10-14)

치태위(郗太尉, 郗鑒)는 만년에 청담을 좋아하였다. 이는 그가 평소 하던 일이 아니었으나 그래도 심히 긍지를 가지고 있었다.

그런데 뒤에 그가 천자를 뵐 기회가 있었는데 그는 스스로 왕승상(王丞相, 王導)이 말년에 얼마나 유감스러운 일이 많을까 여기며 매번 그를 만날 때마다 반드시 그에게 고언苦言으로 규계規誡해 주려고 벼르고 있었다.

왕공(王公, 王導)은 그의 뜻을 알아차리고, 그와 말을 나누게 되면 곧바로 다른 화제거리를 끌어들여 기회를 주지 않았다.

그러다가 치태위는 다시 자신의 임지로 돌아가게 되자, 일부러 마부에게 명하여 왕승상의 집으로 직접 찾아갔다.

그는 수염을 날리며 얼굴색을 강하게 하고, 자리에 앉자 곧바로 이렇게 말하였다.

"이제 바야흐로 긴 시간 동안 이별하게 되었으니, 반드시 제 소견을 말하고 싶소이다!"

그러면서 말하고자 하는 뜻이 입안에만 가득할 뿐 조리도 없고 유창하지도 못하였다. 왕공은 그 말 틈을 잡고 이렇게 일렀다.

"다시 만날 기회를 약속할 수 없는데다가 나 또한 하고 싶은 말을 다해야 겠소. 원컨대, 그대는 더 이상 말을 하지 마시오!"

이 말에 치태위는 눈만 휘둥그렇게 뜨고, 얼어붙은 듯 소매를 날리며 그 자리를 뜨면서 한 마디도 하지 못하였다.

郗太尉晚節好談, 旣雅非所經, 而甚矜之. 後朝覲, 以王丞相末年多可恨, 每見, 必欲苦相規誡. 王公知其意, 每引作他言.

臨當還鎭, 故命駕詣丞相; 翹須屬色, 上坐便言:「方當永別, 必欲言其所見!」

意滿口重, 辭殊不流.

王公攝其次曰:「後面未期, 亦欲盡所懷; 願公勿復談!」

郗遂大瞋, 冰衿而去, 不得一言.

【郗太尉】郗鑒(269~339). 자는 道徽. 高平金鄉人. 두 아들 郗愔과 郗曇 역시 뛰어난 인물이었음. 西晉이 망하자 가족과 마을 사람 1천여 명을 데리고 남으로 피난하였으며 陶侃, 溫嶠 등과 함께 祖約, 蘇峻을 난을 평정함. 侍中을 역임하였으며 太尉에 오름.《晉書》(67)에 전이 있음.

【王丞相】王導(276~339). 자는 茂弘. 어릴 때 자는 阿龍. 王敦의 從弟. 서진이 망하자 王敦과 함께 司馬睿를 황제로 추대하여 東晉을 세움. 그 공으로 丞相이 되었으며 號를 '仲父'라 하였음. 천하의 권세를 잡아 당시 "王與馬, 共天下"라 하였음. 元帝와 明帝, 成帝를 차례로 즉위시켰음. 아울러 남방 세족의 도움으로 강남에서의 동진 정권을 안정시킴.《晉書》(65)에 전이 있음.

【規誡】고쳐 주고 경계해 줌.

참고 및 관련 자료

1.《中興書》

鑒小好學, 博覽羣書: 雖不及章句, 而多所通綜也.

683(10-15)

왕승상(王丞相, 王導)이 양주자사揚州刺史로 임직할 때 여덟 명을 부종사部從事로 삼아 임지로 파견하여 맡은 일을 처리하도록 하였다.

고화顧和도 당시에 이 일을 맡았었는데 가장 늦게 돌아왔다.

여러 부종사들은 각각 자신들이 살피고 온 일 중에 이천二千 석 이상의 심사 대상에 대해 그 득실을 설명해 올렸다. 그런데 고화의 보고 차례가 되었는데, 그는 한 마디도 하지 않는 것이었다.

왕승상이 고화에게 물었다.

"그대는 무슨 소문이라도 들은 게 없소?"

그러자 고화는 이렇게 대답하였다.

"훌륭하신 분들이 귀하를 보좌하고 있는 것은, 차라리 배를 집어삼킬 정도로 큰 고기는 모두 그물에서 빠져나가라는 뜻인가요! 어째 풍문을 듣는 것을 두고 그것이 가장 명찰明察한 정치인 줄로 여기십니까?"

왕승상은 그의 훌륭한 말에 감탄을 하였다. 여러 종사들은 스스로 그에게 너무나 모자람을 깨닫게 되었다.

王丞相爲揚州, 遣八部從事之職, 顧和時爲下傳, 還, 同時俱見; 諸從事各奏二千石官長得失, 至和獨無言.

王問顧曰:「卿何所聞?」

答曰:「明公作輔, 寧使網漏吞舟? 何緣採聽風聞, 以爲察察之政!」

丞相咨嗟稱佳, 諸從事自視缺然.

【王丞相】王導(276~339). 자는 茂弘. 어릴 때 자는 阿龍. 王敦의 從弟. 서진이 망하자 王敦과 함께 司馬睿를 황제로 추대하여 東晉을 세움. 그 공으로 丞相이 되었으며 號를 '仲父'라 하였음. 천하의 권세를 잡아 당시 "王與馬, 共天下"라 하였음. 元帝와 明帝, 成帝를 차례로 즉위시켰음. 아울러 남방 세족의 도움으로 강남에서의 동진 정권을 안정시킴.《晉書》(65)에 전이 있음.

【揚州】州名. 晉나라 초기 丹陽·宣城·淮南·廬江·毗陵·吳郡·吳興·會稽·東陽· 新安·臨海·建安·晉安·豫章·臨川·鄱陽·廬陵·南康 등 18개 郡을 관할하였음. 《晉書》地理志(下) 참조. 그중 자사 관할의 8 군은 丹陽, 會稽, 吳, 吳興, 宣城, 東陽, 臨海, 新安이었으며, 각 군마다 副從事 1인씩을 두었었음.

【顧和】자는 君孝(285~351). 오군 사람으로 尙書令과 侍中과 司空에 추증됨. 《晉書》(83)에 전에 있음.

【二千石】奉祿을 기준으로 한 것. 漢代 2천 石은 郎將·郡守·知府의 벼슬 이었음.

【吞舟】'吞舟之魚'의 준말. 배를 삼킬 만큼 큰 물고기. 거물급임을 지칭하는 말.

684(10-16)

소준蘇峻이 동쪽으로 심충沈充을 정벌하려 떠나면서 이부랑吏部郎 육매 陸邁에게 함께 갈 것을 청하였다.

그들이 오吳 땅에 이르자 소준은 좌우 부하에게 몰래 명령을 내려 창문閶門에 들어가 불을 질러 위세를 펴 보이도록 하였다.

육매가 그 의도를 알아차리고, 급히 소준에게 이렇게 소리쳤다.

"오 땅은 오래도록 평온한 정치 속에 살아왔소. 그런데 불을 지르면 틀림없이 큰 혼란에 빠질 것이외다. 그렇게 하고 싶으면 우리 집부터 불태우시오!"

소준은 이 말에 계획을 중지시키고 말았다.

蘇峻東征沈充, 請吏部郞陸邁與俱. 將至吳, 峻密敕左右,
令入閶門放火以示威; 陸知其意, 一謂峻曰:「吳治平來久,
必將有亂; 若爲亂階, 可從我家始!」

峻遂止.

【蘇峻】자는 子高(?~328). 永嘉의 난 때 고향을 지키며 세력을 키워 元帝
(司馬睿)에게 발탁됨. 뒤에 王敦의 모반을 평정하여 공이 있었음. 明帝(司馬紹)
가 죽고 庾亮과 王導가 成帝(司馬衍)를 보좌하여 정권을 잡고 자신을 제거
하려 한다고 의심을 품고 咸和 2년(327)에 난을 일으켜 建康을 함락, 성제를
石頭城에서 제거하고 자신이 驃騎令軍將軍과 尙書가 될 것을 요구하며 협박
하다가 이듬해 陶侃과 溫嶠에 의해 토벌됨.《晉書》(100)에 전이 있음.
【沈充】자는 士居(?~324). 뒤에 王敦의 參軍이 됨.《晉書》(98)에 전이 있음.
【陸邁】자는 功高(公高). 吳君(지금의 蘇州) 사람. 振威太守·尙書吏部郞을 지냄.
【吳】吳郡. 지금의 蘇州市. 陸邁의 고향.
【閶門】蘇州城의 城門.

┌─────────────────┐
│ 참고 및 관련 자료 │
└─────────────────┘

1.《晉陽秋》
充字士居, 吳興人. 小好兵, 諂事王敦. 敦克京邑, 以充爲車騎將軍, 領吳國內史.
明帝伐王敦, 充率衆就王舍, 謂其妻曰:「男兒不建豹尾, 不復歸矣!」敦死, 使蘇
峻討充, 充將吳儒斬首送京都.

2.《陸邁碑》
邁字公高, 吳郡吳人. 器識淸敏, 風檢澄峻. 累遷振威長史·尙書吏部郞.

3.《資治通鑑》111 晉紀 32
孫恩因民心騷動, 自海島率其黨人. 時三吳承平日久, 民不習戰, 故郡縣皆望風
奔潰.

685(10-17)

육완陸玩이 사공司空을 배수받자 어떤 사람이 그의 집을 방문하여 좋은 술을 좀 달라고 하더니 문득 일어나서 그 술을 대들보와 기둥 사이에 뿌리면서 이렇게 축원하는 것이었다.

"지금같이 인재가 모자라는 시대에 너로써 주석지신柱石之臣을 삼았으니 절대로 동량棟梁을 기울게 하는 일은 없도록 해 주옵소서!"

그러자 육완은 웃으면서 이렇게 말하였다.

"나는 충심으로 그대의 훌륭한 잠언을 지키겠소."

陸玩拜司空, 有人詣之, 索美酒, 得, 便自起, 瀉箸梁柱間地, 祝曰:「當今乏才, 以爾爲柱石之臣, 莫傾人棟梁!」

玩笑曰:「感卿良箴」

【陸玩】자는 土瑤, 吳郡人으로 陸曄의 아우. 侍中, 尙書左僕射, 尙書令太尉 벼슬을 지냄. 시호는 康. 《晉書》(77)에 전이 있음.

참고 및 관련 자료

1.《陸玩別傳》

是時王導, 郗鑒, 庾亮相繼薨殂, 朝野憂懼, 以玩德望, 乃拜爲司空. 玩辭讓不獲免. 旣拜. 乃歎息謂賓客曰:「以我爲三公, 是天下無人矣!」時人以爲知言.

소유(小庾, 庾翼)가 형주荊州의 자사로 있을 때, 여러 대신을 모아 조회를 하면서 좌우의 각료들에게 물었다.

"나는 한漢 고조(高祖, 劉邦)나 위魏 무제(武帝, 曹操)를 본받고 싶은데 그대들 의견은 어떻소?"

그러자 그 누구도 입을 열지 못하였다. 그때 장사長史 왕반江彪이 이렇게 말하였다.

"원컨대 명공明公께서는 제齊 환공桓公과 진晉 문공文公의 일을 본받으십시오. 한 고조나 위 무제의 일을 본받기를 원치 않습니다!"

小庾在荊州, 公朝大會, 問諸僚佐曰:「我欲爲漢高·魏武何如?」

一坐莫答. 長史江彪曰:「願明公爲桓·文之事, 不願作漢高·魏武也!」

【小庾】 즉 庾翼(303~345). 字는 穉恭. 太傅인 庾亮의 동생. 征西將軍과 荊州刺史를 지냄. 庾征西로도 불림.《晉書》(73)에 전이 있음.

【漢高祖·魏武帝】劉邦과 曹操. 즉 智武로 天下를 잡는다는 뜻.

【江彪】 자는 思玄(?~370?). 江統의 아들. 학문과 바둑에 뛰어났음. 尙書左僕射와 司馬昱의 相이 되어 그를 보필함. 뒤에 護軍將軍, 國子祭酒 등을 지냄.《晉書》(56)에 전이 있음.

【齊桓公·晉文公】春秋時代 五霸 중의 두 제후. 小白과 重耳. 모두 제후의 맹주로서 "尊周攘夷"의 대의를 말함.

1.《文章志》宋 明帝

庾翼名輩, 豈應狂狷如此哉? 若有斯言, 亦傳聞者之謬矣.

687(10-19)

나군장(羅君章, 羅含)이 환선무(桓宣武, 桓溫)의 종사從事가 되어 있을 때, 사진서(謝鎭西, 謝尙)는 그 관할인 강하江夏에 임직하고 있었다. 나군장이 환선무의 명을 받고 사진서가 있는 곳에 점검을 나가게 되었다.

그런데 나군장은 그곳에 이르자 애초부터 강하군의 정치나 업무에 대해서는 묻지도 아니하고, 곧바로 사진서의 집에 며칠을 머무르며 술을 마시고 놀다가 돌아왔다.

환선무가 물었다.

"무슨 일이 있었던가요?"

나군장은 이렇게 대답하였다.

"귀하께서 사상을 어떤 인물 같다고 말씀하셨는지 깊이 모르겠습니다?"

이 말에 환공은 이렇게 말하였다.

"인조(仁祖, 謝鎭西)·謝尙는 나보다 훨씬 훌륭한 인물일 거라고 하였지!"

그러자 나군장은 이렇게 말하였다.

"귀하보다 나은 사람이 어찌 비리를 저지를 수 있겠습니까? 그래서 아무것도 물어본 것이 없습니다."

환선무는 그의 뜻이 기특하다고 여기며, 아무런 책망을 하지 않았다.

羅君章爲桓宣武從事, 謝鎭西作江夏, 往檢校之. 羅旣至, 初不問郡家事, 徑就謝數日, 飮酒而還.

桓公問:「有何事?」

君章云:「不審公謂謝尙是何似人?」

桓公曰:「仁祖是勝我許人!」

君章云:「豈有勝公人而行非者? 故一無所問.」

桓公奇其意, 而不責也.

【羅君章】 羅含. 자는 君章. 謝尙과 桓溫이 '湘中之琳琅'·'江左之秀'라 극찬하였던 인물. 長沙相 등을 지냄.《晉書》(92)에 전이 있음.

【桓宣武】 桓公. 桓溫(312~373). 자는 元子. 明帝의 사위. 荊州刺史를 지냈으며, 蜀을 정벌하고 前秦을 쳐부숨. 簡文帝를 세우고 자신이 다시 왕위를 빼앗고자 하였었음. 시호는 武侯. 그의 아들 桓玄이 드디어 제위를 찬탈하여 楚나라를 세운 다음 아버지 환온을 宣武皇帝로 추존함.《晉書》(99)에 전이 있음.

【謝鎭西】 謝尙(308~357). 자는 仁祖. 謝鯤의 아들이며 王導가 '小安豐'이라 불렀음. 給事黃門侍郞을 거쳐 建武將軍, 鎭西將軍, 歷陽太守, 豫州刺史, 江夏, 義陽 등 都督을 지냄. 穆帝 때 尙書僕射를 지냄. 음악과 기예에 밝았으며 太樂을 처음으로 정리하였던 인물.《晉書》(79)에 전이 있음.

【江夏】 郡 이름. 뒤에 武昌郡으로 개칭됨.

참고 및 관련 자료

1.《羅含別傳》
刺史庾亮初命含爲部從事, 桓溫臨州, 轉參軍也.

2.《中興書》
尙爲建武將軍, 江夏相.

3. 원문 『郡家事』에서 家는 郡政事와 같음. 楊勇 〈校箋〉에 여러 방중을 들고
『蓋以天子諸侯曰國, 大夫之邑曰家. 此言郡家事, 猶言郡政事也』라 함.

688(10-20)

왕우군(王右軍, 王羲之)은 왕경인(王敬仁, 王脩) ·허현도(許玄度, 許詢)와 아주 친한
사이였다. 그런데 두 사람이 죽고 나자, 왕우군은 그 두 사람에 대해 좋지
않은 악평을 늘어놓는 것이었다.

이를 들은 공엄孔嚴이 이렇게 한 마디 하였다.

"명부明府께서는 일찍이 왕경인·허현도 두 분과 서로 주선해 주며 우정을
나누었소. 그런데 그 두 사람이 죽고 난 후에는 신종지호愼終之好가 없으
시니 백성이 그대에게 본받을 바가 없겠구려!"

왕우군은 이 말에 심히 부끄러움을 나타냈다.

王右軍與王敬仁·許玄度並善, 二人亡後, 右軍爲論議更克.
孔嚴誡之曰:「明府昔與王·許周旋有情, 及逝沒之後,
無愼終之好, 民所不取!」

右軍甚愧.

【王右軍】 王羲之(303~361, 혹은 309~365, 321~379). 자는 逸少. 어릴 때 이름은
虎犢. 王尊의 조카. 어려서는 訥言하였으나 뒤에 정치와 예술에 큰 업적을
남김. 특히 글씨에 뛰어나 書聖으로 추앙받았음. 右軍將軍, 會稽內史, 臨川

太守 등을 지냈음. 山陰道士와 《道德經》글씨를 거위와 바꾼 고사를 남겼으며 그 외에 작품으로 〈蘭亭集序〉·〈樂毅論〉·〈黃庭經〉·〈東方朔畫讚〉·〈姨母〉·〈初月〉·〈憂懸〉·〈喪亂〉 등을 남김. 《晉書》(80)에 전이 있음. 王右軍, 王逸少, 王羲之 등으로 불림. 그 아들 王獻之와 함께 글씨에 뛰어나 '二王'이라 함.

【王敬仁】王脩(335?~358?). 字는 敬仁. 어릴 때 字는 苟子. 太原王氏. 王濛의 아들이며 隸書에 뛰어났음. 玄談과 淸言에도 특장을 보였음. 著作郎, 文學, 中軍司馬 등을 지냄. 《晉書》(93)에 전이 있음.

【許玄度】許詢. 字는 玄度. 許允의 현손으로 어릴 때 神童이라 불렸음. 高陽人. 벼슬에 뜻이 없어 孫綽, 郗愔, 王羲之, 謝安, 支遁 등과 會稽에서 산수를 유람하며 黃老에 관심을 보였음. 일찍 죽음. 司徒掾 벼슬을 지냈음.

【論議更克】'更克은 서로 낫다고 남을 깎아내림'을 뜻함.

【孔嚴】자는 彭祖(?~370?). 西陽侯에 봉해졌으며 吳興太守를 지냄. 《晉書》(78)에 전이 있음. 〈宋本〉에는 孔巖으로 되어 있으나 誤記임.

【明府】당시 상대를 높여 부르던 칭호.

【愼終】죽은 이후에 더욱 잘함을 말함. 《論語》에 "愼終追遠"이라 함.

689(10-21)

사중랑(謝中郎, 謝萬)이 수춘壽春의 싸움에서 패해 막 도망치려 하는 중에 오히려 옥을 붙여 장식한 등鐙을 찾느라 바빴다.

태부(太傅, 謝安)가 마침 그 군중軍中에 있었다. 그는 한 번도 남을 꾸짖거나 칭찬하는 말 한 마디 없다가 그 날에는 보다 못해 이렇게 소리쳤다.

"이 경황없는 중에 어찌 다시 이런 번거로운 짓을 하는가?"

謝中郎在壽春敗, 臨奔走, 猶求玉帖鐙. 太傅在軍, 前後初無損益之言, 爾日猶云:「當今豈復煩此?」

【謝中郎】謝萬. 謝中郎. 자는 萬石(320?~361?). 謝安의 아우로 일찍 이름이 났으며 簡文帝가 재상으로 삼았음. 撫軍從事中郎을 거쳐 豫州刺史, 淮南太守 등을 역임함. 升平 연간에 北征하여 慕容儁을 토벌하러 나섰으나 壽春에서 패하여 서인으로 강등됨. 언론에도 뛰어났으며 문장을 잘 지었음. 漁父, 屈原, 司馬季主, 賈誼, 楚老, 龔勝, 孫登, 嵆康 등 여덟 명을 四隱과 四顯으로 나누어 우열을 가린 〈八賢論〉이 유명함. 《晉書》(79)에 전이 있음.
【壽春】縣 이름. 東晉 때 壽陽으로 고침. 謝萬이 慕容儁과 싸움을 벌여 패함. 〈輕詆篇〉 참조.
【鐙】말에 오르고 내릴 때 딛는 등자. 혹은 '燈'이 아닌가 함.(三民本)
【太傅】謝太傅. 謝安(320~385). 字는 安石(320~385). 謝衷의 아들이며 謝琰(望蔡)의 아버지. 謝奕의 동생. 덕망이 있고 기개가 높아 桓彝, 王濛의 사랑을 받음. 처음에는 벼슬에 뜻을 버리고 王羲之, 支遁 등과 산수를 즐기며 조정의 부름에 응하지 않았으나 40이 넘어 桓溫의 司馬를 거쳐 吳興太守, 侍中, 吏部尙書, 太保錄尙書事 등의 관직을 지냄. 뒤에 다시 太傅에 추증되었으며 시호는 文靖. 《晉書》(79)에 전이 있음.

参고 및 관련 자료

1. 劉孝標 注
『案: 萬未死之前, 安猶未仕, 高臥東山, 何肯輕入軍旅邪? 世說此言, 迂謬已甚.』

690(10-22)

왕대(王大, 王忱)가 동정(東亭, 王珣)에게 이렇게 말하였다.

"그대는 이미 인물 품론이 반복되어 그릇됨이 없는데, 어찌 승미(僧彌, 王珉)와는 그렇게 노닥거리며 우열을 다투는가?"

王大語東亭:「卿乃復倫伍不惡, 那得與僧彌戲?」

【王大】 王忱. 字는 元達(?~392). 어릴 때 字가 佛大였음. 王坦之의 넷째 아들이며 王恭과는 族親 관계. 放達嗜酒하여 옷을 벗고 다니거나 며칠을 계속 술을 마시는 등 禮敎를 벗어나 살았음. 荊州刺史, 建武將軍 등을 지냄. 《晉書》(75)에 전이 있음.

【東亭】 王珣(349~400). 자는 元琳. 어릴 때의 자는 法護, 혹은 阿瓜(阿爪). 王洽(敬和)의 아들이며 王導의 손자. 王珉(僧彌)의 형. 安帝 때 尚書令, 散騎常侍 등을 역임함. 東亭侯에 봉해짐. 《晉書》(65)에 전이 있음.

【倫伍】 위진시대 흥행하던 人物品評을 말함. 〈宋本〉에는 '論成'으로 되어 있음.

【僧彌】 王珉(361~388). 어릴 때 자가 僧彌. 커서는 자를 季琰이라 함. 王洽(敬和)의 아들이며 승상 王導의 손자. 형 王珣과 함께 才藝로 이름이 남. 어릴 때 字는 僧彌. 提婆의 《阿毘曇經》을 듣다가 반쯤에 이르러 이미 그 뜻을 알았다 함. 著作郎, 國子博士, 黃門侍郎, 侍中 등을 역임함. 王獻之를 이어 中書令을 지내어 흔히 大令, 小令이라 함. 《晉書》(65)에 전이 있음. '難兄難弟'의 고사를 낳음.

참고 및 관련 자료

1. 楊勇 〈校箋〉

『勇按: 倫伍者, 品論人物之次弟也. 時人品論高下, 猶軍伍之有先後, 故有難兄難弟之言.』

2.《續晉陽秋》

珉有儁才, 與兄珣並有名, 而聲出珣右. 故時人爲之語曰:「法護非不佳, 僧彌難爲兄.」

691(10-23)

은의殷顗가 병이 심해지자 문안 온 사람들을 대할 때 사람의 얼굴을 반밖에 볼 수 없었다.

은형주(殷荊州, 殷仲堪)가 옛날 진양晉陽의 전략을 내세워 군대를 일으키면서 은의에게 이별을 고하러 인사차 찾아가, 눈물을 흘리며 병을 잘 소식消息시키라고 위로의 말을 하였다. 그러자 은의는 이렇게 대답하였다.

"내 병은 저절로 차도가 있을 것이다. 정말 걱정되는 것은 바로 너의 그 어리석은 행동에 대한 근심일 뿐이다!"

殷顗病困, 看人政見半面. 殷荊州興晉陽之甲, 往與顗別, 涕零, 屬以消息所患.

顗答曰:「我病自當差, 正憂汝患耳!」

【殷顗】자는 伯通(혹 伯道). 殷仲文의 형으로 中書郎·南蠻校尉 등을 지냄. 《晉書》(83)에 전이 있음. '殷覬'로 표기된 판본도 있음.
【見半面】五石散 등을 먹고 失節한 것으로 보고 있음. 余嘉錫의《寒食散考》참조.

【殷荊州】殷仲堪(?~399). 殷融(洪遠)의 손자이며 殷仲文의 종형. 문장과 현언에
　　뛰어나 韓康伯과 이름을 나란히 하였음. 振威將軍, 荊州刺史 등을 역임함.
　　뒤에 桓玄에게 죽임을 당함. 《晉書》(84)에 전이 있음. 殷顗의 從兄.
【晉陽之甲】 春秋時代 晉나라 趙鞅이 晉陽의 병사를 모아 임금의 측근을
　　제거하려 하였던 전략. 여기서는 殷荊州가 군대를 일으켜 王國寶 등을 제거
　　하려 하였던 일.《春秋公羊傳》에 "晉趙鞅取晉陽之甲, 以逐荀寅, 士吉射; 寅,
　　吉射者, 君側之惡人"이라 함.
【消息】병을 잘 調攝함을 말함. 병을 치료하여 없앰.

참고 및 관련 자료

1.《寒食散考》余嘉錫

此卽皇甫謐所謂服藥失節度, 則目瞑無所見. 醫心方卷二十二引釋慧義云:「散發
後熱氣衝目, 漠漠無所見.」

2.《晉安帝紀》

殷仲堪擧兵, 顗弗與同, 且以己居小任, 唯當守局而已; 晉陽之事, 非所宜豫也.
仲堪每邀之, 顗輒曰:「吾進不敢同, 退不敢異.」遂以憂卒.

692(10-24)

　　원공(遠公, 慧遠)이 여산廬山에 있을 때 비록 늙었지만 열심히 강론을 하고
있었다. 제자 중에 게으른 자가 있으면 원공은 이렇게 부탁하였다.
　　"저녁 황혼 빛은 멀리 비치지 못한다. 내 원하는 것은 오직 너희들이
아침 햇살과 같은 나이에 그때를 맞추어 빛을 발하라 하는 것이다."
　　그러고는 책을 들고 자리에 올라 풍송諷誦하니 말과 표정이 근엄하였다.
이에 고제자高弟子들은 모두 숙연하여 더욱 그를 존경하게 되었다.

遠公在廬山中, 雖老, 講論不輟. 弟子中或有墮者, 遠公曰:
「桑楡之光, 理無遠照; 但願朝陽之暉, 與時並明耳」
執經登坐, 諷誦, 詞色甚苦. 高足之徒, 皆肅然增敬也.

【遠公】慧遠(334~417). 惠遠으로도 쓰며 樓煩 출신의 승려. 속성은 賈氏.
21세에 道安을 따라 출가하여 수학 중 中原 대란을 만나 남으로 내려옴.
慧皎《高僧傳》(6)에 전이 있음.
【廬山】江西 星子縣과 九江縣 사이에 있는 유명한 산.
【桑楡之光】뽕나무, 느릅나무에 걸린 저녁 빛.(三民本) 桑楡는 西方을 지칭
하는 말로 저녁 빛을 뜻하며 여기서는 원공 자신이 늙어 제자를 가르칠
시간이 얼마 남지 않았음을 말한 것임.

┌─ 참고 및 관련 자료 ─┐

1. 《豫章舊志》
廬俗字君孝, 本姓匡, 夏禹苗裔, 東野王之子也. 秦末, 百越君長與吳芮助漢定
天下, 野王亡軍中. 漢八年, 封俗鄱陽男, 食邑滋部, 號曰越廬君. 俗兄弟七人,
皆好道術, 遂寓爽于洞庭之山, 故世謂廬山. 孝武元封五年, 南巡狩浮江, 親覲
神靈, 乃封俗爲大明公, 四時秩祭焉.

2. 《遠法師廬山記》
山在江州尋陽郡, 左挾彭澤, 右傍通川, 有匡俗先生, 出自殷周之際, 遁世隱時,
潛居其下. 或云匡俗受道於仙人, 而共遊其嶺, 遂託室崖岫, 卽巖成館, 故時人
謂爲神仙之廬而命焉.

3. 《法師遊山記》
自託此山二十三載, 再踐石門, 四遊南嶺, 東望香廬峯, 北眺九江; 傳聞有石井
方湖, 中有赤鱗踊出, 野人不能紋, 直嘆其奇而已矣.

　환남군(桓南郡, 桓玄)은 사냥을 좋아해서 매번 수렵을 나갈 때마다 따르는 거마車馬와 인원이 지극히 많아, 오륙십 리에 깃발이 하늘을 덮을 정도였다. 좋은 말을 타고 마치 날 듯이 분격해서 짐승을 쫓다. 양쪽에 대기하고 있는 진열은 산이건 구렁텅이건 피하지 않고 임무를 수행해야 하였으며, 만약 진열이 흐트러지거나 사슴이나 토끼를 놓치게 되면 참가하였던 신하들은 모두 문책을 당하여 묶이게까지 되어 있었다.

　환도공桓道恭은 바로 이 환현桓玄의 친척이었는데 그때 그의 적조참군賊曹參軍으로 있으면서 직언을 잘하였다. 그는 사냥을 갈 때면 항상 붉은 무명 띠를 허리에 매고 가는 것이었다. 이를 이상히 여긴 환현이 물었다.

　"무엇에 쓰려고 하십니까?"

　환도공은 이렇게 대답하였다.

　"공께서는 사냥할 때 잘못하면 꼭 사람을 문책하여 묶기를 좋아하시지 않습니까? 제가 묶이면 저의 손은 그 가시 같은 새끼줄을 참아낼 수 없겠기에 이 띠로 대신토록 하고자 함입니다."

　이때부터 환현은 조금씩 변화가 있었다.

　桓南郡好獵, 每田狩, 車騎甚盛, 五六十里中, 旌旗蔽隰,
騁良馬, 馳擊若飛; 雙甄所指, 不避陵壑. 或行陳不整, 麏兔
騰逸, 參佐無不被繫束. 桓道恭, 玄之族也; 時爲賊曹參軍,
頗敢直言, 常自帶絳綿繩箸腰中.

　玄問:「用此何爲?」

　答曰:「公獵, 好縛人士; 會被, 手不能堪芒也」

　玄自此小差.

【桓南郡】桓玄. 자는 敬道(369~404). 大司馬 桓溫의 막내아들. 南郡公에 봉해졌음. 劉裕의 기병에 맞섰다가 建康에서 참수당함.《晉書》(99)에 전이 있음. 譙國 龍亢人. 대사마 桓溫의 少子이며 아버지를 이어 남군공이 됨.

【桓道恭】자는 祖猷(祖遒). 桓彛의 종제. 淮南太守를 지냈으며 桓玄이 찬위하자 江夏相이 됨. 安帝 義熙 年間에 피살됨.

【賊曹參軍】賊曹는 郡守의 佐吏로 도적을 방비, 수사하는 기구. 그 기구의 직책으로 參軍이 있었음.

참고 및 관련 자료

1.《桓氏譜》

道恭字祖猷, 彛同堂弟也. 父赤之, 太學博士. 道恭歷淮南太守, 僞楚江夏相. 義熙初伏誅.

694(10-26)

왕서王緒와 왕국보王國寶는 서로 순치지간脣齒之間이면서 아울러 권력과 요직을 농단하였다.

왕대(王大, 王忱)는 이러한 모습을 심히 못마땅하게 여기고, 이에 왕서에게 이렇게 일렀다.

"그대가 이렇게 번쩍거리며 마구 행동을 하고 있으니 옥리獄吏의 귀함을 염려하지 않는 것인가?"

王緒·王國寶相爲脣齒, 並弄權要.

王大不平其如此, 乃謂緒曰:「汝爲此歘歘, 曾不慮獄吏之爲貴乎?」

【王緒】자는 仲業(?~397). 琅邪內史·建威將軍 등을 지냈으며 王國寶와는 從兄弟間이었음.

【王國寶】자는 國寶(?~397). 王坦之의 셋째아들. 謝安의 사위로 권력을 남용하다가 王緒와 함께 주살됨.《晉書》(75)에 전이 있음.

【脣齒】입술과 이빨처럼 서로 돕고 보살펴 주는 관계. 脣齒相補와 같음.

【王大】王忱. 字는 元達(?~392). 어릴 때 字가 佛大였음. 王坦之의 넷째 아들이며 王恭과는 族親 관계. 放達嗜酒하여 옷을 벗고 다니거나 며칠을 계속 술을 마시는 등 禮敎를 벗어나 살았음. 荊州刺史, 建武將軍 등을 지냄. 《晉書》(75)에 전이 있음.

【歘歘】번쩍거려 남이 눈을 뜨지 못하게 함. 마구 횡포를 부림을 말함. 일부 판본에는 이 글자가 '欻欻'로 되어있음.

【獄吏之爲貴】漢나라 승상 周勃이 무고한 죄로 옥에 갇히자 옥리의 존귀함을 깨달았다는 고사.《史記》참조.

참고 및 관련 자료

1.《王氏譜》

緒字仲業, 太原人. 祖延, 早終, 父乂, 撫軍.

2.《晉安帝紀》

緒爲會稽王從事中郎, 以佞邪親幸, 間王珣, 王恭於王; 王恭惡國寶與緒亂政, 與殷仲堪剋期同擧, 內匡朝廷. 及恭表至, 乃斬緒於市, 以悅于諸侯.

3.《國寶別傳》

國寶字國寶, 平北將軍坦之第三子也. 少不脩士業, 進趣當世. 太傅謝安, 國寶婦父也; 惡其爲人, 每抑而不用. 會稽王妃, 國寶從妹也; 由是得與王早遊, 間安於王. 安薨, 相王輔政, 超遷侍中·中書令. 而貪恣聲色, 妓妾以百數, 坐而免官.
國寶雖爲相王所重, 既未爲孝武所親, 及上覽萬機, 乃自進於上, 上甚愛之; 俄而
上崩, 政由宰輔. 國寶從弟緒, 有寵於王, 深爲其說, 王忿其去就, 未之納也. 緒說
漸行, 遷左僕射, 領吏部, 丹陽尹, 以東宮兵配之. 國寶既得志, 權震外內, 王珣·
王恭·殷仲堪並爲孝武所待, 不爲相王所昵, 國寶深憚疾之. 仲堪·王恭疾其亂政,
抗表討之, 國寶懼, 不知所爲, 乃求計於王珣. 珣曰:「殷·王與卿, 素無深讎, 所競
不過勢利之間耳; 若放兵權, 必無大禍.」國寶曰:「將不爲曹爽乎?」珣曰:「是何
言與? 卿寧有曹爽之罪? 殷·王, 宣王之疇耶?」車胤又勸之. 國寶尤懼, 遂解職.
會稽王既不能拒諸侯之兵, 逐委罪國寶; 收付廷尉, 賜死也.

4.《史記》
漢丞相周勃就國, 有上書告勃反, 文帝下之廷尉. 吏稍侵辱, 勃以千金予獄吏;
吏教勃以其子婦公主爲證. 帝於是赦勃, 復爵邑. 勃既出, 歎曰:「吾嘗將百萬之軍,
安知獄吏之爲貴也?」

695(10-27)

환현桓玄이 사태부(謝太傅, 謝安)가 살던 고택을 군영으로 개조하고자
하였다. 그러자 태부의 손자 사혼謝混이 이렇게 말하였다.

"소백召伯의 인덕은 감당甘棠 나무 하나도 베지 않고 기념으로 두었는데,
우리 할아버지(文靖, 謝安)의 덕은 오무五畝의 집터조차도 제대로 보존할 수
없군요!"

이에 환현을 부끄러워하면서 중단하였다.

桓玄欲以謝太傅宅爲營.

謝混曰:「召伯之仁, 猶惠及甘棠; 文靖之德, 更不保五畝之宅!」

玄慚而止.

【桓玄】 자는 敬道(369~404). 大司馬 桓溫의 막내아들. 南郡公에 봉해졌었음. 劉裕의 기병에 맞섰다가 建康에서 참수당함.《晉書》(99)에 전이 있음. 譙國 龍亢人. 대사마 桓溫의 少子이며 아버지를 이어 남군공이 됨.

【謝太傅】 謝安. 시호는 文靖. 字는 安石(320~385). 謝裒의 아들이며 謝琰 (望蔡)의 아버지. 謝奕의 동생. 덕망이 있고 기개가 높아 桓彝, 王濛의 사랑을 받음. 처음에는 벼슬에 뜻을 버리고 王羲之, 支遁 등과 산수를 즐기며 조정의 부름에 응하지 않았으나 40이 넘어 桓溫의 司馬를 거쳐 吳興太守, 侍中, 吏部尙書, 太保錄尙書事 등의 관직을 지냄. 뒤에 다시 太傅에 추증됨. 《晉書》(79)에 전이 있음.

【謝混】 자는 叔原(?~412). 어릴 때는 益壽라 부름. 謝安의 손자. 中書令·尙書左僕射를 지냈으며 뒤에 劉裕에게 피살됨.《晉書》(79)에 전이 있음.

【召伯】 周나라 초기 文王의 아들이며, 周公의 동생. 이름을 奭. 주공과 더불어 成王을 보필하여 훌륭한 인물로 추앙받았음. 처음 西伯에 봉해졌다가 뒤에 燕나라의 시조가 됨.《史記》燕召公世家 참조. 邵伯으로도 씀.

【甘棠】 召公이 西伯으로 있을 때 甘棠나무 아래에서 訟事를 보아 백성이 모두 그의 은혜에 감사하여 그가 떠난 다음에도 그 나무를 베지 않고 그를 공경하고 기렸음.

참고 및 관련 자료

1.《詩經》召南 采蘋

『蔽芾甘棠, 勿剪勿伐, 召伯所茇.』

2.《韓詩外傳》

昔周道之隆, 召伯在朝, 有司請召民, 召伯曰:「以一身勞百姓, 非吾先君文王之志也.」乃曝處於棠樹之下, 而聽訟焉. 百姓大悅. 詩人見召伯休息之樹, 美而歌之曰:「蔽芾甘棠, 勿剪勿伐, 召伯所茇.」

11. 첩오 捷悟

총 7장(696-702)

'첩오捷悟'란 재치가 있고 눈치가 빨라 쉽게 알아차리고 민첩하게 깨닫는다는 뜻이다. 양용楊勇〈교전校箋〉에 "捷悟, 謂速悟也"라 하였다.

총 7장이다.

'活'자와 '闊'자. 696 참조.

양덕조(楊德祖, 楊脩)가 위魏 무제(武帝, 曹操)의 주부主簿가 되어 있었다. 당시 상국相國의 관부官府에 문을 세우고 있었는데 막 서까래를 얹으려 할 때 무제가 나와서 이를 보고 문에다 '활活'자를 쓰도록 지시하고는 돌아갔다.

양덕조는 이를 보자 얼른 사람을 시켜 그 문을 헐고 다시 짓도록 하였다. 그리고는 이렇게 설명하였다.

"문門자 속에 '활活'자를 넣으면 '활闊'자가 된다. 이는 곧 문이 너무 넓다고 여기신 것이다."

楊德祖爲魏武主簿, 時作相國門, 始搆椽桷, 魏武自出看, 使人題門作「活」字, 便去. 楊見, 卽令壞之.

旣竟, 曰:「門中『活』, 『闊』字; 王正嫌門大也.」

【楊德祖】楊脩(175~219). 혹 楊修로도 표기함. 자는 德祖. 楊彪의 아들이며 楊準의 조부. 민첩하고 재능이 있어 曹操(武帝)를 도와 많은 책략을 세워 丞相까지 올랐으나 뒤에 미움을 받아 주살됨.《後漢書》(44)에 전이 있음.

【魏武帝】曹操(155~220). 자는 孟德. 어릴 때는 阿瞞으로 불렸음. 沛國 출신으로 기지와 변화는 물론 문장에도 뛰어났으며 曹丕의 아버지로 한말 세력을 키워 魏나라를 건립하는 기초를 세움. 아들 조비가 獻帝로부터 선양을 받아 武帝로 추존함.《孫子略解》,《兵書接要》,《曹操集》등이 있음. 《三國志》(1)에 紀가 있음.

【相國門】상국은 재상. 曹操가 後漢의 재상이 되어 자신의 官府에 대문을 세운 것임.

1. 《文士傳》

楊脩字德祖, 弘農人, 太尉彪子也. 少有才學思榦, 早知名. 魏武爲丞相, 辟爲
主簿. 脩常白事, 知必有反覆敎, 豫爲答數紙, 以次牒之而行. 敕守者曰:「向白事,
必有敎出相反覆, 若按此第連之而已.」而已風吹紙次亂, 守者不別, 而遂錯誤.
公怒推問, 脩愨懼, 以實對: 然所白甚有理. 初雖見怪, 終亦是脩. 脩之才解,
皆此類矣. 後爲武帝所誅.

697(11-2)

어떤 사람이 위魏 무제(武帝, 曹操)에게 유락乳酪을 한 잔 선사하였다.
무제는 이를 조금 맛본 후 그 뚜껑에다가 '합合'자를 써서 여러 사람들에게
보였다. 그러나 누구도 그 뜻이 무엇인지 몰랐다. 양수楊脩의 차례가 오자
그는 맛을 보면서 이렇게 알아차렸다.

"임금께서는 사람마다 한 입씩 먹어보라고 하십니다. 뭘 망설이고 있소?"

人餉魏武一桮酪, 魏武噉少許, 蓋頭上題爲「合」字以示衆;
衆莫能解.

次至楊脩, 脩便噉, 曰:「公敎人噉一口, 復何疑?」

【魏武帝】曹操(155~220). 자는 孟德. 어릴 때는 阿瞞으로 불렸음. 沛國 출신
으로 기지와 변화는 물론 문장에도 뛰어났으며 曹丕의 아버지로 한말

세력을 키워 魏나라를 건립하는 기초를 세움. 아들 조비가 獻帝로부터 선양을 받아 武帝로 추존함. 《孫子略解》, 《兵書接要》, 《曹操集》 등이 있음. 《三國志》(1)에 紀가 있음.

【楊德祖】楊脩(175~219). 혹 楊修로도 표기함. 자는 德祖. 楊彪의 아들이며 楊準의 조부. 민첩하고 재능이 있어 曹操(武帝)를 도와 많은 책략을 세워 丞相까지 올랐으나 뒤에 미움을 받아 주살됨. 《後漢書》(44)에 전이 있음.

【人噉一口】 '合'자를 破字하여 풀어쓰면 '人一口'가 됨.

698(11-3)

위魏 무제(武帝, 曹操)가 일찍이 조아曹娥의 비석 아래를 지날 때 양수楊脩도 따르고 있었다. 비석의 뒷면을 보니 이렇게 씌어 있었다.

"황견黃絹·유부幼婦·외손外孫·제구虀白"

무제가 양수에게 물었다.

"이게 무슨 뜻인지 아는가?"

그러자 양수는 즉시 대답하였다.

"압니다."

무제는 그의 입을 막았다.

"지금 말하지 말게. 나로 하여금 스스로 풀어 볼 시간을 주게."

그리고는 계속 30리를 걸었다.

그제야 무제는 이렇게 말하였다.

"나는 지금에야 알겠다."

그러더니 양수에게 그대가 알고 있는 바를 따로 적었다가 맞춰보자고 하였다. 양수는 이렇게 풀이하였다.

"황견은 색깔이 있는 실이니 실糸과 색色을 합하면 절絶이 되고, 유부幼婦는 여자女아이 어린少것을 말하니 묘妙가 되며, 외손外孫은 딸女이 낳은 아들子이니 호好자가 되고, 제구韲臼는 매운辛것을 담는受 절구이니 사辤, 즉 辭의 古字자가 된다. 그러므로 '절묘호사絶妙好辭'란 뜻입니다."

무제가 적은 것과 비교해 보니 똑같았다. 이에 무제는 이렇게 감탄하였다.

"내 재주가 그대만 못하군. 그 차이는 이에 30리쯤 된다고 내 깨달았네!"

魏武嘗過曹娥碑下, 楊脩從, 碑背上題作「黃絹·幼婦·外孫·韲臼」八字.

魏武謂脩:「卿解不?」

答曰:「解.」

魏武曰:「卿未可言, 待我思之.」

行三十里, 魏武乃曰:「吾已得!」

令脩別記所知.

脩曰:「『黃絹』, 色絲也, 於字爲『絶』; 『幼婦』, 少女也, 於字爲『妙』; 『外孫』, 女子也, 於字爲『好』; 『韲臼』, 受辛也, 於字爲『辭』; 所謂『絶妙好辭』也.」

魏武亦記之, 與脩同; 乃歎曰:「我才不如卿, 三十里覺!」

【曹娥】漢나라 때 曹旴의 딸이 曹娥였는데 아버지가 강에 익사하여 그 시체를 찾을 수가 없었다. 曹娥는 14세의 나이로 아버지의 시신을 찾지 못하자 슬피 울며 강에 빠져 죽어 5일이 지난 후 아버지의 시체를 껴안은 채 발견

되었다. 당시 현감(度尙)이 그 효를 추모하여 장례를 치른 후 비를 세웠는데, 그 비문의 문장이 절묘(絶妙)하고 좋은 말(好辭)이었다고 한다.

【武帝】魏武帝. 曹操(155~220). 자는 孟德. 어릴 때는 阿瞞으로 불렸음. 沛國 출신으로 기지와 변화는 물론 문장에도 뛰어났으며, 曹丕의 아버지로 한말 세력을 키워 魏나라를 건립하는 기초를 세움. 아들 조비가 獻帝로부터 선양을 받아 武帝로 추존함.《孫子略解》,《兵書接要》,《曹操集》등이 있음.《三國志》(1)에 紀가 있음.

【楊脩】자는 德祖(175~219). 혹 楊修로도 표기함. 楊彪의 아들이며 楊準의 조부. 민첩하고 재능이 있어 曹操(武帝)를 도와 많은 책략을 세워 丞相까지 올랐으나 뒤에 미움을 받아 주살됨.《後漢書》(44)에 전이 있음.

참고 및 관련 자료

1.《會稽典錄》

孝女曹娥者, 上虞人. 父盱, 能撫節按歌, 婆娑樂神. 漢安二年, 迎伍君神, 泝濤而上, 爲水所淹, 不得其屍, 娥年十四, 號慕思盱, 乃投衣于江, 祝其父屍曰: 「父在此, 衣當沈.」旬有七日, 衣偶沈. 遂自投於江而死, 縣長度尙, 悲憐其義, 爲其改葬, 命其弟子邯鄲子禮爲其作碑. (劉氏「案: 曹娥碑, 在會稽中, 而魏武·楊脩未嘗過江也.」)

2.《異苑》

陳留蔡邕避難過吳, 讀碑文, 以爲詩人之作, 無詭妄也. 因刻石旁作八字. 魏武見而不能了, 以問群寮, 莫有解者. 有婦人浣於汾渚, 曰:「第四車解.」既而, 禰正平也. 衡卽以離合義解之, 或謂此婦, 卽娥靈也.

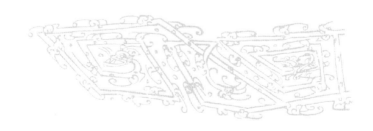

위魏 무제(武帝, 曹操)가 원본초(袁本初, 袁紹)를 정벌하려고 떠나면서 행장을
모두 갖추어 보니 죽편竹片이 수십 곡斛이 남았다.

모두가 두어 치數寸의 길이는 되었다. 신하들이 모두 쓸모가 없다고 말
하자 무제는 태워 버리도록 명령하였다가 아무리 생각해도 아까워서 어디
쓸모가 없을까 하고 생각한 끝에 이를 얽어 방패를 만들 생각이었다.
그러나 말은 하지 않고, 곧 사람을 달려 보내 양수楊脩에게 물어보도록
하였다. 양수가 문득 하는 대답은 무제의 의견과 같았다.

모두 이를 알고 양수의 민첩한 답변과 영리함에 감복하고 말았다.

魏武征袁本初, 治裝餘有數十斛竹片, 咸長數寸, 衆並謂
不堪用, 正令燒除. 太祖甚惜, 思所以用之, 謂可爲竹椑楯,
而未顯其言; 馳使問主簿楊德祖, 應聲答之, 與帝正同.
衆伏其辯悟.

【魏武帝】曹操(155~220). 자는 孟德. 어릴 때는 阿瞞으로 불렸음. 沛國 출신
　　으로 기지와 변화는 물론 문장에도 뛰어났으며, 曹丕의 아버지로 한말
　　세력을 키워 魏나라를 건립하는 기초를 세움. 아들 조비가 獻帝로부터
　　선양을 받아 武帝로 추존함.《孫子略解》,《兵書接要》,《曹操集》등이 있음.
　　《三國志》(1)에 紀가 있음. 太祖라고도 함.
【袁本初】袁紹(?~202). 자는 本初. 한말의 인물. 영제(靈帝) 때 左軍校尉를
　　거쳐 司隷에 올랐으며, 董卓을 끌어들여 환관을 제거하였으나 이로 인해
　　京師에 대란이 일어나자 의견이 맞지 않아 冀州로 도망갔다가 河北을 점거
　　함. 뒤에 曹操와의 결전에 패하자 분을 품고 죽음.《三國志》(6) 및《後漢書》
　　(74)에 전이 있음.

【竹片】 활을 만드는 재료.

【楊脩】 자는 德祖(175~219). 혹 楊修로도 표기함. 楊彪의 아들이며 楊準의
조부. 민첩하고 재능이 있어 曹操(武帝)를 도와 많은 책략을 세워 丞相까지
올랐으나 뒤에 미움을 받아 주살됨. 《後漢書》(44)에 전이 있음.

700(11-5)

왕돈王敦이 난을 일으켜 군대를 이끌고 곧바로 대항大桁에 이르자, 명제
(明帝, 司馬紹)는 중당中堂에서 군대를 이끌고 출격하였다. 당시 온교溫嶠는
단양윤丹陽尹이었다. 명제는 그에게 대항의 다리를 끊어 반란군이 더 이상
넘어오지 못하도록 명령을 하였지만 온교는 고의로 머뭇거리며 결단을
내리지 않았다.

명제는 크게 노해 눈을 부릅떴다. 좌우 신하들 그 누구 하나 겁을 먹지
않은 자가 없었다. 명제가 대신들을 소집하자 온교도 참석하게 되었다.
그러나 그는 사죄의 말이 없을 뿐 아니라 오히려 술과 고기를 요구하였다.
그런데 왕도王導가 잠시 후 나타나 맨발로 땅에 내려와 명제에게 이렇게
사죄하는 것이었다.

"하늘의 위엄이 그 성안聖顔에 나타나 보이시니 이는 온교로 하여금 사죄
할 기회를 용납하지 않으시는 것입니다."

이 말에 온교도 내려서 사죄를 하였고, 명제도 풀어지게 되었다. 여러
대신들은 모두 함께 왕도의 기지와 첩오捷悟를 명언이라고 감탄하였다.

王敦引軍垂至大桁, 明帝自出中堂, 溫嶠爲丹陽尹, 帝令
斷大桁; 故未斷, 帝大怒, 瞋盛, 左右莫不悚懼. 召諸公來,

嶠至不謝, 但求酒及炙.

王導須臾至, 徒跣下地, 謝曰:「天威在顏, 遂使溫嶠不容得謝.」

嶠於是下謝, 帝迺釋然. 諸公共嘆王機悟名言.

【王敦】 자는 處仲(266~324). 어릴 때는 阿黑이라 부름. 王含의 아우이며 王導의 종제로 八王之亂 때 공을 세워 散騎常侍, 侍中, 靑州刺史, 鎭東大將軍 등을 지냄. 西晉이 망하자 司馬睿를 옹립하여 황제로 삼음. 뒤에 明帝 때 난을 일으켰다가 軍中에서 죽음.《晉書》(98)에 전이 있음.

【大桁】 지명. 宣陽門 근처. 그곳에 朱雀橋의 다리가 있음.

【明帝】 司馬紹. 元帝(司馬睿)의 맏아들이며 東晉의 제 2대 황제. 자는 道畿. 재위 3年(323~326). 묘호는 肅宗.《晉書》(6)에 기가 있음.

【中堂】 지명. 당시 建康 남쪽에 있던 軍營.

【溫嶠】 자는 太眞(288~329). 太原 사람. 永嘉之亂 때 유곤의 심부름으로 남으로 내려가 원제(司馬睿)의 추대에 힘씀. 시호는 忠武.《晉書》(67)에 전이 있음. 丹陽尹을 지냈음.

【王導】 王敦의 從弟. 자는 茂弘(276~339).

참고 및 관련 자료

1. 劉孝標 注

『案晉陽秋·鄧粲晉紀皆云:「敦將至, 嶠燒朱雀橋以阻其兵勢.」而此云未斷桁, 致帝大怒, 大爲訛謬, 一本云:「帝自勸嶠, 不飮, 帝怒.」此則近之者也.』

701(11-6)

치사공(郗司空, 郗愔)이 북부北府에 있을 때 환선무(桓宣武, 桓溫)는 그가 병권을 쥐고 있는 것을 미워하였다. 한편 치사공은 사건의 기미를 살피는 데에는 어두웠다. 이에 환선무에게 이러한 편지를 보냈다.

"바야흐로 그대와 함께 왕실을 권장하여 중원의 원릉園陵을 수복하고 싶소."

치사공의 맏아들 치가빈(郗嘉賓, 郗超)이 마침 외지에 있다가 길에서 우연히 그 편지를 읽어보고는 갈기갈기 찢어 버렸다. 그러고는 곧바로 돌아와 다시 이런 편지를 쓰게 하였다. 즉 스스로 진술하되 늙고 병이 들어 인간 세상의 일을 더 이상 견뎌내기 어려우니, 원컨대 조용한 곳의 한직을 맡아 양생養生하며 살고 싶다는 내용이었다.

환선무는 이런 편지를 보자 크게 기뻐하며, 즉시 치사공으로 하여금 오군五郡의 감독과 회계태수會稽太守를 맡도록 하였다.

郗司空在北府, 桓宣武惡其居兵權; 郗於事機素暗, 遣牋詣桓:「方欲共獎王室, 脩復園陵」

世子嘉賓出行於道上, 聞信至, 急取牋; 視竟, 寸寸毁裂, 便回, 還更作牋: 自陳老病不堪人間, 欲乞閒地自養. 宣武得牋, 大喜; 卽詔轉公督五郡, 會稽太守.

【郗司空】郗愔. 자는 方回(313~384). 太宰 郗鑒의 아들이며 郗超의 아버지. 黃門侍郎과 臨海太守 등을 지냈으며 王羲之, 許詢과 이름을 함께 날렸음. 한때 병으로 은거하여 글씨에 정진, 隸書에 능하였으며 道經 백 권을 베낌.

뒤에 다시 출사하여 會稽內史를 지냈으며 司空에 초빙되었으나 사양함.
侍中과 司空에 추증됨.《晉書》(67)에 전이 있음.

【北府】晉나라가 建康(南京)에 도읍하고 京口를 北府로, 歷陽을 西府로,
姑孰을 南府로 하여 치소를 마련하였음.

【桓宣武】桓公. 桓溫(312~373). 자는 元子. 明帝의 사위. 荊州刺史를 지냈으며,
蜀을 정벌하고 前秦을 쳐부숨. 簡文帝를 세우고 자신이 다시 왕위를 빼앗
고자 하였음. 시호는 武侯. 그의 아들 桓玄이 드디어 제위를 찬탈하여 楚
나라를 세운 다음 아버지 환온을 宣武皇帝로 추존함.《晉書》(99)에 전이
있음.

【園陵】西晉時代의 洛陽 園林과 陵墓.

【郗嘉賓】郗超. 자는 景興(336~377). 또는 嘉賓으로도 부름. 郗愔의 아들.
《晉書》(67)에 전이 있음.

참고 및 관련 자료

1. 楊勇〈校箋〉
『北府, 通鑑104晉紀26胡注:「晉人謂京口爲北府, 謝玄破俱難等, 始兼領徐州;
號北府者, 史終言之.」晉都建康, 以京口爲北府, 歷陽爲西府, 姑孰爲南州.』

2.《南徐州記》
徐州民勁悍, 號曰精兵. 故桓溫常曰:「京口酒可飮, 箕可用, 兵可使.」

3.《晉陽秋》
大司馬將討慕容暐, 表求申勸平北將軍愔及袁眞等嚴辨; 愔以素羸疾, 不堪戎行,
自表求退, 聽之. 詔大司馬領愔所任. 授愔冠軍將軍, 會稽內史.

4. 劉孝標 注
『案中興書: 愔辭此行, 愔責其不從處分, 轉授會稽. 疑世說爲謬者.』

702(11-7)

왕동정(王東亭, 王珣)이 환온桓溫의 주부主簿로 있을 때였다. 봄날에 석두(石頭, 桓熙) 형제들과 말을 타고 교외로 달려간 적이 있었다. 당시 함께 놀러 나간 많은 사람들은 모두 말을 나란히 달렸으나, 왕순만은 항상 몇십 보 앞서 달리는 것이었다. 모두들 그 이유를 알 수가 없었다.

그러나 석두의 무리들이 피곤해져서 이윽고 수레를 타게 되면 다른 사람들은 모두 수행원처럼 뒤따르게 되지만, 오직 왕순만은 유유히 그 앞에서 걸어가게 되는 것이다. 그의 첩오捷悟는 이와 같았다.

王東亭作宣武主簿, 嘗春月與石頭兄弟乘馬出郊野; 時彦同遊者, 連鑣俱進, 唯東亭一人常在前, 覺數十步. 諸人莫之解. 石頭等旣疲倦, 俄而乘輿向, 諸人皆似從官, 唯東亭奕奕常自在前. 其悟捷如此.

【王東亭】 王珣(349~400). 자는 元琳. 어릴 때의 자는 法護, 혹은 阿瓜(阿爪). 王洽(敬和)의 아들이며 王導의 손자. 王珉(僧彌)의 형. 安帝 때 尙書令, 散騎常侍 등을 역임함. 東亭侯에 봉해짐. 《晉書》(65)에 전이 있음.
【宣武】 桓宣武. 桓公. 桓溫(312~373). 자는 元子. 明帝의 사위. 荊州刺史를 지냈으며, 蜀을 정벌하고 前秦을 쳐부숨. 簡文帝를 세우고 자신이 다시 왕위를 빼앗고자 하였음. 시호는 武侯. 그의 아들 桓玄이 드디어 제위를 찬탈하여 楚나라를 세운 다음 아버지 환온을 宣武皇帝로 추존함. 《晉書》(99)에 전이 있음.
【石頭】 桓熙. 桓溫의 아들. 어릴 때 자가 石頭였음.

1. 劉孝標 注

『石頭, 桓熙小字.』

2. 《中興書》

熙字伯道, 溫長子也. 仕至豫州刺史也.

12. 숙혜夙慧

총 7장(703-709)

　'숙혜夙慧'는 송본宋本에 '숙혜夙惠'로 되어 있다. '혜慧'와 '혜惠'는 같은 뜻이다. 즉 어린 나이에 지혜와 슬기가 조숙하고 숙성하다는 뜻이다. 양용楊勇 〈교전校箋〉에 "夙慧, 謂夙有成人之智慧也"라 하였으며 《북제서北齊書》 원문요전元文遙傳에 "文遙, 敏慧夙成, 行恭弟行如亦聰慧早成"이라는 말이 있다.

　총 7장이다.

'何氏之廬'. 704 참조.

어떤 빈객이 진태구(陳太丘, 陳寔)의 집에서 밤을 보내게 되었다. 진식은 어린 두 아들 원방(元方, 陳紀)과 계방(季方, 陳諶)에게 밥을 쪄오도록 이르고, 객과 더불어 담론을 나누고 있었다. 두 아이는 불을 지펴 놓고는 지켜 서 있지 않고 몰래 객과 아버지의 이야기를 엿듣는 데 정신을 팔다가, 밥을 넣고 밑에 대나무 받침대를 괴지 않아 밥이 솥에 빠져 있는 것도 몰랐다. 진식이 물었다.

"밥이 어찌하여 찌지 아니한 채 이렇게 되었느냐?"

그러자 원방과 계방은 무릎을 꿇고 이렇게 설명하였다.

"아버지와 손님께서 말씀 나누시는 것을 몰래 엿듣느라고 대나무 받침대를 괴지 않아 밥이 죽이 되고 말았습니다."

이에 진식이 다시 물었다.

"너희들은 들은 이야기를 자못 기억하고 있느냐?"

아이들은 이렇게 대답하였다.

"거의 다 댈 수 있을 것 같습니다."

그러고는 갖추어 말하면서 서로 고치고 돕고 하더니 금방 있었던 이야기를 빠짐없이 되뇌었다. 그러자 진식은 이렇게 감탄하였다.

"그랬구나. 그렇다면 죽도 좋다. 꼭 밥이어야 하랴!"

賓客詣陳太丘宿, 太丘使元方·季方炊; 客與太丘論議, 二人進火, 俱委而竊聽, 炊忘箸箄, 飯落釜中.

太丘問:「炊何不餾?」

元方·季方長跪曰:「大人與客語, 乃俱竊聽; 炊忘箸箄, 今皆成糜.」

太丘曰:「爾頗有所識不?」

對曰:「髣髴志之.」

二子長跪俱說, 更相易奪, 言無遺失.

太丘曰:「如此, 但糜自可, 何必飯也!」

【陳太丘】陳寔(104~187). 자는 仲弓. 후한 때 인물로 태구현의 현장을 지냈으며 향리에서 덕행으로 소문이 나서 "寧爲刑罰所加, 不爲陳君所短"이라하였음. 그가 죽었을 때 3만 명의 조문객이 왔다 함. 아들 여섯 중에 陳紀와 陳諶이 가장 어질고 똑똑하였다 함.《後漢書》(62)에 傳이 있음.

【元方·季方】陳寔의 두 아들. 陳紀와 陳諶.

704(12-2)

하안何晏이 일곱 살 때 총명하기가 이를 데 없이 신통하여 위魏 무제武帝가 매우 사랑하였다. 하안이 일찍이 아버지를 여의고 궁중 안에 있었기 때문에 무제는 이를 양자로 삼으려 하였다.

이때 하안은 곧 땅에다 네모로 금을 그어놓고는 그 안에 들어가 있었다. 사람이 그 이유를 묻자 이렇게 대답하였다.

"여기는 하씨가 사는 집이요."

무제는 그 뜻을 알아차리고 밖으로 되돌려주었다.

何晏年七歲, 明慧若神, 魏武奇愛之; 以晏在宮內, 因欲以爲子. 晏乃畫地令方, 自處其中. 人問其故?

答曰:「何氏之廬也」

魏武知之, 卽遣還外.

【何晏】 자는 平叔(190~249). 한나라 때 何進의 손자이며 삼국시대 魏나라
인물. 평소 분을 발라 용모가 아름다웠으며 魏나라 金鄕公主에게 장가
들었음. 尙書 벼슬로 관리를 선발하면서 자신의 친구를 등용시켜 曹爽
에게 빌붙었다가 司馬懿에게 죽임을 당함. 老莊에 밝았고 청담에 뛰어났
으며 夏侯玄, 王弼 등과 玄學을 창도함. 〈道德論〉, 〈無爲論〉 등을 지었으며
특히 그의 《論語集解》는 지금도 전함. 《晉書》(9)에 전이 있음.

【武帝】 曹操(155~220). 자는 孟德. 어릴 때는 阿瞞으로 불렸음. 沛國 출신
으로 기지와 변화는 물론 문장에도 뛰어났으며 曹丕의 아버지로 한말
세력을 키워 魏나라를 건립하는 기초를 세움. 아들 조비가 獻帝로부터
선양을 받아 武帝로 추존함. 《孫子略解》, 《兵書接要》, 《曹操集》 등이 있음.
《三國志》(1)에 紀가 있음.

참고 및 관련 자료

1. 何晏이 일찍 아버지가 죽자, 당시 司空으로 있던 曹操가 어머니와 함께
자기 집에 와서 살도록 도와 줌. 이에 何晏은 司空의 집이지만, 그 안에 다시
금을 그려 자기의 독립성을 나타내었음.

2. 《魏略》

晏父蚤亡, 太祖爲司空時, 納晏母幷收養晏; 其時秦宜祿兒阿蘇亦隨母在公家,
並見寵如公子. 蘇性謹愼, 而晏無所顧憚, 服飾擬於太子, 故文帝特憎之. 每不
呼其姓字, 常謂之爲'假子'.

3. 《魏氏春秋》

晏母尹, 爲武王夫人, 故晏長於王宮也.

705(12-3)

진晉 명제(明帝, 司馬紹)가 몇 살밖에 되지 않았을 때 아버지 원제(元帝, 司馬睿)의 무릎에서 놀고 있었다. 마침 어떤 사람이 장안長安으로부터 오자 원제는 곧 낙양洛陽의 갖가지 소식을 묻고는 슬픔을 참지 못해 눈물을 흘렸다.

어린 명제가 우는 까닭을 여쭙자 원제는 진晉나라가 장안에서 동쪽으로 강을 건너 피난하여 천도하게 된 전후 사정을 이야기해 주었다.

그리고 명제에게 물었다.

"네가 보기에는 장안과 해, 둘 중 어디가 더 멀다고 생각하느냐?"

명제는 얼른 이렇게 대답하였다.

"해가 더 멀지요. 아직까지 해에서 온 사람이 없다고 들었으니 확실히 그렇습니다."

원제는 똑똑하다고 여겨 이튿날 군신들과 모여 잔치를 하는 중에 이런 이야기를 하면서 명제에게 똑같은 질문을 하였다. 그러자 이번에는 엉뚱하게 이렇게 대답하는 것이었다.

"해가 더 가깝습니다."

원제는 얼굴이 붉어져 당황한 채 이렇게 다시 물었다.

"너는 어째서 어제의 대답과 다르냐?"

그러자 명제는 이렇게 대답하였다.

"눈을 들어보면 해는 보이지만 장안은 보이지 않기 때문이지요."

晉明帝年數歲, 坐元帝膝上, 有人從長安來, 元帝問洛下消息, 潸然流涕. 明帝問何以致泣?

具以東渡意告之; 因問明帝:「汝意謂長安何如日遠?」

答曰:「日遠. 不聞人從日邊來, 居然可知」

元帝異之.

明日集群臣宴會, 告以此意, 更重問之.

乃答曰:「日近」

元帝失色, 曰:「爾何故異昨日之言邪?」

答曰:「擧目見日, 不見長安」

【明帝】司馬懿의 玄孫이며 元帝(司馬睿)의 아들 司馬紹. 東晉 제2대 임금으로 323~326년 재위.

【元帝】東晉의 첫 임금 元帝. 司馬睿. 317~323 재위. 字는 景文. 西晉이 망하자 建康(지금의 남경)에 東晉을 세운 황제. 묘호는 中宗.《晉書》(6)에 기가 있음.

참고 및 관련 자료

1. 西晉이 五胡의 亂으로 洛陽과 長安 二京을 함락당하고 아울러 懷帝, 愍帝의 죽음을 거쳐 元帝가 東渡한 사건.

2. 이 이야기는 《列子》湯問篇에 실려 있는 고사와 매우 흡사하다.

『孔子東游, 見兩小兒辯鬪. 問其故. 一兒曰:「我以日始出時去人近, 而日中時遠也.」
一兒:「以日初出遠, 而日中時近也.」一兒曰:「日初出大如車蓋; 及日中, 則如 盤盂: 此不爲遠者小而近者大乎?」一兒曰:「日初出滄滄涼涼; 及其日中如探湯; 此不爲近者熱而遠者涼乎?」孔子不能決也. 兩小兒笑曰:「孰爲汝多知乎?」』

3. 劉氏 注(桓譚《新論》)

『孔子東遊, 見兩小兒辯. 問其遠近? 一兒日中時遠, 一兒以日初出遠. 日中遠者曰:
「初出大如車蓋, 日中裁如盤盂; 此遠小而近大也.」言日初出遠者曰:「日初出 愴愴涼涼, 及中如探湯; 此近熱遠愴乎!」明帝此對, 二兒之辨耶也.』

706(12-4)

사공司空 고화顧和와 당시 명사들이 함께 청언清言을 나누고 있었다. 장현지張玄之와 고부顧敷는 고화의 외손과 손자였는데 나이가 둘 다 일곱이었다. 그들은 침대 가에서 놀고 있었다.

이때 그들은 어른들의 말을 들으면서 자신들의 신정神情이 이들에게는 관심이 없다는 듯이 하면서도 등불 아래에서 눈을 반쯤 감고 계속 듣고 있었다.

이에 두 아이들은 서로 주객主客이 되어 말을 주고받는 경우를 설정하였는데, 조금도 유실遺失함이 없었다.

고화는 이를 보자 자리를 건너뛰어 그들의 귓불을 잡아당기며 이렇게 감탄하였다.

"쇠약해 가는 우리 가문에 다시 이런 보배가 생겨날 줄은 생각도 못하였구나!"

司空顧和與時賢共清言, 張玄之·顧敷是中外孫, 年並七歲, 在牀邊戲. 于時聞語, 神情如不相屬; 暝於燈下, 二小兒共敍客主之言, 都無遺失.

顧公越席而提其耳曰:「不意衰宗, 復生此寶!」

【顧和】 자는 君孝(285~351). 光祿大夫, 尙書令, 司空 등을 지냄. 《晉書》(83)에 전이 있음.
【清言】 위진시대에 흥행하던 高言玄譚. 玄言淸談.
【張玄之】 張玄. 자는 祖希. 顧和의 外孫. 吏部尙書, 冠軍將軍, 吳興太守, 會稽內史 등을 지냈으며 謝玄과 병칭되어 "南北二玄"이라 함.

【顧敷】자는 祖希. 혹은 祖根. 顧和의 손자로 著作郎을 지냄. 어릴 때 뛰어
났으나 23세에 죽음.
【神情】神態. 어린아이의 때묻지 않은 본성.

> 참고 및 관련 자료

1. 《顧愷之家傳》

敷字祖根, 吳郡吳人. 滔然有大成之量. 仕至著作佐郎, 苗而不秀. 年二十三卒.

707(12-5)

한강백(韓康伯, 韓伯)이 어린 나이였을 때 집이 지독히도 가난하였다.
추운 겨울이 다가오는 데도 마침 얇은 홑옷밖에 없었다. 그의 어머니
은부인殷夫人은 스스로 옷을 지으면서 강백에게 다리미를 잡아 돕도록
하였다. 그러면서 어머니는 강백에게 이렇게 말하였다.

"우선 잠시 홑옷을 입고 있으렴. 언제고 겹바지를 만들어 주마."

그러자 강백은 이렇게 말하는 것이었다.

"이미 족합니다. 겹바지를 다시 해주실 필요가 없습니다."

어머니가 그 까닭을 묻자 강백은 이렇게 대답하였다.

"불이 다리미 가운데에 있으니 그 자루까지 오히려 더워지고 있습니다.
지금 이미 홑옷을 입고 있으니 아랫도리가 당연히 따뜻해지겠지요. 그래서
필요없다고 하였을 따름입니다."

어머니는 이 대답을 심히 기이하게 여기고 그가 나라의 훌륭한 그릇이
될 것임을 알게 되었다.

韓康伯年數歲, 家酷貧, 至大寒, 正得襦, 母殷夫人自成之, 令康伯捉熨斗; 謂康伯曰:「且箸襦, 尋作複褌」

乃云:「已足, 不復須褌」

母問其故?

答曰:「火在斗中而柄尚熱. 今旣箸襦, 下亦當暖, 故不須耳」

母甚異之, 知爲國器.

【韓康伯】韓伯. 자는 康伯. 潁川人. 秀才로 천거되어 著作郎에 부름을 받았으나 응하지 않음. 뒤에 侍中, 丹陽尹, 吏部尙書, 令軍將軍, 豫章太守 등의 벼슬을 지냄. 죽은 후 太常에 추증됨. 韓太常, 韓豫章으로도 불림. 《晉書》(75)에 전이 있음.

【殷夫人】韓伯의 어머니.

【褌】 '褌'으로도 쓰며 바지를 뜻함.

참고 및 관련 자료

1. 이 이야기는 《晉書》(75) 韓伯傳에도 실려 있음.

708(12-6)

　진晉 효무제(孝武帝, 司馬曜)가 나이 열서넛 때였다. 겨울이었는데 낮에는 두꺼운 옷을 입지 않고 다만 얇은 옷 대여섯 겹을 걸치고 있었고, 밤에는 깔개까지 포개어 겹겹이 덮고 자는 것이었다.

　사공(謝公, 謝安)이 이렇게 간언하였다.

　"몸에는 마땅히 알맞은 온도를 유지시켜야 합니다. 폐하께서는 낮에는 너무 춥게 지내시고, 밤에는 너무 덥게 지내시고 있으니 아마 양생養生의 방법이 아닌 듯합니다?"

　그러자 효무제는 이렇게 대답하였다.

　"밤에는 가만히 있으니 낮보다 춥기 때문이오."

　사공은 이에 나오면서 이렇게 말하였다.

　"상께서 이치를 아는 것은 선제(先帝, 司馬昱)에 조금도 뒤지지 않아!"

　晉孝武年十三四, 時冬天, 晝日不箸複衣, 但箸單練衫五六重, 夜則累茵褥.

　謝公諫曰:「體宜令有常. 陛下晝過冷, 夜過熱, 恐非攝養之術?」

　帝曰:「夜靜」

　謝公出, 歎曰:「上理不減先帝!」

【孝武帝】司馬曜. 東晉 제 9대 황제 孝武帝. 재위 24년(373~396). 廟號는 烈宗. 자는 明昌. 簡文帝의 셋째아들. 11세 때에 재위에 올라 35세에 죽음. 《晉書》(9)에 紀가 있음. 王蘊의 딸 法惠를 비로 삼음. 주색에 탐닉하다가 張貴人에게 弑殺당함.

【謝公】謝安. 字는 安石(320~385). 謝裒의 아들이며 謝琰(望蔡)의 아버지. 謝奕의 동생. 덕망이 있고 기개가 높아 桓彝, 王濛의 사랑을 받음. 처음에는 벼슬에 뜻을 버리고 王羲之, 支遁 등과 산수를 즐기며 조정의 부름에 응하지 않았으나 40이 넘어 桓溫의 司馬를 거쳐 吳興太守, 侍中, 吏部尚書, 太保錄尚書事 등의 관직을 지냄. 뒤에 다시 太傅에 추증되었으며 시호는 文靖. 《晉書》(79)에 전이 있음.

【夜靜】〈宋本〉에는 晝動夜靜. 즉 낮에는 움직이니 춥지 않고 밤에는 가만히 있으니 춥기 쉽다는 뜻으로 보았음.

참고 및 관련 자료

1.《老子》
躁勝寒, 靜勝暑; 此言夜靜則寒, 宜重茵.

2. 劉孝標 注
『簡文帝善言理也.』

709(12-7)

환온桓溫이 죽었을 때 환현桓玄은 겨우 다섯 살로 상복을 입었다. 삼년 상을 벗자 그의 삼촌 환거기(桓車騎, 桓沖)는 문상객 문무文武들과 헤어지면서 환현에게 문무들을 가리키면서 이렇게 말하였다.

"이분들은 모두 너의 집 옛 보좌들이다!"

그러자 환현은 크게 울어 사람들이 그 울음에 감동하였다.

환거기는 매번 자기 자리를 가리키며 이렇게 말하였다.

"영보(靈寶, 桓玄), 네가 어른이 되면 이 자리는 너에게 돌려주리라!"

이렇게 하여 그 조카를 키워 사랑함이 친자식보다 더하였다.

桓宣武薨, 桓南郡年五歲, 服始除, 桓車騎與送故文武別;
因指語南郡:「此皆汝家故吏佐!」
　玄應聲慟哭, 酸感傍人.
　車騎每自目己坐曰:「靈寶成人, 當以此坐還之!」
　鞠愛過所生焉.

【桓宣武】桓公. 桓溫(312~373). 자는 元子. 明帝의 사위. 荊州刺史를 지냈으며,
蜀을 정벌하고 前秦을 쳐부숨. 簡文帝를 세우고 자신이 다시 왕위를 빼앗고자
하였음. 시호는 武侯. 그의 아들 桓玄이 드디어 제위를 찬탈하여 楚나라를
세운 다음 아버지 환온을 宣武皇帝로 추존함. 《晉書》(99)에 전이 있음.
【桓玄】자는 敬道(369~404). 大司馬 桓溫의 막내아들. 劉裕의 기병에 맞섰
다가 建康에서 참수당함. 《晉書》(99)에 전이 있음. 譙國 龍亢人. 아버지를
이어 南郡公이 됨. 어릴 때 자는 靈寶.
【桓車騎】桓沖(329~384). 자는 幼子. 車騎將軍을 지냈으며 桓溫의 아우.
384년 謝安이 먼저 苻堅을 대패시켰다는 소식을 듣고 화병으로 죽음.《晉書》
(74)에 전이 있음.
【靈寶】桓玄의 어릴 때 이름.

参고 및 관련 자료

1.《桓沖列傳》
沖字幼子, 溫弟也. 累遷車騎將軍·都督七州諸軍事·荊州刺史. 薨, 贈太尉.
2. 劉孝標 注
『靈寶, 玄小字也.』

13. 호상豪爽

총 13장 (710-722)

'호상豪爽'이란 호탕하고 상랑爽朗하여 범속凡俗하지 않음을 말한다.
양용楊勇〈교전校箋〉에 "豪爽, 謂神氣豪上, 不落凡俗, 言行擧止爽朗,
令人快意也"라 하였다.

총 13장이다.

"老驥伏櫪, 志在千里" 713 참조.

　왕대장군(王大將軍, 王敦)은 어릴 때 촌놈이라는 별명이 있었고, 말투도
초楚 지방 사투리를 썼다. 무제(武帝, 司馬炎)가 당시 명사들을 불러모아 기예
技藝의 일을 주고받을 때 사람마다 모두가 자신들이 알고 있는 재주들을
거론하였으나, 왕대장군만은 전혀 관심이 없는 듯 보였다.

　그러면서 분위기에 대해 심히 못 견뎌하는 표정이었다. 그리고 스스로는
그저 고취鼓吹 정도를 알 뿐이라고 말하였다.

　이 말에 무제는 즉시 북을 가져다가 그에게 주라고 하였다. 그는 앉은
자리에서 소매를 걷어붙이고 북채를 들어 올려 분격하여 두드렸다. 그
절조가 속도와 화합하여 신기가 솟구쳤고, 호방함이 드날려 마치 곁에
사람이 없는 듯하였다. 앉았던 자들이 모두 그의 웅장함과 호상함에
탄복하였다.

　王大將軍年少時, 舊有田舍名, 語音亦楚; 武帝喚時賢共
言伎藝之事, 人人皆多有所知, 唯王都無所關; 意色殊惡,
自言知打鼓吹. 帝卽令取鼓與之, 於坐振袖而起, 揚槌奮擊,
音節諧捷, 神氣豪上, 傍若無人. 擧坐歎其雄爽.

【王大將軍】 王敦(266~324). 자는 處仲. 어릴 때는 阿黑이라 부름. 王含의
　　아우이며 王導의 종제로 八王之亂 때 공을 세워 散騎常侍, 侍中, 靑州刺史,
　　鎭東大將軍 등을 지냄. 西晉이 망하자 司馬睿를 옹립하여 황제로 삼음. 뒤에
　　明帝 때 난을 일으켰다가 軍中에서 죽음. 《晉書》(98)에 전이 있음.
【鼓吹】 원래 軍樂 이름. 北方의 음악으로 북을 중심으로 吹打樂을 간단히
　　연주하는 것.
【田舍】 田舍佬라고도 쓰며, 시골 출신을 낮추어 부르는 말.

【晉武帝】司馬炎. 晉나라 첫 황제. 武帝. 재위 26년(265~290). 司馬昭의 長子.
자는 安世. 咸熙 2年(265)에 魏나라로부터 禪讓의 형식으로 나라를 이어받아
洛陽에 晉나라를 세움. 묘호는 世祖.《晉書》(3)에 紀가 있음.

참고 및 관련 자료

1. 劉孝標 注
『或曰: 王敦嘗坐武昌釣臺上, 聞行船打鼓, 嗟稱其能: 俄而一搥小異, 敦以扉
柄确几曰:「可恨!」應侍側曰:「不然: 此是回驪櫓!」使視之. 云:「船入夾口
(一作樊口).」以應知鼓善於敦也.』

711(13-2)

　왕처중(王處仲, 王敦)은 고상한 인물이라는 평을 받고 있었다. 그러나 일찍이
여색에 빠져 몸까지 허약해졌다. 보다 못한 좌우가 이를 간언하자 처중은
이렇게 단안을 내렸다.
　"내가 깨닫지 못하였을 뿐이지! 여자를 멀리한다는 것은 아주 쉬운 일이야."
　그리고 후원의 비첩들 수십 명을 내쫓아, 가고 싶은 데로 가도록 하였다.
사람들은 이를 보고 경탄해 마지않았다.

王處仲世許高尚之目, 嘗荒恣於色, 體爲之弊.

左右諫之, 處仲曰:「吾乃不覺爾! 如此者, 甚易耳」

乃開內後閤, 驅諸婢妾數十人出路, 任其所之. 時人歎焉.

【王處仲】王敦(266~324). 자는 處仲. 어릴 때는 阿黑이라 부름. 王舍의 아우이며 王導의 종제로 八王之亂 때 공을 세워 散騎常侍, 侍中, 靑州刺史, 鎭東大將軍 등을 지냄. 西晉이 망하자 司馬睿를 옹립하여 황제로 삼음. 뒤에 明帝 때 난을 일으켰다가 軍中에서 죽음. 《晉書》(98)에 전이 있음.

참고 및 관련 자료

1. 《晉紀》鄧粲
敦性簡脫, 口不言財. 其存尙如此.

712(13-3)

왕대장군(王大將軍, 王敦)은 자기 자신을 이렇게 평하였다.

"나는 고상개랑高尙開朗하고 뜻이 솔직 담백하며 《좌전左傳》에 정통한 학문을 가지고 있다."

王大將軍自目:「高朗疎率, 學通《左氏》」

【王大將軍】王敦(266~324). 자는 處仲. 어릴 때는 阿黑이라 부름. 王舍의 아우이며 王導의 종제로 八王之亂 때 공을 세워 散騎常侍, 侍中, 靑州刺史, 鎭東大將軍 등을 지냄. 西晉이 망하자 司馬睿를 옹립하여 황제로 삼음. 뒤에 明帝 때 난을 일으켰다가 軍中에서 죽음. 《晉書》(98)에 전이 있음.

1.《晉陽秋》

敦少稱高率通朗, 有鑒裁.

713(13-4)

왕처중(王處仲, 王敦)은 술이 취하면 문득 위魏 무제(武帝, 曹操)의 시를 읊었다.
"늙은 천리마는 마구간에 있으나 그 뜻은 천리에 있고, 열사가 비록 늙은
나이에 있으나 장렬한 마음은 끝이 없도다."

그러면서 여의봉如意棒으로 타호唾壺를 두드려 결국 그 호구壺口가 깨어
졌다.

王處仲每酒後, 輒詠『老驥伏櫪, 志在千里; 烈士暮年,
壯心不已.』

以如意打唾壺, 壺口盡缺.

【王處仲】王敦(266~324). 자는 處仲. 어릴 때는 阿黑이라 부름. 王含의 아우
이며 王導의 종제로 八王之亂 때 공을 세워 散騎常侍, 侍中, 靑州刺史,
鎭東大將軍 등을 지냄. 西晉이 망하자 司馬睿를 옹립하여 황제로 삼음.
뒤에 明帝 때 난을 일으켰다가 軍中에서 죽음.《晉書》(98)에 전이 있음.
【魏武帝의 詩】曹操의 시 구절. 이는 그의 〈樂府詩〉 第 4句임.

【如意棒】 원래 인도에서 전래된 것으로 등을 긁는 孝手. 마음대로 긁을 수 있다고 하여 여의(如意)라 함. 뒤에는 이가 변질되어 완구로 사용되고, 또 그 판에 글씨를 쓰고 메모를 하는 것으로도 쓰임.
【唾壺】 唾具. 침을 뱉는 그릇.

참고 및 관련 자료

1. 《晉書》 王敦傳
每酒後, 輒詠魏武帝樂府歌曰: 「老其伏櫪」云云.

714(13-5)

진晉 명제(明帝, 司馬紹)가 지대池臺를 건축하려 하였으나, 원제(元帝, 司馬睿)가 이를 허락하지 않았다. 명제는 이때 태자로 있었는데, 무사들을 기르기를 좋아하였다. 하루 저녁에 이 무사들을 시켜 못을 파기 시작해서 새벽이 될 때 모두 마쳐 버렸다. 지금 태자서지太子西池라는 곳이 바로 이것이다.

晉明帝欲起池臺, 元帝不許; 帝時爲太子, 好武養士, 一夕中作池, 比曉便成. 今太子西池是也.

【明帝】 司馬紹. 元帝(司馬睿)의 맏아들이며 東晉의 제 2대 황제. 자는 道畿. 재위 3年(323~326). 묘호는 肅宗. 《晉書》(6)에 기가 있음.

【元帝】東晉의 첫 임금 元帝. 司馬睿. 317~323 재위. 字는 景文. 西晉이
망하자 建康(지금의 남경)에 東晉을 세운 황제. 묘호는 中宗. 《晉書》(6)에
기가 있음.

【太子西池】못 이름.

> 참고 및 관련 자료

1. 《丹陽記》

西池者, 孫登所創, 吳史所稱西苑宜是也. 中時堙廢, 晉帝在東, 更修復之. 故俗
稱太子西池也.

715(13-6)

  왕대장군(王大將軍, 王敦)이 도읍建康 쪽으로 공격해 내려가 조정을 바로
잡겠다고 여겨 먼저 참군參軍을 조정에 보내 이 뜻을 알리고 당시 현사들
에게도 이 요지를 설명하였다.

  당시 조거기(祖車騎, 祖逖)가 아직 수춘壽春으로 떠나지 않고 있다가 이
소속을 듣고는 눈을 부릅뜨고 호령하여 왕장군의 심부름꾼에게 이렇게
호통을 쳤다.

  "너 돌아가 아흑(阿黑, 王敦)에게 이르라. 어찌 이리 불손한가하고! 그리고
어서 되돌아가라고 하라. 잠시라도 지체하면 내 곧 3천 병사를 이끌고
긴 창으로 그의 뒤꿈치를 찔러 저 강 위쪽으로 내몰아 버릴 테다."

  왕대장군이 이 말을 듣고 곧 계획을 중지해 버렸다.

王大將軍始欲下都, 更處分樹置, 先遣參軍告朝廷, 諷旨時賢.

祖車騎尚未鎮壽春, 瞋目厲聲, 語使人曰:「卿語阿黑: 何敢不遜! 催攝面去, 須臾不爾, 我將三千兵槊脚令上」

王聞之而止.

【王大將軍】 王敦(266~324). 자는 處仲. 어릴 때는 阿黑이라 부름. 王含의 아우이며 王導의 종제로 八王之亂 때 공을 세워 散騎常侍, 侍中, 靑州刺史, 鎭東大將軍 등을 지냄. 西晉이 망하자 司馬睿를 옹립하여 황제로 삼음. 뒤에 明帝 때 난을 일으켰다가 軍中에서 죽음. 《晉書》(98)에 전이 있음. 당시 王敦은 武昌을 진무하고 있었는데, 도읍 建康의 上流이기에 한 말.

【祖車騎】 祖逖(266~321). 자는 士稚. 中原 수복에 의지를 보였던 인물. 車騎將軍을 추증받음. 《晉書》(62)에 전이 있음.

【壽春】 지금의 安徽 壽縣. 晉나라 때 元帝의 后 阿春을 諱위여 壽陽으로 고침.

【阿黑】 王敦을 가리킴. 자는 處仲(266~324). 어릴 때는 阿黑이라 부름. 王含의 아우이며 王導의 종제로 八王之亂 때 공을 세워 散騎常侍, 侍中, 靑州刺史, 鎭東大將軍 등을 지냄. 西晉이 망하자 司馬睿를 옹립하여 황제로 삼음. 뒤에 明帝 때 난을 일으켰다가 軍中에서 죽음. 《晉書》(98)에 전이 있음.

716(13-7)

유치공(庾稚恭, 庾翼)이 이미 오랫동안 중원中原을 수복해야 한다는 뜻을 가지고 있었지만, 문강(文康, 庾亮)이 권력을 쥐고 있을 때에는 자신은 아직 그런 일을 거론할 위치에 있지 않았고, 유계견(庾季堅, 庾冰)이 재상이 되었지만, 그는 전쟁의 화를 두려워하여 유치공과 오랫동안 뜻을 합치지 못하였다. 그러나 끝내 그도 동의하여 과연 그 일을 실행에 옮기기에 이르렀다.

이에 유치공은 형주荊州와 한수漢水 일대의 병력을 다 모으고 수레와 배를 모두 모아 군대를 양양襄陽으로 집결시켰다.

이에 막료와 보좌를 모아 회합을 하면서 그 깃발과 무기를 진설해 놓고, 자신이 직접 활을 들고 화살을 나누어주며 이렇게 맹세하였다.

"나의 이번 작전은 마치 이 화살과 같으리라!"

드디어 세 번 활을 당겨 쏘았는데, 세 번 모두 명중이었다. 무리들은 모두가 눈을 둥그렇게 뜨며 그 사기가 열 배나 올랐다.

庾稚恭旣常有中原志, 文康權重, 未在己; 及季堅作相, 忌兵畏禍, 與稚恭措同異者久之, 乃果行. 傾荊·漢之力, 窮舟車之勢, 師次于襄陽; 大會僚佐, 陳其旌甲, 親授弧矢曰: 「我之行, 若此射矣!」

遂三起三疊, 徒衆屬目, 其氣十倍.

【庾稚恭】庾翼(305~345). 자는 稚恭. 庾亮의 막내동생. 庾征西·小征西 라고도 불림. 荊州刺史·征西將軍 등을 지냄. 《晉書》(73)에 전이 있음.
【中原】洛陽. 西晉時代의 故土를 말함.
【文康】庾亮(289~340). 자는 元規. 시호는 文康. 蘇峻, 祖約의 난을 평정하였으며 명제 때 王導를 이어 中書監이 됨. 征西大將軍, 荊州刺史 등을 지냄. 청담을 좋아하였으며 老莊에 밝았음. 죽은 후 太尉에 추증되었고 시호는 文康. 《晉書》(73)에 전이 있음.
【庾季堅】庾冰(296~344). 자는 季堅. 庾亮의 아우. 蘇峻의 난을 평정한 공으로 新吳縣侯에 봉해졌으나 고사함. 뒤에 中書監, 揚州刺史, 征虜將軍 등을 역임하였으며 賢相으로 이름이 났었음. 康帝(司馬岳. 343~344년 재위)가 즉위

하여 車騎將軍으로 승진시켰음. 侍中, 司空을 역임하였으며 아주 검소하게
살았다 함. 《晉書》(73)에 전이 있음

【荊州】地名. 지금의 湖北省 襄陽 일대.

참고 및 관련 자료

1.《漢晉春秋》

翼風儀美劭, 才能豐贍, 少有經緯大略. 及繼兄亮車方州之任, 有匡維內外, 掃蕩
羣凶之志. 是時杜乂·殷浩諸人, 盛明冠當世, 翼皆勿之貴也. 常曰:「此輩宜束
之高閣, 俟天下淸定, 然後議其所任耳」其意氣如此. 唯與桓溫友善, 相期以寧
濟宇宙之事. 初, 翼輒發所部奴及車牛驢馬萬數, 率大軍入沔, 將謀伐狄, 遂次
于襄陽.

2.《庾翼別傳》

翼爲荊州, 雅有大志, 每以門地威重, 兄弟寵授, 不陳力竭誠, 何以報國? 雖蜀
阻險, 胡負凶力, 然皆無道酷虐, 易可乘滅, 當此時, 不得埽除二寇, 以復王業,
非丈夫也! 於是徵役三州, 悉其帑實, 成衆五萬, 兼率荒附, 治戎大擧, 直指魏·趙,
軍次襄陽, 輝威沔·漢.

717(13-8)

환선무(桓宣武, 桓溫)가 촉蜀을 평정한 후에 참모들을 모아 이세李勢의
궁전에서 주연을 베풀었다. 파촉巴蜀의 이름난 명사들이 모이지 않은
자가 없었으며, 환온桓溫은 본래 호상豪爽한 기상이 있는데다가 이 날에는
음성조차 장중하였다. 이에 고금의 성패는 사람에 달려 있고 나라의
존망은 인재에게 있음을 멋진 말솜씨로 풀어놓자 그 모습이 늠름하여

모두들 경탄해 마지않았다. 모임이 끝났으나 사람들은 그 감동을 잊지 못하는 눈치였다. 이때 심양尋陽의 주복周馥은 이렇게 말하였다.

"그대들이 왕대장군(王大將軍, 王敦)을 못 본 것이 한이로고!"

주복은 일찍이 왕대장군의 연掾이었다.

桓宣武平蜀, 集參僚置酒於李勢殿, 巴·蜀縉紳, 莫不悉萃. 桓麃素有雄情爽氣, 加爾日音調英發, 敍古今成敗由人, 存亡繫才, 奇拔磊落, 一坐讚賞不暇.

坐麃散, 諸人追味餘言, 于時尋陽周馥曰:「恨卿輩不見王大將軍!」

馥曾作敦掾.

【桓宣武】桓公. 桓溫(312~373). 자는 元子. 明帝의 사위. 荊州刺史를 지냈으며, 蜀을 정벌하고 前秦을 쳐부숨. 簡文帝를 세우고 자신이 다시 왕위를 빼앗고자 하였음. 시호는 武侯. 그의 아들 桓玄이 드디어 제위를 찬탈하여 楚나라를 세운 다음 아버지 환온을 宣武皇帝로 추존함. 《晉書》(99)에 전이 있음.

【平蜀】晉나라 穆帝 永和 3年(347)에 桓溫이 蜀을 토벌함.

【李勢】자는 子仁(?~361). 할아버지 李特이 중원 대란 때 蜀 땅을 점거하였으며 아버지 李壽가 동진 때 成漢이라는 나라를 세워 中宗이라 하였음. 이수가 죽고 장자인 李勢가 들어서 연호를 太和로 바꾸고 後主가 됨. 이세의 아우와 한왕(李廣)이, 이세가 아들이 없음을 이유로 자신을 太弟로 삼아줄 것을 요구하자 이세는 太保 李奕을 보내어 이광을 공격하였으며 이광은 자살하고 말았음. 그런데 그곳 사람들이 이혁을 따르는 자가 수만 명에 이르자, 이세는 두려움을 느낀 나머지 이혁을 죽이고 연호를 嘉寧으로 바꿈. 재위 5년 만인 347년에 桓溫이 촉을 정벌할 때 항복하여 歸義侯에 봉해졌으며, 晉 穆帝 升平 5년(361) 建康에서 생을 마침. 《晉書》(121)에 載記가 있음.

【周馥】자는 祖宣. 일찍이 王敦의 掾史가 되었으며 御史中丞, 侍中, 徐州刺史,

廷尉 등을 지냄. 永寧伯에 봉해졌으며 한때 壽春으로 천도할 것을 주장하기도 하였음. 뒤에 東海王(司馬越)과 사이가 벌어져 전투를 벌이다가 분을 품고 죽음. 《晉書》(61)에 전이 있음.

【王大將軍】 王敦(266~324). 자는 處仲. 어릴 때는 阿黑이라 부름. 王含의 아우이며 王導의 종제로 八王之亂 때 공을 세워 散騎常侍, 侍中, 靑州刺史, 鎭東大將軍 등을 지냄. 西晉이 망하자 司馬睿를 옹립하여 황제로 삼음. 뒤에 明帝 때 난을 일으켰다가 軍中에서 죽음. 《晉書》(98)에 전이 있음.

【馥曾作敦掾】 이 구절은 〈唐寫本〉의 劉孝標 주에 인용된 《中興書》의 일부가 잘못 연결된 것으로 보고 있다.(楊勇)

참고 및 관련 자료

1. 《中興書》
馥, 周撫孫也. 湛隱有將略. 仕至晉壽太守.

718(13-9)

환공桓公이 《고사전高士傳》을 읽다가 오릉중자於陵仲子의 이야기에 이르자 책을 던지며 이렇게 말하였다.
"누가 능히 이렇게 상식에 벗어나고 정리에 먼 짓을 한단 말인가?"

桓公讀《高士傳》, 至於陵仲子, 便擲去; 曰:「誰能作此溪刻自處?」

【桓公】桓宣武. 桓溫(312~373). 자는 元子. 明帝의 사위. 荊州刺史를 지냈으며 蜀을 정벌하고 前秦을 쳐부숨. 簡文帝를 세우고 자신이 다시 왕위를 빼앗고자 하였었음. 시호는 武侯. 그의 아들 桓玄이 드디어 제위를 찬탈하여 楚나라를 세운 다음 아버지 환온을 宣武皇帝로 추존함. 《晉書》(99)에 전이 있음.

【高士傳】皇甫謐이 지은 옛 고사들의 전기.

【於陵仲子】盟子와 皇甫謐의 《高士傳》에 실려 있는 인물. 오릉(於陵)은 齊나라의 땅 이름. 陳仲子 부부가 이곳에 은거하여 형(당시 제상인 陳載)의 녹을 먹지 않겠다고 배가 고파 우물가의 오얏 열매를 먹다가 뒤에 어머니를 찾아와 오리를 잡아주자 이것까지 토해 버렸다 함. (《孟子》滕文公 참조)

참고 및 관련 자료

1. 《高士傳》皇甫謐

陳仲子字子終, 齊人. 兄戴, 爲齊丞相, 食祿萬鍾. 仲子以兄祿爲不義, 乃適楚, 居於陵, 自謂於陵仲子. 窮不求不義之食: 曾乏糧三日, 匍匐而食井李之實, 三咽而後能視, 身自織履, 妻擗纑, 以易衣食, 嘗歸省母, 有饋其兄生鵝者. 仲子嚬顣曰:「惡用此鶃鶃爲哉?」後母殺鵝, 仲子不知, 與母食之: 兄自外入曰: 「鶃鶃肉也!」仲子出門, 哇而吐之. 楚王聞其名, 聘以爲相: 乃夫婦逃去, 爲人灌園. 終身不屈其節.

2. 《孟子》滕文公(下)

匡章曰:「陳仲子豈不誠廉士哉? 居於陵, 三日不食, 耳無聞, 目無見也. 井上有李, 螬食實者過半矣, 匍匐往將食之, 三咽, 然後耳有聞, 目有見.」

孟子曰:「於齊國之士, 吾必以仲子爲巨擘焉. 雖然, 仲子惡能廉? 充仲子之操, 則蚓而後可者也. 夫蚓, 上食槁壤, 下飮黃泉. 仲子所居之室, 伯夷之所築與? 抑亦盜跖之所築與? 所食之粟, 伯夷之所樹與? 抑亦盜跖之所樹與? 是未可知也.」曰:「是何傷哉? 彼身織履, 妻辟纑, 以易之也.」曰:「仲子, 齊之世家也. 兄戴, 蓋祿萬鍾. 以兄之祿爲不義之祿而不食也, 以兄之室爲不義之室而不居也, 辟兄離母, 處於於陵. 他日歸, 則有饋其兄生鵝者, 己頻顣曰:『惡用是鶃鶃者爲哉?』他日, 其母殺是鵝也, 與之食之. 其兄自外至, 曰:『是鶃鶃之肉也.』出而哇之. 以母則不食, 以妻則食之; 以兄之室則弗居, 以於陵則居之. 是尙爲能充其類也乎? 若仲子者, 蚓而後充其操者也.」

3.《戰國策》齊策(四)

於陵子仲尚存乎? 是其爲人也, 上不臣於王, 下不治其家, 中不索交諸侯. 此率民而出於無用者, 何爲至今不殺乎?

719(13-10)

환석건桓石虔은 사공司空 환활桓豁의 서얼 중에 장자였다. 어릴 때 자는 진악鎭惡이었으며 나이 열일곱 여덟이 되도록 천거되지 못하였다. 그러나 하인들은 이미 그를 진악랑鎭惡郎이라고 부르고 있었다. 일찍이 환선무(桓宣武, 桓溫)의 집에 거하다가 그를 따라 방두枋頭로 원정을 떠나게 되었다. 마침 거기장군車騎將軍 환충桓沖이 적에 휩싸였으나, 좌우에 누구도 그를 구출해 내지 못하고 있었다.

이에 환선무가 석건에게 물었다.

"너의 숙부가 적중에 빠졌는데, 너는 알고 있느냐?"

석건은 이를 듣고 의기가 충발하여 주벽朱辟을 부장副將으로 삼아, 말에 채찍을 가하면서 수만數萬의 적중으로 내달았다. 누구 하나 그를 당해내지 못하였다. 잠시 후에 환충桓沖을 구해오자 삼군이 모두 탄복해 마지않았다.

뒤에 하수河水 이북에서는 그의 이름으로 학질瘧疾을 떼는 풍속이 생겼다고 한다.

桓石虔, 司空豁之長庶也; 小字鎭惡, 年十七八, 未被擧, 而童隷已呼爲鎭惡郎. 嘗住宣武齋頭, 從征枋頭; 車騎沖沒陳, 左右莫能先救.

宣武謂曰:「汝叔落賊, 汝知不?」

石虔聞, 氣甚奮; 命朱辟爲副, 策馬於數萬衆中, 莫有抗者.
徑致沖還. 三軍歎服. 河朔遂以其名斷瘧.

【桓石虔】桓溫의 조카이며 桓豁의 서자. 어릴 때의 자는 鎭惡. 뒤에 豫州
　刺史를 지냄.

【桓豁】桓溫의 동생이며 荊州刺史와 司空을 지냄.

【宣武】桓宣武. 桓公. 桓溫(312~373). 자는 元子. 明帝의 사위. 荊州刺史를
　지냈으며, 蜀을 정벌하고 前秦을 쳐부숨. 簡文帝를 세우고 자신이 다시
　왕위를 빼앗고자 하였음. 시호는 武侯. 그의 아들 桓玄이 드디어 제위를
　찬탈하여 楚나라를 세운 다음 아버지 환온을 宣武皇帝로 추존함.《晉書》
　(99)에 전이 있음.

【枋頭】地名, 河南 濬縣.

【桓沖】자는 幼子(328~384). 車騎將軍을 지냈으며 桓溫의 아우. 384년 謝安이
　먼저 苻堅을 대패시켰다는 소식을 듣고 화병으로 죽음.《晉書》(74)에 전이
　있음.

【朱辟】桓溫軍의 주요 人物.

참고 및 관련 자료

1.《桓豁別傳》

豁字朗子, 溫之弟也. 少有美譽. 累遷荊州刺史. 薨, 贈司空, 謚敬也.

2.《中興書》

石虔有才幹, 有史學. 累有戰功. 仕至豫州刺史, 封作唐縣, 贈後軍將軍.

진림도(陳林道, 陳逵)가 서안西岸에 머물러 있자, 서울의 여러 사람들이 모두 그를 우저牛渚로 모셔 모임을 갖고자 하였다.

그는 현담玄談에 대해 이미 뛰어나 사람들은 그와 토론을 벌여 그를 꺾어볼 참이었다. 그러자 진림도는 여의봉如意棒으로 턱을 받친 채 멀리 계롱산鷄籠山을 바라보며 이렇게 탄식하는 것이었다.

"손백부(孫伯符, 孫策)는 끝내 자신의 지업志業을 달성하지 못하였구나!"

이에 같이 있던 사람들은 더 이상 말을 꺼내지도 못하였다.

陳林道在西岸, 都下諸人共要至牛渚會.

陳理旣佳, 人欲共言折; 陳以如意拄頰望鷄籠山, 嘆曰: 「孫伯符志業不遂!」

於是竟坐不得談.

【陳林道】陳逵. 어려서 명성이 있어 廣陵公을 습봉하고 淮南太守 등을 지냄.
【西岸】江北. 東晉 때는 江北이 建康에 있어 서쪽이었으므로 흔히 西岸이라 칭하였음.
【牛渚】牛渚山. 지금의 安徽省 當塗縣 서북쪽에 있음.
【鷄籠山】산 이름. 지금의 安徽縣 和縣 서북쪽 40리에 있음. 그러나 楊勇 〈校箋〉에는 지금의 江蘇 江寧縣에 있는 산이라 함.
【孫伯符】孫策(175~200). 자는 伯符. 孫堅의 맏아들. 吳侯에 봉해짐. 그 아우 孫權이 그 무리를 이끌고 오나라를 세움.《三國志》(46)에 전이 있음. 26세에 죽어 그 왕업을 달성하지 못하였음. 참고 부분의 《吳錄》을 참조할 것.

1.《晉陽秋》

逮爲西中郞將, 領淮南太守, 戍歷陽也.

2. 楊勇〈校箋〉

『鷄籠山, 一名鷄鳴山, 或曰欽天山, 地在今江蘇江寧縣東南.』

3.《吳錄》

長沙桓王諱策, 字伯符, 吳郡富春人. 少有雄姿風, 年十九而襲業, 衆號孫郎.
平定江東, 爲許貢客射破其面, 引鏡自照, 謂左右曰:「面如此, 豈可復立功業乎?」
乃謂張昭曰:「中國方亂, 夫以吳·越之衆, 三江之固, 足以觀成敗. 公等善相吾弟!」
呼大皇弟, 授以印綬, 曰:「擧江東之衆, 決機於兩陳之間, 卿不如我; 任賢使能,
各盡其心, 以保江東, 我不如卿. 愼勿北渡!」語畢而薨, 時年二十六.

721(13-12)

왕사주(王司州, 王胡之)가 사공(謝公, 謝安) 곁에 앉아 노래를 읊었다.
"들어와서 말하지 않음이여. 나가서도 사령辭令을 내지 않도다.
바람을 타고 휘돌다가 구름을 싣고 떠나가네!"
그리고는 사람들에게 이렇게 말하였다.
"이럴 때면 온 좌중에 아무도 없는 것처럼 느껴지는군!"

王司州在謝公坐, 詠『入不言兮出不辭, 乘廻風兮載雲旗!』
語人云:「當爾時, 覺一坐無人!」

【王司州】王胡之. 자는 脩齡(?~349, 혹 ?~364?). 낭야 王氏로 王廙의 둘째 아들이며, 王和之의 아버지. 吳興太守, 侍中, 司州刺史 등을 지냈으며, 石虎 (十六國 중의 後趙)가 죽자 西中郎將이 됨.《晉書》王廙傳 참조.

【謝公】謝安. 字는 安石(320~385). 謝裒의 아들이며 謝琰(望蔡)의 아버지. 謝奕의 동생. 덕망이 있고 기개가 높아 桓彝, 王濛의 사랑을 받음. 처음에는 벼슬에 뜻을 버리고 王羲之, 支遁 등과 산수를 즐기며 조정의 부름에 응하지 않았으나 40이 넘어 桓溫의 司馬를 거쳐 吳興太守, 侍中, 吏部尙書, 太保錄尙書事 등의 관직을 지냄. 뒤에 다시 太傅에 추증되었으며 시호는 文靖.《晉書》(79)에 전이 있음.

【詠】이는 屈原의〈九歌〉少司命의 일부임.

722(13-13)

환현桓玄이 서쪽으로부터 강을 따라 내려오면서 석두石頭에 입성하자 밖으로부터 이런 보고가 들어왔다.

"사마양왕(司馬梁王, 司馬珍之)이 배반하여 도망갔습니다."

그러나 환현은 때가 이미 평정의 정세로 돌아섰다고 여기고, 평온하게 배에 올라 피리와 북을 연주하며 이렇게 노래를 불렀다.

"울리는 음악소리 그 속에 아직 위魏나라 곡조 남아 있네.
그런데 양왕인들 어디에서 버티랴!"

桓玄西下, 入石頭, 外白:「司馬梁王奔叛」

玄時事形已濟, 在平乘上笳鼓並作, 直高詠云:『簫管有遺音, 梁王安在哉!』

【桓玄】자는 敬道(369~404). 어릴 때의 자는 靈寶. 桓溫의 아들. 403년에 建康을 공격, 安帝의 禪位를 강요하고, 나라를 세워 楚라 하고 연호를 建始·永始로 하였으나, 劉裕에게 토벌당함.《晉書》(99)에 전이 있음.

【石頭】城 이름. 지금의 南京 근처에 있음.

【司馬梁王】司馬珍之. 자는 景度(?~420). 晉 元帝의 4세손. 아버지 司馬龢를 이어 梁王이 됨. 桓玄이 찬탈하자 劉裕를 도왔다가 끝내 죽임을 당함.《晉書》宣五王梁王傳 참조.

【詠】이 시는 원래 阮籍〈詠懷詩〉의 구절임.

참고 및 관련 자료

1.《續晉陽秋》

梁王珍之, 字景度.

2.《中興書》

初, 桓玄簒位, 國人孔璞奉珍之奔壽陽: 義旗旣興, 歸朝廷, 仕至太常, 以罪誅.

14. 용지 容止

총 39장 (723-761)

　'용지容止'란 용모와 행동거지 등에 대한 훌륭한 풍모를 두고 한 말이다. 《예기禮記》월령月令에 "有不戒其容止者"라는 구절에 대하여 鄭玄의 주에는 "容止, 猶動靜"이라 하였으며, 《효경孝經》 "容止可觀, 進退可度"에 대하여 唐 玄宗은 "容止, 威儀也"라 주석하였다.

　총 39장이다.

王羲之의 "矯若驚龍" 752 참조.

위魏 무제(武帝, 曹操)가 장차 흉노匈奴의 사신을 만나볼 때 자신은 풍채가
초라하여 원국遠國에 웅풍雄風을 부리기에 족하지 못하다고 여겨, 최계규
(崔季珪, 崔琰)를 대신 시키고, 자신은 칼을 잡고 의자 곁에 서서 시위처럼
있었다. 회담이 끝난 후 사람을 시켜 그 사자에게 물어보게 하였다.

"위왕魏王이 어떻다 보는가?"

그러자 흉노의 사자는 이렇게 대답하였다.

"위왕魏王의 고아한 덕망은 보통이 아닙니다. 그러나 그 의자 곁에 섰던
그 사람이 진정한 영웅 같더이다!"

조조는 이 말을 듣자 사람을 시켜 뒤따라가서 그를 살해해 버렸다.

魏武將見匈奴使, 自以形陋, 不足雄遠國; 使崔季珪代,
帝自捉刀立牀頭.

旣畢, 令間諜問曰:「魏王何如?」

匈奴使答曰:「魏王雅望非常; 然牀頭捉刀人, 此乃英雄也!」

魏武聞之, 追殺此使.

【魏武帝】曹操(155~220). 자는 孟德. 어릴 때는 阿瞞으로 불렀음. 沛國 출신
  으로 기지와 변화는 물론 문장에도 뛰어났으며, 曹丕의 아버지로 한말 세력을
  키워 魏나라를 건립하는 기초를 세움. 아들 조비가 獻帝로부터 선양을 받아
  武帝로 추존함.《孫子略解》,《兵書接要》,《曹操集》 등이 있음.《三國志》(1)에
  紀가 있음. 太祖라고도 함.

【匈奴】고대에 玁狁·獯鬻. 漢代의 匈奴. 즉 Hun族.

【崔季珪】崔琰. 자는 季珪. 어려서는 무협을 좋아하였으나 뒤에 鄭玄을 스승
  으로 모시고 유학을 익힘. 袁紹가 발탁하여 騎都尉를 삼았으나 원소가 패하자

曹操에게 의탁하여 曹丕의 스승이 됨. 뒤에 참훼를 입고 조조에게 賜死당함.
《三國志》(12)에 전이 있음.

참고 및 관련 자료

1. 曹操는 생김새가 작았다고 함. 《魏氏春秋》에 『武王姿貌短小, 而神明英發』
이라 함.
2. 《魏志》
崔琰字季珪, 清河東武城人. 聲姿高暢, 眉目疎朗, 鬚長四尺, 甚有威重.

724(14-2)

하평숙(何平叔, 何晏)은 생김새가 당당하였고 얼굴색은 희었다. 위魏문제
(文帝, 曹丕)는 그가 분을 발라 그런 것으로 여겨, 더운 여름에 그에게 펄펄
끓는 국과 떡을 주어 보았다. 그가 먹고 난 후에 온 얼굴에 땀방울이 맺혔
는데 하안은 붉은 색 수건으로 얼굴을 닦으니 더욱더 희었다.

何平叔美姿儀, 面至白, 魏文帝疑其傅粉; 正夏月, 與熱
湯餠, 旣噉, 大汗出, 以朱衣自拭, 色轉皎然.

【何平叔】何晏. 자는 平叔(190~249). 한나라 때 何進의 손자이며 삼국시대
　　魏나라 인물. 평소 분을 발라 용모가 아름다웠으며 魏나라 金鄕公主에게
　　장가들었음. 尙書 벼슬로 관리를 선발하면서 자신의 친구를 등용시켜

曹爽에게 빌붙었다가 司馬懿에게 죽임을 당함. 老莊에 밝았고 청담에 뛰어났으며 夏侯玄, 王弼 등과 玄學을 창도함. 〈道德論〉, 〈無爲論〉 등을 지었으며 특히 그의 《論語集解》는 지금도 전함. 《晉書》(9)에 전이 있음.

【魏文帝】 曹丕(187~226). 자는 子桓. 曹操의 둘째아들. 아버지 曹操가 죽고 魏王을 습봉하여 漢나라 丞相이 됨. 延康 元年(220)에 禪讓을 받아 황제가 되었으며 연호를 黃初로 바꾸고 국호를 魏나라로, 洛陽을 도읍으로 정함. 재위 7년에 졸하였으며 시호는 文皇帝. 문장에도 뛰어나 《典論》을 지었으며 그 중 〈論文〉은 문학 이론과 비평의 유명한 글로 평가받고 있음. 그 외에 〈燕歌行〉은 현존 최초의 7언시로 알려짐. 《三國志》(2)에 紀가 있음. 《魏志》에 "帝諱丕. 字子桓, 受漢禪"이라 함. 〈宋本〉에는 魏 明帝로 되어 있음.

참고 및 관련 자료

1.《魏略》

晏性自喜, 動靜粉帛不去手, 行步顧影.

2. 劉孝標 注

『案: 此言, 則晏之妖麗本姿外飾; 且晏養自宮中, 與帝相長, 豈復疑其形姿, 待驗而明也?』

725(14-3)

위魏 명제(明帝, 曹叡)가 황후의 아우 모증毛曾을 하후현(夏侯玄, 夏侯太初)과 나란히 앉히자 당시 사람들은 이렇게 비꼬았다.

"마치 갈대가 옥수玉樹에 기대어 있는 것과 같군."

魏明帝使后弟毛曾, 與夏侯玄共坐, 時人謂「蒹葭倚玉樹」

【魏明帝】曹叡(206~239). 魏文帝(曹丕)와 甄后 사이에 남. 227년 문제를 이어
제위에 올랐음. 재위 13년(227~239). 시호는 明皇帝.《三國志》(3)에 紀가 있음.
【毛曾】魏 明帝 毛皇后의 아우. 郎中·騎都尉를 지냈으며 갑작스런 신분상승
으로 容止가 비루하였다 함.
【夏侯玄】자는 泰初(太初, 209~254). 夏侯尙의 아들로 일찍이 능력을 인정받아
약관에 散騎黃門侍郎이 되었음. 曹爽을 보좌하여 中護軍이 되어 인재를 선발
하였음. 뒤에 征西將軍이 되어 司馬氏가 曹爽을 주벌하여 정권을 쥐자
大鴻臚가 되었다가 太常에 올랐으나 李豐, 張緝 등이 司馬師를 없애고
하후현을 세우려는 모의가 발각되어 하후현도 이에 함께 주살됨. 淸言과
玄風에 뛰어나 당시 玄學의 영수로 추앙받았음. 저술에 〈樂毅論〉, 〈張良論〉,
〈本無肉刑論〉 등이 유명함.《三國志》(9)에 전이 있음.

> ### 참고 및 관련 자료

1.《魏志》
玄爲黃門侍郎, 與毛曾並坐, 玄甚恥之, 不說形於色. 明帝恨之, 左遷玄爲羽林監.

726(14-4)

당시 사람들은 이렇게 평하였다.

"하후태초(夏侯太初, 夏侯玄)는 낭랑朗朗하기가 일월이 그 품에 들어 있는
것 같고, 이안국(李安國, 李豐)은 퇴당頹唐하기가 마치 옥산玉山이 장차 무너
지려는 것 같다."

時人目:「夏侯太初朗朗如日月之入懷, 李安國頹唐如 玉山之將崩」

【夏侯玄】자는 泰初(太初, 209~254). 夏侯尙의 아들로 일찍이 능력을 인정받아 약관에 散騎黃門侍郞이 되었음. 曹爽을 보좌하여 中護軍이 되어 인재를 선발 하였음. 뒤에 征西將軍이 되어 司馬氏가 曹爽을 주벌하여 정권을 쥐자 大鴻臚가 되었다가 太常에 올랐으나 李豊, 張緝 등이 司馬師를 없애고 하후현을 세우려는 모의가 발각되어 하후현도 이에 함께 주살됨. 淸言과 玄風에 뛰어나 당시 玄學의 영수로 추앙받았음. 저술에 〈樂毅論〉, 〈張良論〉, 〈本無肉刑論〉 등이 유명함. 《三國志》(9)에 전이 있음.
【李安國】李豊(?~254). 자는 安國(宣國). 삼국시대 오나라 李義의 아들이며 魏 明帝가 오나라를 벌하고 江東 第一의 名士를 묻자 모두 이풍을 추천 하였다 함. 이에 이풍을 黃門郞으로 삼았으며 뒤에 中書郞에 올랐음. 그러나 晉王 司馬昭에게 주살당하였으며 그 일로 그 딸이 賈充의 前妻로 이혼을 당하고 樂琅에 귀양갔다 돌아옴.
【頹唐】무너져 내리는 모습. 곧 넘어질 듯한 풍채.

참고 및 관련 자료

1.《魏略》
李豊字安國, 衛尉李義子也. 識別人物, 海內注意. 明帝得吳降人, 問江東聞中國 名士爲誰? 以安國對之. 是時, 豊爲黃門郞, 改名宣. 上問安國所在? 左右公卿 卽具以豊對. 上曰:「豊名乃被於吳越邪?」仕至中書令, 爲晉王所誅.

727(14-5)

혜강嵇康은 키가 칠척팔촌七尺八寸에 풍채가 뛰어나서 그를 한 번 본 사람이면 모두 그를 이렇게 찬미하였다.

"소소숙숙蕭蕭肅肅하고, 상랑청거爽朗清舉하다."

어떤 사람은 또 이렇게 말하였다.

"소숙하기가 마치 소나무 아래 바람이 높이 천천히 불어오는 것 같다."

또 산도山濤는 이렇게 표현하였다.

"혜강의 사람됨은 높기가 마치 우뚝 선 것 같고 그가 술 취하였을 때는 높은 옥산이 장차 무너지려 하는 것 같다."

嵇康身長七尺八寸, 風姿特秀.

見者歎曰:「蕭蕭肅肅, 爽朗清舉」

或云:「肅肅如松下風, 高而徐引」

山公曰:「嵇叔夜之爲人也, 巖巖若孤松之獨立; 其醉也, 傀俄若玉山之將崩」

【嵇康】자는 叔夜(223~262). 어릴 때 고아였으며 奇才가 있었음. 老莊에 심취하였으며 시문에 능하였고 '竹林七賢'의 하나임. 뒤에 鍾會의 모함을 입어 司馬昭에게 죽임을 당함. 本姓은 奚氏였으나 뒤에 銍縣 嵇山 곁에 옮겨 살아 성을 嵇氏로 바꾸었다 함. 〈廣陵散曲〉, 〈琴賦〉, 〈養生論〉, 〈聲無哀樂論〉, 〈與山巨源絶交書〉 등이 유명함. 《晉書》(49)에 전이 있음.

【山公】山濤. 자는 巨源(205~283). 老莊에 심취하였으며 술을 좋아하였음. 嵇康, 阮籍, 呂安 등과 친하였으며 죽림칠현의 하나. 〈任誕〉편 참조. 《晉書》(43)에 전이 있음.

1. 《嵇康別傳》

康長七尺八寸, 偉容色, 土木形骸, 不加飾厲, 而龍章鳳姿, 天質自然; 正爾在羣形之中, 便自知非常之器.

728(14-6)

배령공(裴令公, 裴楷)은 이렇게 평하였다.

"왕안풍(王安豐, 王戎)은 그 눈동자가 마치 바위 아래의 번개처럼 빛난다."

裴令公目:「王安豐眼爛爛如巖下電」

【裴令公】裴楷.(237~291). 자는 叔則. 河東 聞喜人. 裴徽의 셋째아들이며 司空 裴秀의 從弟. 용모가 준수하고 깨끗하여 '玉人'이라 불렸음. 河南尹과 中書令을 지냄. 시호는 元.《晉書》(35)에 전이 있음.

【王安豐】王戎. 자는 濬沖(234~305). 王安豐으로도 불림. 王綏의 아버지이며 安豐縣侯를 역임함. 성격이 인색하였으며 禮敎에 얽매이지 않았음. 阮籍, 山濤, 向秀, 阮咸, 嵇康, 劉伶과 더불어 '竹林七賢'으로 불렸음.《晉書》(43)에 전이 있음.

1. 劉孝標 注

『王戎形狀短小, 而目甚清照, 視日不眩.』

729(14-7)

반악潘岳은 용모가 뛰어났고, 기색과 정신도 또한 훌륭하였다. 젊었을 때 그가 탄환을 가지고 낙양洛陽 거리에 나서면 그를 본 부인들은 누구 하나 그의 손을 잡아끌지 않는 이가 없었다.

그러나 좌태충(左太沖, 左思)은 모습이 아주 추하였다. 반악이 겪었던 소문을 듣고 이를 흉내 내어 나섰더니 여러 여인네들이 그를 향해 침을 뱉고 놀려대어 그만 기가 꺾여 되돌아오고 말았다.

潘岳妙有姿容, 好神情; 少時, 挾彈出洛陽道, 婦人遇者, 莫不連手共縈之. 左太沖絶醜, 亦復效岳遊遨; 於是群嫗齊共亂唾之, 委頓而返.

【潘岳】 자는 安仁(247~300). 文學에 뛰어났던 인물.〈悼亡詩〉로 유명함.《文選》 (23·57) 참조.《晉書》(55)에 전이 있음.

【左太沖】 左思. 자는 太沖. 齊國人, 祕書를 지냄. 곧 '洛陽紙貴'의 고사를 낳은 인물. 바로 이 고사의〈三都賦〉를 사람들이 서로 베끼려고 낙양의 종이가

바닥이나 종이 값이 급등하였다 함. 그 외에 〈詠史詩〉 8수가 유명함. 그의 문집은 사라졌으나 뒤에 《左太沖集》이 집일되어 있음. 《晉書》(92)에 전이 있음.

【委頓】委鬱頓挫함. 기가 꺾여 지침.

1. 《潘岳別傳》
岳姿容甚美, 風儀閑暢.

2. 《續文章志》
思貌醜顇, 不持儀飾.

3. 劉孝標 注
『語林曰:「安仁至美, 每行, 老嫗以果擲之. 滿車. 張孟陽至醜, 每行, 小兒以瓦石投之, 亦滿車.」二說不同.』

730(14-8)

왕이보(王夷甫, 王衍)는 생김새가 단정하고 수려하였으며 현담談玄에도 뛰어났었다. 그는 늘 손잡이를 백옥으로 만든 주미麈尾를 가지고 있었는데, 주미와 손이 모두 희어 구분할 수가 없을 정도였다.

王夷甫容貌整麗, 妙於談玄; 恆捉白玉柄麈尾, 與手都無分別.

【王夷甫】王衍(256~311). 자는 夷甫. 王乂의 아들이며 王玄의 父. 죽림칠현의
하나인 王戎의 從弟. 太尉를 지냄.《晉書》(43)에 전이 있음.
【塵尾】육조시대 청담·현학의 선비들이 서로 토론할 때 손에 들고 儀容을
부리던 기구. 사슴꼬리에 상아, 금은, 옥 등으로 장식하였음.

731(14-9)

반안인(潘安仁, 潘岳)과 하후담夏侯湛은 둘 모두 용모가 뛰어났으며, 또한
같이 다니기를 좋아하였다. 당시 사람들은 이들을 '연벽連璧'이라 불렀다.

潘安仁·夏侯湛並有美容, 喜同行, 時人謂之「連璧」.

【潘安仁】潘岳. 자는 安仁(247~300). 文學에 뛰어났던 인물. 〈悼亡詩〉로 유명함.
《文選》(23·57) 참조.《晉書》(55)에 전이 있음.
【夏侯湛】자는 孝若(243~291). 太尉掾을 거쳐 郎中을 지냈으며 太子舍人,
尙書郎, 野王令, 中書侍郎, 南陽相 등을 역임함. 문장에 뛰어나 논저가 30여
편이 있었음. 항상 潘岳과 함께 다녀 본장에서처럼 '連璧'이라는 고사를 남김.
'하후잠'으로도 읽음.《晉書》(55)에 전이 있음.

참고 및 관련 자료

1.《晉書》夏侯湛傳
湛幼有盛才, 文章宏富, 善構新詞, 而美容觀; 與潘岳友善, 每行止同輿接茵,京都謂之蓮璧.

2.《八王故事》

岳與湛箸契, 故好同遊.

732(14-10)

배령공(裴令公, 裴楷)은 준수한 용모와 자태를 지니고 있었다. 그런데 갑자기 병에 걸려 곤핍하게 되자, 진晉 혜제(惠帝, 司馬衷)가 왕이보(王夷甫, 王衍)를 보내어 살펴보게 하였다. 배령공은 마침 벽을 향해 누워 있다가 왕이 보낸 사신이 왔다는 소리를 듣고 억지로 눈을 돌려 맞이하였다. 왕이보는 나와서 사람들에게 이렇게 말하였다.

"두 눈동자가 번쩍번쩍하는 것이 마치 바위 아래 번개가 내리는 것 같고 정신은 꼿꼿하여 생동하나 몸에는 작은 병이 난 것 같다."

裴令公有雋容姿, 一旦有疾至困, 惠帝使王夷甫往看; 裴方向壁臥, 聞王使至, 强回視之.

王出, 語人曰:「雙眸閃閃, 若巖下電; 精神挺動, 體中故小惡」

【裴令公】裴楷(237~291). 자는 叔則. 河東 聞喜人. 裴徽의 셋째아들이며 司空 裴秀의 從弟. 용모가 준수하고 깨끗하여 '玉人'이라 불렸음. 河南尹과 中書令을 지냄. 시호는 元.《晉書》(35)에 전이 있음.

【惠帝】晉의 황제 司馬衷.

【王夷甫】王衍(256~311). 자는 夷甫. 王乂의 아들이며 王玄의 父. 죽림칠현의
하나인 王戎의 從弟. 太尉를 지냄. 《晉書》(43)에 전이 있음.

참고 및 관련 자료

1. 《名士傳》
楷病困, 詔遣黃門郎王夷甫省之, 楷回眸屬夷甫云:「竟未相識?」夷甫還, 亦歎
其神儁.
2. 楊勇 〈校箋〉에는 裴楷가 병이 난 것은 『五石散』을 복용하였기 때문이라 함.
(『勇按: 楷病困, 殆亦因五石散致患.』)

733(14-11)

어떤 사람이 왕융王戎에게 이렇게 말하였다.
"혜연조(嵇延祖, 嵇紹)의 뛰어난 모습은 마치 깨끗한 들 학鶴이 닭무리 속에
있는 것 같다."
그러자 왕융이 이렇게 말하였다.
"그대는 아직 연조延祖의 부친을 보지 못하였군!"

有人語王戎曰:「嵇延祖卓卓如野鶴之在雞群.」
答曰:「君未見其父耳!」

【王戎】자는 濬冲(234~305). 王安豐으로도 불림. 王綏의 아버지이며 安豐縣侯
를 역임함. 성격이 인색하였으며 禮敎에 얽매이지 않았음. 阮籍, 山濤, 向秀,
阮咸, 嵇康, 劉伶과 더불어 '竹林七賢'으로 불렸음.《晉書》(43)에 전이 있음.
【嵇延祖】嵇紹. 자는 延祖(253~304). 嵇康의 아들이며 10세에 고아가 되어
어머니를 극진히 모심. 山濤의 추천으로 秘書丞이 되었으며 王戎과 裴頠의
추천으로 侍中에 오름. 八王의 난에 惠帝와 함께 成都王(司馬穎)에게 맞서
전투를 벌이다가 죽음을 당하였으며, 그 때 임금을 호위하면서 흘린 피를
씻지 말도록 한 고사를 남김. 元帝가 즉위하여 '忠穆'이라는 시호를 내림.
《晉書》(89)에 전이 있음.

참고 및 관련 자료

1.『群鷄一鶴』의 成語 원 출전임.

734(14-12)

　　배령공(裴令公, 裴楷)은 용모와 의태가 얼마나 멋있었던지 모자를 벗고
조악粗惡한 옷을 입고 머리를 풀어헤쳐도 역시 그 아름다움이 줄어들지
않았다. 그래서 사람들은 그를 '옥인玉人'이라 여겼고 그를 한 번 본 사람
들은 이렇게 탄상하였다.
　　"배숙칙(裴叔則, 裴楷)을 보면 마치 옥산을 거닐 때 그 광채가 사람을
비추는 것 같다!"

　　裴令公有儁容儀, 脫冠冕, 麤服, 亂頭皆好; 時人以爲
「玉人」.

見者曰: 「見裴叔則如玉山上行, 光映照人!」

【裴令公】裴楷(237~291). 자는 叔則. 河東 聞喜人. 裴徽의 셋째아들이며 司空 裴秀의 從弟. 용모가 준수하고 깨끗하여 '玉人'이라 불렸음. 河南尹과 中書令을 지냄. 시호는 元.《晉書》(35)에 전이 있음.

참고 및 관련 자료

1.《晉書》裴楷傳
見裴叔則如近玉山, 映照人也.

735(14-13)

유령劉伶은 키가 육 척밖에 안 되고, 모습도 심히 못생겼으며, 정신도 초췌하였다. 그러나 그의 행동은 유유홀홀悠悠忽忽하여, 마치 토목土木 그대로의 수식 없는 모습이었다.

劉伶身長六尺, 貌甚醜顇; 而悠悠忽忽, 土木形骸.

【劉伶】자는 伯倫. 용모가 못생겼다 하며 魏末 司馬氏가 정권을 휘두르자 自然으로 돌아가 老莊을 신봉하여 無爲而治를 주장하면서 음주로 세월을

보냄. 죽림칠현의 하나. 〈酒德頌〉을 남김. 〈任誕〉편 참조. 《晉書》(49)에 전이
있음. 唐 이전에는 '劉靈'으로 표기하였음.

【悠悠忽忽】유원하고 시원함을 표현한 말. 《竹林七賢論》에는 "悠悠蕩蕩"
이라 함.

【土木形骸】흙이나 나무의 본래 모습과 같은 몸. 이를 "유령은 초탈하여
자신의 몸(形骸)을 토목처럼 여긴다"로 풀이하기도 함. (貴州本)

참고 및 관련 자료

1. 《竹林七賢論》

伶處天地間, 悠悠蕩蕩, 無所用心.

2. 《魏國統》梁祚

劉伶字伯倫, 形貌醜陋, 身長六尺; 然肆意放蕩, 悠焉獨暢. 自得一時, 常以宇宙狹.

736(14-14)

표기장군驃騎將軍 왕무자(王武子, 王濟)는 위개衛玠의 외삼촌이었다. 뛰어
나고 시원하며 풍류가 있어 위개를 본 사람이면 이렇게 탄성을 질렀다.

"주옥이 옆에 있으니 내 모습이 너무 때묻은 것으로 느끼도다!"

驃騎王武子, 是衛玠之舅, 雋爽有風姿; 見玠, 輒歎曰:
「珠玉在側, 覺我形穢!」

【驃騎將軍】漢 武帝 때 霍去病에게 내린 軍號로 위진남북조 때도 연용(沿用)하였음.

【王武子】王濟(240?~285?). 자는 武子. 王渾의 아들. 武帝의 딸 常山公主의 남편.《易》과《老莊》에 밝아 裴楷와 이름을 날렸으며 侍中을 역임함. 말에 대해서 잘 알았다고 함. 王愷와 사치와 호기를 다툰 일로도 유명함. 中書郎, 驍騎將軍, 侍中 등을 역임함.《晉書》(42)에 전이 있음.

【衛玠】자는 叔寶(287~313). 어릴 때는 虎라 부름. 衛瓘의 손자이며 衛恒의 아들.《老莊》에 조예가 깊었음. 어려서 王澄, 王玄, 王濟와 함께 이름을 날려 "王家三子, 不如衛家一兒"라 하였음. 中原大亂 때 남으로 피난하여 王敦에게 발탁됨. 太子洗馬를 지냈으며 王承과 더불어 '中興第一名士'로 불림.《晉書》(36)에 전이 있음.

[참고 및 관련 자료]

1.《衛玠別傳》

驃騎王濟, 玠之舅也. 嘗與同遊, 語人曰:「昨日吾與外生共坐, 若明珠之在側, 朗然來照人!」

737(14-15)

어떤 사람이 왕태위(王太尉, 王衍)를 방문하였다가 왕안풍(王安豐, 王戎)과 왕대장군(王大將軍, 王敦) 및 왕승상(王丞相, 王導)이 함께 앉아 있는 것을 보았다. 다른 방으로 가보니 또 왕계윤(王季胤, 王詡)·왕평자(王平子, 王澄)가 있었다. 그는 돌아와서 사람들에게 이렇게 말하였다.

"오늘 방문하러 갔을 때 내 눈으로 본 것은 모두 임랑주옥琳琅珠玉이었다."

有人詣王太尉, 遇安豐·大將軍·丞相在坐; 往別屋見季胤·平子.

還, 語人曰:「今日之行, 觸目見琳琅珠玉」

【王太尉】王衍(256~311). 자는 夷甫. 王乂의 아들이며 王玄의 父. 죽림칠현의 하나인 王戎의 從弟. 太尉를 지냄. 《晉書》(43)에 전이 있음.

【王安豐】王戎. 자는 濬沖(234~305). 王綏의 아버지이며 安豐縣侯를 역임함. 성격이 인색하였으며 禮敎에 얽매이지 않았음. 阮籍, 山濤, 向秀, 阮咸, 嵇康, 劉伶과 더불어 '竹林七賢'으로 불렸음. 《晉書》(43)에 전이 있음.

【王大將軍】王敦(266~324). 자는 處仲. 어릴 때는 阿黑이라 부름. 王含의 아우이며 王導의 종제로 八王之亂 때 공을 세워 散騎常侍, 侍中, 靑州刺史, 鎭東大將軍 등을 지냄. 西晉이 망하자 司馬睿를 옹립하여 황제로 삼음. 뒤에 明帝 때 난을 일으켰다가 軍中에서 죽음. 《晉書》(98)에 전이 있음.

【王丞相】王導(276~339). 자는 茂弘. 어릴 때 자는 阿龍. 王敦의 從弟. 서진이 망하자 王敦과 함께 司馬睿를 황제로 추대하여 東晉을 세움. 그 공으로 丞相이 되었으며 號를 '仲父'라 하였음. 천하의 권세를 잡아 당시 "王與馬, 共天下"라 하였음. 元帝와 明帝, 成帝를 차례로 즉위시켰음. 아울러 남방 세족의 도움으로 강남에서의 동진 정권을 안정시킴. 《晉書》(65)에 전이 있음.

【王季胤】王詡. 자는 季胤. 王衍의 아우.

【王平子】王澄(269~312). 자는 平子. 王衍의 아우. 荊州刺史를 지냄. 뒤에 王敦에게 죽임을 당함. 《晉書》(43)에 전이 있음.

【琳琅】이들이 모두 琅琊 王氏였으므로 重義로 표현한 것이기도 함.

┌─── 참고 및 관련 자료 ───┐

1.《金谷詩敍》石崇
王詡字季胤, 琅邪人.

2.《王氏譜》
詡, 夷甫弟也. 仕至脩武縣令.

왕승상(王丞相, 王導)이 위세마(衛洗馬, 衛玠)를 보고 나서 이렇게 말하였다.
"원래부터 병약하고 파리한 모습이라, 비록 다시 하루 종일 조창調暢한
다고 해도 역시 비단옷을 감당해 낼 몸은 아니로군."

王丞相見衛洗馬, 曰: 「居然有羸形; 雖復終日調暢, 若不
堪羅綺.」

【王丞相】王導(276~339). 자는 茂弘. 어릴 때 자는 阿龍. 王敦의 從弟. 서진이
망하자 王敦과 함께 司馬睿를 황제로 추대하여 東晉을 세움. 그 공으로
丞相이 되었으며 號를 '仲父'라 하였음. 천하의 권세를 잡아 당시 "王與馬,
共天下"라 하였음. 元帝와 明帝, 成帝를 차례로 즉위시킴. 아울러 남방
세족의 도움으로 강남에서의 동진 정권을 안정시킴. 《晉書》(65)에 전이 있음.
【衛洗馬】자는 叔寶(287~313). 어릴 때는 虎라 부름. 衛瓘의 손자이며 衛恒
의 아들. 《老莊》에 조예가 깊었음. 어려서 王澄, 王玄, 王濟와 함께 이름을
날려 "王家三子, 不如衛家一兒"라 하였음. 中原大亂 때 남으로 피난하여 王敦
에게 발탁됨. 太子洗馬를 지냈으며 王承과 더불어 '中興第一名士'로 불림.
《晉書》(36)에 전이 있음.
【調暢】調養하여 튼튼히 함. 楊勇 〈校箋〉에 "調暢, 謂食散調養也"라 함.

참고 및 관련 자료

1. 《衛玠別傳》
玠素抱羸疾.
2. 《西京賦》
始徐進而羸形, 似不勝乎羅綺.

739(14-17)

왕대장군(王大將軍, 王敦)은 태위(太尉, 王衍)를 두고 이렇게 찬미하였다.
"그가 여럿 가운데 처하면 곧 주옥이 기왓돌 사이에 있는 것 같더라."

王大將軍稱太尉:「處衆人之中, 似珠玉在瓦石間」

【王大將軍】王敦(266~324). 자는 處仲. 어릴 때는 阿黑이라 부름. 王舍의
아우이며 王導의 종제로 八王之亂 때 공을 세워 散騎常侍, 侍中, 靑州刺史,
鎭東大將軍 등을 지냄. 西晉이 망하자 司馬睿를 옹립하여 황제로 삼음.
뒤에 明帝 때 난을 일으켰다가 軍中에서 죽음. 《晉書》(98)에 전이 있음.
【王太尉】王衍(256~311). 자는 夷甫. 王乂의 아들이며 王玄의 父. 죽림칠현의
하나인 王戎의 從弟. 太尉를 지냄. 《晉書》(43)에 전이 있음.

740(14-18)

유자숭(庾子嵩, 庾敱)은 키가 칠 척도 되지 않으면서 허리띠는 열 번을
둘러도 될 정도로 길었다. 그의 행동은 제멋대로였고, 더욱 대범한 척하였다.

庾子嵩長不滿七尺, 腰帶十圍, 頹然自放.

【庾子嵩】庾敱(261~311). 자는 子嵩. 王衍의 중시를 받아 吏部郞. 東海王 (司馬越)의 太傅가 되었으며 石勒의 난에 왕연과 함께 피살됨.《晉書》(50)에 전이 있음.

741(14-19)

위개衛玠가 예장豫章으로부터 도읍 건업建業으로 내려오자, 그의 이름을 오랫동안 들어왔던 구경꾼이 담장처럼 둘러쌌다. 위개는 일찍이 병을 앓았기 때문에 피로를 견딜 수가 없었다. 그는 이 일로 끝내 병사하고 말았다. 당시 사람들은 모두 '구경꾼의 시선이 위개를 죽였다'라 하였다.

衛玠從豫章下都, 人久聞其名, 觀者如堵牆. 玠先有羸疾, 體不堪勞, 遂成病而死; 時人謂「看殺衛玠」

【衛玠】자는 叔寶(287~313). 어릴 때는 虎라 부름. 衛瓘의 손자이며 衛恒의 아들.《老莊》에 조예가 깊었음. 어려서 王澄, 王玄, 王濟와 함께 이름을 날려 "王家三子, 不如衛家一兒"라 하였음. 中原大亂 때 남으로 피난하여 王敦에게 발탁됨. 太子洗馬를 지냈으며 王承과 더불어 '中興第一名士'로 불림.《晉書》 (36)에 전이 있음.

1. 《衛玠別傳》

玠在羣伍之中, 實有異人之望. 齠齔時, 乘白羊車於洛陽市上, 咸曰:「誰家璧人?」
於是家門州黨號爲「璧人.」

2. 《晉書》 衛玠傳

以王敦豪爽不羣, 而好居物上, 恐非國之忠臣; 求向建鄴, 京都人士聞其姿容,
觀者如堵, 玠勞疾遂甚. 永嘉六年卒, 時年二十七. 時人謂玠被看殺, 葬於南昌.

3. 劉孝標 注

『案永嘉流人名曰:「玠以永嘉六年五月六日至豫章, 其年六月二十卒.」此則玠之
南度豫章四十五日, 豈暇至下都而亡乎? 且諸書皆云玠亡在豫章, 而不云在下
都也.」』

742(14-20)

주백인(周伯仁, 周顗)은 환무륜(桓茂倫, 桓彝)을 두고 이렇게 품평하였다.
"울퉁불퉁하고 시원하여 남에게 웃음을 살 수도 있는 인물이기도 하다."
혹은 이는 사유여(謝幼輿, 謝鯤)가 한 말이라고도 한다.

周伯仁道桓茂倫:「嶔崎歷落可笑人」
或云謝幼輿言.

【周伯仁】 周顗(269~322). 자는 伯仁. 周俊의 장자로 吏部尙書郎, 荊州刺史를
지냄. 僕射로 임명되자 술에 취해 사흘 만에 깨어나 "三日僕射"란 별명을

들음. 王敦에게 피살되어 "我雖不殺伯仁, 伯仁由我而死"의 고사를 낳음.
《晉書》(69)에 전이 있음.
【桓茂倫】桓彝(276~328)를 가리킴.《晉書》(74)에 전이 있음.
【歷落】楊勇〈校箋〉에 "猶磊落也"라 함. 連綿語.
【謝幼興】謝鯤(280~322). 자는 幼興. 謝衡의 아들이며 謝尙의 아버지. 老莊과
《易》에 밝았으며 豫章太守를 지냄. 東海王(司馬越)에게 발탁되어 掾을 거쳐
參軍을 지냄. 뒤에 다시 王敦에게 발탁되었으며 왕돈이 난을 일으키자 이를
극구 간언하였음.《晉書》(49)에 전이 있음.

743(14-21)

　주후(周侯, 周顗)가 왕장사(王長史, 王濛)의 부친王訥을 두고 이렇게 평하였다.
"모습이 이미 위대하고 멋진 뜻을 가지고 있어, 그 경개가 있는 데다가
스스로 이를 지키며 사용하고 있으니 가히 그 어디에나 허용될 분이다."

周侯說王長史父:「形貌旣偉, 雅懷有槪, 保而用之, 可作諸許物也」

【周侯】周顗(269~322). 자는 伯仁. 周俊의 장자로 吏部尙書郞, 荊州刺史를 지냄.
僕射로 임명되자 술에 취해 사흘 만에 깨어나 "三日僕射"란 별명을 들음.
王敦에게 피살되어 "我雖不殺伯仁, 伯仁由我而死"의 고사를 낳음.《晉書》
(69)에 전이 있음.
【王長史】王濛(309?~347?). 자는 仲祖. 太原 王氏. 王脩, 王蘊, 哀帝王后의
아버지. 司徒左長史를 지냄.《晉書》(93)에 전이 있음.

1.《王氏譜》

訥字文開, 太原人. 祖黙, 尙書. 父佑, 散騎常侍. 訥始過江, 仕至新淦令.

744(14-22)

조사소(祖士少, 祖約)가 위군장(衛君長, 衛永)에게 말하였다.

"이 사람은 큰 깃발에 지휘 막대기를 짚고 있는 대장군 밑에 있을 모습이군!"

祖士少見衛君長云:「此人有旄杖下形!」

【祖士少】祖約(?~330). 組逖의 이복동생. 蘇峻의 반란에 참가하였다가 뒤에 다시 石勒에게 주살당함.《晉書》(100)에 전이 있음.

【衛君長】衛永. 자는 君長. 溫嶠의 長史를 지냈으며 孫統의 처남. 謝安이 그를 理義中人이라 여겨 殷洪遠에 비유하였음.

【旄杖下形】큰 장군의 막료를 뜻하는 것으로 보기도 하고(三民本), 큰 깃발 아래 지휘 막대를 짚고 당당히 서 있는 장수의 형상으로 풀이하기도 함. (貴州本)

석두石頭 사변 후에 조정의 권위가 엎어지게 되었다. 이에 온충무(溫忠武, 溫嶠)와 유문강(庾文康, 庾亮)이 도공(陶公, 陶侃)에게 가서 구원을 요청하였다. 그러나 도공은 이렇게 말하였다.

"숙조(肅祖, 明帝, 司馬紹)의 고명顧命에 내 이름은 언급되지도 않았을 뿐 아니라 소준蘇峻이 난을 일으키게 된 것은 바로 유씨庾氏들에게서 비롯되었소. 그 형제들을 다 죽여 천하에 사과해도 부족할 텐데 도리어 나에게 구원을 청하다니!"

이때 유문강은 온충무의 배에 뒤에 타고 있다가 이 말을 듣자 근심과 두려움에 어찌할 바를 몰랐다. 그 후 어느 날, 온충무는 유문강에게 도공을 직접 만나보도록 권하였다. 유문강은 머뭇거리며 능히 도공을 찾아가지 못하였다. 그러자 온충무는 이렇게 말하였다.

"해구傒狗는 내가 잘 알고 있소. 그대는 다만 가서 만나기만 하면 되오. 틀림없이 아무 걱정거리가 없을 것이오!"

윤문강은 아주 훌륭한 자태를 가지고 있었다. 과연 도공은 유문강을 보자마자 곧 자신의 생각을 바꾸고 날이 저물도록 잔치를 열어 담론을 벌이며 아끼고 위해 주기가 극진하였다.

石頭事故, 朝廷傾覆; 溫忠武與庾文康投陶公求救.

陶公云:「肅祖顧命, 不見及; 且蘇峻作亂, 釁由諸庾, 誅其兄弟, 不足以謝天下!」

于時庾在溫船後, 聞之, 憂怖無計.

別日, 溫勸庾見陶, 庾猶豫未能往.

溫曰:「傒狗我所悉, 卿但見之, 必無憂也!」

庾風姿神貌, 陶一見便改觀; 談宴竟日, 愛重頓至.

【石頭】원래 城 이름. 蘇峻이 난을 일으켜 石頭까지 밀려옴.

【溫忠武】溫嶠. 자는 太眞(288~329). 太原 사람. 永嘉之亂 때 유곤의 심부름으로 남으로 내려가 원제(司馬睿)의 추대에 힘씀. 시호는 忠武.《晉書》(67)에 전이 있음.

【庾文康】庾亮(289~340). 자는 元規. 蘇峻, 祖約의 난을 평정하였으며 명제 때 王導를 이어 中書監이 됨. 征西大將軍, 荊州刺史 등을 지냄. 청담을 좋아하였으며 老莊에 밝았음. 죽은 후 太尉에 추증되었고 시호는 文康.《晉書》(73)에 전이 있음.

【陶公】陶侃(259~334). 자는 士行. 혹은 士衡. 蘇峻의 난을 평정한 공로로 侍中과 太尉 등을 역임하였으며 長沙郡公에 봉해짐. 江夏, 武昌의 太守와 荊州, 廣州, 江州, 湘州의 刺史를 지낼 때 선정을 베풀었음.《晉書》(66)에 전이 있음. 陶淵明의 증조임.

【肅祖】晉 明帝 司馬紹의 廟號. 明帝는 元帝(司馬睿)의 맏아들이며 東晉의 제 2대 황제. 자는 道畿. 재위 3年(323~326). 묘호는 肅宗.《晉書》(6)에 기가 있음.

【顧命】遺言. 여기서는 明帝가 죽을 때 도간에게 후일을 부탁한다는 유언을 하지 않았다는 뜻.

【蘇峻】자는 子高(?~328). 永嘉의 난 때 고향을 지키며 세력을 키워 元帝(司馬睿)에게 발탁됨. 뒤에 王敦의 모반을 평정하여 공을 세웠으며 明帝(司馬紹)가 죽고 庾亮과 王導가 成帝(司馬衍)를 보좌하여 정권을 잡고 자신을 제거하려 한다고 의심을 품고 咸和 2년(327)에 난을 일으켜 建康을 함락, 성제를 石頭城에서 제거하고 자신이 驃騎令軍將軍과 尙書가 될 것을 요구하며 협박하다가 이듬해 陶侃과 溫嶠에 의해 토벌됨.《晉書》(100)에 전이 있음.

【傒狗】溪狗로도 쓰며, 육조시대에 지금의 江西 출신을 낮추어 부르던 비칭. 陶侃은 원래 파양(鄱陽) 출신으로 溫嶠가 陶侃을 낮추어 부른 것.

참고 및 관련 자료

1.《晉陽秋》

蘇峻自姑孰至於石頭, 逼遷天子; 峻以倉屋爲宮, 使人守衛.

2.《靈鬼志》謠徵

明帝末, 有謠歌曰:「側側力, 放馬出山側; 大馬死, 小馬餓.」後峻遷帝於石頭, 御膳不具.

3.《晉紀》徐廣

蕭祖遺詔庾亮, 王導輔幼主, 而進大臣官, 陶侃, 祖約不在其例; 侃, 約疑亮寢遺詔也.

4.《中興書》

初, 庾亮欲徵蘇峻, 卞壺不許, 溫嶠及三吳欲起兵衛帝室; 亮不聽, 下制曰:「妄起兵者誅!」故峻得作亂京邑也.

5. 楊勇〈校箋〉

『傒狗, 宋本作「溪狗」, 非. 今改. 余嘉錫釋傖楚:「吳人目九江, 豫章諸楚人爲傒」今按: 余說是, 南史胡諧之傳:「胡諧之, 豫章南昌人也, 建元二年爲給事中, 驍騎將軍, 上方欲獎以貴族盛姻, 以諧之家人語傒音不正, 乃遣宮內四五人往諧之家教子女二年. 旣居權要, 多所徵求. 就梁州刺史范柏年求佳馬, 柏年患之, 謂使曰:「馬非狗子, 那可得爲應無極之求?」接使人薄, 使人致恨; 歸謂諧之曰:「柏年云:'胡諧之是何傒狗無厭之求!'」諧之切齒致忿.』

746(14-24)

유태위(庾太尉, 庾亮)가 무창武昌에 있을 때였다. 가을 밤 공기가 맑고 경치가 청량하자, 그의 부하 관리 중에 은호殷浩와 왕호지王胡之가 무리를 지어 남쪽 누각에 올라 시를 읊고 있었다.

모두들 흥에 겨워 격조가 높아졌을 때였다. 누각의 계단에 나막신 끄는 소리가 심하게 들리자 모두들 틀림없이 유태위이리라 여겼다.

이윽고 과연 유태위가 좌우 10여 명을 이끌고 걸어오고 있었다. 이에 여러 사람들이 일어서서 자리를 피하려 하자 유태위는 천천히 이렇게 말하였다.

"여러 젊은이들, 그대로 앉아 있으시오. 이 늙은이가 여기에 온 것은 이 늙은이도 흥취가 얕지 않음을 보이려 온 것이오!"

그러고는 곧 호상胡牀에 앉아 여러 사람들과 신나게 시를 읊고 즐기면서 좌중의 즐거움에 휩쓸렸다.

뒤에 왕일소(王逸少, 王羲之)가 무창에 내려와 승상丞相과 더불어 말을 나누다가 그 이야기를 들려주었다. 그러자 승상은 이렇게 말하였다.

"원규(元規, 庾太尉, 庾亮)가 그때는 풍류가 있었으니 그렇게 약간 흐트러진 모습을 보이지 않을 수 없었을 거야."

이에 왕우군(王右軍, 逸少, 王羲之)은 이렇게 말하였다.

"오직 자연에 푹 빠지는 일에 대해서라면 그분만한 이가 없지요."

庾太尉在武昌, 秋夜氣佳景淸, 佐吏殷浩·王胡之之徒登南樓理詠, 音調始遒; 聞函道中有屐聲甚屬, 定是庾公. 俄而, 率左右十許人步來, 諸賢欲起避之.

公徐云:「諸君少住, 老子於此處興復不淺!」

因便據胡牀, 與諸人詠謔, 竟坐甚得任樂.

後王逸少下, 與丞相言及此事; 丞相曰:「元規爾時風範, 不得不小頹」

右軍答曰:「唯丘壑獨存」

【庾太尉】庾亮(289~340). 자는 元規. 蘇峻, 祖約의 난을 평정하였으며 명제 때 王導를 이어 中書監이 됨. 征西大將軍, 荊州刺史 등을 지냄. 청담을 좋아하였으며 老莊에 밝았음. 죽은 후 太尉에 추증되었고 시호는 文康.《晉書》(73)에 전이 있음.

【武昌】地名. 지금의 湖北 武昌市.

【殷浩】殷中軍. 자는 淵源(?~356). 殷羨(洪喬)의 아들이며 弱冠에 이미 이름이
났으며 玄言에 뛰어나 당시 풍류 재자의 숭앙을 받음. 정사에도 뛰어나
사람들은 그를 管仲이나 諸葛孔明에 비유할 정도였음. 建武將軍, 揚州刺史,
記室參軍,·安西將軍,·中軍將軍 등을 역임하였으며 北征에 나섰다가 姚襄
에게 패배하여 서인으로 강등되기도 하였음. '咄咄怪事'의 고사를 남김.
《晉書》(77)에 전이 있음.

【王胡之】자는 脩齡(?~349, 혹 ?~364?). 낭야 王氏로 王廙의 둘째아들이며,
王和之의 아버지. 吳興太守, 侍中, 司州刺史 등을 지냈으며, 石虎(十六國 중의
後趙)가 죽자 西中郞將이 됨.《晉書》王廙傳 참조.

【胡牀】앉는 坐牀. 북쪽 민족의 풍습을 따라 만든 의자나 침상의 일종.

【王逸少】王羲之(303~361, 혹은 309~365, 321~379). 王曠의 조카. 어려서는
訥言하였으나 뒤에 정치와 예술에 큰 업적을 남김. 특히 글씨에 뛰어나
書聖으로 추앙받았음. 右軍將軍을 지냈으며 자는 逸少. 山陰道士와《道德經》
글씨를 거위와 바꾼 고사를 남겼으며 그 외에 작품으로 〈蘭亭集序〉·〈樂
毅論〉·〈黃庭經〉·〈東方朔畫讚〉·〈姨母〉·〈初月〉·〈憂懸〉·〈喪亂〉 등을 남김.
《晉書》(80)에 전이 있음. 王右軍, 王逸少, 王羲之 등으로 불림. 그 아들
王獻之와 함께 글씨에 뛰어나 '二王'이라 함.

【丞相】王丞相. 王導(276~339). 자는 茂弘. 어릴 때 자는 阿龍. 王敦의 從弟.
서진이 망하자 王敦과 함께 司馬睿를 황제로 추대하여 東晉을 세움.
그 공으로 丞相이 되었으며 號를 '仲父'라 하였음. 천하의 권세를 잡아
당시 "王與馬, 共天下"라 하였음. 元帝와 明帝, 成帝를 차례로 즉위시켰음.
아울러 남방 세족의 도움으로 강남에서의 동진 정권을 안정시킴.《晉書》
(65)에 전이 있음.

참고 및 관련 자료

1.《庾亮碑文》孫綽

『公雅好所託, 常在塵垢之外. 雖柔心應世, 蠖屈其迹, 而方寸湛然, 固以玄對山水.』

　왕경예(王敬豫, 王恬)는 아주 잘생긴 얼굴이었다. 아버지 왕공(王公, 王導)에게
물을 일이 있어 아버지 곁으로 가자 아버지는 그의 어깨를 쓰다듬며
이렇게 말하였다.

　"아노阿奴야! 한스럽기는, 생긴 것만큼 재주가 뛰어나지 못한 점이로다!"
　그리고 사람들은 이렇게 말하였다.
　"경예는 일마다 아버지를 닮았다."

王敬豫有美形, 問訊王公; 王公撫其肩曰:「阿奴, 恨才不稱!」
又云:「敬豫事事似王公」

【王敬豫】王導의 둘째아들 王恬. 어릴 때의 자는 仲豫, 혹은 螭虎. 여러 군의
　太守 등을 거쳐 哀帝 때 太保를 지냄. 武를 숭상하고 행동이 거칠어 王導
　에게 중시를 받지 못하였으나 만년에 선비를 좋아하고 기예와 바둑에
　뛰어난 재능을 보였음.《晉書》(65)에 전이 있음.
【王公】王導(276~339). 자는 茂弘. 어릴 때 자는 阿龍. 王敦의 從弟. 서진이
　망하자 王敦과 함께 司馬睿를 황제로 추대하여 東晉을 세움. 그 공으로
　丞相이 되었으며 號를 '仲父'라 하였음. 천하의 권세를 잡아 당시 "王與馬,
　共天下"라 하였음. 元帝와 明帝, 成帝를 차례로 즉위시켰음. 아울러 남방
　세족의 도움으로 강남에서의 동진 정권을 안정시킴.《晉書》(65)에 전이 있음.
【阿奴】위진 시대의 習語로 어린아이를 낮추어 친근하게 부르던 호칭.

[참고 및 관련 자료]

1.《語林》
謝公云:「小時在殿廷, 會見丞相, 便覺淸風來拂人」

748(14-26)

왕우군(王右軍, 王羲之)이 두홍치(杜弘治, 杜乂)를 보고 이렇게 찬미하였다.

"얼굴은 마치 기름 굳은 것 같이 희고 눈은 마치 흑칠黑漆같이 검으니 곧 신선 가운데의 사람이로다!"

당시 인물 중에 어떤 사람이 왕장사(王長史, 王濛)를 찬미하자 채공(蔡公, 蔡謨)은 이렇게 말하였다.

"한스럽게도 그대들은 두홍치를 보지 못하였군!"

王右軍見杜弘治, 歎曰:「面如凝脂, 眼如點漆, 此神仙中人!」

時人有稱王長史形者, 蔡公曰:「恨諸人不見杜弘治耳!」

【王羲之】 자는 逸少(303~361, 혹은 309~365, 321~379). 王尊의 조카. 어려서는 訥言하였으나 뒤에 정치와 예술에 큰 업적을 남김. 특히 글씨에 뛰어나 書聖으로 추앙받았음. 右軍將軍을 지냈으며 자는 逸少. 山陰道士와 《道德經》 글씨를 거위와 바꾼 고사를 남겼으며 그 외에 작품으로 〈蘭亭集序〉·〈樂毅論〉·〈黃庭經〉·〈東方朔畫讚〉·〈姨母〉·〈初月〉·〈憂懸〉·〈喪亂〉 등을 남김. 《晉書》(80)에 전이 있음. 王右軍, 王逸少, 王羲之 등으로 불림. 그 아들 王獻之와 함께 글씨에 뛰어나 '二王'이라 함.

【杜弘治】 두예(杜乂). 杜預의 손자. 용모가 준수하여 강좌에 이름이 났으며 丹楊丞, 公府掾 등을 지냄. 當陽侯에 봉해짐. 일찍 죽음. 《晉書》(93)에 전이 있음.

【王長史】 王濛(309?~347?). 자는 仲祖. 太原 王氏. 王脩, 王蘊, 哀帝王后의 아버지. 司徒左長史를 지냄. 《晉書》(93)에 전이 있음.

【蔡公】 蔡謨(281~356). 자는 道明. 蔡克의 아들. 侍中을 거쳐 康帝 때 侍中司徒에 오름. 시호는 文穆. 《晉書》(77)에 전이 있음. 徐州刺史 등을 지냄.

참고 및 관련 자료

1. 《江左名士傳》
永和中, 劉眞長, 謝仁祖共商略中朝人士. 或曰:「杜弘治淸標令上, 爲後來之美:
又面如凝脂, 眼如點漆, 粗可得方諸衛玠.」
2. 《晉書》杜乂傳
桓彝曰:「衛玠神淸, 杜乂形淸.」

749(14-27)

유윤(劉尹, 劉恢)이 환공(桓公, 桓溫)을 두고 이렇게 말하였다.

"수염은 마치 고슴도치 가죽을 뒤집어 놓은 것 같고 눈썹은 마치 자석
紫石의 날카로운 능각稜角처럼 날카로우니 이는 곧 손중모(孫仲謀, 孫權)나
사마선왕(司馬宣王, 司馬懿)과 같은 부류의 인물이로다!"

劉尹道桓公:「鬚如反猬皮, 眉如紫石稜, 自是孫仲謀·
司馬宣王一流人!」

【劉尹】劉恢. 字는 眞長. 劉宏의 손자로 沛國 相 땅 출신. 明帝(323~326
재위)의 廬陵長公主에게 장가들어 駙馬가 됨. 司從左長史, 侍中, 丹陽尹 등을
지냄. 36세에 죽어 孫綽이 "居官無官官之事, 處事無事事之心"이라 誄文을
지어 명언이라 하였음. 《晉書》(75)에 전이 있음.

【桓公】桓宣武. 桓溫(312~373). 자는 元子. 明帝의 사위. 荊州刺史를 지냈으며, 蜀을 정벌하고 前秦을 쳐부숨. 簡文帝를 세우고 자신이 다시 왕위를 빼앗고자 하였음. 시호는 武侯. 그의 아들 桓玄이 드디어 제위를 찬탈하여 楚나라를 세운 다음 아버지 환온을 宣武皇帝로 추존함.《晉書》(99)에 전이 있음.

【猬皮】고슴도치의 가죽.

【紫石稜】紫石英의 모서리. 稜角. 날카롭고 차가운 빛이 남을 말함.

【孫仲謀】孫權(182~252). 삼국 시대의 吳나라 大帝. 자는 仲謀. 江東에서, 손씨 집안이 이루어놓은 세력을 바탕으로 강동 6군을 점거하고 222년에 吳王으로 책봉받은 다음 229년에 자립하여 帝를 칭하며 국호를 吳라 하였음. 즉시 武昌에서 建業으로 수도를 옮겨 삼국 시대을 열었음. 재위 23년만에 죽어 그 아들 손량이 뒤를 이음.《三國志》(47)에 전이 있음.

孫權《三才圖會》

【司馬宣王】宣帝. 司馬懿(179~251). 자는 仲達. 溫縣人. 司馬師와 司馬昭의 아버지이며 司馬炎(西晉의 첫 황제 晉武帝. 265~290 재위)의 할아버지. 曹操가 승상이 되자 그의 掾이 되었다가 능력을 인정받아 尙書를 거쳐 撫軍에 올라 蜀漢을 막음. 뒤에 大將軍 曹爽과 함께 漢나라 정권을 휘둘렀음. 諡號는 文으로 하였다가 다시 宣文이라 하였으며 魏 元帝(陳留王) 때 宣王으로 부름. 司馬炎이 魏나라를 이어받고 황제가 되어 宣帝라 추존하였음.《晉書》(1)에 紀가 있음.

참고 및 관련 자료

1.《文章志》宋 明帝

溫爲溫嶠所賞, 故名溫.

2.《晉書》桓溫傳

溫豪爽有風槩, 姿貌甚偉, 面有七星. 少與沛國劉惔善. 惔嘗稱之曰:「溫眼如紫石棱, 鬚作蝟毛磔, 孫仲謀·晉宣王之流亞也.

3.《吳志》

孫權字仲謀, 策弟也. 漢使者劉琬語人曰: 「吾觀孫氏兄弟, 雖並有才秀明達, 皆祿祚不終. 唯中弟孝廉, 形貌魁偉, 骨體不恆, 有大貴之表.」

4.《晉陽秋》

宣王天姿傑邁, 有英雄之略.

750(14-28)

왕경륜(王敬倫, 王劭)은 풍모와 자태가 자신의 아버지를 닮았었다.

그가 환공(桓公, 桓溫)의 시중侍中을 제수받아 환공에게 가게 되었다. 왕경륜이 공복公服을 입고 대문을 들어서자 환공이 멀리서 이를 보고 말하였다.

"대노(大奴, 王劭)는 진실로 봉모鳳毛를 가지고 있어."

王敬倫風姿似父, 作侍中, 加授桓公, 公服, 從大門入, 桓公望之曰: 「大奴固自有鳳毛」

【王敬倫】王劭(?~279?). 王導의 다섯째아들. 《晉書》(65)에 전이 있음.
【桓公】桓宣武. 桓溫(312~373). 자는 元子. 明帝의 사위. 荊州刺史를 지냈으며, 蜀을 정벌하고 前秦을 쳐부숨. 簡文帝를 세우고 자신이 다시 왕위를 빼앗고자 하였음. 시호는 武侯. 그의 아들 桓玄이 드디어 제위를 찬탈하여 楚나라를 세운 다음 아버지 환온을 宣武皇帝로 추존함. 《晉書》(99)에 전이 있음.

【作侍中, 加授桓公】이는 《晉書》哀帝紀 興寧 元年(362) 5월의 "加征西大將軍 桓溫侍中, 大司馬, 都督中外諸軍事, 錄尙書事, 假黃鉞"로 보아 "加授桓公作 侍中"이 되어야 할 것으로 봄.(三民本)

【大奴】王劭를 가리킴. 〈雅量篇〉 참조.

【鳳毛】아버지를 닮음. 육조시대 남방 사람들의 習語로 재능이나 학식이 그 아버지와 비슷하여 뛰어남을 칭찬하는 말로 쓰였음.

참고 및 관련 자료

1. 《王劭別傳》

大司馬桓溫稱爲鳳鶵.

2. 《中興書》

劭美姿容, 持儀操也.

3. 《晉書》王劭傳

美姿容, 有風操.

4. 《晉書》王隱

王劭爲丹陽尹, 善禮儀.

751(14-29)

임공(林公, 支道林)이 왕장사(王長史, 王濛)를 두고 이렇게 평하였다.

"옷깃을 여미고 단정히 앉은 한결같은 모습이, 어찌 그리도 헌헌軒軒 하고 맑으며 아름다운고!"

林公道王長史:「斂衿作一來, 何其軒軒韶舉!」

【林公】支道林. 支公. 支遁. 晉나라 때의 道僧. 河內 林慮人으로 속성은 關氏.
25세 때 출가하여 53세 때 洛陽에서 入滅함. 支硏山에 은거하여 支遁,
支道林, 林公 등으로 불림. 梁 慧皎《高僧傳》(4)에 支遁傳이 있음.
【王長史】王濛(309?~347?). 자는 仲祖. 太原 王氏. 王脩, 王蘊, 哀帝王后의
아버지. 司徒左長史를 지냄. 《晉書》(93)에 전이 있음.
【軒軒】軒昻하여 훤출한 모습.
【韶舉】아름답고 고아한, 맑은 모습.

참고 및 관련 자료

1.《語林》
王仲祖有好儀形, 每覽鏡自照, 曰:「王文開那生如馨兒!」時人謂之達也.

752(14-30)

당시 사람들은 왕우군(王右軍, 王羲之)을 이렇게 평하였다.
"그의 서법書法은 마치 떠도는 구름 같고 또한 웅건하기는 놀라 솟구치는
용과 같다."

時人目王右軍:「飄若遊雲, 矯若驚龍.」

【王右軍】王羲之(303~361, 혹은 309~365, 321~379). 王尊의 조카. 어려서는 訥言하였으나 뒤에 정치와 예술에 큰 업적을 남김. 특히 글씨에 뛰어나 書聖으로 추앙받았음. 右軍將軍을 지냈으며 자는 逸少. 山陰道士와 《道德經》 글씨를 거위와 바꾼 고사를 남겼으며 그 외에 작품으로 〈蘭亭集序〉·〈樂毅論〉·〈黃庭經〉·〈東方朔畫讚〉·〈姨母〉·〈初月〉·〈憂懸〉·〈喪亂〉 등을 남김. 《晉書》(80)에 전이 있음. 王右軍, 王逸少, 王羲之 등으로 불림. 그 아들 王獻之와 함께 글씨에 뛰어나 '二王'이라 함. 한편 본 장은 인물평이 아니라 왕희지의 글씨를 두고 품평한 것으로 〈巧藝篇〉에 실려야 한다고 하였음. (劉孝標)

【矯】矯健. 雄建하고 시원함.

참고 및 관련 자료

1. 본 장의 내용은 왕우군(王羲之)의 인물 모습을 품평한 것이 아니라 그의 글씨를 평한 것으로 보임. 따라서 〈巧藝〉편에 들어가야 할 내용이라 여김. (劉孝標 箋. 아래 참조)

2. 劉孝標 注

『按晉書王羲之傳:「尤善隸書, 爲古今所無, 時人論其書勢, 飄若遊雲, 矯若驚龍.」 考羲之生平謹數敕勅, 守禮人也. 其容止端凝, 不飄不矯, 斷然可知. 世說采當時 熟語, 未加甄辨, 誤入容止類矣. 宜從晉書之說, 改入巧藝中.』

753(14-31)

왕장사(王長史, 王濛)가 일찍이 병이 들어 누워 있을 때 친소親疎를 물론 하고 내왕을 끊었다.

그러던 어느 날 임공(林公, 支道林)이 찾아 왔는데, 문을 지키던 자가 급히 들어와 아뢰었다.

"한 분 특이한 인물이 왔기에 아뢰지 않을 수 없습니다."

왕장사는 웃으며 이렇게 말하였다.

"이는 틀림없이 임공일 것이다!"

王長史嘗病, 親疎不通; 林公來, 守門人遽啓之曰:「一異
人在門, 不敢不啓」

王笑曰:「此必林公!」

【王長史】王濛(309?~347?). 자는 仲祖. 太原 王氏. 王脩, 王蘊. 哀帝王后의 아버지. 司徒左長史를 지냄.《晉書》(93)에 전이 있음.

【林公】支道林. 支公. 支遁. 晉나라 때의 道僧. 河內 林慮人으로 속성은 關氏. 25세 때 출가하여 53세 때 洛陽에서 入滅함. 支硏山에 은거하여 支遁, 支道林, 林公 등으로 불림. 梁나라 慧皎의 《高僧傳》(4)에 支遁傳이 있음.

참고 및 관련 자료

1. 劉孝標 注

案語林曰:「諸人嘗要阮光祿共詣林公. 阮曰: '欲聞其言, 惡見其面'」此則林公 之形, 信當醜異.

754(14-32)

어떤 사람이 사인조(謝仁祖, 謝尙)를 두고 그렇게 훌륭하다고 여기지 않는 것이었다. 이에 환대사마(桓大司馬, 桓溫)가 이렇게 말하였다.

"여러분들은 그렇게 마구 남을 평하지 마시라. 사인조가 북쪽 창문 아래에 발을 펴고 앉아 비파를 연주하는 모습은 그야말로 스스로 하늘 나라의 선인 같은 의경意境이 있다오!"

或以方謝仁祖不乃重者.

桓大司馬曰:「諸君莫輕道, 仁祖企脚在北牖下彈琵琶, 故自有天際眞人意!」

【謝仁祖】謝尙(308~357). 자는 仁祖. 謝鯤의 아들이며 王導가 '小安豐'이라 불렀음. 給事黃門侍郎을 거쳐 建武將軍, 鎭西將軍, 歷陽太守, 豫州刺史, 江夏, 義陽 등 都督을 지냄. 穆帝 때 尙書僕射를 지냄. 음악과 기예에 밝았으며 太樂을 처음으로 정리하였던 인물. 《晉書》(79)에 전이 있음.

【桓大司馬】桓宣武. 桓公. 桓溫(312~373). 자는 元子. 明帝의 사위. 荊州刺史를 지냈으며, 蜀을 정벌하고 前秦을 쳐부숨. 簡文帝를 세우고 자신이 다시 왕위를 빼앗고자 하였음. 시호는 武侯. 그의 아들 桓玄이 드디어 제위를 찬탈하여 楚나라를 세운 다음 아버지 환온을 宣武皇帝로 추존함. 《晉書》(99)에 전이 있음.

참고 및 관련 자료

1. 《晉陽秋》
尙善音樂.

2. 劉孝標 注

『裴子曰: 「丞相嘗曰: '堅石挈脚枕琵琶, 有天際想.'」堅石, 尙小名.』

3. 《樂府詩集》 75 樂府廣題

謝尙爲鎭西將軍, 嘗著紫羅襦, 據胡牀, 在市中佛國門樓上彈琵琶, 作大道曲, 市人不知是三公也.

755(14-33)

왕장사(王長史, 王濛)가 중서랑中書郎으로 있을 때, 어느 날 경화(敬和, 王洽)의 거처를 방문하였다. 그때 마침 눈이 쌓여 왕장사는 문 밖에서 수레에서 내려 걸어 상서성尙書省으로 들어갈 수밖에 없었다. 이에 경화가 멀리서 그 모습을 바라보고는 이렇게 찬탄하였다.

"이 사람은 더 이상 속세의 인물 같지 않구나!"

王長史爲中書郎, 往敬和許; 爾時積雪, 長史從門外下車, 步入尙書省. 敬和遙望, 歎曰: 「此不復似世中人!」

【王長史】王濛(309?~347?). 자는 仲祖. 太原 王氏. 王脩, 王蘊, 哀帝王后의 아버지. 司徒左長史를 지냄. 《晉書》(93)에 전이 있음.

【王敬和】王洽. 자는 敬和. 王導의 셋째아들로 吳郡內史를 지냈으며 王敬和, 王車騎 등으로 불림. 일찍 죽음.

간문제(簡文帝, 司馬昱)가 상왕相王이었을 때, 사공(謝公, 謝安)과 함께 환선무 (桓宣武, 桓溫)를 찾아간 적이 있었다. 그런데 왕순王珣이 마침 환선무 집에 와 있었다. 환선무는 왕순에게 이렇게 말하였다.

"그대는 일찍이 상왕이 어떤 인물인지 직접 보고 싶어하였지요. 지금 장막 뒤에 숨어서 볼 기회가 왔소."

이윽고 두 사람이 다녀간 뒤 환선무가 승상에게 물었다.

"그래 어떻습디까?"

이에 왕순은 이렇게 대답하였다.

"상왕은 임금을 보좌하고 계시니 본래 그 모습이 담담하기가 마치 신선군자 같을 수밖에요. 그런데 그대 역시 만인이 우러러보는 명망을 가지셨군요. 그렇지 않다면 복야(僕射, 謝安)가 어찌 그대 앞에서 스스로 그렇게 숙여들 수 있겠습니까?"

簡文作相王時, 與謝公共詣桓宣武; 王珣先在內, 桓語王: 「卿嘗欲見相王, 可住帳裏」

二客旣去, 桓謂王曰:「定何如?」

王曰:「相王作輔, 自然湛若神君, 公亦萬夫之望; 不然, 僕射 何得自沒?」

【簡文帝】東晉의 제8대 황제 司馬昱. 字는 道萬. 中宗의 少子. 元帝 계실 鄭后 소생이며 司馬紹의 배다른 동생. 穆帝가 어려서 撫軍으로 보필, 뒤에 桓溫이 海西公을 폐하고 이를 세워 皇帝에 오름. 재위 2년(371~372).《世說新語》

에서는 흔히 '晉簡文', '簡文', '簡文帝', '簡文皇帝', '相王', '撫軍', '會稽王'등으로 칭함. 《晉書》(9)에 紀가 있음.

【謝公】謝安. 字는 安石(320~385). 謝裒의 아들이며 謝琰(望蔡)의 아버지. 謝奕의 동생. 덕망이 있고 기개가 높아 桓彝, 王濛의 사랑을 받음. 처음에는 벼슬에 뜻을 버리고 王羲之, 支遁 등과 산수를 즐기며 조정의 부름에 응하지 않았으나 40이 넘어 桓溫의 司馬를 거쳐 吳興太守, 侍中, 吏部尚書, 太保錄尙書事 등의 관직을 지냄. 뒤에 다시 太傅에 추증되었으며 시호는 文靖. 《晉書》(79)에 전이 있음.

【桓宣武】桓公. 桓溫(312~373). 자는 元子. 明帝의 사위. 荊州刺史를 지냈으며, 蜀을 정벌하고 前秦을 쳐부숨. 簡文帝를 세우고 자신이 다시 왕위를 빼앗고자 하였음. 시호는 武侯. 그의 아들 桓玄이 드디어 제위를 찬탈하여 楚나라를 세운 다음 아버지 환온을 宣武皇帝로 추존함. 《晉書》(99)에 전이 있음.

【王珣】자는 元琳(349~400). 어릴 때의 자는 法護, 혹은 阿瓜(阿爪). 王洽(敬和)의 아들이며 王導의 손자. 王珉(僧彌)의 형. 安帝 때 尙書令, 散騎常侍 등을 역임함. 東亭侯에 봉해짐. 《晉書》(65)에 전이 있음.

【僕射】謝安을 가리킴.

참고 및 관련 자료

1. 《續晉陽秋》
帝美風姿, 擧止安詳.

757(14-35)

해서(海西, 廢帝, 司馬奕) 재위시절 여러 공公들이 매번 조회할 때마다 회의장이 그래도 어두컴컴하였다. 오직 회계왕(會稽王, 司馬道子)이 들어오면 그에게서 나는 빛이 환하여 마치 아침 노을이 떠오르는 것 같았다.

海西時, 諸公每朝, 朝堂猶暗; 唯會稽王來, 軒軒如朝
霞擧.

【海西】東晉의 제 7대인 廢帝를 가리킴. 이름은 奕. 자는 延齡. 成帝의 아들.
재위 5년 만에 桓溫이 그를 폐위시켜 東海王으로 봉하였다가 簡文帝가 다시
강등하여 海西公으로 봉하였음.
【會稽王】司馬道子를 가리킴. 會稽王에 봉해졌음.

758(14-36)

사거기(謝車騎, 謝玄)가 사공(謝公, 謝安)을 두고 이렇게 평하였다.
"실컷 즐기며 놀 때에는 더 이상 높이 부를 노래가 없을 지경이다. 그러나
다만 조용히 앉아 염비捻鼻하면서 사방을 둘러볼 때는 스스로 깊은 산택
山澤의 자연 속에 처하여 있는 듯한 모습을 가지고 있다."

謝車騎道謝公:「遊肆復無乃高唱, 但恭坐捻鼻顧睞, 便自
有寢處山澤間儀」

【謝車騎】謝玄(343~388). 자는 幼度. 어릴 때의 자는 遏(羯). 謝奕의 아들이며
　　謝靈運의 조부. 謝安의 조카. 徐州刺史로서 謝石, 謝琰 등과 肥水(淝水)
　　에서 苻堅을 대파함. 그로 인해 康樂侯公에 봉해졌으며 죽은 뒤 車騎將軍
　　으로 추증됨. 《晉書》(79)에 전이 있음.
【謝公】謝安. 字는 安石(320~385). 謝衷의 아들이며 謝琰(望蔡)의 아버지.
　　謝奕의 동생. 덕망이 있고 기개가 높아 桓彝, 王濛의 사랑을 받음. 처음에는
　　벼슬에 뜻을 버리고 王羲之, 支遁 등과 산수를 즐기며 조정의 부름에
　　응하지 않았으나 40이 넘어 桓溫의 司馬를 거쳐 吳興太守, 侍中, 吏部尚書,
　　太保錄尚書事 등의 관직을 지냄. 뒤에 다시 太傅에 추증되었으며 시호는
　　文靖. 《晉書》(79)에 전이 있음.
【捻鼻】코를 비틀고 濁聲을 냄. 洛水 아래 어떤 書生의 이야기. 〈雅量篇〉
　　참조.

759(14-37)

사공(謝公, 謝安)이 이렇게 말하였다.
"임공(林公, 支道林)의 두 눈은 검고 검으면서도 그 검은 속에서 빛이 난다."
손흥공(孫興公, 孫綽)이 임공을 보자 그는 이렇게 평하였다.
"늠름한 모습에 그 상랑爽朗함이 있다."

謝公云: 「見林公雙眼, 黯黯明黑」
孫興公見林公: 「稜稜露其爽」

【謝公】謝安. 字는 安石(320~385). 謝裒의 아들이며 謝琰(望蔡)의 아버지.
謝奕의 동생. 덕망이 있고 기개가 높아 桓彝, 王濛의 사랑을 받음. 처음에는
벼슬에 뜻을 버리고 王羲之, 支遁 등과 산수를 즐기며 조정의 부름에
응하지 않았으나 40이 넘어 桓溫의 司馬를 거쳐 吳興太守, 侍中, 吏部尙書,
太保錄尙書事 등의 관직을 지냄. 뒤에 다시 太傅에 추증되었으며 시호는
文靖.《晉書》(79)에 전이 있음.
【林公】支道林. 支公. 支遁. 晉나라 때의 道僧. 河內 林慮人으로 속성은 關氏.
25세 때 출가하여 53세 때 洛陽에서 入滅함. 支硏山에 은거하여 支遁,
支道林, 林公 등으로 불림. 梁나라 慧皎《高僧傳》(4)에 支遁傳이 있음.
【孫興公】손작(孫綽)(314~371). 자는 興公. 孫楚의 손자로 형 孫統과 남으로
내려와 벼슬에 뜻을 버리고 〈遂初賦〉를 씀. 그 외에 〈遊天台山賦〉가 유명
하며 뒤에 庾亮·殷浩·王羲之의 막료를 거쳐 永嘉太守·散騎常侍를 지냄.
桓溫이 수도를 洛陽으로 옮기려 하자 상소하여 반대함. 廷尉卿에 이르렀
으며 長樂侯를 습봉받음.《晉書》(56)에 전이 있음.

760(14-38)

유장인(庾長仁, 庾統)이 여러 동생들을 데리고 오吳 땅으로 가는 길에,
중간에 어떤 여인숙에 멈추어 투숙하게 되었다. 여러 동생이 먼저 올라가
보았더니 방안에는 많은 사람들이 있어 누구 하나 자리를 비켜줄 눈치가
아니었다. 장인長仁이 이렇게 말하였다.
"내가 시험삼아 가보지."

그러고는 곧 지팡이를 짚고 어린아이 하나를 데리고 올라가 막 들어서려
하자, 안에 있던 많은 사람들이 그의 뛰어난 풍채를 보고는 모두 일시에
물러서 숨었다.

庾長仁與諸弟入吳, 欲住亭中宿; 諸弟先上, 見群小滿屋,
都無相避意.
長仁曰:「我試觀之」
乃策杖將一小兒; 始入門, 諸客望其神姿, 一時退匿.

【庾長仁】庾統. 자는 長仁. 어릴 때 자는 赤玉. 太尉 庾懌의 아들이며 庾亮의
조카. 建威將軍, 尋陽太守를 지냄. 29세에 죽음.《晉書》(73)에 전이 있음.

(참고 및 관련 자료)
1. 일설에는 이것이 庾亮의 일이라고도 봄.

761(14-39)

어떤 사람이 왕공王恭의 멋진 모습을 보고 이렇게 말하였다.
"깨끗한 모습이 마치 봄날의 버들 같다."

有人歎王恭形茂者, 云:「濯濯如春月柳」

【王恭】자는 孝伯(?~398). 王蘊의 아들이며 王爽의 형. 王濛의 손자. 安帝의 처남. 太原 王氏. 著作郎・祕書丞・吏部郎 등을 지냄. 뒤에 난을 일으켰다가 피살됨.《晉書》(84)에 전이 있음.

15. 자신自新
총 2장 (762-763)

  '자신自新'이란 스스로 끊임없이 새로움을 추구하여 과거의 잘못을 혁신함을 말한다.《사기史記》효문제본기孝文帝本紀에 "雖復欲改過自新, 其道無有"라는 구절이 있고,《후한서後漢書》광형전匡衡傳에는 "比年大赦, 使百姓得改行自新, 天下幸甚"이라는 말이 있다. 본편에서는 개과천선改過遷善한 내용을 기록하고 있다.

  총 2장이다.

"어찌 약탈을 일삼는가?" 763 참조.

762(15-1)

주처周處란 자는 젊을 때 얼마나 포악하게 굴었던지 향리鄕里 사람들 모두 그를 근심거리로 여겼다. 게다가 그 동네 의흥義興 땅의 물속에는 교룡蛟龍이, 산에는 호랑이가 함께 사람을 괴롭히고 있었다. 당시 의흥 사람들은 이를 '삼횡三橫'이라 불렀다. 그리고 그 중에서도 제일 심한 놈은 주처라 여겼다. 어떤 이가 주처를 달래어 호랑이와 교룡을 잡아보라고 일렀다. 그 뜻은 삼횡三橫 중에 하나만 남기자는 것이었다. 주처는 말대로 호랑이를 잡아죽이고, 물로 들어가 교룡과 결판을 내겠다고 뛰어들었다. 교룡이 싸움으로 부침하기를 사흘, 수십 리를 떠내려갔고 주처도 역시 교룡과 맞붙은 채 사흘 밤낮이 지났다. 이쯤 되자 동네 사람들은 둘 모두 죽었으리라 여기고 경축 잔치까지 벌이게 되었다. 그러나 주처는 끝내 교룡을 죽이고 살아왔다. 그런데 동네 사람들이 자기가 함께 죽었으리라 여겨 경축 잔치까지 하였다는 소리를 듣고는 비로소 자기가 근심거리였음을 알고 개과천선할 뜻을 갖게 되었다. 이리하여 오군吳郡 땅으로 가서 이륙(二陸, 陸機, 陸雲)을 찾아 나섰다. 마침 평원(平原, 陸機)은 없었고, 청하(淸河, 陸雲)만을 만나 사실대로 고하였다.

"스스로 수양하여 고치고자 하나 나이가 이미 많아 끝내 성취가 없을까 여겨집니다."

그러자 육운은 이렇게 일러주었다.

"옛 사람들은, 아침에 도를 들으면 저녁에 죽어도 좋다고 하였소. 하물며 그대처럼 앞날이 창창한 사람에게 있어서야 더욱 잘됐지요. 또한 사람은 마땅히 뜻이 서지 않음을 근심할 일이지 어찌 명성이 드날리지 않음을 근심하리요?"

주처는 드디어 뜻을 고쳐 열심히 한 끝에 마침내 충신효자가 되었다.

周處年少時, 兇彊俠氣, 爲鄕里所患; 又義興水中有蛟, 山中有邅跡虎, 並皆暴犯百姓; 義興人謂爲「三橫」, 而處尤劇.

或說處殺虎斬蛟, 實冀「三橫」唯餘其一. 而處旣刺殺虎, 又入水擊蛟, 蛟或浮或沒, 行數十里, 處與之俱, 經三日三夜, 鄉里皆謂已死, 更相慶; 處竟殺蛟而出. 聞里人相慶, 始知爲人情所患, 有自改意. 乃入吳尋二陸.

平原不在, 正見清河, 具以情告; 幷云:「欲自修改, 而年已蹉跎, 終無所成!」

清河曰:「古人貴朝聞夕死, 況君前途尚可, 且人患志之不立, 亦何憂令名不彰邪?」

處遂自改勵, 終爲忠臣孝子.

【周處】자는 子隱(?~279). 원래 江蘇 宜興人으로 처음 포악하게 굴어 고향에서 쫓겨났으나 뒤에 吳나라가 평정되자 洛陽으로 들어가 新平太守가 되어 변방 戎狄과 羌族 등 이민족을 안정시킴. 그 공로로 廣漢太守를 거쳐 散騎常侍, 御史中丞을 지냈으며 氐人 齊萬年이 모반하자 토벌에 나서 활줄이 끊어지고 화살이 다하도록 싸우다 죽음. 저술로 《黙語》 30편과 《風土記》가 있으며 《吳書》를 찬집하기도 함. 《晉書》(58)에 전이 있음.
【邅跡虎】일부 본에는 '白額虎'로도 되어 있음.
【二陸】陸機와 陸雲. 그러나 周處가 二陸을 찾아갔다는 것은 시간적으로 맞지 않다고 봄.
【朝聞夕死】《論語》里仁篇에 "子曰: 朝聞道, 夕死可矣"라 함.

참고 및 관련 자료

1. 《周處別傳》
處字子隱, 吳興陽羨人. 父魴, 吳鄱陽太守. 處少孤, 不治細行.
2. 《晉陽秋》
處輕果薄行, 州郡所棄.

3. 《孔氏志怪》

義興有邪足虎, 溪渚長橋有蒼蛟, 並大噉人, 合郭西周, 時謂郡中三害. 周卽處也.

4. 《晉陽秋》

處仕晉, 爲御史中丞, 多所彈糺. 氐人齊萬年反, 乃令處距萬年. 伏波孫秀欲表
處母老, 處曰:「忠孝之道, 何當得兩全?」乃進戰. 斬首萬計, 弦絶矢盡, 左右
勸退, 處曰:「此是吾授命之日」遂戰而沒.

763(15-2)

대연戴淵은 젊을 때 유협遊俠으로 떠돌면서 바른 행동이란 하지 않았고,
강江·회淮 일대의 여행자를 공격 약탈하는 짓을 업으로 삼았다. 한 번은
육기陸機가 휴가를 얻어 낙양洛陽으로 되돌아가는 길에 싣고 가던 짐이
꽤 많았다. 대연은 곧 젊은 부하들을 시켜 이를 약탈하도록 명령하고
자신은 강 언덕의 의자에 앉아 지휘하고 있었는데 그 태도가 자못 비범
하였다. 대연은 본래 생김새도 영준하였을 뿐 아니라 비록 약탈 짓을
하지만, 신기가 다른 데가 있었다. 육기는 약탈을 당하면서 배 위의 옥상에
올라 멀리 그를 보고 소리쳤다.

"그대는 재주가 이렇거늘 또한 어찌 약탈을 하는가?"

그러자 대연은 문득 눈물을 흘리며 칼을 내던지고 육기에게 귀의해
왔으며, 하소연하는 언사가 비범하였다. 육기는 그를 중히 여겼고 우정이
익어가자 편지를 써서 그를 추천하기에 이르렀다. 진晉나라가 과강남천
過江南遷한 후에는 벼슬이 정서장군征西將軍에까지 이르렀다.

戴淵少時, 遊俠不治行檢, 常在江·淮間攻掠商旅. 陸機
赴假還洛, 輜重甚盛, 淵使少年掠劫; 淵在岸上, 據胡牀,

指麾左右, 皆得其宜. 淵旣風姿峯穎, 雖處鄙事, 神氣猶異.

機於船屋上遙謂之曰:「卿才如此, 亦復作劫邪?」

淵便泣涕, 投劍歸機, 辭屬非常, 機彌重之; 定交, 作箋薦焉. 過江, 仕至征西將軍.

【戴淵】자는 若思. 元帝 때 征西將軍. 뒤에 兗州·豫州 등 六州刺史를 지냄.

【常在江淮】常이 宋本에는 嘗.《蒙求》에는 常으로 되어 있음.

【胡牀】交牀·繩牀. 걸터앉는 큰 의자.

【陸機】자는 士衡(261~303). 吳郡人. 조부 陸遜과 아버지 陸抗은 모두 吳나라 將相을 지냈으며 西晉이 吳나라를 멸하자 10년 동안 문을 잠그고 공부하여 동생 陸雲과 함께 洛陽으로 들어가 고관과 사귀어 '二十四友'에 그 이름이 오름. 太子洗馬를 거쳐 著作郞, 平原內史를 지냈으며 八王의 난에 成都王 (司馬穎)이 長沙王(司馬乂)을 토벌하는 일에 참여함. 뒤에 河北大都督을 지냈으나 전투에 패하여 孟玖, 盧志 등의 참훼를 입어 동생과 함께 피살됨. 당시 대문장가로 〈文賦〉는 중국문학비평사에 유명한 글로 평가받음.《晉書》(54)에 전이 있음. 〈登樓賦〉등 유명한 작품을 남김.

참고 및 관련 자료

1.《演繁露》

今之交牀, 本自虜來, 始名胡牀. 桓伊下馬據胡牀, 取笛三弄是也. 隋高祖意在忌胡, 器物涉胡言者, 咸令改之, 乃名交牀. 唐穆宗時又名繩牀.

2.《晉書》虞預

機薦淵於趙王倫曰:「蓋聞繁弱登御, 然後高墉之功顯; 孤竹在肆, 然後降神之曲成. 伏見處士戴淵, 砥節立行, 有井渫之潔, 安窮樂志, 無風塵之慕. 誠東南之遺寶, 朝廷之貴璞也! 若得寄跡廟衢, 必能結軌驥騄; 耀質廊廟, 必能垂光瑜瑤. 夫枯岸之民, 果於輸珠; 潤山之客, 列於貢玉. 蓋明暗呈形, 則庸識所甄也」倫卽辟淵.

16. 기선企羨

총 6장 (764-769)

'기선企善'이란 남의 덕행을 부러워하여 그것을 따르기를 바라는
것을 말한다. 양용楊勇 〈교전校箋〉에 "企羨, 謂擧踵仰慕其德望也"라
하였다.

총 6장이다.

"며칠 더 모시고 싶습니다." 767 참조.

764(16-1)

　왕승상(王丞相, 王導)이 사공司空에 배수拜授되자, 환정위(桓廷尉, 桓彝)는 머리를 둘로 땋아 단정히 하고는 갈군葛裙을 입고 지팡이를 짚은 채 길가에 서서 왕승상의 모습을 엿보고는 이렇게 감탄하였다.

　"사람들이 모두 아룡(阿龍, 王導)이 뛰어나다고 말하더니 과연 아룡은 뛰어난 인물이로다!"

　그러고는 자신도 모르게 그 관청의 대문臺門에까지 이르고 말았다.

　王丞相拜司空, 桓廷尉作兩髻, 葛裙·策杖, 路邊窺之; 歎曰: 「人言阿龍超, 阿龍故自超!」

　不覺至臺門.

【王丞相】王導(276~339). 자는 茂弘. 어릴 때 자는 阿龍. 王敦의 從弟. 서진이 망하자 王敦과 함께 司馬睿를 황제로 추대하여 東晉을 세움. 그 공으로 丞相이 되었으며 號를 '仲父'라 하였음. 천하의 권세를 잡아 당시 "王與馬, 共天下"라 하였음. 元帝와 明帝, 成帝를 차례로 즉위시켰음. 아울러 남방 세족의 도움으로 강남에서의 동진 정권을 안정시킴. 《晉書》(65)에 전이 있음.
【司空】三公의 하나.
【桓廷尉】桓彝(276~328). 자는 茂倫. 中書郞, 尙書吏部郞을 지냈고 廷尉를 추증받음. 《晉書》(74)에 전이 있음.
【葛裙】거친 下衣. 갈포로 만든 치마.
【阿龍】王導의 어릴 때 이름.
【臺門】司空署 관청 앞의 문.

왕승상(王丞相, 王導)이 남천南遷한 후, 스스로 일찍이 낙양洛陽에 있을 때 자주 배성공(裴成公, 裴頠)·완천리(阮千里, 阮瞻) 등 여러 명사들과 도를 논하였던 일을 이야기하였다. 그러자 양만羊曼이 이렇게 말하였다.

"사람들은 모두 당시 승상께서 훌륭하셨던 모습을 짐작하고 있습니다. 경께서는 어찌 다시 꺼내시기를 좋아하십니까?"

그러자 왕승상은 이렇게 대답하였다.

"나 역시 그 일을 들추어 자랑하고 싶어서 그렇게 하는 것은 아닐세. 다만 지금 그렇게 하려 해도 할 수 없음이 안타까워서 그럴 뿐일세!"

王丞相過江, 自說昔在洛水邊, 數與裴成公·阮千里諸賢共談道.

羊曼曰:「人久自以此許, 卿何須復爾?」

王曰:「亦不言我須此, 但欲爾時不可得耳!」

【王丞相】王導(276~339). 자는 茂弘. 어릴 때 자는 阿龍. 王敦의 從弟. 서진이 망하자 王敦과 함께 司馬睿를 황제로 추대하여 東晉을 세움. 그 공으로 丞相이 되었으며 號를 '仲父'라 하였음. 천하의 권세를 잡아 당시 "王與馬, 共天下"라 하였음. 元帝와 明帝, 成帝를 차례로 즉위시켰음. 아울러 남방 세족의 도움으로 강남에서의 동진 정권을 안정시킴. 《晉書》(65)에 전이 있음.
【裴成公】裴頠(267~300). 字는 逸民. 裴秀의 막내아들. 老莊과 醫術에 밝았으며 〈崇有論〉을 지어 儒家의 인의도덕을 중시할 것을 주장하였음. 尙書 左僕射, 侍中 등을 지냈으며 賈后의 난에 인척임에도 정도를 지켰음. 趙王 (司馬倫)이 가후에게 빌붙자 이를 탄핵하다가 결국 34세에 司馬倫에게 주살

당함. 惠帝가 反正하여 그를 복권시켰으며 시호를 成이라 함. 《晉書》(35)에
전이 있음.

【阮千理】阮瞻. 자는 千里. 阮咸의 장자이며 완부의 형. 거문고에 능하였음.
司徒掾, 司馬越의 記室參軍을 지냄. 懷帝 때 太子舍人을 지냄. 귀신이란
없다는 뜻을 주장하여 〈無鬼論〉을 지음. 30세에 병으로 죽음. 《晉書》(49)에
전이 있음.

【羊曼】자는 元祖. 羊祜의 조카. 王丞相의 주부와 晉陵太守를 지냄.

766(16-3)

왕우군(王右軍, 王羲之)은, 어떤 사람이 자기의 〈난정집서蘭亭集序〉를 〈금곡
원서金谷園序〉에 비유하고, 다시 자신을 석숭石崇에 필적한다고 하자 대단히
신나게 여기는 얼굴색이었다.

王右軍得人以〈蘭亭集序〉方〈金谷詩序〉, 又以己敵石崇;
甚有欣色.

【王羲之】자는 逸少(303~361, 혹은 309~365, 321~379). 王尊의 조카. 어려서는
訥言하였으나 뒤에 정치와 예술에 큰 업적을 남김. 특히 글씨에 뛰어나
書聖으로 추앙받았음. 右軍將軍을 지냈으며 자는 逸少. 山陰道士와 《道德
經》글씨를 거위와 바꾼 고사를 남겼으며 그 외에 작품으로 〈蘭亭集序〉·
〈樂毅論〉·〈黃庭經〉·〈東方朔畫讚〉·〈姨母〉·〈初月〉·〈憂懸〉·〈喪亂〉 등을 남김.
《晉書》(80)에 전이 있음. 王右軍, 王逸少, 王羲之 등으로 불림. 그 아들

王獻之와 함께 글씨에 뛰어나 '二王'이라 함.

【蘭亭集序】 王羲之와 당시 群賢이 永和 九年 癸丑年에 會稽山 북쪽 蘭亭에서 3월 3일 禊事를 닦으며 놀 때 지은 시문집의 서문으로 쓴 것. 문장뿐 아니라 그의 글씨로도 유명함.

【金谷園序】 石崇이 惠帝 元康 六年에 金谷園에서 연회를 베풀며 시를 짓지 못하는 자에게는 벌주를 주면서 즐겼을 때의 시문집 서문. 李白의 〈春夜宴桃李園序〉 참조.

【石崇】 자는 季倫(249~300). 修武令, 城陽太守 등을 지냈으며 吳나라를 벌한 공으로 安陽鄕侯에

〈蘭亭序〉 臨本

봉해짐. 뒤를 이어 散騎常侍, 侍中, 荊州刺史 등을 역임하였으며, 당시 최고의 부자로 金谷園을 지어 온갖 부와 사치를 누렸던 인물. 특히 羊琇, 王愷 등과 사치를 다툰 일화로도 유명함. 潘岳 등과 賈后, 賈謐을 모함하였으며, 다시 淮南王(司馬允), 齊王(司馬冏)과 결탁하였다가 趙王(司馬倫)에게 참살당함. 《晉書》(33)에 전이 있음.

참고 및 관련 자료

1. 王羲之 〈臨河敍〉(劉孝標 注)

『永和九年, 歲在癸丑, 暮春之初, 會于會稽山陰之蘭亭, 脩禊事也. 羣賢畢至, 少長咸集. 此地有崇山峻嶺, 茂林脩竹; 又有淸流激湍, 映帶左右; 引以爲流觴曲水, 列坐其次. 是日也, 天朗氣淸, 惠風和暢; 娛目騁懷, 信可樂也. 雖無絲竹管弦之盛, 一觴一詠, 亦足以暢敍幽情矣. 故列序時人, 錄其所述; 右將軍司馬太原孫承公等二十六人, 賦詩如左. 前餘姚令會稽謝勝等十五人不能賦詩, 罰酒各三斗.』

2. 楊勇 〈校箋〉

『王右軍蘭亭序, 晉人或謂臨禊序, 梁謂臨河序, 唐人稱蘭亭詩, 或言蘭亭記, 歐陽脩謂脩禊序, 葵君謨謂曲水序, 蘇東坡謂蘭亭文, 黃山谷云禊飮序, 稱名不一; 而通古今雅俗所稱, 俱云蘭亭. 至高宗題曰禊帖, 於是蘭亭始有定名. 水經漸水注: 「浙江又東, 與蘭溪合注, 云湖口有亭, 號曰蘭亭. 亦曰蘭上里. 王羲之, 謝安

兄弟數往造焉. 太守王廙之移亭水中, 何無忌臨郡更起亭于山椒.」寰宇記九六:
「蘭亭, 在山陰縣西南二十七里.」興地志:「山陰郭西有蘭渚, 渚有蘭亭. 王羲之
所謂曲水亭者, 晉右軍會稽內史瑯琊王羲之字逸少所書之詩序也. 右軍蟬聯美冑,
蕭散名賢, 雅好山水, 尤善草隷. 以晉穆帝永和九年暮春三月三日, 嘗游山陰,
與太原孫綽興公, 廣漢王彬之, 幷逸少, 凝, 徽, 操之等四十有一人, 修祓禊
之禮. 揮豪製序, 興樂而書, 用蠶繭紙, 鼠鬚筆, 遒媚勁健, 絶代更無. 凡二十八行,
三百二十四字, 字有重者, 皆搆別體. 就中之字最多, 凡有二十許箇, 辯轉悉異,
遂無同者, 其時乃有神助. 及醒後, 他日更書數百十本, 終無如被禊所書之者.
右軍亦自珍愛, 寶重此書, 留付子孫傳掌, 至七代孫智永. 永卽右軍第五子徽之
之後, 掌其書; 爲蕭翼給而取之.」雲谷雜記:「予嘗得蘭亭石刻一片, 首列羲之
序文, 次則諸人之詩. 自羲之而下, 凡四十有二人, 成兩篇者十一人: 右將軍
王羲之, 瑯琊王友謝安, 司徒左西屬謝萬, 左司馬孫綽, 行參軍徐豐之, 前餘杭
令孫統, 前永興令王彬之, 王凝之, 王肅之, 王徽之, 陳郡袁嶠之, 成一篇者
一十五人: 散騎常侍郗曇, 行參軍王豐之, 徐州西平曹華, 榮陽桓偉, 王元之,
王蘊之, 王渙之, 前中軍參軍孫嗣. 一十六人詩不成, 各罰酒三觥, 侍郎謝瑰,
鎭國大將軍掾下迪, 行參軍事丘旄, 王獻之, 行參軍楊模, 參軍孔熾, 參軍劉密,
山陰令虞谷, 府功曹勞夷, 府主簿后綿, 前長岑令華耆, 府主簿任凝, 前餘杭令
謝勝, 任城呂系, 任城呂本, 彭城曹諲. 諸詩及後序文多不載, 姑記作者姓名於此.
庶覽者知當世一觴一詠之樂云.」

767(16-4)

왕사주(王司州, 王胡之)는 일찍이 유공(庾公, 庾亮)의 기실참군記室參軍이 되어
있었는데, 뒤에 유공은 다시 은호殷浩를 장사長史로 발탁하였다. 그가
막 도착하였을 때 유공은 이에 왕사주를 서울로 보내 승진시키려고 하였
으나 왕사주는 스스로 상서를 올려 계속 머물고 싶다며 이렇게 청하였다.

"저 같은 하관은 덕 많은 분을 모시는 것이 소원입니다. 은호 같은 분을 금방 모시게 되었는데, 오히려 탐하기는 그런 분을 며칠 동안이라도 더 같이 모시고 싶습니다."

王司州先爲庾公記室參軍, 後取殷浩爲長史; 殷始到, 庾公欲遣王使下都; 王自啓求住, 曰: 「下官希見盛德; 淵源始至, 猶貪與少日周旋」

【王司州】王胡之. 자는 脩齡(?~349, 혹 ?~364?). 낭야 王氏로 王廙의 둘째 아들이며 王和之의 아버지. 吳興太守, 侍中, 司州刺史 등을 지냈으며 石虎 (十六國 중의 後趙)가 죽자 西中郞將이 됨. 《晉書》王廙傳 참조.

【庾公】庾亮(289~340). 자는 元規. 蘇峻, 祖約의 난을 평정하였으며 명제 때 王導를 이어 中書監이 됨. 征西大將軍, 荊州刺史 등을 지냄. 청담을 좋아하였으며 老莊에 밝았음. 죽은 후 太尉에 추증되었고 시호는 文康. 《晉書》(73)에 전이 있음.

【殷浩】殷中軍. 殷浩(?~356). 자는 淵源. 殷羨(洪喬)의 아들이며 弱冠에 이미 이름이 났으며 玄言에 뛰어나 당시 풍류 재자의 숭앙을 받음. 정사에도 뛰어나 사람들은 그를 管仲이나 諸葛孔明에 비유할 정도였음. 建武將軍, 揚州刺史, 記室參軍, ·安西將軍, ·中軍將軍 등을 역임하였으며, 北征에 나섰다가 姚襄에게 패배하여 서인으로 강등되기도 하였음. '咄咄怪事'의 고사를 남김. 《晉書》(77)에 전이 있음.

768(16-5)

치가빈(郗嘉賓, 郗超)은 어떤 사람이 자기를 부견符堅에 비유하자 대단히 즐거워하였다.

郗嘉賓得人以己比符堅, 大喜.

【郗嘉賓】郗超. 자는 景興(336~377). 또는 嘉賓으로도 부름. 郗愔의 아들. 桓溫의 參軍을 지냄. 《晉書》(67)에 전이 있음.
【符堅】자는 永固(338~385). 혹은 文玉. 晉나라 때 五胡 중에 제일 강하였던 前秦의 군주. 苻健이 秦을 세우고 아들 苻生에게 물려주자 부견이 부생을 죽이고 자립함. 이어 차례로 前燕과 前凉, 代 등을 취하여 강해지자 晉나라를 공략하여 淝水에서 謝玄 등과 결전을 벌여 대패함. 이에 鮮卑, 羌 등이 이반하여 국세가 약해졌으며 결국 姚萇(羌族)이 그와 태자 苻宏을 살해하고 後秦을 세움. 재위 27년. 《晉書》(113)에 전이 있음.

769(16-6)

맹창孟昶이 미천할 때에 집이 경구京口에 있었다. 자주 왕공王恭이 높은 수레를 타고 새털로 만든 외투를 입고 눈이 흩날릴 때 지나가는 것을 울타리 사이로 구경할 때마다 이렇게 부러워하였다.
"이는 정말 신선 세계의 사람이로다!"

孟昶未達時, 家在京口, 常見王恭乘高輿, 被鶴氅裘;
于時微雪, 昶於籬間窺之, 歎曰:「此眞神仙中人也!」

【孟昶】자는 彦達(?~410). 혹 彦遠. 王恭에게 발탁되어 丹陽尹을 지냄. 桓玄에
반대하였다가 약을 먹고 자살함.《晉書》安帝紀 및〈王恭傳〉참조.〈企羨〉편
참조.
【京口】지명. 지금의 江蘇省 鎭江市.
【王恭】王恭. 자는 孝伯(?~398). 王蘊의 아들이며 王爽의 형. 王濛의 손자.
安帝의 처남. 太原 王氏. 著作郎·祕書丞·吏部郎 등을 지냄. 뒤에 난을
일으켰다가 피살됨.《晉書》(84)에 전이 있음.

참고 및 관련 자료

1.《晉書》安帝紀

昶字彦達, 平昌人. 父馥, 中護軍. 昶矜嚴有志局, 少爲王恭所知. 豫義旗之勳,
遷丹陽尹. 盧循旣下, 昶慮事不濟, 仰藥而死.

17. 상서傷逝

총 19장 (770-788)

'상서傷逝'란 죽음에 대한 애상과 추모를 말한다. 유신庾信의 〈흘두릉씨묘지명紇豆陵氏墓之銘〉에 "孫子荊之傷逝, 怨起秋風"이라는 표현이 있으며, 양용楊勇 〈교전校箋〉에는 "傷逝, 謂對死亡者有所感傷也"라 하였다.

총 19장이다.

"너희 같은 놈들은 살아 있고." 772 참조.

왕중선(王仲宣, 王粲)은 나귀 울음소리를 매우 좋아하였다. 그가 죽어 장례를 치를 때 문제(文帝, 曹丕)가 그 장례에 참석하여 그가 생전에 사귀었던 이들을 돌아보며 이렇게 제의하였다.

"왕중선은 나귀 울음소리를 매우 좋아하였소. 그대들도 각각 나귀 울음을 흉내 내어 그를 보내면 어떻겠소?"

그리하여 참가하였던 객들은 모두 한 번씩 나귀 우는소리를 흉내 내었다.

王仲宣好驢鳴, 旣葬, 文帝臨其喪, 顧語同遊曰:「王好驢鳴, 可各作一聲以送之?」

赴客皆一作驢鳴.

【王仲宣】 王粲(177~217). 자는 仲宣. 어려서 蔡邕의 칭찬을 받아 17세에 司徒辟, 黃門侍郎을 지냈으며 西京에 난이 일자 荊州로 가서 劉表에게 의탁함. 그러나 유표는 왕찬이 못생긴 것을 보고 중히 여기지 않음. 왕찬은 유표의 아들 劉琮을 曹操에게 항복하도록 권하여 이로써 조조에게 발탁되어 丞相掾이 되었으며 關內侯에 봉해짐. 魏나라가 들어서자 왕찬은 나라의 제도와 문물을 제정하였으며, 建安七子 중의 하나가 됨. 王弼의 조부이며 문장에도 뛰어나 60여 편의 글이 있음. 그 중 〈七哀詩〉와 〈登樓賦〉가 가장 유명함. 《三國志》(21)에 전이 있음.

【文帝】 曹丕(187~226). 자는 子桓. 曹操의 둘째아들. 아버지 曹操가 죽고 魏王을 습봉하여 漢나라 丞相이 됨. 延康 元年(220)에 禪讓을 받아 황제가 되었으며 연호를 黃初로 바꾸고 국호를 魏나라로, 洛陽을 도읍으로 정함. 재위 7년에 졸하였으며 시호는 文皇帝. 문장에도 뛰어나 《典論》을 지었으며 그 중 〈論文〉은 문학 이론과 비평에서 유명한 글로 평가받고 있음. 그 외에

〈燕歌行〉은 현존 최초의 7언시로 알려짐.《三國志》(2)에 紀가 있음.《魏志》에
"帝諱丕. 字子桓, 受漢禪"이라 함.

참고 및 관련 자료

1.《魏志》
王粲字仲宣, 山陽高平人. 曾祖襲, 祖父暢, 皆爲漢三公, 粲至長安見蔡邕, 邕奇之,
倒屣迎之, 曰:「此王公孫, 有異才, 吾不及也! 吾家書籍, 盡當與之.」避亂荊州,
依劉表, 以粲貌寢通設, 不甚重之. 太祖以從征吳, 道中卒.

2. 劉孝標 注
『案: 戴叔鸞母好驢鳴, 叔鸞每爲驢鳴, 以說其母. 人之所好, 儻亦同之.』

771(17-2)

왕준충(王濬沖, 王戎)이 상서령尙書令이 되었을 때, 공복公服을 입고 초거
軺車를 타고 황공주점黃公酒店 아래를 지나게 되었다. 그는 뒤따르는 사람
을 보며 이렇게 술회하였다.

"나도 일찍이 혜숙야(嵇叔夜, 嵇康)・완사종(阮嗣宗, 阮籍) 등과 함께 저 술집
에서 마시며 놀았었지. 죽림칠현竹林七賢의 놀이에 그 말좌末座에 불과하지만
말이야. 그러나 혜강이 일찍 죽고 완적도 없는 지금, 문득 나만 세상에
묶이고 얽혀 버렸네. 지금 저 술집이 비록 내 눈앞에 있으나 멀리 느껴
지기가 마치 산하가 가로막고 있는 듯하네!"

王濬沖爲尙書令, 箸公服, 乘軺車, 經黃公酒壚下過, 顧謂
後車客:「吾昔與嵇叔夜·阮嗣宗共酣飮於此壚, 竹林之遊,
亦預其末; 自嵇生天·阮公亡以來, 便爲時所羈紲. 今日視
此雖近, 邈若山河!」

【王濬沖】王戎. 자는 濬沖(234~305). 王安豊으로도 불림. 王綏의 아버지이며
安豊縣侯를 역임함. 성격이 인색하였으며 禮敎에 얽매이지 않았음. 阮籍,
山濤, 向秀, 阮咸, 嵇康, 劉伶과 더불어 '竹林七賢'으로 불렸음.《晉書》(43)에
전이 있음.
【軺車】말 하나가 끄는 작은 수레.《史記》李布傳에 "朱家迺乘軺車之洛陽"
이라 하였으며,〈集解〉에는 徐廣의 말을 인용하여 "馬車也"라 하였고,〈索隱〉
에는 "案謂輕車, 一馬車也"라 함.
【黃公酒壚】黃公은 술집 주인의 성을 딴 것. 酒壚는 술집. 韋昭의《漢書》
주에 "壚, 酒肆也; 以土爲墮, 四邊高似壚也"라 함.
【嵇康】자는 叔夜(223~262). 어릴 때 고아였으며 奇才가 있었음. 老莊에
심취하였으며 시문에 능하였고 '竹林七賢'의 하나임. 뒤에 鍾會의 모함을
입어 司馬昭에게 죽임을 당함. 本姓은 奚氏였으나 뒤에 銍縣 嵇山 곁에 옮겨
살아 성을 嵇氏로 바꾸었다 함.〈廣陵散曲〉,〈琴賦〉,〈養生論〉,〈聲無哀樂論〉,
〈與山巨源絶交書〉 등이 유명함.《晉書》(49)에 전이 있음.
【阮籍】자는 嗣宗.
【竹林七賢】嵇康·阮籍·山濤·尙秀·劉伶·阮咸·王戎 등 七人. 본《世說新語》
〈任誕篇〉을 참조.

中略

參考 및 관련 자료

1.《竹林七賢論》
俗傳若此. 穎川庾爰之嘗以問其伯文康; 文康云:「中朝所不聞, 江左忽有此論,
蓋好事者爲之耳.」

손자형(孫子荊, 孫楚)은 재주가 있어 그에게 추앙을 받는 자가 적었다. 그는 다만 왕무자(王武子, 王濟)만을 존경하였는데 왕무자가 죽자 당시의 명사들 누구 하나 모두 그의 상喪에 조문을 오지 않은 자가 없었다. 자형子荊이 제일 늦게 조문객으로 와서 무자의 죽음에 통곡하니 누구 하나 눈물을 흘리지 않는 객이 없었다. 그는 곡哭을 끝내고 나서 영구靈柩를 향하여 이렇게 말하였다.

"그대는 늘 내가 나귀 울음소리를 흉내 내는 것을 그리도 좋아하였지요. 내 지금 다시 한 번 들려 드리리다."

그리고는 흉내를 내자 정말 나귀 울음 같았다. 이를 본 빈객들은 모두 웃음을 터뜨렸다. 그러자 자형은 머리를 들고 이렇게 비웃었다.

"너희 같은 이들은 살아 있게 하고 왕무자 같은 이는 죽게 하다니 하늘도 너무하지!"

孫子荊以有才, 少所推服, 唯雅敬王武子. 武子喪, 時名士無不至者; 子荊後來, 臨屍慟哭, 賓客莫不垂涕.

哭畢, 向靈牀曰:「卿常好我作驢鳴, 今我爲卿作」

體似聲眞, 賓客皆笑.

孫擧頭曰:「使君輩存, 令此人死!」

【孫子荊】孫楚(?~294). 자는 子荊. 晉初의 인물. 40이 지나 벼슬길에 올라 著作郎, 馮翊太守 등을 역임함.《晉書》(56)에 전이 있음.
【王武子】王濟(240?~285?). 자는 武子. 王渾의 아들.《易》과《老莊》에 밝아 裴楷와 이름을 날렸으며 武帝의 딸 常山公主의 남편. 侍中을 역임함. 말에

대해서 잘 알았다고 함. 王愷와 사치와 호기를 다툰 일로도 유명함. 中書郎,
驍騎將軍, 侍中 등을 역임함.《晉書》(42)에 전이 있음.

참고 및 관련 자료

1.《語林》

王武子葬, 孫子荊哭之甚悲, 賓客莫不垂涕; 旣作驢鳴, 賓客皆笑, 孫聞之曰:
「諸君不死, 而令王武子死乎!」賓客皆怒.

773(17-4)

왕융王戎이 아들 만자(萬子, 王綏)를 잃었다. 산간山簡이 위문을 가서 살펴
보니 왕융은 비통함을 이겨내지 못하고 괴로워하고 있었다. 산간이 이렇게
달랬다.

"품속의, 겨우 웃을 줄 아는 어린 아이에 불과한데 어찌 이토록 슬퍼하오?"

그러자 왕융은 이렇게 설명하였다.

"성인은 그 감정을 잊고 살고, 가장 낮은 인간은 감정이 무엇인지도
모르고 살지요. 감정이 이렇게 모이는 것은 바로 나 같은 무리에게 있는
것이라오!"

산간은 그의 말에 감복하여 더욱 그를 위해 가슴 아파하였다.

王戎喪兒萬子, 山簡往省之, 王悲不自勝.
簡曰:「孩抱中物, 何至於此?」

王曰:「聖人忘情, 最下不及情; 情之所鍾, 正在我輩!」
簡服其言, 更爲之慟.

【王戎】 자는 濬沖(234~305). 王安豐으로도 불림. 王綏의 아버지이며 安豐
縣侯를 역임함. 성격이 인색하였으며 禮敎에 얽매이지 않았음. 阮籍, 山濤, 向秀,
阮咸, 嵇康, 劉伶과 더불어 '竹林七賢'으로 불렸음. 《晉書》(43)에 전이 있음.
【萬子】 王戎의 아들. 왕수(王綏). 19살에 죽어 "孩抱中物"의 표현과는 거리가
있으나 아직 서로 깊은 정이 들지 않은 상태임을 강조한 것.
【山簡】 자는 季倫(253~312). 山濤의 아들. 太子舍人, 太子庶人, 侍中, 吏部
尙書, 靑州, 荊州, 雍州 등의 刺史를 지냈으며 천하에 대란이 일어나자 술에
빠져 정사를 돌보지 않다가 劉聰, 嚴嶷에게 패배를 당함. 죽은 뒤 征南
大將軍, 儀同三司에 추증됨. 《晉書》(43)에 전이 있음.
【孩抱中物】 부모 품에 안겨 겨우 웃을 줄 아는 어린 아기를 뜻함. 여기서는
나이가 어려 아직 부모에 대한 정이 무엇인지 모르는 관계였음을 뜻함.
따라서 정을 떼기가 쉬운 관계라는 의미를 내포하고 있음.

참고 및 관련 자료

1. 《晉書》 王隱
戎子綏, 欲取裴盾女; 綏旣早亡, 戎過傷痛, 不許人求之, 遂至老無敢取者.
2. 일설에 이 사건은 王夷甫(王衍)가 아들을 잃자 山簡이 위문을 갔을 때의
일이라 함. 劉氏 주에 『一說是王夷甫喪子, 山簡弔之』라 하였고, 楊勇 〈校箋〉
에도 『晉書王衍傳:「衍嘗喪幼子, 山簡往弔之, 衍悲不自勝. 簡曰: '孫抱中物,
何至於此?'」案晉書王戎傳, 綏亡, 年已十九, 不得云孩抱中物, 尤知非戎子』라 함.

774(17-5)

어떤 이가 화장여(和長興, 和嶠)의 죽음에 곡하며 이렇게 말하였다.
"높은 덕을 지닌 화장여의 죽음은 마치 천길 노송이 쓰러진 것 같다."

有人哭和長興曰:「峨峨若千丈松崩」

【和長興】 和嶠. 자는 長興. 太子少傅, 中書令, 散騎常侍, 光祿大夫 등을 지냄.
성품이 인색하고 돈에 대하여 집착을 가졌다 함. 무제 때 中書令을 지냈고
惠帝 때 太子太傅를 지냄. 《晉書》(45)에 전이 있음.

775(17-6)

위세마(衛洗馬, 衛玠)가 영가永嘉 6년에 죽자 사곤謝鯤이 통곡을 하였는데,
지나가는 사람들까지 감동시켰다. 함화咸和 중에 승상 왕공(王公, 王導)이
모두에게 이렇게 명하였다.
"위세마의 무덤을 개장해야겠다. 그는 풍류 명사로서 해내海內 사람들이
모두 우러러보는 분이었으니, 간단한 제품祭品을 준비해서라도 옛 친구들이
뜻을 표하게 해주어야겠다."

衛洗馬以永嘉六年喪, 謝鯤哭之, 感動路人.

咸和中, 丞相王公敎曰:「衛洗馬當改葬. 此君風流名士,
海內所瞻, 可脩薄祭, 以敦舊好.」

【衛洗馬】衛玠(287~313). 자는 叔寶. 어릴 때는 虎라 부름. 衛瓘의 손자이며
衛恒의 아들. 《老莊》에 조예가 깊었음. 어려서 王澄, 王玄, 王濟와 함께
이름을 날려 "王家三子, 不如衛家一兒"라 하였음. 中原大亂 때 남으로 피난
하여 王敦에게 발탁됨. 太子洗馬를 지냈으며 王承과 더불어 '中興第一名士'로
불림. 《晉書》(36)에 전이 있음.

【永嘉 6年】永嘉는 西晉 懷帝의 年號(307~312년). 6年은 312년.

【謝鯤】자는 幼輿(280~322). 謝衡의 아들이며 謝尙의 아버지. 老莊과 《易》에
밝았으며 豫章太守를 지냄. 東海王(司馬越)에게 발탁되어 掾을 거쳐 參軍을
지냄. 뒤에 다시 王敦에게 발탁되었으며, 왕돈이 난을 일으키자 이를 극구
간언하였음. 《晉書》(49)에 전이 있음.

【咸和】東晉 成帝의 연호(326~334).

참고 및 관련 자료

1. 《永嘉流人名》
玠以六年六月二十日亡, 葬南昌城許徵墓東. 玠之薨, 謝幼輿發哀於武昌, 感慟
不自勝. 人問:「子何恤而致哀如是?」答曰:「棟梁折矣, 何得不哀?」

2. 《衛玠別傳》
玠咸和中改遷於江寧, 丞相王公敎曰:「洗馬明當改葬. 此君風流名士, 海內民望,
可脩三牲之祭, 以敦舊好.」

776(17-7)

고언선(顧彦先, 顧榮)은 살았을 때 거문고를 매우 좋아하였다. 그가 죽자 가족들은 그의 거문고를 영구 위에 올려놓았다. 장계응(張季鷹, 張翰)이 가서 문상을 하며 울다가 슬픔을 이길 수 없어 영구 위로 올라가서 거문고를 탔다. 서너 곡을 연주하고 거문고를 쓰다듬으면서 이렇게 말하였다.

"고언선이여, 자못 이 거문고 소리를 다시 들을 수 있는고 없는고?"

그리고는 또 통곡을 하였다. 끝내 그는 그 효자(아들)와 손잡는 것도 잊고 돌아갔다.

顧彦先平生好琴, 及喪, 家人常以琴置靈牀上. 張季鷹往哭之, 不勝其慟, 遂徑上牀, 鼓琴, 作數曲竟, 撫琴曰:
「顧彦先, 頗復賞此不?」

因又大慟, 遂不執孝子手而出.

【顧彦先】顧榮. 字는 彦先. 三國시대부터 晉나라 때 인물. 吳郡 사람. 吳나라가 평정되자 陸機, 陸雲 형제와 낙양으로 들어가 흔히 '三俊'이라 불렸음. 뒤에 다시 남으로 내려와 남쪽 인재를 적극 추천한 것으로도 유명함.《晉書》(68)에 전이 있음.

【張季鷹】張翰. 자는 季鷹. 吳郡人. 재주가 있고 문장에 능하였으며 당시 '江東步兵'이라 불렸음. 齊王(司馬冏)의 大司馬東曹掾을 지내다가 장차 큰 변고가 있을 것을 예견하고 고향으로 돌아가기를 결심하여 '吳江鱸魚'의 고사를 낳은 인물.《晉書》(92)에 전이 있음. 〈식감편〉 참조.

1. 劉孝標 箋

『按弔喪臨去, 與孝子把握爲禮, 在古無徵; 此自當時習俗, 謹於此及下文王東亭哭謝公條見之.』

777(17-8)

유량庾亮의 아들 유회庾會가 소준蘇峻의 반란 때 살해되었다. 제갈도명(諸葛道明, 諸葛恢)의 딸은 유량의 며느리였다. 이렇게 과부가 된 그가 다른 사람에게 개가改嫁하려 하자 아버지 제갈도명이 유량에게 편지를 써 보내며 이 일을 언급하였다. 그러자 유량은 이렇게 답신을 보냈다.

"당신의 딸은 아직 젊어 마땅히 개가를 시켜야지요. 그러나 죽은 아들놈 생각을 하면 마치 이제 막 죽은 듯 느껴지오."

庾亮兒遭蘇峻難遇害, 諸葛道明女爲庾兒婦; 旣寡, 將改適; 與亮書及之.

亮答曰:「賢女尙少, 故其宜也; 感念亡兒, 若在初沒」

【庾亮】 자는 元規(289~340)蘇峻, 祖約의 난을 평정하였으며 명제 때 王導를 이어 中書監이 됨. 征西大將軍, 荊州刺史 등을 지냄. 청담을 좋아하였으며 老莊에 밝았음. 죽은 후 太尉에 추증되었고 시호는 文康. 《晉書》(73)에 전이 있음.

【庾會】 어릴 때에는 阿恭이라 불렀음.

【蘇峻】 자는 子高(?~328). 永嘉의 난 때 고향을 지키며 세력을 키워 元帝
(司馬睿)에게 발탁됨. 뒤에 王敦의 모반을 평정하여 공을 세웠음. 明帝(司馬紹)
가 죽고 庾亮과 王導가 成帝(司馬衍)를 보좌하여 정권을 잡고 자신을 제거
하려 한다고 의심을 품고 咸和 2년(327)에 난을 일으켜 建康을 함락, 성제를
石頭城에서 제거하고 자신이 驃騎令軍將軍과 尙書가 될 것을 요구하며 협박
하다가 이듬해 陶侃과 溫嶠에 의해 토벌됨.《晉書》(100)에 전이 있음.

【諸葛道明】 諸葛恢. 자는 道明. 諸葛誕의 손자이며 諸葛靚의 아들. 王導와
庾亮에 버금가는 명성을 누림. 元帝가 安東大將軍일 때 主簿가 되었으며
다시 江寧令을 지냄. 博陵亭侯에 봉해졌으며 愍帝 때 會稽太守를 거쳐 侍中,
金紫光祿大夫가 됨.《晉書》(77)에 전이 있음.

【女】 諸葛道明의 딸.

참고 및 관련 자료

1.《庾氏譜》
庾亮子會, 娶恢子, 名文彪.

778(17-9)

유문강(庾文康, 庾亮)이 죽자 하양주(何揚州, 何充)가 장례에 와서 이렇게
말하였다.

"옥수玉樹를 이곳 흙 속에 묻었으니 사람으로 하여금 정을 어찌 이렇게
끊을 수 있게 한단 말인가!"

庾文康亡, 何揚州臨葬云:「埋玉樹箸土中, 使人情何能已已!」

【庾文康】庾亮(289~340). 자는 元規. 蘇峻, 祖約의 난을 평정하였으며 명제 때
王導를 이어 中書監이 됨. 征西大將軍, 荊州刺史 등을 지냄. 청담을 좋아하였
으며 老莊에 밝았음. 죽은 후 太尉에 추증되었고 시호는 文康.《晉書》(73)에
전이 있음.

【何揚州】何充(292~340). 자는 次道. 王敦의 主簿를 거쳐 驃騎將軍이 됨.
會稽內史, 侍中, 驃騎將軍, 揚州刺史를 거쳐 司空을 추증받음. 佛寺 증수에
많은 돈을 썼다 함.《晉書》(77)에 전이 있음.

참고 및 관련 자료

1.《搜神記》干寶
初, 庾亮病, 術士戴洋曰:「昔蘇峻事, 公於白石祠中, 許賽車下牛, 從來未解;
爲此鬼所考, 不可救也.」明年, 亮果亡.

2.《靈鬼志》謠徵
文康初鎮武昌, 出石頭, 百姓看者於岸, 歌曰:「庾公上武昌, 翩翩如飛鳥; 庾公
還揚州, 白馬牽旒旐.」又曰:「庾公初上時, 翩翩如飛鴉; 庾公還揚州, 白馬牽
旒車.」後連徵不入, 尋薨, 下都葬焉.

779(17-10)

　왕장사(王長史, 王濛)가 중한 병이 들어 등불 아래 누운 채 주미塵尾를
돌리며 물끄러미 보다가 이렇게 탄식하였다.
　"나 같은 사람도 마흔 살기가 어렵구나!"

죽음에 이르러 유윤(劉尹, 劉惔)이 빈소를 찾아와 물소 뼈로 손잡이를
만든 주미를 영구 속에 놓아주며 애통히 여겨 절도하였다.

王長史病篤, 寢臥燈下, 轉塵尾視之, 歎曰:「如此人, 曾不
得四十!」
及亡, 劉尹臨殯, 以犀柄塵尾箸柩中, 因慟絶.

【王長史】王濛(309?~347?). 자는 仲祖. 太原 王氏. 王脩, 王蘊, 哀帝王后의
아버지. 司徒左長史를 지냄. 《晉書》(93)에 전이 있음.
【塵尾】사슴 꼬리로 만든 일종의 지휘봉. 당시 玄談을 나눌 때 흔히 사용
하는 고사의 완유물. (前出)
【劉尹】劉惔. 字는 眞長. 劉宏의 손자로 沛國 相 땅 출신. 明帝(323~326
재위)의 廬陵長公主에게 장가들어 駙馬가 됨. 司從左長史, 侍中, 丹陽尹 등을
지냄. 36세에 죽어 孫綽이 "居官無官官之事, 處事無事事之心"이라 誄文을
지어 명언이라 하였음. 《晉書》(75)에 전이 있음.

> 참고 및 관련 자료

1. 《王濛別傳》
濛以永和初卒, 年三十九. 沛國劉惔與濛至交, 及卒, 惔深悼之; 雖友于之愛,
不能過也.

780(17-11)

지도림(支道林, 支遁)이 법건法虔을 잃은 후 정신이 실성해졌고 풍미風味도 옛날만 못하였다. 그리고 늘 사람들에게 이렇게 말하는 것이었다.

"옛날 장석匠石은 영郢 사람을 위해 칼을 버렸고, 백아伯牙는 자기子期로 인해 거문고 줄을 끊었다. 지금 내 경우를 자기를 미루어 다른 사람의 심정을 헤아려 보니 정말 거짓이 아니로다. 지기知己가 죽어 현언을 한다 해도 알아줄 자가 없으니 나도 곧 죽을 것 같다!"

그 후 일 년 만에 지도림도 결국 죽고 말았다.

支道林喪法虔之後, 精神實喪, 風味轉墜.

常謂人曰:「昔匠石廢斤於郢人, 牙生輟弦於鍾子; 推己外求, 良不虛也! 冥契旣逝, 發言莫賞, 中心蘊結, 余其亡矣!」

卻後一年, 支遂殞.

【支道林】林公. 支公. 支遁. 晉나라 때의 道僧. 河內 林慮人으로 속성은 關氏. 25세 때 출가하여 53세 때 洛陽에서 入滅함. 支硏山에 은거하여 支遁. 支道林. 林公 등으로 불림. 梁 慧皎《高僧傳》(4)에 支遁傳이 있음.
【法虔】支道林의 친구.
【匠石】《莊子》徐无鬼篇에 실려 있는 고사. 참고란을 볼 것.
【伯牙絕弦】《呂氏春秋》本末篇 및《列子》湯問篇·《荀子》勸學篇·《淮南子》說山訓·《說苑》尊賢篇·《韓詩外傳》등에 널리 실려 있는 고사. 伯牙는 거문고를 잘 탔고, 그가 타는 거문고 소리를 鍾子期가 듣고 모두 알아 내었다. 종자기가 죽자 伯牙는 知音을 잃은 데 대해 슬퍼하여 거문고 줄을 끊고 죽을 때까지 다시는 거문고를 타지 않았다.《韓詩外傳》참조.
【冥契】'黙契'와 같음. 말이 없어도 서로 그 뜻을 아는 知己.

1.《支遁傳》

法虔, 道林同學也. 雋朗有理義, 遁甚重之.

2.《莊子》徐无鬼篇

莊子送葬, 過惠子之墓, 顧謂從者曰: 郢人堊漫其鼻端若蠅翼, 使匠石運斤斲之, 匠石運斤成風, 聽而斲之, 盡堊而鼻不傷, 郢人立不失容, 宋元君聞之, 召匠石曰: 「嘗試, 爲寡人爲之」匠石曰: 「臣則嘗能, 斲之雖然臣之質死久矣」自夫子之死也, 吾無以爲質矣, 吾無與言之矣.

3.《韓詩外傳》

伯牙鼓琴, 鍾子期聽之, 方鼓琴, 志在太山; 子期曰: 「善哉乎, 鼓琴! 巍巍乎, 若太山!」莫景之間, 志在流水; 子期曰: 「善哉乎, 鼓琴! 洋洋乎, 若流水!」鍾子期死, 伯牙擗琴絶絃, 終身不復鼓之. 以爲在者, 無足爲之鼓琴也.

781(17-12)

치가빈(郗嘉賓, 郗超)이 죽자 좌우 사람들이 이를 치공(郗公, 郗愔)에게 알렸다.

"치랑(郗郎)이 죽었습니다."

그러자 치음은 이를 듣고 아무 슬픔도 표하지 아니한 채 좌우에게 이렇게 일렀다.

"염빈(斂殯)할 때 알려 달라."

그러고는 치음은 직접 염빈에 임하여 일단 통곡을 시작하자 거의 숨이 끊어질 지경까지 이르렀다.

郗嘉賓喪, 左右白郗公「郎喪」

旣聞, 不悲, 因語左右:「殯時可道」

公往臨殯, 一慟幾絕.

【郗嘉賓】郗超. 자는 景興(336~377). 혹은 嘉賓.《晉書》(67)에 전이 있음.
郗愔의 장자. 아버지보다 일찍 죽음.

【郗公】郗愔(313~384). 자는 方回. 太宰 郗鑒의 아들이며 郗超의 아버지.
黃門侍郎과 臨海太守 등을 지냈으며 王羲之, 許詢과 함께 이름을 날렸음.
한때 병으로 은거하여 글씨에 정진, 隷書에 능했으며 道經 백 권을 베낌.
뒤에 다시 출사하여 會稽內史를 지내고 司空에 초빙되었으나 사양함. 侍中과
司空에 추증됨.《晉書》(67)에 전이 있음.

참고 및 관련 자료

1.《中興書》

超年四十二, 先愔卒. 超所交友, 皆一時俊乂, 及死之日, 貴賤爲誄四十餘人.

2.《續晉陽秋》

超黨戴桓氏, 爲其謀主, 以父愔忠於王室. 不令知之. 將亡, 出一小箱書付門生,
云:「本欲焚此, 恐官年尊, 必以傷愍爲斃; 我亡後, 躍大損眠食, 則呈此箱.
愔後果慟悼成疾, 門生乃如超旨呈之, 則悉與桓溫往反密計. 愔見, 卽大怒曰:
「小子死恨晚!」後不復哭.

　대공(戴公, 戴逵)이 임법사(林法師, 支遁)의 묘를 보고 이렇게 기원하였다.
"그의 덕망이 아직 널리 퍼지지 않았는데, 묘 옆의 나무는 이미 한아름
이나 자랐구나. 다만 원하기는 그의 정신이 면면히 이어져서 어떤 기운에도
사라짐이 없기를!"

　　戴公見林法師墓, 曰:「德音未遠, 而拱木已積; 冀神理
緜緜, 不與氣運俱盡耳!」

【戴公】戴逵(326~396). 자는 安道. 거문고 연주에 뛰어났으며 회화에도 뛰어나
　佛畫와 불상 조각을 많이 남김. 불교를 신봉했으나 인과설을 의심하여
　〈釋疑論〉을 지었음. 영리를 추구하지 않고 기절을 중시하여 國子博士에
　초빙되었으나 나가지 않음. 《晉書》(94)에 전이 있음.
【林法師】林公. 支道林. 支公. 支遁. 晉나라 때의 道僧. 河內 林慮人으로
　속성은 關氏. 25세 때 출가하여 53세 때 洛陽에서 入滅함. 支硏山에 은거
　하여 支遁, 支道林, 林公 등으로 불림. 梁나라 慧皎《高僧傳》(4)에 支遁傳이
　있음.

참고 및 관련 자료

1. 《支遁傳》
遁太和元年終于剡之石城山, 因葬焉.
2. 劉孝標 注
『王珣法師墓下詩序曰:「余以寧康二年, 命駕之剡石城山, 卽法師之丘也 高墳
鬱爲荒楚, 丘隴化爲宿莽, 遺迹未滅, 而其人已遠 感想平昔, 觸物悽懷!」其爲
時賢所惜如此.』

783(17-14)

왕자경(王子敬, 王獻之)은 양수羊綏와 친한 사이였다. 양수는 청순淸淳하고 간귀簡貴한 성품이었으며, 중서랑中書郎의 지위까지 올랐으나 젊은 나이에 죽고 말았다. 왕자경은 이를 심히 애통해하여 애도하면서 왕동정(王東亭, 王珣)에게 이렇게 말하였다.

"양수는 나라 전체가 애석히 여겨 애도할 만한 인물이외다!"

王子敬與羊綏善, 綏淸淳簡貴, 爲中書郎, 少亡; 王深相痛悼, 語東亭云:「是國家可惜人!」

【王子敬】 王獻之(344~388). 자는 子敬. 王羲之의 아들이며 安帝皇后의 아버지. 첫 부인 郗曇의 딸을 버리고 다시 簡文帝의 딸 新安公主를 아내로 맞음. 아버지 왕희지와 함께 글씨에 뛰어나 '二王'이라 불림. 지금 전하는 그의 작품은 〈洛神賦十三行〉(眞書)·〈鴨頭丸帖〉(行書)·〈十二月帖〉(草書) 등이 있음. 《晉書》(80)에 전이 있음.

【羊綏】 자는 仲彦. 太學博士·中書侍郎을 지냈으나 일찍 죽음.

【王東亭】 王珣(349~400). 자는 元琳. 어릴 때의 자는 法護, 혹은 阿瓜(阿爪). 王洽(敬和)의 아들이며 王導의 손자. 王珉(僧彌)의 형. 安帝 때 尙書令, 散騎常侍 등을 역임함. 東亭侯에 봉해짐. 《晉書》(65)에 전이 있음.

784(17-15)

왕동정(王東亭, 王珣)은 사공(謝公, 謝安)과는 사이가 아주 좋지 않았다. 그런데 왕동정은 동쪽 멀리 있다가 사공이 죽었다는 소식을 듣고 곧바로 그 도성을 나서서 왕자경(王子敬, 王獻之)을 찾아가서 속을 털어놓았다.

"내 사공에게 가서 애도를 표할 작정이오!"

왕자경은 마침 누워 있다가 이 말을 듣자 놀라서 벌떡 일어났다.

"내가 그대 법호(法護, 王珣)에게 바라던 일이오!"

왕동정은 이에 사공의 빈소를 찾아가 곡을 하였다. 그러자 사공의 독수督帥인 조약刁約이 그를 제지하며 앞으로 나서서 이렇게 말하였다.

"사공께서 관직에 계실 때 평소에 이런 객은 보지 않으셨습니다."

그러나 왕동정 역시 그와는 말상대도 하지 않고 곧바로 앞으로 내달아 곡을 하였으며, 심히 애통해하였다. 그러고는 사공의 아들 말비(末婢, 謝琰)의 손도 잡아 주지 않은 채 그 자리를 떠나 버렸다.

王東亭與謝公交惡, 王在東聞謝喪, 便出都詣子敬, 道:
「欲哭謝公」

子敬始臥, 聞其言, 便驚起曰:「所望於法護!」

王於是往哭. 督帥刁約不聽前, 曰:「官平生在時, 不見此客」

王亦不與語, 直前哭, 甚慟, 不執末婢手而退.

【王東亭】王珣(349~400). 자는 元琳. 어릴 때의 자는 法護, 혹은 阿瓜(阿爪). 王洽(敬和)의 아들이며 王導의 손자. 王珉(僧彌)의 형. 安帝 때 尙書令, 散騎常侍 등을 역임함. 東亭侯에 봉해짐.《晉書》(65)에 전이 있음.

【謝公】謝安. 字는 安石(320~385). 謝裒의 아들이며 謝琰(望蔡)의 아버지.
謝奕의 동생. 덕망이 있고 기개가 높아 桓彝, 王濛의 사랑을 받음. 처음에는
벼슬할 뜻을 버리고 王羲之, 支遁 등과 산수를 즐기며 조정의 부름에
응하지 않았으나, 40이 넘어 桓溫의 司馬를 거쳐 吳興太守, 侍中, 吏部尚書,
太保錄尚書事 등의 관직을 지냄. 뒤에 다시 太傅에 추증되었으며 시호는
文靖. 《晉書》(79)에 전이 있음.

【王子敬】王獻之(344~388). 자는 子敬. 王羲之의 아들이며 安帝皇后의 아버지.
첫 부인 郗曇의 딸을 버리고 다시 簡文帝의 딸 新安公主를 아내로 맞음.
아버지 왕희지와 함께 글씨에 뛰어나 '二王'이라 불림. 지금 전하는 그의
작품은 〈洛神賦十三行〉(眞書)·〈鴨頭丸帖〉(行書)·〈十二月帖〉(草書) 등이 있음.
《晉書》(80)에 전이 있음.

【法護】王珣(349~400). 자는 元琳. 어릴 때의 자는 法護, 혹은 阿瓜(阿爪).
王洽(敬和)의 아들이며 王導의 손자. 王珉(僧彌)의 형. 安帝 때 尚書令, 散騎
常侍 등을 역임함. 東亭侯에 봉해짐. 《晉書》(65)에 전이 있음.

【督帥】관직 이름.

【刁約】人名. 楊氏本에는 '도약(刀約)'이라 하고 "刀, 各本作刁.《玉篇》「刁, 丁玄切;
亦姓, 俗作刁.」"라 하였음.

【末婢】사염(謝琰)의 어릴 때 호칭.

참고 및 관련 자료

1.《中興書》

珣兄弟皆娶謝氏, 以猜嫌離婚. 太傅旣與珣絕婚, 又離妻, 由是二族逐成仇釁.

2. 劉孝標 注

『末婢, 謝琰小字. 琰字瑗度, 安少子. 開率有大度, 爲孫恩所害. 贈侍中司空.』

785(17-16)

왕자유(王子猷, 王徽之)·왕자경(王子敬, 王獻之) 형제가 모두 병이 깊어 자경이 먼저 죽었다. 자유가 좌우에게 이렇게 물었다.

"어찌 아무런 소식이 없는고? 이미 죽은 것이 분명해!"

그러고는 말에 조금도 슬픔을 나타내지 않고, 즉시 수레를 찾아 달려가 문상하면서 또한 울지도 않는 것이었다. 자경은 평소 거문고를 좋아하였는데 자유는 곧 영구로 올라가 자경의 거문고를 들고 이를 타보았다. 음조가 제대로 나오지 않자 이를 내던지며 이렇게 말하였다.

"자경, 자경. 사람과 거문고가 함께 죽었구나!"

이렇게 한참 동안 애통해하다가 한 달쯤 지나 그도 죽고 말았다.

王子猷·子敬俱病篤, 而子敬先亡.

子猷問左右:「何以都不聞消息? 此已喪矣!」

語時了不悲; 便索輿來奔喪, 都不哭. 子敬素好琴, 便徑入, 坐靈牀上, 取子敬琴彈; 弦旣不調, 擲地云:「子敬, 子敬, 人琴俱亡!」

因慟絶良久, 月餘亦卒.

【王徽之】 자는 子猷(?~388). 낭야왕씨. 王羲之의 다섯째아들이며 王凝之의 아우. 王獻之의 형. 桓溫의 參軍과 黃門侍郞을 지냈음. 대나무를 좋아하였으며 한때 관직을 버리고 山陰에 은거하기도 하였음. 《晉書》(80)에 전이 있음.

【王子敬】 王獻之(344~388). 자는 子敬. 王羲之의 아들이며 安帝皇后의 아버지. 첫 부인 郗曇의 딸을 버리고 다시 簡文帝의 딸 新安公主를 아내로 맞음.

아버지 왕희지와 함께 글씨에 뛰어나 '二王'이라 불림. 지금 전하는 그의 작품은 〈洛神賦十三行〉(眞書)·〈鴨頭丸帖〉(行書)·〈十二月帖〉(草書) 등이 있음. 《晉書》(80)에 전이 있음.

참고 및 관련 자료

1. 劉孝標 注
『獻之以泰元十三年卒, 年四十五.』

2. 《幽明錄》
泰元中, 有一師從遠來, 莫知所出, 云:「人命應終, 有生樂代者, 則死者可生; 若逼人求代, 亦復不過少時」人聞此, 咸怪其虛誕. 王子猷·子敬兄弟, 特相和睦; 子敬疾屬纊, 子猷謂之曰:「吾才不如弟, 位亦通塞, 請以餘年代弟」師曰:「夫生代死者, 以己年限有餘, 得以足亡者耳. 今賢弟命旣應終, 君侯算亦當盡, 復何所代?」子猷先有背疾, 子敬疾篤, 恆禁來往. 聞亡, 便撫心悲惋, 都不得一聲, 背卽潰裂, 推師之言, 信而有實.

786(17-17)

효무제(孝武帝, 司馬曜)의 산릉山陵을 마련하는 저녁, 왕효백(王孝伯, 王恭)이 조문에 참가하여 자신의 여러 아우들에게 이렇게 말하였다.
"비록 능침陵寢은 새것이지만 문득 〈서리〉의 슬픔을 자아내고 있구나!"

孝武山陵夕, 王孝伯入臨, 告其諸弟曰:「雖櫰梬惟新, 便自有〈黍離〉之哀!」

【孝武帝】司馬曜. 東晉 제 9대 황제. 재위 24년(373~396). 廟號는 烈宗. 자는
明昌. 簡文帝의 셋째아들. 11세 때에 재위에 올라 35세에 죽음.《晉書》(9)에
紀가 있음. 王蘊의 딸 法惠를 비로 삼음.

【山陵】흔히 天子의 죽음. 또는 그 장례를 말하며 혹은 陵墓를 뜻하기도 함.

【王孝伯】王恭. 자는 孝伯(?~398). 王蘊의 아들이며 王爽의 형. 王濛의 손자.
安帝의 처남. 太原 王氏. 著作郎·祕書丞·吏部郎 등을 지냄. 뒤에 난을
일으켰다가 피살됨.《晉書》(84)에 전이 있음.

【榱桷】원래는 건물의 서까래. 陵園의 건물을 뜻함. 그러나 새롭다는 표현
으로 보아 새로운 세력이 득세함을 빗댄 것으로도 볼 수 있음.

【黍離之哀】《詩經》王風 黍離篇을 말함. 그 序에 "黍離, 閔宗周也; 周大夫
過故宗廟宮室, 盡爲禾黍"라 함. 국가의 쇠망을 노래한 것. 西周가 쇠망하여
주 나라 대부가 옛 도읍을 지나며 궁실과 종묘가 모두 기장 밭으로 변한
모습을 보고 슬픔에 겨워 읊은 노래라 함.


```
참고 및 관련 자료
```

1.《中興書》

烈宗喪, 會稽王道子執政, 寵幸王國寶, 委以機任. 王恭入赴山陵, 故有此嘆.

787(17-18)

양부羊孚가 서른하나의 나이에 세상을 뜨고 말았다. 이에 환현桓玄이
양흔羊欣에게 이런 편지를 써서 보냈다.

"그대의 어진 종형은 내가 믿음으로 의탁하여 정을 주었던 인물이요.
갑작스러운 병에 걸려 세상을 등졌소이다. 하늘이 나를 끊었다는 탄식을
내 어찌 이를 말로 다할 수 있겠소?"

羊孚年三十一卒, 桓玄與羊欣書曰:『賢從情所信寄, 暴疾而殞; 祝予之歎, 如何可言?』

【羊孚】 자는 子道. 羊綏의 아들이며, 太學博士 등을 지냄. 단 〈言語篇〉에서의 劉氏 주에는 "年四十六年"이라 하여 이곳과 다름.

【桓玄】 자는 敬道(369~404). 劉裕의 起兵을 토벌하다 실패하여 建康에서 참수당함.《晉書》(99)에 전이 있음.

【羊欣】 자는 敬元(370~442). 黃老와 의술에 뛰어나《藥方》10권을 지었음.《宋書》(62)와《南史》(36)에 전이 있음.

【賢從】 어진 종형이라는 뜻. 羊孚와 羊欣은 6촌간이었음.

【祝予之歎】《公羊傳》哀公 14년의 구절. 孔子가 顏淵과 子路의 죽음을 슬퍼하며 표현한 말. 참고란을 볼 것.

참고 및 관련 자료

1.《宋書》
欣字敬元, 太山南城人. 少懷靜黙 秉操無競. 美姿容 善笑言, 長於草隷.

2.《羊氏譜》
孚卽欣從祖兄.

3. 劉孝標 注
『公羊傳曰:「顏淵死, 子曰:「噫! 天喪予!」子路亡, 子曰:「噫! 天祝予!」何休曰:「祝者, 斷也; 天將亡夫子耳.」』

4.《公羊傳》哀公 14년
顏淵死, 子曰:「噫, 天喪予!」子路死, 子曰:「天祝予!」(注:「祝, 斷也. 天生顏淵·子路爲夫子輔佐, 皆死者, 天將亡夫子之證.」)

788(17-19)

환현桓玄이 왕위를 찬탈하면서 변국(卞鞠, 卞範之)에게 이렇게 말하였다.
"지난날 양부羊孚가 살아 있을 때 항상 나에게 찬위의 뜻을 갖지 말도록 권고하였었지. 지금 마음속의 양부를 잃었고, 손톱과 이빨 같던 색원索元을 잃고, 급작스럽게 이런 비난받을 당돌한 일을 저질렀으니 이것이 어찌 천심天心이 허락할 일이겠는가?"

桓玄當篡位, 語卞鞠云:「昔羊子道恒禁吾此意; 今腹心喪羊孚, 爪牙失索元, 而忽忽作此詆突, 詎允天心?」

【桓玄】 자는 敬道(369~404). 大司馬 桓溫의 막내아들. 南郡公에 봉해졌었음. 劉裕의 기병에 맞섰다가 建康에서 참수당함.《晉書》(99)에 전이 있음. 譙國 龍亢人. 대사마 桓溫의 少子이며 아버지를 이어 남군공이 됨.
【卞鞠】 卞範之(?~405). 자는 敬祖. 어릴 때 이름이 鞠.《晉書》(99)에 전이 있음. 〈寵禮篇〉을 볼 것.
【羊孚】 자는 子道. 羊綏의 아들로 太學博士, 兗州別駕, 太尉記室參軍 등을 지냄. 46(혹 31)세에 죽음.
【爪牙】 자신을 위해 나섰던 武人. 野獸가 손발톱과 어금니로 공격함을 비유하여 桓玄의 兵務를 담당하던 인물을 표현한 말.
【索元】 자는 天保. 敦煌 출신으로 그의 아버지는 散騎常侍를 지냈으며 색원은 征虜將軍, 歷陽太守 등을 지냄.

참고 및 관련 자료

1.《索氏譜》
元字天保, 燉煌人. 父緖, 散騎常侍. 元歷征虜將軍·歷陽太守.

2.《幽明錄》

元在歷陽, 疾病, 西界一年少女子, 姓某, 自言爲神所降, 來與元相聞, 許爲治護. 元性剛直, 以爲妖惑, 收以付獄, 戮之於市中. 女臨死曰:「卻後十七日, 當令索元知其罪.」如期, 元果亡.

18. 서일棲逸

총 17장 (789-805)

　'서일棲逸, 柄逸'이란 '은일隱逸'과 같은 뜻으로 산림에 서지은일棲止隱逸함을 말한다. 본 편은 이러한 은사들의 이야기를 모아 적은 것이다. 양용楊勇〈교전校箋〉에 "棲逸, 謂隱逸山林也"라 하였다.

　총 17장이다.

산수 유람에 일가를 이룬 허연. 804 참조.

완보병(阮步兵, 阮籍)의 휘파람 소리는 수백 보 먼 곳까지 들렸다. 소문산
蘇門山 중에 홀연히 진인眞人이 나타났다고 나무꾼들 사이에 이야기가 자자
하였다. 완적이 이야기를 듣고 산으로 찾아가 보았더니 그 진인이라는 자는
무릎을 모아 바위 곁에 앉아 있었다. 완적은 산으로 올라 편히 다리를
편 채 상고 시대의 이야기로 그와 담론을 벌였다. 멀리는 황제黃帝와 신농씨
神農氏의 현적지도玄寂之道를 진술하고, 아래로는 하夏·은殷·주周 삼대의
성덕지미盛德之美에 이르도록 그에게 물어보았다.

그러나 그 진인은 머리를 곧추세운 채 묵묵부답이었다. 다시 그가 유위
有爲의 가르침 및 서신도기棲神導氣의 설 등을 펴 보았지만 그는 여전히
대답도 없이 다만 눈동자를 움직이지 않고 응시할 뿐이었다. 완적이 이에
길게 휘파람을 불자 한참 후에 그는 비로소 웃으면서 이렇게 입을 열었다.
"다시 한 번 휘파람을 불어 줄 수 있소?"

완적은 다시 한 번 휘파람을 불며 흥취가 다한 후에야 물러서 내려왔다.
산을 반쯤 내려왔을 때 문득 산 위에 '추'하는 소리가 들렸는데, 마치
몇 개의 악대가 함께 북을 치며 나팔을 부는 것 같았다. 그 소리가 숲과
골짜기 사이에 두루 메아리쳤다. 돌아다보니 바로 조금 전 그 사람의
휘파람소리였다.

阮步兵嘯, 聞數百步. 蘇門山中, 忽有眞人, 樵伐者咸共
傳說. 阮籍往觀, 見其人擁膝巖側. 籍登嶺就之, 箕踞相對.
籍商略終古, 上陳黃·農玄寂之道, 下考三代盛德之美,
以問之; 仡然不應. 復敍有爲之敎, 棲神導氣之術, 以觀之;
彼猶如前, 凝矚不轉. 籍因對之長嘯.

良久, 乃笑曰:「可更作?」

籍復嘯. 意盡, 退, 還半嶺許, 聞上嗒然有聲, 如數部鼓吹, 林谷傳響. 顧看, 迺向人嘯也.

【阮步兵】阮籍. 자는 嗣宗(210~263). 陳留의 尉氏人. 阮瑀의 아들. 老莊에 밝았으며 거문고, 바둑, 시문 등에 능하였음. 步兵校尉를 역임하여 흔히 '阮步兵'이라 불림. '竹林七賢'중의 하나. 〈豪傑詩〉, 〈詠懷詩〉, 〈達莊論〉, 〈大人先生傳〉 등이 있으며 《三國志》 (21), 《晉書》(49)에 전이 있음. 유유자적하며 휘파람을 잘 불었음.

【蘇門山】山이름. 河南 徽縣에 있음.

【眞人】도가에서 지칭하는 「양생득도한 최고 경지의 사람」을 뜻함.

【箕踞】편한 자세로 다리를 쭉 뻗고 앉음.

南京 西善橋 宮山墓의 〈阮籍〉

아주 편한 자세로써 스스럼이 없거나 예의를 차리지 않음을 뜻함. 하며 雙聲連綿語.

【玄寂之道】현묘정적. 道家의 학설로 현묘하고 고요한 우주 섭리를 따름을 말함.

【盛德之美】夏·殷·周 삼대의 덕스러운 정치. 儒家의 학설.

【有爲之敎】'有爲'는 세상에 태어나 무엇인가 의미 있는 作爲를 해야 한다는 의무와 강박관념. 儒家의 학설. 楊勇은 이를 「有爲之外」로 고치고 "外, 袁本作'敎'. 晉書阮籍傳: '著達莊論, 敍無爲之貴.'"라 하였다.

【棲神導氣之術】情神을 편안히 專一하고 氣를 導引하는 道家의 양생술.

【數部】몇 개의 부대. 여기서는 樂隊를 뜻함.

> 참고 및 관련 자료

1. 楊勇 〈校箋〉

『蘇門山. 在今河南輝縣西北七里, 一名蘇嶺, 卽太行山也. 本名柏門山, 亦作百門,上有百門泉, 故名.』

2. 《魏氏春秋》

阮籍常率意獨駕, 不由徑路, 車跡所窮, 輒慟哭而反. 嘗遊蘇門山, 有隱者莫知
姓名, 有竹實數斛, 杵臼而已. 籍聞而從之, 談太古無爲之道, 論五帝三王之義;
蘇門先生脩然曾不眄之. 籍乃嘐然長嘯, 韻響寥亮. 蘇門先生乃逌爾而笑.
籍卽降, 先生喟然高嘯, 有如鳳音. 籍素知音, 乃假蘇門先生之論, 以寄所懷.
其歌曰:「日沒不周西, 月出丹淵中; 陽精晦不見, 陰光代爲雄. 亭亭在須臾,
厭厭將復隆; 富貴俯仰間, 貧賤何必終?

3. 《竹林七賢論》

籍歸, 遂箸大人先生論, 所言皆胸懷間本趣; 大意謂先生與己不異也. 觀其長
嘯相和, 亦近乎目擊道存矣.

790(18-2)

혜강稽康이 급군汲郡 산중에서 도사 손등孫登을 만나 드디어 함께 놀았다.
혜강이 떠날 때가 되자 손등이 이렇게 일렀다.

"그대의 재주는 대단히 높소. 그러나 몸을 보양하는 방법이 부족하오."

稽康遊於汲郡山中, 遇道士孫登, 遂與之遊. 康臨去, 登曰:
「君才則高矣, 保身之道不足」

【稽康】자는 叔夜(223~262). 어릴 때 고아였으며 奇才가 있었음. 老莊에
심취하였으며 시문에 능하였고 '竹林七賢'의 하나임. 뒤에 鍾會의 모함을

입어 司馬昭에게 죽임을 당함. 本姓은 奚氏였으나 뒤에 銍縣 嵇山 곁에 옮겨 살아 성을 嵇氏로 바꾸었다 함. 〈廣陵散曲〉, 〈琴賦〉, 〈養生論〉, 〈聲無哀樂論〉, 〈與山巨源絶交書〉 등이 유명함. 《晉書》(49) 隱逸傳에 전이 있음.

【汲郡】 지금의 河南 汲縣.

【孫登】 자는 公和. 道士로 위진시대 汲郡 사람으로 천하의 어지러움을 피해 北山에 올라 은거하면서 《易》과 거문고로 세상을 보냈음. 완적이 3년을 따라다니며 배웠으나 그 도를 터득하지 못하였다 함. 《晉書》(94)에 전이 있음.

참고 및 관련 자료

1. 《晉書》隱逸傳(孫登)

孫登, 汲郡共人, 無家屬, 於郡北山爲土窟居之. 性無恚怒, 人或投諸水中, 欲觀其怒, 登旣出, 便大笑.

2. 《嵇康集序》

孫登者, 不知何許人. 無家, 於汲郡北山土窟住. 夏則編草爲裳, 冬則披髮自覆. 好讀易, 鼓一弦琴, 見者皆親樂之.

3. 《魏氏春秋》

登性無喜怒, 或沒諸水, 出而觀之, 登復大笑. 時時出入人間, 所經家設衣食者, 一無所辭, 去皆捨去.

4. 《文士傳》

嘉平中, 汲縣民共入山中, 見一人, 所居懸巖百仞, 叢林鬱茂, 而神明甚察. 自云「孫姓登名, 字公和.」康聞, 乃從遊三年. 問其所圖, 終不答. 然神謀所存良妙, 康每蕭然歎息. 將別, 謂曰:「先生竟無言乎?」登乃曰:「子識火乎? 生而有光, 而不用其光, 果然在於用光; 人生有才, 而不用其才, 果然在於用才. 故用光在乎得薪, 所以保其曜; 用才在乎識物, 所以全其年. 今子才多識寡, 難乎免於今之世矣! 子無多求!」康不能用. 及遭呂安事, 在獄爲詩自責云:「昔慚下惠, 今愧孫登!」

5. 《晉書》王隱

孫登, 卽阮籍所見者也; 嵇康執弟子禮而師焉. 魏晉去就, 易生嫌疑, 貴賤並沒, 故登或黙也.

791(18-3)

산공(山公, 山濤)이 선조選曹의 관직에서 물러나 떠나면서 혜강稽康을 천거하려 하였다. 그러자 혜강은 글을 보내 그와 절교를 선언하였다.

山公將去選曹, 欲擧稽康; 康與書告絶.

【山公】 山濤. 자는 巨源(205~283). 老莊에 심취하였으며 술을 좋아하였음. 稽康, 阮籍, 呂安 등과 친하였으며 죽림칠현의 하나. 〈任誕〉편 참조. 《晉書》(43)에 전이 있음.

【選曹】 官名. 人才를 選拔하고 官職을 수여하는 일을 관장하던 吏部의 별칭.

【稽康】 자는 叔夜(223~262). 어릴 때 고아였으며 奇才가 있었음. 老莊에 심취하였으며 시문에 능하였고 '竹林七賢'의 하나임. 뒤에 鍾會의 모함을 입어 司馬昭에게 죽임을 당함. 本姓은 奚氏였으나 뒤에 銍縣 稽山 곁에 옮겨 살아 성을 稽氏로 바꾸었다 함. 〈廣陵散曲〉, 〈琴賦〉, 〈養生論〉, 〈聲無哀樂論〉 및 본 장의 〈與山巨源絶交書〉 등이 유명함. 《晉書》(49)에 전이 있음.

참고 및 관련 자료

1. 《稽康別傳》

山巨源爲吏部郞, 遷散騎常侍, 擧康, 康辭之, 幷與山絶. 豈不識山之不以一官遇己情邪? 亦欲標不屈之節, 以杜擧者之口耳? 乃答濤書, 自說不堪流俗, 而非薄湯武. 大將軍聞而惡之.

792(18-4)

이흡李廞은 이무중(李茂曾, 李重)의 다섯째아들로써 청정淸貞한 성품에 원대한 지조가 있었다. 그러나 어려서 파리하고 병이 많아 결혼도 벼슬도 마다한 채 살고 있었다. 그가 임해臨海에 살 때에 임시로 형 시중(李侍中, 李式)의 묘 옆에 거주하였다. 그가 뒤에 높이 이름을 드날리자 왕승상(王丞相, 王導)은 그를 불러 예우하면서 그에게 재상부宰相府의 연掾으로 초빙하였다. 이흡은 그 임명장을 전해 받자 웃으면서 이렇게 말하였다.

"왕승상茂弘께서 이에 다시금 하나의 관직을 사람에게 빌려주려 하는가?"

李廞是茂曾第五子, 淸貞有遠操, 而少羸病, 不肯婚宦. 居在臨海, 住兄侍中墓下. 旣有高名, 王丞相欲招禮之, 故辟爲府掾.

廞得牋命, 笑曰:「茂弘乃復以一爵假人?」

【李廞】자는 宗子. 李公府로 불림. 글씨에도 뛰어났었다 함.
【李茂曾】李重. 李廞의 아버지. 平陽太守를 지냄.
【臨海】군 이름. 지금의 浙江省 臨海.
【侍中】李式. 李廞의 형. 자는 景則. 臨海太守 侍中을 지냄. 54세에 죽음.
【王丞相】王導(276~339). 자는 茂弘. 어릴 때 자는 阿龍. 王敦의 從弟. 서진이 망하자 王敦과 함께 司馬睿를 황제로 추대하여 東晉을 세움. 그 공으로 丞相이 되었으며 號를 '仲父'라 하였음. 천하의 권세를 잡아 당시 "王與馬, 共天下"라 하였음. 元帝와 明帝, 成帝를 차례로 즉위시켰음. 아울러 남방 세족의 도움으로 강남에서의 동진 정권을 안정시킴.《晉書》(65)에 전이 있음.
【掾】각 부에 속한 낮은 관직.
【假人】《文字志》에는 "加人"으로 되어 있음.

1.《文字志》

廞字宗子, 江夏鐘武人. 祖秉, 秦州刺史. 父重, 平陽太守. 世有名望. 廞好學,
善草隸, 與兄式齊名. 躄疾不能行坐, 常仰臥, 彈琴·讀誦不輟. 河間王辟大尉掾,
以疾不赴. 後避難隨兄南渡, 司徒王導復辟之. 廞曰:「茂弘乃復以一爵加人!」
永和中卒. 廞嘗爲二府辟, 故號李公府也. 式字景則, 廞長兄也. 思理儒隱, 有平
素之譽. 渡江, 累遷臨海太守·侍中. 年五十四而卒.

793(18-5)

하표기(何驃騎, 何充)의 동생何準은 고원高遠한 사상을 가지고 세상을
피해 은거하고 있었다. 그러나 표기는 그에게 나와서 벼슬길로 나서도록
권하였다. 그러자 그는 이렇게 회답하였다.

"제가 비록 항렬로는 다섯째로 형께 매여 있지만, 그것이 어찌 형의
표기장군이라는 명망을 깎아 내리는 일이겠습니까?"

何驃騎第五弟, 以高情避世, 而驃騎勸之令仕.
答曰:「予第五之名, 何必減驃騎?」

【何驃騎】 何充(292~340). 자는 次道. 王敦의 主簿를 거쳐 驃騎將軍이 됨.
會稽內史, 侍中, 驃騎將軍, 揚州刺史를 거쳐 司空을 추증받음. 佛寺 증수에
많은 돈을 썼다 함.《晉書》(77)에 전이 있음.
【五弟】 何充의 다섯째 아우 何準. 자는 幼道.

1.《中興書》

何準字幼道, 廬江灊人, 驃騎將軍充第五弟也. 雅好高尚, 徵聘一無所就. 充位
居宰相, 權傾人主, 而準散帶衡門, 不及世事. 于時名德皆稱之. 年四十七卒.
有女, 爲穆帝皇后. 贈光祿大夫. 封晉興縣侯, 子恢, 讓不受.

794(18-6)

완광록(阮光祿, 阮裕)이 동산東山에 은거할 때 청유정적淸幽靜寂하여 속세에
대한 분요紛擾함이 없이 늘 흉중에 만족을 느끼고 있었다. 어떤 사람이
왕우군(王右軍, 王羲之)에게 완광록에 대해 물어왔다.

그러자 왕희지는 이렇게 대답하였다.

"이 사람은 영욕에 놀라지 않는 경지에 가까이 있어, 비록 고대의 심명
沈冥한 도인이라 해도 어찌 그를 넘어서겠는가?"

阮光祿在東山, 蕭然無事, 常內足於懷. 有人以問王右軍.
右軍曰:「此君近不驚寵辱, 雖古之沈冥, 何以過此?」

【阮光祿】阮裕. 자는 思曠(300?~360?). 처음 王敦의 主簿였으나 왕돈이 찬위의
뜻을 품고 있음을 알고 술과 광달한 행동을 취하여 이를 면함. 臨海太守와
東陽太守를 지냈으나 벼슬할 뜻을 버리고 剡山으로 은거하였음. 뒤에 다시
吏部郞, 秘書監, 侍中, 散騎常侍, 金紫光祿大夫 등의 직책으로 부름을 받았

으나 나가지 않음. 《晉書》(49)에 전이 있음. 宋 武帝(劉裕)의 이름을 피휘하여
阮光祿, 阮主簿, 阮公, 阮思曠이라 부름.

【東山】會稽山의 支脈. 섬산(剡山)이라고도 함. 흔히 은거의 뜻으로 쓰임.

【王右軍】王羲之(303~361, 혹은 309~365, 321~379). 王尊의 조카. 어려서는
訥言하였으나 뒤에 정치와 예술에 큰 업적을 남김. 특히 글씨에 뛰어나
書聖으로 추앙받았음. 右軍將軍을 지냈으며 자는 逸少. 山陰道士와 《道德經》
글씨를 거위와 바꾼 고사를 남겼으며 그 외에 작품으로 〈蘭亭集序〉·
〈樂毅論〉·〈黃庭經〉·〈東方朔畫讚〉·〈姨母〉·〈初月〉·〈憂懸〉·〈喪亂〉 등을 남김.
《晉書》(80)에 전이 있음. 王右軍, 王逸少, 王羲之 등으로 불림. 그 아들
王獻之와 함께 글씨에 뛰어나 '二王'이라 함.

【不驚寵辱】《老子》13장의 구절. 得失이나 出處에 관심이 없음을 뜻함. "得之
若驚, 失之若驚, 是謂寵辱若驚"이라 함.

【沈冥】유유자적한 모습. 《楊子》『蜀, 莊沈冥』의 구절 李軌의 注에 "沈冥,
猶玄寂泯然無迹之貌"라 함.

참고 및 관련 자료

1. 《阮裕別傳》

裕居會稽剡山, 志存肥遯.

2. 《老子》

寵辱若驚; 得之若驚, 失之若驚.

795(18-7)

공거기(孔車騎, 孔愉)는 소년 시절부터 은둔할 뜻이 있었다. 그러나 마흔에
결국 안동장군(安東將軍, 元帝, 司馬睿)의 명에 응하게 되었다. 그는 관직에

나서기 전까지는 항상 혼자 잠자고 노래 부르며 스스로 경계하여 자칭 공랑孔郞이라 하였다. 그가 산림 중에 은거할 때 당시 백성들은 모두 그가 도술을 갖고 있다고 믿었으며, 아울러 살아 있는 그를 위해 묘당廟堂 까지 세웠다. 이것이 지금도 공랑묘孔郞廟로 남아 있다.

孔車騎少有嘉遯意, 年四十餘, 始應安東命. 未仕宦時, 常獨寢, 歌吹, 自箴誨, 自稱孔郞. 遊散山石, 百姓謂有道術, 爲生立廟. 今猶有孔郞廟.

【孔車騎】孔愉(268~342). 자는 敬康. 시호는 貞. 會稽 山陰 사람. 車騎將軍을 지냄. 《晉書》(78)에 전이 있음.

참고 및 관련 자료

1. 《孔愉別傳》
永嘉大亂, 愉入臨海山中, 不求聞達. 中宗命爲參軍.

796(18-8)

남양南陽 사람 유린지劉驎之는 고명하고 솔직하며, 역사 전적에 아주 밝은 이로 양기陽岐 땅에 은거해 있었다. 이때 부견苻堅이 기병하여 장강長江 지역 까지 뻗쳐 내려오자 형주자사荊州刺史 환충桓沖은 그 기회를 이용하여 큰

공을 세울 모책을 짜놓고 유린지를 장사長史로 삼을 생각이었다. 그리하여
사람을 보내어 배를 타고 그를 맞이해 오게 하면서 재물을 실어 보냈는데,
아주 많은 양이었다. 유린지는 그 명을 듣고 즉시 배에 올라 자신이 받은
재물 모두를 오는 길에 가난하고 궁핍한 자들에게 나누어주어, 상명上明에
이르렀을 때는 다 없어지고 말았다.

그리하여 환충을 만나자마자 그는 곧바로 자신은 아무런 쓸모가 없는
사람이라고 진술陳述하고 유연히 물러서고 말았다. 그리고 다시 양기에
여러 해 머물러 살면서 의식의 유무에 관계없이 항상 이웃 사람들과 함께
나누어 썼으며, 자신이 궁핍할 때를 당하게 되면 마을 사람들이 역시 이를
알아차리고 도와주었다. 이렇게 하여 그는 마을 사람들로부터 편안히 추대
받는 인물이 되었다.

南陽劉驎之, 高率善史傳, 隱於陽岐. 于時苻堅臨江, 荊州
刺史桓沖將盡訏謨之益, 徵爲長史, 遣人船往迎, 贈賟甚厚.
驎之聞命, 便升舟, 悉不受所餉; 緣道以乞窮乏, 比至上明
亦盡. 一見沖, 因陳無用, 脩然而退. 居陽岐積年, 衣食有無,
常與村人共. 値己匱乏, 村人亦知之; 甚厚, 爲鄕閭所安.

【劉驎之】자는 子驥. 혹 遺民. 南陽(지금의 河南省 南陽) 사람. 《晉書》(94)에
   전이 있음.

【陽岐】陽岐村. 荊州에서 2백 리 밖. 長江 가에 있음. 〈任誕篇〉 참조.

【苻堅】자는 永固(338~385). 혹은 文玉. 晉나라 때 五胡 중에 제일 강하였던
   前秦의 군주. 苻健이 秦을 세우고 아들 苻生에게 물려주자 부견이 부생을
   죽이고 자립함. 이어 차례로 前燕과 前凉, 代 등을 취하여 강해지자 晉나라를
   공략하여 淝水에서 謝玄 등과 결전을 벌여 대패함. 이에 鮮卑, 羌 등이 이반
   하여 국세가 약해졌으며 결국 姚萇(羌族)이 그와 태자 苻宏을 살해하고 後秦을
   세움. 재위 27년. 《晉書》(113)에 전이 있음.

【桓沖】자는 幼子(328~384). 車騎將軍을 지냈으며 桓溫의 아우. 384년 謝安이
　먼저 苻堅을 대패시켰다는 소식을 듣고 화병으로 죽음.《晉書》(74)에 전이 있음.
【訏謨】《詩經》大雅 抑에 "訏謨定命"이라 하고 《毛詩傳》에 "訏, 大也; 謨,
　謨也"라 함.
【長史】벼슬 이름. 將軍府의 우두머리.
【上明】지금의 河北省 松滋縣.

　　　　　　참고 및 관련 자료

1.《晉紀》鄧粲

驎之字子驥, 南陽安衆人. 少尙質素, 虛退寡欲; 好遊山澤間, 志存遁逸. 桓沖
嘗至其家, 驎之方條桑, 謂沖:「使君旣枉駕光臨, 宜先詣家君.」沖遂詣其父.
父命驎之, 然後乃還, 拂褆褐與沖言. 父使驎之自持濁酒菹菜供賓, 沖欲人代
之斟酌. 父辭曰:「若使官人, 則非野人之意也.」沖爲慨然, 至昏乃退. 因請爲
長史, 固辭. 居陽岐, 去道斥近, 人士往來, 必投其家. 驎之身自供給, 贈致無所受.
去家百里, 有孤嫗疾, 將死, 謂人曰:「只有劉長史當埋我耳!」驎之身往候之.
值終, 爲治棺殯. 其仁愛皆如此. 以壽卒.

797(18-9)

　　남양南陽의 적도연(翟道淵, 翟湯)과 여남汝南의 주자남周子南은 어려서부터
친한 사이로서 함께 심양尋陽에 은거해 살았다. 그런데 마침 유태위(庾太尉,
庾亮)가 주자남을 설득하여 당세當世의 임무에 힘쓸 것을 요구하자, 주자남
은 드디어 은거생활을 청산하고 벼슬길로 나서고 말았다. 그러나 적도연은
뜻을 잡고 더욱 견고하게 버티었다. 그 뒤 주자남이 적도연의 은거처를
방문하였지만, 적도연은 그에게 말도 걸지 않았다.

南陽翟道淵, 與汝南周子南少相友, 共隱於尋陽. 庾太尉
說周以當世之務, 周遂仕; 翟秉志彌固. 其後周詣翟, 翟不
與語.

【翟道淵】南陽 사람 翟湯. 晉의 成帝·康帝가 불렀으나 거절함. 臥龍이라 불렸
　　으며 73세에 죽음. 《晉書》(94)에 전이 있음.
【周子南】周邵. 汝南(지금의 河南省 汝南縣) 사람. 西陽太守 등을 지냄.
【尋陽】지금의 江西省 九江 근처.
【庾太尉】庾亮(289~340). 자는 元規. 蘇峻, 祖約의 난을 평정하였으며 명제 때
　　王導를 이어 中書監이 됨. 征西大將軍, 荊州刺史 등을 지냄. 청담을 좋아하였
　　으며 老莊에 밝았음. 죽은 후 太尉에 추증되었고 시호는 文康. 《晉書》(73)에
　　전이 있음.

참고 및 관련 자료

1.《晉陽秋》
翟湯字道淵, 南陽人, 漢方進之後也. 篤行任素, 義讓廉潔, 饋贈一無所受. 值亂
多寇, 聞湯名德, 皆不敢犯.

2.《尋陽記》
初, 庾亮臨江州, 聞翟湯之風, 束帶躡履而詣焉, 亮禮甚慕. 湯曰:「使君直敬其
枯木朽株耳!」亮稱其能言, 表薦之. 湯徵國子博士, 不赴. 主簿張玄曰:「此君
臥龍, 不可動也.」終於家.

798(18-10)

   맹만년(孟萬年, 孟嘉)과 그의 동생 소고(少孤, 孟陋)는 함께 무창武昌 양신현
陽新縣에 살고 있었다. 만년이 벼슬길에 나서서 당시 명성이 대단하였으나
소고는 한 번도 고향을 떠나본 적이 없었다. 서울의 많은 인사들은 그의
동생을 만나보고 싶어서 이렇게 거짓 편지를 보냈다.

   "형의 병이 위독하다."

   소고가 허겁지겁 낭패狼狽한 모습으로 서울에 도착하자 당시 선비들은
그의 풍채와 재화才華를 보고 탄성을 지르지 않은 이가 없었다. 그래서 서로
이렇게 말하였다.

   "소고가 이와 같으니 만년은 안심하고 눈을 감아도 되겠군!"

   孟萬年及弟少孤, 居武昌陽新縣. 萬年遊宦, 有盛名當世.
少孤未嘗出, 京邑人士思欲見之, 乃遣信報少孤, 云:「兄病篤」

   狼狽至都; 時賢見之者, 莫不嗟重, 因相謂曰:「少孤如此,
萬年可死!」

【孟萬年】孟嘉. 桓溫의 參軍이었음.
【少孤】孟陋. 간문제가 불렀으나 병을 칭하고 나가지 않음.《晉書》孟陋傳
  참조.
【武昌 陽新縣】지금의 湖北 陽新縣.
【狼狽】매우 난감한 모습. 혹은 서둘러 허겁지겁하는 모습. 連綿語.

참고 및 관련 자료

1. 《孟處士銘》袁宏

處士名陋, 字少孤, 武昌陽新人, 吳司空孟宗後也. 少而希古, 布衣蔬食, 棲遲
蓬蓽之下, 絶人好之事, 親族慕其孝. 大將軍命會稽王辟之, 稱疾不至. 相府歷
年虛位, 而澹然無悶, 卒不降志. 時人奇之.

799(18-11)

승려 강승연康僧淵이 예장豫章에 있을 때, 성곽과 수십 리 떨어진 곳에
정사精舍를 세웠다. 그 곁에는 산이 둘러싸이고, 둘레에는 긴 냇물이 띠를
이루었다. 그리고 꽃과 숲이 그 절의 뜰을 덮고 있었으며 맑은 물이 그
건물을 휘돌아 흘렀다. 이에 그는 한가하게 거하면서 불경 공부에 열중
하며 그 이치의 맛을 찾기에 열심이었다. 이에 유공(庾公, 庾亮)을 비롯한
당시 많은 사람들이 그곳을 찾아갔다. 그가 토납법吐納法을 운용하여
풍류가 멋지게 변한 모습과, 게다가 편안한 거처에 이연怡然하여 자득함이
있는 모습을 구경하였다. 이리하여 그는 명성이 드날리고 말았다. 그러나
뒤에 그는 도리어 그런 것을 견딜 수 없어 그만 그곳을 떠나고 말았다.

康僧淵在豫章, 去郭數十里立精舍, 旁連嶺, 帶長川, 芳林
列於軒庭, 清流激於堂宇. 乃閑居研講, 希心理味. 庾公諸
人多往看之, 觀其運用吐納, 風流轉佳. 加處之怡然, 亦有
以自得, 聲名乃興. 後不堪, 遂出.

【康僧淵】진나라 때의 高僧. 西域人. 成帝 때에 康法暢·支敏度 등과 함께 渡江하여 東晉에 옴. 뒤에 豫章山에 절을 세우고 불경을 강론함. 慧皎의 《高僧傳》(4)에 전이 있음.

【豫章】郡이름. 揚州에 속하였으며 지금의 江西省 南昌市 일대.

【庾公】庾亮(289~340). 자는 元規. 蘇峻, 祖約의 난을 평정하였으며 명제 때 王導를 이어 中書監이 됨. 征西大將軍, 荊州刺史 등을 지냄. 청담을 좋아하였으며 老莊에 밝았음. 죽은 후 太尉에 추증되었고 시호는 文康. 《晉書》(73)에 전이 있음.

【吐納】養生法의 하나. 몸속의 濁氣는 입으로 뱉어내고 외부의 新氣(清氣)는 코로 흡입하여 去病養生하는 呼吸法이라 함.

참고 및 관련 자료

1. 《梁書》蕭子顯傳
高祖雅愛子顯才, 又嘉其容止吐納, 每御筵侍坐, 偏顧訪焉.

800(18-12)

대안도(戴安道, 戴逵)는 종신토록 자신의 동산東山에서의 청고은일淸高隱逸 하였던 지조를 갈고 닦으려 하였다. 그러나 그의 형戴逯은 식알式遏의 공을 세우고자 하였다. 이에 사태부(謝太傅, 謝安)가 이렇게 물었다.

"그대 형제는 지업志業이 어찌 그리 다른가?"

그러나 형은 이렇게 대답하였다.

"저는 그 근심을 감당할 수 없어서不堪其憂이고, 제 동생은 그 즐거움을 고칠 수 없어서不改其樂입니다."

戴安道旣属操東山, 而其兄欲建「式遏」之功.
謝太傅曰:「卿兄弟志業, 何其太殊?」
戴曰:「下官『不堪其憂』, 家弟『不改其樂』」

【戴安道】戴逵(326~396). 자는 安道. 거문고 연주에 뛰어났으며 회화에도
뛰어나 佛畫와 불상 조각을 많이 남김. 불교를 신봉했으나 인과설을 의심
하여 〈釋疑論〉을 지었음. 영리를 추구하지 않고 기절을 중시하여 國子博士에
초빙되었으나 나가지 않음. 《晉書》(94)에 전이 있음.
【東山】섬산(剡山). 은둔의 뜻으로 쓰임.
【兄】戴逯. 자는 安丘. 廣陵侯에 봉해짐.
【式遏】《詩經》大雅 民勞. 매 장마다 "式遏寇虐"이라는 구절이 있음. 백성들
에게 해가 되는 것을 끊어준다는 뜻. 朱子 주에 "式, 用也; 遏,止也; 寇虐,
大惡也. 言止絶不爲害民之事也"라 함.
【志業】志向하여 이루고자 하는 業績.
【不改其樂】《論語》雍也篇에 "一簞食, 一瓢飲, 在陋巷, 人不堪其憂, 回也不
改其樂"이라 함.

참고 및 관련 자료

1. 《續晉陽秋》
逵不樂當世, 以琴書自娛, 隱會稽剡山. 國子博士徵, 不就.
2. 《戴氏譜》
逯字安丘, 譙國人. 祖碩·父綏, 有名位. 逯以武勇顯, 有功, 封廣陵侯, 仕至大
司農.
3. 《晉書》隱逸傳(戴逵)
太宰武陵王晞聞其善鼓琴, 使人召之, 逵對使者破琴曰:「戴安道不爲王門伶人」
晞怒, 乃更引其兄述, 述聞令欣然, 擁琴而往.

801(18-13)

허현도(許玄度, 許詢)가 영흥永興의 남쪽 굴에 은거하고 살면서 매번 사방 여러 제후諸侯들의 도움을 받고 있는 것이었다. 어떤 사람이 이를 비꼬았다.

"일찍이 듣건대 기산箕山에 은거하였던 사람들은 이렇게 하지 않았다 하더이다."

그러자 허현도는 이렇게 대꾸하였다.

"이는 광주리나 보자기에 싸서 보내오는 하찮은 먹을거리에 불과한 것. 천하의 보물보다는 당연히 가벼운 것이라 여길 것들인데 뭘 그러시오!"

許玄度隱在永興南幽穴中, 每致四方諸侯之遺.

或謂許曰:「嘗聞箕山人, 似不爾耳」

許曰:「筐篚苞苴, 故當輕於天下之寶耳!」

【許玄度】許詢. 字는 玄度. 許允의 현손으로 어릴 때 神童이라 불렸음. 高陽人. 벼슬에 뜻이 없어 孫綽, 郗愔, 王羲之, 謝安, 支遁 등과 會稽에서 산수를 유람하며 黃老에 관심을 보였음. 일찍 죽음. 司徒掾 벼슬을 지냈음.
【永興】지금의 浙江省 蕭山縣 서쪽.
【箕山】지금의 河南省 登封縣 동남쪽의 산. 唐堯가 천하를 許由에게 넘겨주려 하자 이를 피해 이곳에 숨었다 함.
【天下之寶】커다란 직위. 즉 帝王의 地位를 말함. 《周易》繫辭(下)에 "天地 之大德曰生, 聖人之大寶曰位"라 함. 許由가 천하직위를 거절한 것은 맞으나 작은 일상용품을 받는 것은 해가 되지 않는다는 뜻.

1. 劉孝標 注

『鄭玄禮記注云:「苞苴, 裹肉也. 或以葦, 或以茅.」此言許由尙致堯帝之讓; 筐篚
之遺, 豈非輕耶?』

802(18-14)

범선范宣은 한 번도 관아에 들어간 적이 없었다. 한 번은 한강백(韓康伯,
韓伯)과 수레를 함께 타고 가게 되었는데, 강백이 그를 유인해서 군청 문을
들어섰다. 범선이 이를 알자 수레 뒤에서 얼른 뛰어내려 버렸다.

范宣未嘗入公門, 韓康伯與同載, 遂誘俱入郡, 范便於車
後趨下.

【范宣】陳留人으로 자는 宣子.
【韓康伯】韓伯. 자는 康伯. 穎川人. 秀才로 천거되어 著作郎에 부름을 받았
으나 응하지 않음. 뒤에 侍中, 丹陽尹, 吏部尙書, 令軍將軍, 豫章太守 등의
벼슬을 지냄. 죽은 후 太常에 추증됨. 韓太常, 韓豫章으로도 불림. 《晉書》
(75)에 전이 있음.

1. 《續晉陽秋》

宣少尙隱遯, 家于豫章, 以淸潔自立.

803(18-15)

치초郗超는 매번 누가 고상한 뜻을 품고 은퇴하려는 자가 있다는 소문만 들으면 즉시 백만 자금을 마련해 주고 아울러 그를 위해 살 만한 집을 지어 주곤 하였다. 그래서 섬剡 땅에 대공(戴公, 戴逵)을 위해 집을 지어 주었는데, 아주 훌륭하였다. 대공은 그 집에 들어가 살게 되자, 그 친구에게 이런 편지를 써보냈다.

"요즈음 내가 섬 땅에 살게 되었네. 그런데 그 집이 관직에 있을 때 들어가 살던 집과 똑같다네."

지초는 다시 부약(傅約, 傅瑗)을 위해 백만 금의 자금을 마련해 주었는데, 부약이 은거할 뜻이 변해 결국 그에게 주지는 못하였다.

郗超每聞欲高尚隱退者, 輒爲辦百萬資, 幷爲造立居宇. 在剡爲戴公起宅, 甚精整; 戴始往居, 與所親書曰: 「近在剡, 如入官舍」

郗爲傅約亦辦百萬資, 傅隱事差互, 故不果遺.

【郗超】자는 景興. 혹은 嘉賓이라고도 부름(336~377). 中書侍郎 등을 거쳤으며, 널리 베풀고 사귀어 이름을 드날림. 《晉書》(67)에 전이 있음.

【剡】현 이름. 지금의 浙江省 嵊縣 서남쪽.

【戴公】戴逵(326~396). 자는 安道. 거문고 연주에 뛰어났으며 회화에도 뛰어나 佛畫와 불상 조각을 많이 남김. 불교를 신봉했으나 인과설을 의심하여 〈釋疑論〉을 지었음. 영리를 추구하지 않고 기절을 중시하여 國子博士에 초빙되었으나 나가지 않음. 《晉書》(94)에 전이 있음.

【傅約】부원(傅瑗). 約은 어릴 때의 字(劉孝標의 注). 그러나 傅瑗과 傅約은 다른 人物로 보고 있음(余嘉錫). 이에 대해 楊勇 〈校箋〉을 볼 것.

1. 楊勇 〈校箋〉

『瑗, 宋本作「瓊」, 非. 當作「瑗」, 是. 宋書傅亮傳:「父瑗, 以學業知名, 位至安成
太守. 瑗與郗超善, 超嘗造瑗, 見其二子迪及亮.」汪藻傅氏譜亦作「瑗」, 是.』

804(18-16)

허연(許掾, 許詢)은 산수 유람을 좋아하였다. 그는 몸이 날래어 높은 산에도
잘 올라갔다. 당시 사람들은 이를 두고 이렇게 평하였다.

"허연은 승경을 유람할 뿐 아니라 실제로 그렇게 해낼 수 있는 체구도
갖추고 있다!"

許掾好遊山水, 而體便登陟; 時人云:「許非徒有勝情, 實有
濟勝之具!」

【許掾】許詢. 字는 玄度. 許允의 현손으로 어릴 때 神童이라 불렸음. 高陽人.
벼슬에 뜻이 없어 孫綽, 郗愔, 王羲之, 謝安, 支遁 등과 會稽에서 산수를
유람하며 黃老에 관심을 보였음. 일찍 죽음. 司徒掾 벼슬을 지냈음.
【濟勝之具】濟勝은 '해내다. 실천하다'의 뜻. 具는 도구, 즉 체질 조건을 뜻함.

치상서(郗尙書, 郗恢)와 사거사(謝居士, 謝敷)는 친분이 두터운 사이였다. 치상서는 이렇게 말하였다.

"사경서(謝慶緖, 謝敷)는 식견은 남만 못하지만 그럼에도 그는 때가 묻거나 얽매인 마음이 조금도 없다."

郗尙書與謝居士善, 常稱:「謝慶緖識見雖不絕人, 可以累心處都盡」

【郗尙書】郗恢. 자는 道胤. 雍州刺史를 지냄. 〈任誕篇〉 참조.
【謝居士】謝敷. 자는 慶緖.

참고 및 관련 자료

1. 《續晉陽秋》檀道鸞

謝敷字慶緖, 會稽人. 崇信釋氏. 初入太平山中十餘年, 以長齋供養爲業, 招引同事, 化納不倦. 以母老, 還南山若邪中. 內史郗愔表薦之, 徵博士, 不就. 初, 月犯少微星, 一名處士星, 占云:「以處士當之.」時戴逵居剡, 旣美才藝, 而交遊貴盛, 先敷箸名, 時人憂之. 俄而敷死, 會稽人士以嘲吳人云:「吳中高士, 便是求死不得!」

19. 현원賢媛

총 32장 (806-837)

'현원賢媛'이란 어질고 능력 있으며 똑똑한 여인들을 두고 한 말이다. 본 편은 어짊과 재주, 그리고 부덕을 갖춘 여인들의 언행을 모아 기록한 것이다. 《설문해자說文解字》에 "賢, 多才也"라 하였고 《옥편玉篇》에는 "賢, 有善行也"라 하였다.

총 32장이다.

"저에게 모자란 것은 용모 한 가지 뿐" 811 참조.

806(19-1)

　　진영陳嬰은 동양東陽 사람으로 어릴 때부터 덕행을 닦아 그 이름이
향리에 높았다. 진秦나라 말기에 대란이 일어나자, 동양인들은 그를 추대
하여 왕으로 삼으려고 까지 하였다. 그러자 그의 어머니는 이렇게 말렸다.
　　"안 된다. 내가 너의 집에 시집 온 이래 젊어서부터 가난하게 살아왔다.
그런데 지금 갑자기 부귀하게 된다면 이는 불길한 것이로다! 딸린 병사
들을 이끌고 남에게 위촉함만 못하다. 그렇게 하지 않고 네가 나섰다가는
일이 성공한다 해도 그 얻는 이익은 조금밖에 안될 것이요, 실패하면 화가
모두 너에게 돌아올 것이기 때문이다."

　　陳嬰者, 東陽人; 少脩德行, 箸稱鄕黨. 秦末大亂, 東陽人
欲奉嬰爲主.
　　母曰:「不可. 自我爲汝家婦, 少見貧賤; 一旦富貴, 不祥!
不如以兵屬人; 事成, 少受其利; 不成, 禍有所歸」

【陳嬰】秦나라 말기 東陽人으로 陳勝이 궐기하자 이를 따라 項梁에게 속하
　　였다가 뒤에 漢 高祖를 도움. 堂邑侯에 봉해짐.《史記》項羽本紀 참조.
【東陽】지금의 安徽省 天長縣 서북쪽. 그러나 楊勇〈校箋〉에는 "東陽, 地當
　　今山東恩縣西北六十里, 有東陽城"이라 함.

참고 및 관련 자료

1.《史記》項羽本紀
嬰故東陽令史, 居縣, 素信, 爲長者. 東陽人欲立長, 乃請嬰; 嬰母諫之. 乃以兵
屬項梁, 梁以嬰爲上柱國.

807(19-2)

한漢 원제(元帝, 劉奭) 때 후궁이 이미 너무 많아지자 이에 화공畫工을 시켜 후궁의 얼굴을 그려 왕이 부르고 싶은 자가 있으면 그림을 펼쳐보고 골랐다. 그 후궁 중에 평범하게 생긴 자는 모두가 화공에게 뇌물을 바쳤지만, 왕소군王昭君은 자태와 용모가 심히 아름다워 구태여 뇌물까지 바칠 뜻이 없었다. 이에 화공은 그의 얼굴을 제대로 그리지 않았다. 뒤에 흉노匈奴가 화청和請을 해오면서 한 원제에게 미녀를 내려 줄 것을 요청하였다. 원제는 이에 그림 속에서 왕소군을 찾아 흉노로 갈 사람 중에 충당하였다.

이윽고 왕소군을 만나본 원제는 크게 아까워하였다. 그러나 이름을 이미 알려 보냈고 중간에 이를 고치려 하지 않아 결국 그는 끝내 흉노로 끌려 가고 말았다.

漢元帝宮人旣多, 乃令畫工圖之, 欲有呼者, 輒披圖召之.
其中常者, 皆行貨賂. 王昭君姿容甚麗, 志不苟求, 工遂毀
爲其狀. 後匈奴來和, 求美女於漢帝, 帝以昭君充行. 旣召見,
而惜之; 但名字已去, 不欲中改, 於是遂行.

【元帝】西漢 第11代 황제 劉奭. B.C.49~B.C.33년 재위.
【畫工】毛延壽로 알려짐.
【王昭君】王嬙. 자는 昭君. 뒤에 司馬昭를 諱하여 明妃로 고침. 石季倫(石崇)은
"昭以觸文帝諱, 故改爲明"이라 함. 그의 묘는 지금도 內蒙古 呼和浩特 근처에
있음.
【匈奴來和】이 이야기는 《漢書》匈奴傳에 나오는 고사로 漢 元帝 竟寧 元年
(B.C.33)에 匈奴의 호한야선우(呼韓耶單于)가 내조하여 漢室의 사위가 되어
북방을 지켜 주겠다고 화친을 요구하였다. 元帝는 王昭君을 내렸으나, 그를

만나보고 미모에 놀라 안타까워하였다 하며, 또한 이 王昭君 고사는 그 후로 많은 詩人들의 이야깃거리와 문학 작품의 소재가 되었다. 《歷代名畵記》와 《西京雜記》 등에도 자세히 실려 있다. 李太白의 〈明妃曲〉 등과, 元代의 유명한 元曲 작품인 〈漢宮秋〉도 바로 이 이야기를 각색한 것이다.

참고 및 관련 자료

1.《漢書》匈奴傳

「竟寧元年, 呼韓邪單于來朝, 自言願壻漢氏以自親, 元帝以後宮良家子王嬙字昭君賜之. 單于懽喜, 上書願保塞.」 文穎曰: 「昭君本蜀郡秭歸人也.」

2.《琴操》

王昭君者, 齊國王穰女也. 年十七, 儀形絶麗, 以節聞國中. 長者求之者, 王皆不許, 乃獻漢元帝. 帝造次不能別房帷, 昭君恚怒久; 會單于遣使, 帝令宮人裝出, 使者請一女. 帝乃謂宮中曰: 「欲至單于者起!」 昭君喟然越席而起. 帝視之, 大驚悔. 是時, 使者並見, 不得止, 乃賜單于. 單于大悅, 獻諸珍物. 昭君有子曰世違; 單于死, 世違繼立. 凡爲胡者, 父死妻母. 昭君問世違曰: 「汝爲漢也? 爲胡也?」 世違曰: 「欲爲胡耳.」 昭君乃吞藥自殺.

808(19-3)

한漢 성제(成帝, 劉驁)는 조비연趙飛燕을 심히 총애하였다. 조비연은 반첩여班婕妤가 임금을 저주하고 있다고 참소하였다. 이에 반첩여를 고문하였더니 이렇게 말하는 것이었다.

"제가 들으니 생사는 명命에 달렸고, 부귀는 하늘에 달렸다 합니다. 선을 열심히 닦아도 오히려 복을 받지 못하는 경우가 있거늘, 사악한 짓을 하고 무엇을 바라겠다고 그렇게 하였겠습니까? 만약 귀신이 앎이 있다면 사악한 사람의 참소를 들어 주지 않을 것은 뻔한 일이요, 만약 정말 귀신이 앎이 없다면 참소한들 무슨 이익이 있겠습니까? 이런 까닭으로 저는 그런 일을 한 적이 없습니다."

漢成帝幸趙飛燕, 飛燕讒班婕妤祝詛, 於是考問.
辭曰:「妾聞『死生有命, 富貴在天』. 脩善尚不蒙福, 爲邪欲以何望? 若鬼神有知, 不受邪佞之訴; 若其無知, 訴之何益? 故不爲也」

【漢 成帝】劉驁. 元帝의 아들. 재위 26년.
【趙飛燕】成帝의 후궁으로 춤을 출 때 나는 제비(飛燕) 같다고 해서 호로 삼았으며, 成帝의 총애를 받아 처음에 婕妤(관명)가 되었다가 許后를 폐한 후 后가 됨.
【班婕妤】성은 班氏. 婕妤(倢伃)는 관명. 《漢書》外戚傳 注에 "倢, 言接幸於上也. 伃, 美稱也"라 함. 즉 倢伃와 같음. 班婕妤는 趙飛燕傳에 成帝에게 총애를 받았으나 끝내 모함을 받음. 그의 시로 알려진 〈紈扇詩〉는 이 고사를 읊은 것.
【死生有命】《論語》顔淵篇의 구절.

〈漢宮春曉〉(成帝와 趙飛燕) 明 尤求(畫)

참고 및 관련 자료

1. 《漢書》外戚傳

成帝趙皇后, 本長安宮人. 初生, 父母不擧, 三日不死, 乃收養之. 及壯, 屬陽阿主家, 學歌舞, 號曰飛燕. 帝微行過主, 見而悅之, 召入宮, 大得幸, 立爲后. 班婕

好者, 鴈門人. 成帝初, 選入宮, 大得幸, 立爲婕妤. 帝遊後庭, 嘗欲與同輦, 婕妤
辭之. 趙飛燕譖許皇后及婕妤, 婕妤對有辭致, 上憐之, 賜黃金百斤. 飛燕嬌妒,
婕妤恐見危, 申求供養太后於長信宮. 帝崩, 婕妤充奉園陵. 薨, 葬園中.

809(19-4)

위魏 무제(武帝, 曹操)가 붕어하자 그 아들 문제(文帝, 曹丕)는 아버지 무제가
총애하던 궁녀들을 모두 취하여 자신을 받들도록 하였다. 뒤에 문제가
병이 나서 곤핍해졌을 때, 그의 모친 변태후卞太后가 문안을 가게 되었다.
태후가 문제의 방에 들어서서 보았더니 문제의 병 수발을 들고 있는
궁녀들이 모두 지난날 무제가 아끼고 사랑하던 여인들이었다. 태후가
궁녀들에게 이렇게 물었다.

"너희들은 어느 때부터 이곳에 와 있었느냐?"

그러자 그들은 이렇게 대답하였다.

"바로 무제의 복백伏魄 그때부터입니다."

변태후는 이 말에 문제의 병세에 대해 더 묻지도 않고 이렇게 탄식
하였다.

"네가 남기는 것은 개나 쥐새끼조차도 먹지 않을 것이니 너는 마음 놓고
죽어도 돼!"

그리고 뒤에 문제가 죽었을 때에도 역시 끝내 그 자리에 가지도 않았다.

魏武帝崩, 文帝悉取武帝宮人自侍; 及帝病困, 卞后出看疾:
太后入戶, 見直侍並是昔日所愛幸者.

太后問:「何時來邪?」

云:「正伏魄時過」

因不復前, 而歎曰:「狗鼠不食汝餘, 死故應爾!」

至山陵, 亦竟不臨.

【魏武帝】曹操(155~220). 자는 孟德. 어릴 때는 阿瞞으로 불렸음. 沛國 출신
으로 기지와 변화는 물론 문장에도 뛰어났으며, 曹丕의 아버지로 한말
세력을 키워 魏나라를 건립하는 기초를 세움. 아들 조비가 獻帝로부터
선양을 받아 武帝로 추존함.《孫子略解》,《兵書接要》,《曹操集》 등이 있음.
《三國志》(1)에 紀가 있음.

【文帝】曹丕(187~226). 자는 子桓. 曹操의 둘째아들. 아버지 曹操가 죽고
魏王을 습봉하여 漢나라 丞相이 됨. 延康 元年(220)에 禪讓을 받아 황제가
되었으며 연호를 黃初로 바꾸고 국호를 魏나라로, 洛陽을 도읍으로 정함.
재위 7년에 졸하였으며 시호는 文皇帝. 문장에도 뛰어나《典論》을 지었으며
그 중 〈論文〉은 문학 이론과 비평의 유명한 글로 평가받고 있음. 그 외에
〈燕歌行〉은 현존 최초의 7언시로 알려짐.《三國志》(2)에 紀가 있음.《魏志》에
"帝諱丕. 字子桓, 受漢禪"이라 함.

【卞太后】(160~240). 본래 倡家女로 曹操의 첩이 되어 曹丕와 曹植을 낳음.
《三國志》(5)에 傳이 있음.

【伏魄】招魂. 죽음을 말함. 楊勇 〈校箋〉을 볼 것. 伏은 復과 같음. 혼백이
제자리에 와서 살아남을 뜻함.

【死故應爾】'죽음에 대하여 그러한 이유로 너는 응접해도 된다'의 뜻. 즉
'네가 죽고 나서 네가 남기고 가는 것은 누구도 차지하지 않을 것이니 너는
안심하고 죽으라'는 뜻으로 여겨짐.

【山陵】황제의 죽음. 혹은 그 장례나 능묘를 함께 뜻함.

참고 및 관련 자료

1. 楊勇 〈校箋〉

『伏魂, 伏通復. 今江南風俗: 人將死, 家人將生時所穿衣, 出招其魂, 欲其魂歸

而復活也. 顔氏家訓終制篇:「今年老疾侵, 儻然奄忽, 豈求備禮乎? 一日放臂,
沐浴而已; 不勞復魂, 殮以常衣.」

2.《魏書》

武宣卞皇后, 琅邪開陽人. 以漢延熹三年生齊郡白亭, 有黃氣滿室移日. 父敬侯
怪之, 以問卜者王越. 越曰:「此吉祥也!」年二十, 太祖納於譙. 性約儉, 不尙華麗,
有母儀德行.

810(19-5)

조모(趙母, 趙姬)는 그의 딸을 시집보내면서 떠나보낼 때에 이렇게 일렀다.
"절대로 좋은 일을 하지 말아라!"
그러자 딸은 이렇게 물었다.
"좋은 일을 하지 말라니, 그럼 악한 일을 하란 말입니까?"
어머니는 이렇게 말하였다.
"좋은 일도 하지 말라는데, 하물며 악한 일을 하랴?"

趙母嫁女, 女臨去, 敕之曰:「愼勿爲好!」

女曰:「不爲好, 可爲惡邪?」

母曰:「好尙不可爲, 其況惡乎?」

【趙母】趙姬. 三國時代 吳桐令 虞韙의 처.《列女傳解》를 지어 趙母注라
일컬어짐.

1.《列女傳》

趙姬者, 桐鄕令東郡虞韙妻, 潁川趙氏女也. 才敏多覽. 韙旣沒, 大皇帝敬其文才, 詔入宮省. 上欲自征公孫淵, 姬上疏以諫; 作列女傳解, 號趙母注. 賦數十萬言. 赤烏六年卒.

2.《淮南子》

人有嫁其女而教之者, 曰:「爾爲善, 善人疾之.」對曰:「然則富爲不善乎?」曰: 「善尙不可爲, 而況不善乎?」』景獻羊皇后曰:「此言雖鄙, 可以命世人.」

3.《後漢書》范滂傳

滂跪受教, 再拜而辭; 顧謂其子曰:「吾欲使汝爲惡, 則惡不可爲; 使汝爲善, 則我不爲惡.」行路聞之, 莫不流涕.

811(19-6)

허윤許允의 부인은 완위위(阮衛尉, 阮共)의 딸이며 완덕여(阮德如, 阮侃)의 여동생으로 너무나 못생겼다. 혼례가 끝나고 나서도 허윤은 신방에조차 들어가지 않았다. 이 일로 해서 양쪽 온 가족들은 모두 근심이 태산 같았다. 마침 허윤에게 어떤 손님이 찾아왔는데, 부인은 몸종을 시켜 가서 누군가 알아보게 하였다. 종이 돌아와 '환랑桓郎'이라 일렀다. 환랑 이란 바로 환범桓範을 이른 것이다.

그러자 부인은 이렇게 말하였다.

"걱정할 것 없다. 환범이 반드시 그를 잘 타이를 것이다."

환범은 과연 허윤에게 이렇게 말하였다.

"완씨 집안에서 못생긴 딸을 그대에게 준 것은 반드시 의도한 바가 있어서일 것이오. 그러니 들어가서 잘 살펴보시오."

허윤이 신방에 들어 부인을 보았으나 아무래도 마음에 들지 않아 즉시 다시 나가려 하였다. 이에 부인은 이제 나가면 다시는 들어오지 않을 것이라 여기고 그의 옷깃을 붙잡아 세웠다. 그러자 허윤이 물었다.

"부인 된 자에게는 사덕四德이 있다던데 그대는 몇 가지를 갖췄소?"

부인은 당당하게 대답하였다.

"제게 모자라는 게 있다면 용모뿐이오. 그런데 선비에게는 1백 가지 품행이 있다던데 그대는 몇 가지나 갖추고 있소?"

허윤이 대답하였다.

"모두 갖추었지."

부인이 다시 물었다.

"무릇 백행 중에는 덕행이 제일이오. 그대는 색을 좋아하면서 덕은 좋아하지 않으니 어찌 모두 갖추었다고 이를 수 있소?"

허윤은 이 말에 부끄러움을 느끼고 드디어 서로 공경하고 애중히 여겼다.

許允婦, 是阮衛尉女, 德如妹, 奇醜; 交禮竟, 允無復入理, 家人深以爲憂. 會允有客至, 婦令婢視之, 還答曰:「是桓郎」

桓郎者, 桓範也. 婦云:「無憂, 桓必勸入」

桓果語許云:「阮家旣嫁醜女與卿, 故當有意, 卿宜察之」

許便回入內. 旣見婦, 卽欲出. 婦料其此出, 無復入理, 便捉裾停之.

許因謂曰:「婦有四德, 卿有其幾?」

婦曰:「新婦所乏唯容爾. 然士有百行, 君有幾?」

許云:「皆備」

婦曰:「夫百行以德爲首, 君好色不好德, 何謂皆備?」
允有慚色, 遂相敬重.

【許允】자는 士宗(?~254). 삼국 魏나라 때 인물로 侍中·尙書 등을 지냄. 신흥세력인 司馬氏(晉)를 없애고 魏를 존속시키려다 면직되어 樂浪으로 가던 중 司馬氏에게 피살됨.《三國志》(9)에 전이 있음.
【阮衛尉】阮共. 자는 伯彦. 벼슬이 衛尉卿에 이름.
【阮德如】阮侃. 자는 德如. 河內太守를 지냄.
【桓範】자는 允明. 大司農을 지냄.
【四德】《周禮》에 "九嬪掌婦學之法, 以敎九御; 婦德, 婦言, 婦容, 婦功"이라 하였으며 鄭玄의 注에는 "德謂貞順, 言謂辭令, 容謂婉娩, 功謂絲枲"라 하였음. 한편 班昭의《女誡》에는 "女有四行; 婦德, 婦言, 婦容, 婦功"이라 하였음.

> ### 참고 및 관련 자료

1.《魏略》
允字士宗, 高陽人. 少與淸河崔贊, 俱發名於冀州. 仕至領軍將軍.

2.《魏略》
範字允明, 沛郡人. 仕至大司農, 爲宣王所誅.

3.《陳留志名》
阮共字伯彦, 尉氏人. 淸眞守道, 動以禮讓. 仕魏, 至衛尉卿. 少子侃, 字德如, 有俊才, 而飾以名理. 風儀雅潤, 與嵇康爲友. 仕至河內太守.

허윤許允이 이부랑吏部郎이 되어 있을 때 고향 사람들을 많이 기용하였다. 위魏 명제(明帝, 曹叡)가 이 때문에 호분虎賁을 시켜 그를 잡아들이게 하였다. 그의 부인이 따라 나와 허윤에게 이렇게 일러주었다.

"임금께는 이치로써 따질 것이지 정으로 구해서는 안 되오."

이미 관부에 이르자 명제가 심문을 벌였다. 허윤은 이렇게 말하였다.

"옛말에 '알고 있는 유능한 인물을 거용하라'고 하셨습니다. 저희 고향 사람들은 제가 훤히 알고 있는 인물들입니다. 폐하께서는 그들이 각자 직분에 맞는지의 여부를 조사해 주십시오. 만약 직책에 맞지 않는 자가 거용되어 있다면 저는 어떤 죄라도 달게 받겠습니다."

명제가 조사해보았더니 모두가 알맞은 자리의 인물들이었다. 그래서 그는 풀려나게 되었다. 그런데 허윤의 의복은 모두 낡아 있었다. 명제는 이에 새 옷까지 내려 주었다. 처음 허윤이 붙잡혀 갈 때 집안 사람들은 모두 울고불고 하였으나, 그의 부인 완씨阮氏만은 태연자약하였다.

"근심할 것 없소. 즉시 돌아올 거요."

그리고 좁쌀 죽을 쑤어놓고 기다렸더니 조금 후 과연 허윤이 도착하는 것이었다.

許允爲吏部郎, 多用其鄉里, 魏明帝遣虎賁收之.

其婦出誡允曰:「明主可以理奪, 難以情求」

旣至, 帝覈問之.

允對曰:「『擧爾所知』; 臣之鄉人, 臣所知也. 陛下檢校爲稱職與不? 若不稱職, 臣受其罪」

旣檢校, 皆官得其人, 於是乃釋. 允衣服敗壞, 詔賜新衣.

初, 允被收, 擧家號哭; 阮新婦自若云:「勿憂, 尋還」
作粟粥待. 頃之, 允至.

【許允】 자는 士宗(?~254). 삼국 魏나라 때 인물로 侍中·尙書 등을 지냄. 신흥
세력인 司馬氏(晉)를 없애고 魏를 존속시키려다 면직되어 樂浪으로 가던 중
司馬氏에게 피살됨.《三國志》(9)에 전이 있음.
【魏明帝】 曹叡(206~239). 魏文帝(曹丕)와 甄后 사이에 태어남. 227년 문제에
이어 제위에 올랐음. 재위 13년(227~239). 시호는 明皇帝.《三國志》(3)에
紀가 있음.
【虎賁】 벼슬이름. 일종의 宿衛나 기동경찰대 같은 것.
【擧爾所知】《論語》子路篇에『仲弓問:「焉知賢才而擧之?」孔子告之曰:「擧爾
所知.」』라 함.

참고 및 관련 자료

1.《魏氏春秋》

初, 允爲吏部, 選遷郡守, 明帝疑其所用非次, 將加其罪. 允妻阮氏跣出, 謂曰:
「明主可以理奪, 不可以情求」允頷之而入. 帝怒詰之, 允對曰:「某郡太守雖限滿,
文書先至, 年限在後, 日限在前.」帝前取事視之, 乃釋然. 遣出, 望其衣敗, 曰:
「清吏也!」

813(19-8)

허윤許允이 진晉 경왕(景王, 司馬)에게 주살당하자 그의 제자들이 그 부인
에게 달려와 알렸다. 부인은 그때 베틀에 앉아 있으면서 얼굴색이 조금도

변하지 않았다.

"내 일찍 알고 있소이다!"

제자들이 그 아이들을 숨기려 하자 부인은 이렇게 말렸다.

"아이들 일에 관여할 것 없소."

부인은 뒤에 아버지(허윤)의 묘소 곁에 옮겨가 살았다. 그 때 경왕이 종회鍾會를 시켜 살펴보도록 하면서 만약 그 아이들 재주가 아버지와 같으면 붙들어 들일 작정이었다. 아들들이 어머니께 어떻게 하였으면 좋겠느냐고 여쭙자 어머니는 이렇게 일러주었다.

"너희들이 비록 뛰어나나 재주는 그리 많지 않다. 다만 정직하게 종회와 말을 나누면 더 이상 우려할 일은 없을 것이다. 그러니 그가 오거든 너무 슬퍼하지도 말고, 종회가 아버지 묘 앞에서 울음을 그치거든 너희들도 곧 울음을 그치고 그저 조정의 일들을 다소 그에게 물어보면 될 것이다."

아이들이 어머니의 말대로 하자 종회는 경왕에게 돌아가 사실대로 일렀다. 이렇게 해서 끝내 화를 면할 수 있었다.

許允爲晉景王所誅, 門生走入告其婦; 婦正在機中, 神色不變, 曰:「蚤知爾耳!」

門人欲藏其兒; 婦曰:「無豫諸兒事.」

後徙居墓所, 景王遣鍾會看之; 若才流及父, 當收. 兒以咨母.

母曰:「汝等雖佳, 才具不多, 率胸懷與語, 便無所憂. 不須極哀, 會止便止; 又可多少問朝事.」

兒從之. 會反, 以狀對, 卒免.

【許允】 자는 士宗(?~254). 삼국 魏나라 때 인물로 侍中·尙書 등을 지냄. 신흥세력인 司馬氏(晉)를 없애고 魏를 존속시키려다 면직되어 樂浪으로 가던

중 司馬氏에게 피살됨. 그가 鎭北將軍으로 있을 때 廚錢穀을 농단하여 죽음에
처해졌다가 감형으로 변방으로 유배 도중 죽음.《三國志》(9)에 전이 있음.

【晉景王】晉 景帝. 司馬師(207~255). 字는 子元. 司馬懿의 장자. 젊어서 夏侯玄,
何晏 등과 이름을 날렸으며 司馬懿가 趙爽을 폐할 때 참여함. 사마의가
죽자 撫軍大將軍이 되어 嘉平 원년(254)에 魏帝 趙芳을 폐하여 齊王으로
삼고 高貴鄕公 趙髦를 세움. 이어 이듬해 正元 원년(255) 毌丘儉을 토벌하는
길에 죽음. 晉나라 건국 후 景王으로 추존되었다가 司馬炎이 魏나라를 대신
하자 드디어 景帝로 추존됨.《晉書》(2)에 紀가 있음.

【鍾會】자는 士季(225~264). 鍾繇의 아들이며 鍾毓의 아우. 蜀을 평정한 후
그곳 장수 姜維와 蜀地를 갖기로 모의하다가 그 부하에게 죽음.《三國志》
(28)에 전이 있음.

【아들】許允의 장자. 이름은 奇. 자는 子太. 尙書祠部郞을 지냄. 차자의 이름은
猛. 자는 子豹. 幽州刺史를 지냄.

참고 및 관련 자료

1. 劉孝標 注
『世語曰:「允二子: 奇字子太, 猛字子豹; 並有治理.」』

2.《晉諸公贊》
奇, 泰始中爲太常丞, 世祖嘗祠廟, 奇應行事, 朝廷以奇受害之門, 不令接近, 出爲
長史. 世祖下詔 述允宿望, 又稱奇才, 擢爲上書祠部郞. 猛禮學儒博, 加有才識,
爲幽州刺史.

3.《魏志》
初, 領軍與夏侯玄, 李豐親善, 有許作尺一詔書: 以玄爲大將軍, 允爲太尉, 共錄
尙書事. 無何, 有人天未明, 乘馬以詔版付允門吏曰: ‘有詔.」因便驅走. 允投書
燒之, 不以關呈景王.

4.《魏略》
明年, 李豐被收, 允欲往見大將軍; 已出門, 允回遑不定, 中道還取綺. 大將軍聞而
怪之曰:「我自收李豐, 士大夫何爲忽忽乎?」會鎭北將軍劉靜卒, 以允代靜. 大將
軍與允書曰:「鎭北雖少事, 而道典一方; 念足下震華鼓, 建朱節, 歷本州, 此所謂
箸繡晝行也!」會有司秦允前擅以廚錢穀, 乞諸俳及其官屬; 滅死徙邊, 道死.

5.《魏氏春秋》

允之爲鎭北, 喜謂其妻曰:「吾知免矣!」妻曰:「禍見於此, 何免之有?」

6.《晉諸公贊》

允有王情, 與文帝不平, 遂幽殺之.

7. 劉孝標 注

『《婦人集》載阮氏與允書, 陳允禍患所起, 辭甚酸愴, 文多不錄.』

814(19-9)

왕공연(王公淵, 王廣)은 제갈탄諸葛誕의 딸을 아내로 맞게 되었다. 신방에
들어 비로소 서로 말을 나누게 되자 왕공연은 부인에게 이렇게 일렀다.

"보아하니 신부의 신색神色이 비하卑下하여 그대 아버지 공휴(公休, 諸葛誕)
와는 조금도 닮지 않았군!"

그러자 신부는 이렇게 대꾸하였다.

"대장부로 태어나 자신의 아버지인 언운(彦雲, 王凌)과는 닮지도 않았으면서
도리어 부인을 영걸처럼 내닫게 비유하다니!"

王公淵娶諸葛誕女, 入室, 言語始交, 王謂婦曰:「新婦神
色卑下, 殊不似公休!」

婦曰:「大丈夫不能仿彿彦雲, 而令婦人比蹤英傑!」

【王公淵】王廣. 자는 公淵(210?~251). 王凌의 아들로 尙書에 이름. 뒤에 楚王
曹彪를 황제로 등극시키려 모의하다가 아버지가 자살하자 자신도 司馬氏

에게 참살당함.

【諸葛誕】자는 公休(?~258). 처음 尙書郎으로 榮陽令을 지냈으며 吏部郎을 거쳐 御史中丞尙書에 오름. 다시 正始 초에 양주자사가 되어 司馬懿가 吳나라를 벌할 때 참가하였음. 毌丘儉과 文欽을 토벌하여 그 공으로 高平侯에 봉해졌으나 王浚 등이 주살당하는 것을 보고 불안을 느껴 甘露 2년(257)에 난을 일으켰다가 패하여 삼족이 몰살당함.《三國志》(28)에 전이 있음.

【彦雲】王凌. 王公淵(王廣)의 부친. 즉 신부의 시아버지. 劉孝標 注에는 모두 王陵으로 되어 있으나《三國志》魏志 王凌傳의 표기를 따름.

【令婦人比蹤英傑】'자기는 자신의 아버지를 닮지 않았으면서 부인(자신)에게는 천하영걸이신 아버지(諸葛誕)를 닮을 것을 요구하는가?'의 뜻. 영걸은 諸葛誕을 가리킴.

【比蹤】걸음을 같이함. 그의 걸음(풍채)에 비견됨. 같다는 뜻.

참고 및 관련 자료

1.《魏氏春秋》

王廣字公淵, 王陵子也. 有風量才學, 名重當世. 與傅嘏等論才性同異, 行於世.

2.《魏志》

廣有志尙書行, 陵誅, 幷死.

3. 劉孝標 注

『臣謂王廣名士, 豈以妻父爲戲, 此言非也.』(단 楊氏는 注가 아닌 것으로 보았음. 『臣謂云云, 與孝標注例不合, 疑後人竄增.』)

815(19-10)

왕경王經은 어려서 무척 빈곤하였으나, 벼슬길로 나가 이천二千 석石의 녹을 받는 지위에 오르게 되었다. 그의 어머니는 이렇게 물었다.

"너는 본래 빈한한 집 출신으로 이천 석의 지위에까지 올랐으니 이제 그치는 게 어떠냐?"

그러나 왕경은 어머니의 말을 듣지 않고 상서尚書까지 올라 위魏를 돕느라고 진晉에 불충하였다가 죄를 입고 말았다. 이에 왕경은 어머니 앞에 눈물을 흘리면서 애통해하였다.

"어머니의 말씀을 듣지 않았다가 오늘의 이 지경에 이르렀습니다!"

그러나 어머니는 조금도 슬픈 기색을 나타내지 않고 다만 이렇게 말하는 것이었다.

"너는 사람의 아들로 효도를 다하였고, 남의 신하로 충성을 다하였다. 효성과 충성을 갖추었으니 무엇이 내게 부담이 되리요?"

王經少貧苦, 仕至二千石; 母語之曰: 「汝本寒家子, 仕至二千石, 此可以止乎?」

經不能用. 爲尚書, 助魏; 不忠於晉, 被收.

涕泣辭母曰: 「不從母敕, 以至今日!」

母都無慼容, 語之曰: 「爲子則孝, 爲臣則忠; 有孝有忠, 何負吾邪?」

【王經】자는 彦緯(?~260). 혹은 承宗. 魏나라를 섬겨 尚書가 됨.
【魏帝】曹髦가 晉의 司馬昭를 칠 때 王經은 이를 도운 것 때문에 司馬昭에게 잡혀 어머니와 함께 죽음.

1. 《世語》

經字彦偉, 淸河人, 高貴鄕公之難, 王沈·王業馳告文王, 經以正直不出; 因沈·業申意, 後誅經, 及其母.

2. 《晉諸公贊》

沈, 業將出, 呼經, 不從, 曰:「吾子行矣!」

3. 《漢晉春秋》

初, 曹髦將自討司馬昭, 經諫曰:「昔魯昭不忍季氏, 敗走失國, 爲天下笑. 今權在其門久矣, 朝廷四方, 皆爲之致死, 不顧逆順之理, 非一日也. 且宿衛空闕, 寸刃無有, 陛下何所資用? 而一旦如此, 無乃欲除疾而更深之邪?」髦不聽. 後殺經, 幷及其母. 將死, 垂泣謝母; 母顏色不變, 笑而謂曰:「人誰不死? 往所以止汝者, 恐不得其所也. 以此幷命, 何恨之有?」

4. 《晉紀》干寶

經正直, 不忠於我, 故誅之.

5. 劉孝標 注

『案: 傅暢·干寶所記, 則是經實忠貞於魏; 而世語旣謂其正直, 復云因沈·業申意, 何其相反乎? 故二家之言深得之.』

816(19-11)

산공(山公, 山濤)은 혜강嵇康·완적阮籍과 첫 만남에 그 우정이 금란金蘭과 같았다. 산공의 아내 한씨韓氏는 산공이 혜강·완적과의 친분이 너무 깊은 것을 보고, 산공에게 그 까닭을 물었다. 산공은 이렇게 대답하였다.

"내 일생 중에 친구로 삼을 만한 자는 이 둘 외에는 없소!"

그러자 아내가 다시 이렇게 물었다.

"옛날 부기負羈의 처는 자기 남편 친구 호언狐偃과 조최趙衰를 직접 살펴 보았다고 합니다. 저도 두 분을 살펴보고 싶은데 괜찮겠습니까?"

어느 날 혜강과 완적이 놀러 왔을 때, 산도는 그들을 하룻밤 권하여 술과 고기를 갖추어 대접하였다. 산도의 처는 밤에 벽 틈으로 날이 새는 것도 모르고 이들을 계속 살펴보았다. 산도가 자기에게 들어와서 물었다.

"두 사람 어떻소?"

이에 그는 다시 이렇게 일러주었다.

"그대의 재주는 그들만 못하오. 마땅히 당신은 대신 견식과 도량으로 그들을 친구로 삼을 뿐입니다."

그러자 산도는 이렇게 말하였다

"그렇소. 저들도 역시 항상 나의 도량이 자기들보다 낫다고 여기고 있소."

山公與嵇·阮一面, 契若金蘭. 山妻韓氏, 覺公與二人異 於常交, 問公.

公曰:「我當年可以爲友者, 唯此二生耳!」

妻曰:「負羈之妻, 亦親觀狐·趙; 意欲窺之, 可乎?」

他日, 二人來, 妻勸公止之宿, 具酒肉, 夜穿墉以視之, 達旦忘反.

公入, 曰:「二人何如?」

妻曰:「君才殊不如, 正當以識度相友耳」

公曰:「伊輩亦常以我度爲勝」

【山公】山濤. 자는 巨源(205~283). 老莊에 심취하였으며 술을 좋아하였음. 嵇康, 阮籍, 呂安 등과 친하였으며 죽림칠현의 하나. 〈任誕〉편 참조. 《晉書》 (43)에 전이 있음.

【嵇阮】 嵇康과 阮籍. 둘 모두 죽림칠현의 하나.

【金蘭】《周易》繫辭傳(上)에 "二人同心, 其利斷金, 同心之言, 其臭如蘭"이라 함. 우정을 뜻함.

【負羈】《左傳》僖公 25年에 孤偃과 趙衰가 晉의 公子 重耳(뒤에 春秋五霸의 하나인 晉 文公)를 따라 曹나라를 지날 때에 僖負羈의 처가 이를 본 후 "吾觀晉公子之從者, 皆足以相國"이라 평함.

참고 및 관련 자료

1.《晉陽秋》

濤雅量恢達, 度量弘遠, 心存事外, 而與時俯仰. 嘗與阮籍·嵇康諸人箸忘言之契; 至於羣子屯蹇於世, 濤獨保浩然之度.

2.《晉書》王隱

韓氏有才識, 濤未仕時, 戲之曰:「忍寒, 我當作三公, 不知卿堪爲夫人不耳?」

3.《周易》繫辭傳

二人同心, 其利斷金; 同心之言, 其臭如蘭.

817(19-12)

왕혼王渾이 처 종씨鍾氏와의 사이에 딸을 낳았는데, 매우 뛰어나고 현숙하였다. 왕혼의 아들 무자(武子, 王濟)는 이 여동생을 위해 알맞은 배필을 구하였으나 쉽게 찾을 수 없었다. 그런데 무관武官의 아들이 매우 준수함을 보고 자기 여동생과 결혼을 시키고 싶어서 어머니 종씨에게 아뢰었다. 그러자 어머니가 물었다.

"진실로 준수한 젊은이라면 가히 결혼시킬 수 있지. 그러나 내가 먼저 보아야겠다."

무자는 이에 여러 아이들과 같이 그를 함께 불러놓고 어머니는 장막 뒤에서 살펴보게 하였다. 일이 끝난 후 어머니는 이렇게 물었다.

"이런 저런 옷을 입고 이렇게 생긴 자가 바로 네가 점찍은 그 사람이 아니냐?"

무자는 그렇다고 대답하였다. 어머니는 이렇게 반대하였다.

"그는 과연 재주가 남보다 낫더구나. 그러나 한미寒微한 출신이므로 오래 살지 못하면 그 재능을 펼 수가 없다. 그의 모습과 골격을 보니 틀림없이 장수할 자는 아닌 것 같더구나. 결혼시킬 수 없다."

무자는 어머니의 말을 들었다. 과연 그 무관의 아들은 몇 년 후에 죽고 말았다.

王渾妻鍾氏, 生女令淑, 武子爲妹求簡美對而未得.

有兵家子, 有儁才, 欲以妹妻之, 乃白母. 曰:「誠是才者, 其地可遺; 然要令我見」

武子乃令兵兒與群小雜處, 使母帷中察之.

旣而, 母謂武子曰:「如此衣形者, 是汝所擬者非邪?」

武子曰:「是也」

母曰:「此才足以拔萃; 然地寒; 不有長年, 不得申其才用. 觀其形骨, 必不壽, 不可與婚」

武子從之. 兵兒數年果亡.

【王渾】 자는 長原, 혹은 玄沖(223~297). 王昶의 아들이며 王戎의 아버지. 徒와 侍中 등 높은 관직에 올랐음.《晉書》(42)에 전이 있음.

【鍾氏】태부 鍾繇의 증손이며 이름은 琰之.

【武子】王濟(240?~285?). 자는 武子. 王渾의 아들. 《易》과 《老莊》에 밝아 裴楷와 이름을 날렸으며 武帝의 딸 常山公主의 남편. 侍中을 역임함. 말에 대해서 잘 알았다고 함. 王愷와 사치와 호기를 다툰 일로도 유명함. 中書郎, 驍騎將軍, 侍中 등을 역임함. 《晉書》(42)에 전이 있음.

참고 및 관련 자료

1. 《晉書》虞預

渾字玄沖, 太原晉陽人, 魏司徒昶子. 仕至司徒.

2. 《王氏譜》

鍾夫人名琰之, 太傅繇之曾孫.

3. 《晉書》列女鍾琰之傳

王渾妻鍾氏, 字琰, 潁川人, 魏太傅曾孫也. 父徽, 黃門侍郎.

818(19-13)

가충賈充의 전 부인은 이풍李豐의 딸이었다. 그런데 아버지 이풍이 사마소司馬昭에게 주살되자, 그 여자도 이혼을 당하고 변방으로 유배되고 말았다. 그 뒤 그는 사면을 받아 다시 돌아왔으나 가충은 이미 곽배郭配의 딸을 새 부인으로 맞아들인 상태였다.

진晉 무제(武帝, 司馬炎)는 이 사실을 알고 가충에게 좌우로 두 부인을 두고 살도록 하였다. 그러나 전처 이씨는 집 밖에 따로 거처를 마련해 살면서 가충의 집 안으로 들어가려 하지 아니하였다. 후처 곽씨가 가충에게 이렇게 말하였다.

"이 부인을 찾아가 살피고 싶습니다."

가충이 말렸다.

"그 여인은 강개剛介하고, 재기才氣가 있소. 그대는 가지 않느니만 못하오!"

곽씨는 이에 외모를 성대하게 꾸미고 많은 몸종까지 거느린 채 보란 듯이 찾아갔다. 그곳에 이르러 집 안으로 들어가자, 이씨가 일어서서 맞이해 주었다. 그런데 곽씨는 이씨의 그 훌륭함에 놀라 그만 자신도 모르게 다리를 굽히고 꿇어앉아 재배를 하게 되었다. 다시 되돌아와서 가충에게 사실대로 이야기하자 가충은 이렇게 말하였다.

"내가 그대에게 일러 준 것이 무엇이었소?"

賈充前婦, 是李豐女; 豐被誅, 離婚徙邊. 後遇赦得還, 充先已取郭配女. 武帝特聽, 置左右夫人. 李氏別住外, 不肯還充舍.

郭氏語充:「欲就省李」

充曰:「彼剛介有才氣, 卿往不如不去」

郭氏於是盛威儀, 多將侍婢; 旣至, 入戶, 李氏起迎, 郭不覺脚自屈, 因跪再拜.

旣反, 語充; 充曰:「語卿道何物?」

【賈充】 자는 公閭(217~282). 賈達의 아들로 큰 권세를 잡음. 일찍이 魯郡公에 봉해졌으며 죽은 후 太宗에 추증됨.《晉書》(40)에 전이 있음.

【李豐】 자는 安國(?~254). 혹은 宣國. 삼국시대 오나라 李義의 아들이며 魏明帝가 오나라를 벌하고 江東 第一의 名士를 묻자 모두 이풍을 추천하였다 함. 이에 이풍을 黃門郎으로 삼았으며 뒤에 中書郎에 올랐음. 그러나 晉王 司馬昭에게 주살당하였으며 그 일로 그 딸이 賈充의 前妻로 이혼을 당하고 樂琅에 귀양갔다 돌아옴.

【李女】李婉. 아버지가 주살당하자 자신도 이혼한 후 樂浪으로 유배됨.《李扶
　　集》이라는 문집을 남김.《隋書》經籍志《婦人集》에 "充妻李氏, 名婉; 字淑文.
　　豐誅, 徙樂浪"이라 함.
【郭配】西晉 때 人物로 城陽太守를 지냄.
【郭女】郭配의 딸. 賈充의 후처.

참고 및 관련 자료

1.《賈氏譜》

郭氏名玉璜, 卽宜城宣君也.

2.《晉諸公贊》

世祖踐阼, 李氏赦還, 而齊獻王妃, 欲令充遣郭氏, 更納其母; 充不許, 爲李氏
築宅, 而不往來. 充母柳氏將亡, 充問所欲言者. 柳曰:「我教汝迎李新婦向不貴,
安問他事!」

3.《賈充別傳》

李氏有淑性令才也.

4. 劉孝標 注

『案: 晉諸公贊曰:「世祖以李豐得罪晉室, 又郭氏是太子妃母, 無離絶之理, 乃下
詔赦斷, 不得往還.」而王隱晉書亦云:「充旣與李絶婚, 更取城陽太守郭配女,
明槐. 李禁錮解, 詔充置左右夫人. 充母柳亦敕充迎李.」槐怒, 攘臂責充曰:
「刊定律令, 爲佐命之功, 我有其分; 李那得與我並?」充乃架屋永年里中以安李.
槐晚乃知, 充出, 輒使人尋充. 詔許充置左右夫人; 充答詔, 以謙讓不敢當盛禮.」
晉贊旣云世祖下詔不遣李還, 而王隱晉書及充別傳並言詔聽置立左右夫人;
充憚郭氏, 不敢迎李. 三家之說並不同, 未詳孰是. 然李氏不還, 別有餘故, 而世
說云自不肯還, 謬矣. 且郭槐彊狼, 豈能就李而爲之拜乎? 皆爲虛也.』

가충賈充의 첫 부인 이씨李氏가 《여훈女訓》을 지어 세상에 널리 통행되었다. 이 이씨와 가충 사이에 난 딸이 제齊 헌왕(獻王, 司馬攸)의 왕비王妃가 되었고, 다시 가충과 곽씨郭氏 사이에 난 딸은 진晉 혜제(惠帝, 司馬衷)의 황후皇后가 되었다. 가충이 죽자 그 이씨 소생의 딸과 곽씨 소생의 딸은 각각 자신의 어머니와 합장하겠다고 다투어 몇 년 동안 해결이 나지 않았다. 그러다가 곽씨 소생의 황후가 폐위되자, 이씨가 가충 곁에 묻히게 되었다. 그리하여 결국 합장이 결정되었다.

賈充妻李氏作《女訓》行於世. 李氏女, 齊獻王妃. 郭氏女, 惠帝后. 充卒, 李·郭女各欲令其母合葬, 經年不決. 賈后廢, 李氏乃祔, 葬遂定.

【賈充】 자는 公閭(217~282). 賈逵의 아들. 西晉 초에 司空, 侍中, 尙書令, 太尉 등을 지냄. 《晉律》을 제정한 인물. 《晉書》(40)에 전이 있음.
【李氏】 李豐의 딸. 李婉.
【女訓】 李婉이 지은 책. 《李扶集》이라고도 함. (不傳)
【齊獻王】 司馬攸(248~283). 晉 文帝(司馬昭)의 둘째아들로 齊王에 봉해짐. 《晉書》(38)에 전이 있음.
【郭氏】 자는 南風. 趙王에게 죽임을 당함.
【晉惠帝】 司馬衷. 재위 290~306년.

참고 및 관련 자료

1.《婦人集》

李氏至樂浪, 遺二女典戒八篇.

2.《晉書》王隱

賈后字南風, 爲趙王所誅.

3.《晉諸公贊》

李氏有才德, 世稱「李夫人訓」者. 生女合, 亦才明, 卽齊王妃.

820(19-15)

왕여남(王汝南, 王湛)이 어려서 아직 혼사가 거론되기도 전에 스스로 학보邵普의 딸에게 장가들겠다고 하였다. 아버지 사공(司空, 王昶)은 그가 어리석고 마침 마땅한 혼처도 없을 것이라 여겨 뜻대로 하도록 곧 허락을 해버렸다. 결혼을 시킨 후 보니 과연 뛰어난 자태에 덕이 있고 현숙하였다. 그리고 동해(東海, 王承)를 낳아 드디어 왕씨 집안에서 부덕婦德의 모범이 되었다. 어떤 이가 여남에게 물었다.

"어떻게 그 여자를 알았습니까?"

여남은 이렇게 대답하였다.

"일찍이 나는 그 여자가 우물가에서 물을 긷는 것을 보았는데 거동擧動과 용지容止가 조금도 상규에 벗어나지 않았고, 남에게 곁눈을 돌리는 일이 없었다. 이 점으로 해서 그를 결정하게 된 것이다."

王汝南少無婚, 自求郝普女; 司空以其癡, 會無婚處,
任其意, 便許之. 旣婚, 果有令姿淑德; 生東海, 遂爲王氏
母儀.

或問汝南:「何以知之?」

曰:「嘗見井上取水, 擧動容止不失常, 未嘗忤觀, 以此
知之」

【王汝南】 王湛(249~295). 자는 處沖. 太原王氏 王渾의 아우이며 王承의 아버지.
  太子洗馬, 尙書郎, 太子中庶子, 汝南內史 등을 지냄. 《晉書》(75)에 전이 있음.
【郝普】 자는 道匡. 洛陽太守를 지냄. 당시 매우 미천한 집안이었다 함.
【司空】 王昶을 가리킴.
【東海】 王承(275~320). 자는 安期. 太原 晉陽人. 汝南太守 王湛의 아들이며
  王述의 아버지. 東海太守가 되어 덕정을 베풀었음. 王導, 衛玠, 周顗, 庾亮
  등과 함께 東晉의 명사로 추앙됨. 《晉書》(75)에 전이 있음.
【忤觀】 시선이 단정하지 못하거나 눈빛이 안정되지 못함을 뜻함.

참고 및 관련 자료

1. 《郝氏譜》
普字道匡, 太原襄城人. 仕至洛陽太守.
2. 《魏志》
王昶字文舒, 仕至司空.
3. 《汝南別傳》
襄城郝仲將, 門至孤陋, 非其所偶也. 君嘗見其女, 便求聘焉. 果高朗英邁, 母儀
冠族. 其通識餘裕皆此類.

　왕사도(王司徒, 王渾)의 부인은 종씨(鍾氏, 鍾徽)의 딸로 태부太傅 종요鍾繇의
증손이었으며, 준재俊才에 부덕婦德을 갖추고 있었다. 종녀鍾女와 학녀郝女는
제사娣姒 사이로 서로 절친하였고 존중하였다.
　종씨는 집이 현귀顯貴하다고 학씨를 능멸한 일이 없고, 학씨도 집이 빈한
하다고 종씨에게 굽실거리는 경우가 없었다.
　동해(東海, 王湛)의 집안에는 학부인의 법도를 따랐고 경릉(京陵, 王渾)의 집
에서는 종부인의 예를 모범으로 여겼다.

　王司徒婦, 鍾氏女, 太傅曾孫, 亦有俊才女德. 鍾·郝爲
娣姒, 雅相親重. 鍾不以貴陵郝, 郝亦不以賤下鍾. 東海家內,
則郝夫人之法; 京陵家內, 範鍾夫人之禮.

【王司徒】王渾. 자는 長原, 혹은 玄沖(223~297). 王昶의 아들이며 王戎의
　아버지. 王湛의 형. 司徒와 侍中 등 높은 관직에 올랐음.《晉書》(42)에 전이
　있음.
【曾孫】鍾繇의 증손이며 이름은 琰之.
【郝女】王湛의 처.
【娣姒】동서로 형제끼리의 처. 즉 동서지간.
【東海】王湛(249~295). 東海太守를 지냄. 자는 處沖. 太原王氏 王渾의 아우이며
　王承의 아버지. 太子洗馬, 尙書郞, 太子中庶子, 汝南內史 등을 지냄.《晉書》
　(75)에 전이 있음.
【京陵】王渾이 아버지(王承)를 세습하여 京陵侯를 지냄.

1. 《王氏譜》

夫人名琰之, 黃門侍郎鍾徽女.

2. 《婦人集》

婦人有文才, 其詩賦頌誄行於世.

3. 楊勇 〈校箋〉

『娣姒, 兄弟妻相稱謂也; 年長者曰姒, 小者曰娣.』

4. 楊勇 〈校箋〉

『汪藻太原王氏譜:「昶四子: 渾·深·淪·湛. 渾襲父爵京陵侯, 生向·濟·澄·汶. 湛, 晉汝南內史, 生承, 東海太守」本篇12:「渾妻, 鍾徽女.」又13:「湛妻, 郝 晉女.」故東海指王承一系, 京陵指王渾日系.』

5. 《晉書》列女鍾琰之傳

琰雖門貴, 與郝雅相親重. 郝不以賤下琰, 琰不以貴陵郝; 時人稱鍾夫人之禮, 郝夫人之法.

822(19-17)

이평양(李平陽, 李重)은 진주자사(秦州刺史, 李秉)의 아들로 중원에서 명망이 높았다. 그래서 당시 사람들은 그를 왕이보(王夷甫, 王衍)에 비견하기도 하였다. 그런데 손수孫秀가 처음 조왕趙王 윤(司馬倫)의 신임을 차지하여 권세를 잡자 모두들 손수를 부추겼다.

"악령(樂令, 樂廣)은 백성들의 신망을 얻고 있으니 죽일 수 없습니다. 그리고 이중李重의 명성만 못한 자는 죽일 필요가 없습니다."

이리하여 드디어 손수는 이중을 핍박하여 자살하게 하였다. 당초 이중이 집에 있을 때 어떤 사람이 문으로 뛰어들어 오면서 상투 속에서 쪽지를 꺼내어 이중에게 보여 주었다. 이중은 이를 보고 얼굴색이 변하여 곧바로 안으로 들어가 딸에게 보여 주었다.

이를 본 딸은 즉시 "끝났습니다"라고 소리쳤다. 이중은 그 뜻을 알아차리고 자결해 버렸다. 그 딸은 매우 총명하여 이중은 매번 일이 있을 때마다 딸에게 의견을 구하곤 하였다.

李平陽, 秦州子; 中夏名士, 于時以比王夷甫.

孫秀初欲立威權, 咸云:「樂令民望不可殺, 減李重者又不足殺」

遂逼重自裁. 初, 重在家, 有人走從門入, 出髻中疏示重, 重看之色動; 入內示其女, 女直叫「絶」. 了其意, 出則自裁. 此女甚高明, 重每咨焉.

【李平陽】李重(253~300). 자는 茂曾. 《晉書》(46)에 전이 있음. 〈品藻篇〉 참조. 조왕(趙王) 윤(司馬倫)이 난을 일으킬 것을 알고 병이 있어 관여치 않다가 죽었음. 이에 본장에서는 자결한 것으로 되어 있어 내용이 상치됨.

【李秉】李重의 아버지.

【王夷甫】王衍(256~311). 자는 夷甫. 王乂의 아들이며 王玄의 父. 죽림칠현의 하나인 王戎의 從弟. 太尉를 지냄. 《晉書》(43)에 전이 있음.

【孫秀】자는 俊忠(?~301). 趙王 司馬倫에게 발탁되어 그를 도와 난을 일으켰다가 참살당함.

【樂令】樂廣(?~304). 자는 彦輔. 尙書令을 지낸 명망 높은 인물. 王衍과 같은 시대 인물로 당시 청담 풍조에 이름을 날렸음. 여러 관직을 거쳐 王戎에 이어 尙書令이 됨. 그 때문에 흔히 '樂令'으로도 불림. 두 딸이 있어 하나는 衛玠에게, 하나는 成都王(司馬穎)에게 시집을 보냈으나 마침 사마영과 長沙王(司馬乂)의 싸움이 심해지자 근심을 품고 죽음. 《晉書》(43)에 전이 있음. 단 '樂'은 성씨의 경우 '악'(yue)으로 읽으나(예 樂毅) 《世說新語辭典》(1992, 四川)에서는 '락'(le)의 항목에 실려 있어 '락광'으로 되어 있음.

1. 劉孝標 注

『案: 諸書皆云「重知趙王倫作亂, 有疾不治, 遂以致卒」而此書乃言自裁, 甚乖謬. 且倫·秀兇虐, 動加誅夷, 欲立威權, 自當顯戮, 何爲逼令自裁?』

2. 《晉諸公贊》

孫秀字俊忠, 琅邪人. 初, 趙王倫封琅邪, 秀給爲近職小吏; 倫數使秀作書疏, 文才稱倫意. 倫封趙, 秀徙戶爲趙人, 用爲侍郎, 信任之.

3. 《晉陽秋》

倫簒位, 秀爲中書令, 事皆決於秀. 爲齊王所誅.

4. 《永嘉流人名》

秉字玄胄, 江夏人. 魏秦州刺史.

823(19-18)

주준周浚이 안동安東장군으로 있을 때, 사냥을 나갔다가 폭우를 만나 여남汝南 이씨(李氏, 李伯宗) 집에서 비를 피하게 되었다. 이씨 집은 부유하였다. 그 때 마침 남자들이 모두 집에 없었다. 다만 딸이 집을 보고 있었는데 이름을 낙수絡秀라 하였다. 낙수는 귀한 남자가 밖에 왔다는 소리를 듣고 비첩들과 안에서 돼지와 양을 잡아 그 수십 인의 음식을 장만하였다. 그런데 그 솜씨가 재빠르고 뛰어났으며 밖에서는 그 일하는 소리도 들리지 않게 조심스러웠다.

주준이 참다못해 몰래 안을 들여다보았더니 다만 한 여자가 있는데 생김새가 비범하였다. 주준은 이에 그를 첩으로 삼겠다고 청하였다. 이씨의 부형들은 허락하지 않았다. 그러자 낙수는 이렇게 말하였다.

"저의 가문은 쇠락해 가고 있습니다. 어찌 딸 하나 버림을 아깝게 여기십니까? 만약 귀족 집에 시집을 가게 되면 혹 뒤에 큰 이익이 있을 수도 있습니다."

아버지와 식구들이 드디어 이를 허락하였다. 그래서 낙수는 백인(伯仁, 周顗) 형제를 낳았다. 낙수는 아들 백인 등에게 이렇게 일러주었다.

"내가 몸을 굽혀 너의 집에 시집온 것은 우리 집 문벌을 생각해서였다. 너희들이 만약 외갓집과 친하게 지내지 않는다면 나는 나의 여생을 아깝게 여기지 않으리라!"

백인 등은 어머니 말을 따랐다. 이때부터 미천하였던 이씨 집안은 세상에서 정당하고 동등한 대우를 얻게 되었다.

周浚作安東時, 行獵, 值暴雨, 過汝南李氏. 李氏富足, 而男子不在; 有女名絡秀, 聞外有貴人, 與一婢於內宰猪羊, 作數十人飮食, 事事精辦, 不聞有人聲. 密覘之, 獨見一女子, 狀貌非常, 浚因求爲妾. 父兄不許.

絡秀曰:「門戶殄瘁, 何惜一女? 若連姻貴族, 將來或大益」

父兄從之. 遂生伯仁兄弟.

絡秀語伯仁等:「我所以屈節爲汝家作妾, 門戶計耳; 汝若不與吾家作親親者, 吾亦不惜餘年!」

伯仁等悉從命. 由此李氏在世, 得方幅齒遇.

【周浚】자는 開林. 揚州刺史와 安東將軍 등을 지냄.

【汝南 李氏】李伯宗을 가리킴. 그의 딸이 絡秀였음.

【妾】본문에 妾으로 되어 있으나 낮춘 말이며 周浚의 正妻임.

【伯仁】周顗(269~322). 자는 伯仁. 周俊의 장자로 吏部尙書郞, 荊州刺史를

지냄. 僕射로 임명되자 술에 취해 사흘 만에 깨어나 "三日僕射"란 별명을 들음. 王敦에게 피살되어 "我雖不殺伯仁, 伯仁由我而死"의 고사를 낳음. 《晉書》(69)에 전이 있음.

【方幅齒遇】 '方幅'은 당시 口語(쌍성연면어)로 '정정당당하다'의 뜻. '齒遇'는 '이빨이 나란하듯 동등한 대우를 받음'을 뜻한다.

참고 및 관련 자료

1. 《王八故事》
浚字開林, 汝南安成人. 少有才名. 太康初, 平吳, 自御史中丞出爲揚州刺史. 元康初, 加安東將軍.

2. 劉孝標 注
『案周氏譜:「浚取同郡李伯宗女」此云爲妾, 妄耳.』

824(19-19)

도공(陶公, 陶侃)은 어릴 때 큰 뜻이 있었으나 집이 몹시 가난하였다. 어머니 잠씨湛氏와 같이 살고 있을 무렵, 같은 고향의 범규范逵는 평소 이름이 알려진 인물이었다. 그가 효렴孝廉으로 거용이 되어 출발하다가 이 도간의 집에 투숙하게 외었다. 당시 얼음이 얼고 눈이 내려 며칠을 계속하여 도간의 집은 현경懸磬의 상태가 되고 말았다. 그러나 범규의 말과 수행원들은 너무도 많았다. 도간의 어머니 잠씨는 도간에게 이렇게 일렀다.

"너는 다만 나가서 그들을 안내만 해라. 내가 알아서 계책을 세울 테니."

잠씨의 머리는 땅에 끌리도록 길었는데 이를 끊어 두 묶음을 만들어 나가서 몇 곡斛의 쌀을 구해오고, 다시 집 기둥들을 잘라 반씩 쪼개어서는 장작으로 삼았으며, 짚자리는 썰어 말먹이로 삼았다. 해가 기울어 저녁상을 차렸다. 그런데 음식이 가득하여 수행원들까지 모두 모자람 없이 실컷 먹을 수 있었다. 범규는 이미 도간의 재능과 언변에 감탄하였고, 그 어머니의 이러한 후의에 심히 미안하게도 생각하였다. 이튿날 그가 떠날 때 도간은 그를 멀리까지 배송하여 거의 1백 리에 이르게 되었다. 범규가 말렸다.

"너무 멀리 왔네. 어서 돌아가게."

그러나 도간은 머뭇거리면서 돌아가려 하지 않았다. 범규는 이렇게 약속하였다.

"돌아가게나. 내 낙양洛陽에 가면 이 아름다운 미담을 널리 얘기하겠네."

그제야 도간은 집으로 돌아왔다. 범규는 낙양에 이른 후 이 일을 양탁羊晫·고영顧榮 등에게 칭찬하였으며, 이리하여 훌륭한 명예를 크게 얻게 되었다.

陶公少有大志, 家酷貧, 與母湛氏同居. 同郡范逵素知名, 擧孝廉, 投侃宿; 于時冰雪積日, 侃室如懸磬, 而逵馬僕甚多.

侃母湛氏語侃曰: 「汝但出外留客, 吾自爲計」

湛頭髮委地, 下爲二髲, 賣得數斛米, 斫諸屋柱, 悉割半爲薪; 剉諸薦以爲馬草, 日夕遂設精食, 從者皆無所乏. 逵旣歎其才辯, 又深愧其厚意. 明旦去, 侃追送不已, 且百里許.

逵曰: 「路已遠, 君宜還」

侃猶不返.

逵曰: 「卿可去矣, 至洛陽, 當相爲美談」

侃迺返. 逵及洛, 遂稱之然羊晫·顧榮諸人, 大獲美譽.

【陶公】陶侃(259~334). 자는 士行. 혹은 士衡. 蘇峻의 난을 평정한 공로로 侍中과 太尉 등을 역임하였으며 長沙郡公에 봉해짐. 江夏, 武昌의 太守와 荊州, 廣州, 江州, 湘州의 刺史를 지낼 때 선정을 베풀었음.《晉書》(66)에 전이 있음. 陶淵明의 증조임.

【范逵】鄱陽人. 자세히는 알 수 없음.

【羊晫】《晉書》에서 楊晫으로 되어 있음. 豫章國 郞中令을 지냄.

【顧榮】字는 彦先. 三國시대부터 晉나라 때 인물. 吳郡 사람. 吳나라가 평정되자 陸機, 陸雲 형제와 낙양으로 들어가 흔히 '三俊'이라 불렸음. 뒤에 다시 남으로 내려와 남쪽 인재를 적극 추천한 것으로도 유명함.《晉書》(68)에 전이 있음.

참고 및 관련 자료

1.《晉陽秋》

侃父丹, 吳揚武將軍, 娶新淦湛氏女, 生侃. 湛虔恭有智算, 以湛氏貧賤, 紡績以資給侃, 使交結勝己. 侃少爲尋陽吏, 鄱陽孝廉范逵嘗過侃宿, 時大雪, 侃家無草, 湛徹所臥薦剉給; 陰截髮, 賣以供調. 逵聞之歎息. 逵去, 侃追送之. 逵曰:「豈欲仕乎?」侃曰:「有仕郡意.」逵曰:「當相談致.」過廬江, 向太守張夔稱之. 召補吏, 擧孝廉, 除郞中. 時豫章國郞中令羊晫, 侃州里也, 爲鄕論所歸, 侃詣之. 晫曰:「易稱貞固足以幹事, 陶士行是也.」與同乘, 見中書郞顧榮, 榮甚奇之. 吏部郞溫雅謂晫曰:「君奈何與小人同輿?」晫曰:「此寒俊也.」王隱晉書曰:「侃母旣截髮供客, 聞者歎曰:「非此母, 不生此子!」乃進之於張逵. 羊晫亦簡之. 後晫爲十郡中正, 擧侃爲鄱陽小中正, 始得上品也.

2.《晉書》陶侃傳

豫章國郞中令羊晫, 侃州里也, 爲鄕論所歸, 侃詣之. 晫曰:「易稱貞固足以幹事, 陶士行是也.」與同乘, 見中書郞顧榮, 榮甚奇之.

825(19-20)

　도간陶侃은 젊어서 곡식과 어물을 관리하는 직원이었다. 한 번은 한 단지의 젓갈을 어머니께 가져다 드렸더니 어머니는 이를 봉하여 심부름꾼을 통해 되돌려 보내며 이때 함께 편지를 써서 아들을 이렇게 책하였다.
　"네가 관리가 되어 나라의 물건을 내게 보내는 것은 아무런 이익도 되지 못할 뿐 아니라 오히려 내 근심을 더하게 할 뿐이다!"

　陶侃少時, 作魚梁吏, 嘗以一坩鮓餉母.
　母封鮓付使, 反書責侃曰:『汝爲吏, 以官物見餉; 非唯不益, 乃以增吾憂也!』

【陶侃】자는 士行(259~334). 혹은 士衡. 蘇峻의 난을 평정한 공로로 侍中과 太尉 등을 역임하였으며 長沙郡公에 봉해짐. 江夏, 武昌의 太守와 荊州, 廣州, 江州, 湘州의 刺史를 지낼 때 선정을 베풀었음.《晉書》(66)에 전이 있음. 陶淵明의 증조임.
【鮓】음은 '자'. 생선을 절여 만든 일종의 젓갈류. 혹은 해파리를 말린 것이라고도 함.

　　참고 및 관련 자료

1.《陶侃別傳》
母湛氏, 賢明有法訓. 侃在武昌, 與佐史從容飮燕, 飮常有限. 或勸猶可少進, 侃悽然良久曰:「昔年少, 曾有酒失, 二親見約, 故不敢踰限.」及侃丁母憂, 在墓下, 忽有二客來弔, 不哭而退; 儀服鮮異, 知非常人. 遣隨視之, 但見雙鶴沖天而去.

2. 《幽明錄》

陶公在尋陽西南一塞取魚, 自謂其池曰鶴門.

3. 《晉書》列女傳

陶侃少爲尋陽吏, 監魚梁, 以一坩鮓遺母.

4. 劉孝標 注

『按: 吳司徒孟宗爲雷池監, 以鮓餉母, 母不受, 非侃也. 疑後人因孟假爲此說.』

826(19-21)

환선무(桓宣武, 桓溫)가 촉蜀을 평정한 후, 이세李勢의 여동생을 첩으로 삼아 총애하면서 늘 서재 뒷방에 머물러 거하게 하였다. 남강南康 장공주長公主가 처음에는 이 일을 몰랐다가 소문을 듣고는 수십 명의 종을 데리고 번쩍이는 칼을 품은 채 습격을 갔다. 그때 마침 이세의 여동생은 머리를 빗고 있었는데 머리 길이는 땅에 닿을 정도요 피부색은 백옥같이 빛났다. 그 여자는 공주를 보자 조금도 동요된 빛이 없이 천천히 이렇게 말하였다.

"나라와 집이 망한 내가 이렇게 하는 것이 본뜻이겠습니까? 오늘 내가 죽임을 당한다면 이야말로 내 뜻대로 되는 것입니다!"

이에 공주는 부끄러운 빛으로 물러서고 말았다.

桓宣武平蜀, 以李勢妹爲妾, 甚有寵, 常箸齋後. 主始不知, 旣聞, 與數十婢拔白刃襲之. 正値李梳頭, 髮委藉地, 膚色玉曜, 不爲動容.

徐曰:「國破家亡, 無心至此; 今日若能見殺, 乃是本懷!」
主慙而退.

【桓宣武】桓溫. 東晉 永和 3年(347년)에 桓溫이 蜀을 쳐서 後蜀을 멸망시킴.
【李勢】자는 子仁(?~361). 할아버지 李特이 중원 대란 때 蜀 땅을 점거하였
  으며 아버지 李壽가 동진 때 成漢이라는 나라를 세워 中宗이라 하였음.
  이수가 죽고 장자인 李勢가 들어서서 연호를 太和로 바꾸고 後主가 됨.
  이세의 아우와 한왕(李廣)이 이세가 아들이 없음을 이유로 자신을 太弟로
  삼아줄 것을 요구하자 이세는 太保 李奕을 보내어 이광을 공격하였으며
  이광은 자살하고 말았음. 그런데 그곳 사람들이 이혁을 따르는 자가 수만
  명에 이르자 이세는 두려움을 느낀 나머지 이혁을 죽이고 연호를 嘉寧으로
  바꿈. 재위 5년 만인 347년에 桓溫이 촉을 정벌할 때 항복하여 歸義侯에
  봉해졌으며 晉 穆帝 升平 5년(361)建康에서 생을 마침. 《晉書》(121)에 載記가
  있음.
【公主】南康長公主를 가리킴. 東晉 明帝의 딸로 桓溫의 正妻임.
【無心至此】자결할 결심의 마음이 없이 이 지경에 이르렀음을 뜻함.

참고 및 관련 자료

1. 《續晉陽秋》
溫尙明帝女南康長公主.

2. 《太平御覽》152(《晉中興書》)
南康宣公主興男, 明帝長女, 庾后所生, 初封遂安縣.

3. 《妬記》
溫平蜀, 以李勢女爲妾, 郡主兇妬, 不卽知之. 後知, 乃拔刃往李所, 因欲斫之.
見李在窗梳頭, 姿貌端麗, 徐徐結髮, 斂手向主, 神色閑正, 辭甚悽惋. 主於是
擲刀前抱之曰:「阿子, 我見汝赤憐, 何況老奴?」遂善之.

유옥대(庾玉臺, 庾友)는 유희庾希의 아우였다. 형이 모반죄로 처형되고 유옥대도 장차 처형될 위기에 처하고 말았다.

그런데 유옥대의 며느리는 환선무(桓宣武, 桓溫)의 동생 환활桓豁의 딸이었다. 그 여인은 이에 맨발로 백부 환선무 집으로 달려갔으나 문지기들이 막고 들여보내 주지를 않는 것이었다.

그 여자는 이렇게 소리쳤다.

"어떤 작자야? 내가 백부의 집에 들어가려는데 나를 못 들어가게 막는 자들이!"

그러고는 달려 들어갔다. 그리고 울부짖으며 이렇게 청원하였다.

"내 남편 유옥대는 남을 의지하여 걷는, 다리가 보통 사람보다 세 치⁺나 짧은 사람입니다. 그런 자가 능히 역적모의를 할 수 있겠습니까?"

환선무는 이를 보고 웃으며 이렇게 달랬다.

"조카사위 집이 이 일로 이토록 다급하게 되었군."

그리하여 드디어 유옥대 한 집안은 원래대로 두었다.

庾玉臺, 希之弟也; 希誅, 將戮玉臺. 玉臺子婦, 宣武弟桓豁女也; 徒跣求進, 閣禁不內.

女厲聲曰:「是何小人? 我伯父門, 不聽我前!」

因突入. 號泣請曰:「庾玉臺常因人脚短三寸, 當復能作賊不?」

宣武笑曰:「壻故自急」

遂原玉臺一門.

【庾玉臺】庾友. 어릴 때 자가 玉臺. 자는 蕙産. 庾冰의 셋째아들. 中書郎·東陽
　太守 등을 지냄.
【庾希】자는 始産. 庾冰의 장자. 桓溫이 심히 미워하며 죽이려 들자 맞섰다가
　建康에서 참수당함. 《晉書》(37)에 전이 있음.
【桓宣武】桓溫(312~373). 明帝의 부마. 시호는 宣武侯. 《晉書》(99)에 전이 있음.
【桓豁】자는 郎子. 桓彝의 셋째아들이며, 桓溫의 아우. 《晉書》(74)에 전이 있음.
【桓豁女】자는 女幼. 庾玉臺의 아들 庾宣의 아내.

> ### 참고 및 관련 자료

1.《庾氏譜》
友字蕙彦, 司空冰第三子. 歷中書郎·東陽太守.
2.《庾氏譜》汪藻
友, 冰子, 字蕙彦, 又字弘之, 小字玉臺. 晉中書郎·東陽太守.
3.《庾氏譜》
友字弘之, 長子宣, 娶宣武弟桓豁之女, 字女幼.
4.《中興書》
桓溫殺庾希弟倩, 希聞難而逃, 希弟友當伏誅; 子婦桓氏女, 訴溫, 得宥.

828(19-23)

　사안謝安의 부인 유씨劉氏가 휘장을 둘러쳐 보이지 않게 해 놓고 비녀
婢女들에게 기예를 펼치도록 하면서 남편 사안에게는 잠깐만 보여주고는
휘장을 내려버렸다. 사안이 다시 열어 보여 줄 것을 요구하자 유씨는
이렇게 말하였다.
　"그대의 훌륭하신 덕에 손상이 갈까 두렵습니다."

謝公夫人幃諸婢, 使在前作伎, 使太傅暫見, 便下幃; 太傅索更開, 夫人云:「恐傷盛德」

【謝公】謝安. 字는 安石(320~385). 謝裒의 아들이며 謝琰(望蔡)의 아버지. 謝奕의 동생. 덕망이 있고 기개가 높아 桓彝, 王濛의 사랑을 받음. 처음에는 벼슬에 뜻을 버리고 王羲之, 支遁 등과 산수를 즐기며 조정의 부름에 응하지 않았으나 40이 넘어 桓溫의 司馬를 거쳐 吳興太守, 侍中, 吏部尚書, 太保錄尚書事 등의 관직을 지냄. 뒤에 다시 太傅에 추증되었으며 시호는 文靖. 《晉書》(79)에 전이 있음.
【劉夫人】謝安의 부인. 〈德行篇〉 참조.

> 참고 및 관련 자료

1. 《太平御覽》521(《妬記》)
謝太傅劉夫人, 不令太傅有別房寵, 公深好聲色, 不能令節, 遂頗欲立妓妾; 兄子及外甥等微達其旨, 乃共諫劉夫人方便, 稱「關雎, 螽斯有不妒之德」夫人知諷己; 乃問:「誰撰詩?」答曰:「周公」夫人曰:「周公是男子, 乃相爲耳; 若使周姥, 傳應無此語也」

829(19-24)

환거기(桓車騎, 桓沖)는 새 옷 입기를 무척 싫어하였다. 그가 목욕한 후에는 그의 부인이 고의로 새 옷을 가져다주었다. 거기는 크게 노하여 빨리 가져

가라고 소리쳤다. 부인은 다시 새 옷을 가져다주며 이렇게 전언傳言하도록
하였다.

"옷은 새것이 낡아서 헌옷이 되는 것. 그렇잖으면 무슨 방법으로 헌옷이
되겠습니까?"

그러자 환온은 크게 웃으며 새 옷을 입었다.

桓車騎不好箸新衣, 浴後, 婦故送新衣與; 車騎大怒, 催
使持去.

婦更持還, 傳語云: 「衣不經新, 何由而故?」

桓公大笑, 箸之.

【桓車騎】桓沖(329~384). 자는 幼子. 車騎將軍을 지냈으며 桓溫의 아우. 384년
謝安이 먼저 苻堅을 대패시켰다는 소식을 듣고 화병으로 죽음. 《晉書》(74)에
전이 있음.
【婦】桓沖의 부인은 王恬의 딸이었음. 자는 女宗.

參考 및 관련 자료

1.《桓氏譜》
冲娶 琅邪王恬女, 字女宗.

830(19-25)

왕우군(王右軍, 王羲之)의 치부인郗夫人이 두 동생 사공(司空, 郗愔)과 중랑(中郎, 郗曇)에게 이렇게 부탁하였다.

"왕씨 집안에서 두 사씨謝氏가 오면 광주리를 다 쏟고 시렁이 뒤집힐 정도로 대접하면서, 너희들이 오면 평상시처럼 여기니 너희들은 번거롭게 다시는 오지 말라."

王右軍郗夫人, 謂二弟司空·中郎曰:「王家見二謝, 傾筐倒屣; 見汝輩來, 平平爾. 汝可無煩復往」

【王右軍】 王羲之(303~361, 혹은 309~365, 321~379). 王尊의 조카. 어려서는 訥言하였으나 뒤에 정치와 예술에 큰 업적을 남김. 특히 글씨에 뛰어나 書聖으로 추앙받았음. 右軍將軍을 지냈으며 자는 逸少. 山陰道士와 《道德經》 글씨를 거위와 바꾼 고사를 남겼으며 그 외에 작품으로 〈蘭亭集序〉·〈樂毅論〉·〈黃庭經〉·〈東方朔畫讚〉·〈姨母〉·〈初月〉·〈憂懸〉·〈喪亂〉 등을 남김. 《晉書》(80)에 전이 있음. 王右軍, 王逸少, 王羲之 등으로 불림. 그 아들 王獻之와 함께 글씨에 뛰어나 '二王'이라 함.

【司空】 郗夫人의 동생 郗愔. 자는 方回(313~384). 太宰 郗鑒의 아들이며 郗超의 아버지. 黃門侍郎과 臨海太守 등을 지냈으며 王羲之, 許詢과 이름을 함께 날렸음. 한때 병으로 은거하였으며 글씨에 정진하였음. 隸書에 능하여 道經 백 권을 베낌. 뒤에 다시 출사하여 會稽內史를 지냈으며 司空에 초빙되었으나 사양함. 侍中과 司空에 추증됨. 《晉書》(67)에 전이 있음.

【中郎】 郗曇. 자는 重熙(320~361). 郗鑒의 아들이며 郗恢의 아버지. 簡文帝가 발탁하여 撫軍과 司馬를 지냈으며 뒤를 이어 尙書吏部郎, 御史中丞 北中郎將, 丹陽尹, 徐州·兗州刺史 등을 지냄. 《晉書》(67)에 전이 있음.

1. 《郗曇別傳》

曇字重淵, 鑒少子. 性韻方質, 和正沉簡. 累遷丹陽尹·北中郎將·徐兗二州刺史.

831(19-26)

왕응지王凝之의 아내 사부인謝夫人은 왕씨 집안에 시집간 후 남편 왕응지를 박대하였다. 그가 친정에 돌아와서도 계속 불만을 터뜨렸다. 이에 사태부(謝太傅, 謝安)가 이를 달래 주며 물었다.

"왕응지는 왕일소(王逸少, 王羲之)의 아들로 사람 또한 악하지도 않다. 그런데 너는 어찌 그리 한이 맺혔느냐?"

이에 그녀는 이렇게 대답하였다.

"우리 집안 가문에는 숙부들 중에 아대(阿大, 王忱)·중랑(中郎, 謝尙)과 같은 훌륭한 분이 있고, 같은 항렬의 종제·형제만 보아도 봉(封, 謝韶)·호(胡, 謝朗)·알(遏, 謝玄)·말(末, 謝淵)같은 인물이 있습니다. 그런데 하늘과 땅 사이에 왕씨 집안에 어찌 응지 같은 인물이 있을 줄 알았겠습니까!"

王凝之謝夫人旣往王氏, 大薄凝之; 旣還謝家, 意大不悅.

太傅慰釋之曰:「王郞, 逸少之子, 人身亦不惡; 汝何以恨迺爾?」

答曰:「一門叔父, 則有阿大·中郎; 群從兄弟, 則有封·
胡·遏·末. 不意天壤之中, 乃有王郎!」

【王凝之】王羲之의 아들.

【謝夫人】謝道蘊(謝道韞). 太傅 謝安의 딸. 이는 바로 "柳絮因風起"의 구절을
남긴(〈言語篇〉) 才媛으로 王凝之가 그의 눈에 차지 않았음을 뜻한다.

【王逸少】王羲之. 王右軍.

【阿大】王忱. 字는 元達(?~392). 어릴 때 字가 佛大였음. 王坦之의 넷째
아들이며 王恭과는 族親 관계. 放達嗜酒하여 옷을 벗고 다니거나 며칠을
계속 술을 마시는 등 禮教를 벗어나 살았음. 荊州刺史, 建武將軍 등을 지냄.
《晉書》(75)에 전이 있음.

【中郎】謝尚(308~357). 자는 仁祖. 謝鯤의 아들이며 王導가 '小安豊'이라
불렀음. 給事黃門侍郎을 거쳐 建武將軍, 鎭西將軍, 歷陽太守, 豫州刺史, 江夏,
義陽 등 都督을 지냄. 穆帝 때 尚書僕射를 지냄. 음악과 기예에 밝았으며
太樂을 처음으로 정리하였던 인물. 《晉書》(79)에 전이 있음. 謝安의 堂兄.

【封】謝韶.

【胡】謝郎.

【遏】謝玄(343~388). 자는 幼度. 어릴 때의 자는 遏(羯). 謝奕의 아들이며
謝靈運의 조부. 謝安의 조카. 徐州刺史로서 謝石, 謝琰 등과 肥水(淝水)에서
苻堅을 대파함. 그로 인해 康樂侯公에 봉해졌으며 죽은 뒤 車騎將軍으로
추증됨. 《晉書》(79)에 전이 있음.

【末】謝淵.

> 참고 및 관련 자료

1. 劉孝標 注

『封胡, 謝韶小字. 遏末, 謝淵小字. 韶字穆度, 萬子, 車騎司馬. 淵字叔度, 奕第
二子, 義興太守. 時人稱其尤彥秀者; 或曰封·胡·遏·末. 封謂朗, 遏謂玄, 末謂韶,
胡謂淵. 一作胡謂淵, 遏謂玄, 末謂韶, 封謂朗也.』

2.《謝氏譜》汪藻

阿大中郞, 是謝萬.(잘못인 것으로 봄.)

3.《晉書》謝尚傳

無子, 從弟奕以子康襲爵, 早卒.

4.《晉書》謝奕傳

三子, 泉(卽淵)·靖·玄. 泉早卒, 有名譽, 義興太守.

5.《謝氏譜》王藻

謝淵字叔度, 小字末; 謝玄字幼度, 小字遏(疑原作羯, 避唐諱); 謝郞字長度, 小字胡兒; 謝韶字穆度, 小字封.

6.《晉書》謝萬傳

子韶字穆度, 少有名, 時謝氏尤秀彦者: 稱封·胡·羯·末. 封謂韶, 胡謂郞, 羯謂玄, 末謂川(卽淵), 皆其小字也. 韶·朗·川並早卒, 惟玄以功名終.

7.《晉書》列女傳 謝道韞

封謂謝歆(當作韶), 胡謂謝朗, 羯謂謝玄, 末謂謝川, 皆其小字也.(則此處當作『胡謂淵. 一作胡謂淵, 遏謂玄, 末謂韶, 封謂朗.』)

832(19-27)

한강백(韓康伯, 韓伯)의 어머니가 늘 아끼고 있던 낡은 궤짝이 부서져 버렸다. 그러자 그의 외손 변국(卞鞠, 卞範之)이 이를 보고 안타깝게 여겨 바꾸어 드리고자 하였다. 이에 한강백 어머니는 이렇게 말렸다.

"내가 만약 이것을 아끼고 계속 쓰지 않는다면 너는 낡은 물건이라는 것이 어떤 것인지를 어떻게 알 수 있겠느냐?"

韓康伯母, 隱古几毁壞, 卞鞠見几惡, 欲易之.
答曰:「我若不隱此, 汝何以得見古物?」

【韓康伯】 韓伯. 자는 康伯. 潁川人. 秀才로 천거되어 著作郎에 부름을 받았
    으나 응하지 않음. 뒤에 侍中, 丹陽尹, 吏部尚書, 令軍將軍, 豫章太守 등의
    벼슬을 지냄. 죽은 후 太常에 추증됨. 韓太常, 韓豫章으로도 불림. 《晉書》
    (75)에 전이 있음.
【隱】 癮과 같음. '매우 아끼다, 좋아하다'의 뜻.
【卞鞠】 卞範之(?~405). 자는 敬祖 어릴 때 이름이 鞠. 《晉書》(99)에 전이 있음.
    〈寵禮篇〉을 볼 것.

> 참고 및 관련 자료

1. 劉孝標 注
『卞鞠, 卞範之, 韓母之外孫也.』

833(19-28)

왕강주(王江州, 王凝之) 부인夫人이 사알謝遏에게 물었다.
"너는 어찌 더 이상 진전이 없느냐? 세속의 잔일에 얽매여서냐? 아니면
천분天分의 한계가 있어서냐?"

王江州夫人語謝遏曰:「汝何以都不復進? 爲是塵務經心,
天分有限?」

【王江州】王凝之. 그의 부인은 謝奕의 딸로 道韞. 謝玄의 누이였음.
【謝遏】謝夫人의 동생. 謝玄(343~388). 자는 幼度. 어릴 때의 자는 遏(羯). 謝奕의 아들이며 謝靈運의 조부. 謝安의 조카. 徐州刺史로서 謝石, 謝琰 등과 肥水(淝水)에서 苻堅을 대파함. 그로 인해 康樂侯公에 봉해졌으며 죽은 뒤 車騎將軍으로 추증됨.《晉書》(79)에 전이 있음.
【天分】하늘로부터 타고난 능력.

834(19-29)

치가빈(郗嘉賓, 郗超)이 죽자, 그 부인의 아우들이 누이를 친정으로 맞아 들이려 하였다. 그러자 부인은 끝내 가지 않겠노라 하면서 이렇게 말하였다. "비록 나만 홀로 살아남아 이제 치공과 한집에 살 수 없다 해도 죽어 서라도 같은 모혈에 묻힐 수 없단 말이냐!"

郗嘉賓喪, 婦弟欲迎姊還, 姊終不肯歸. 曰:「生縱不得與 郗郎同室, 死寧不同穴!」

【郗嘉賓】郗超. 자는 景興(336~377). 또는 嘉賓으로도 부름. 郗愔의 아들.《晉書》(67)에 전이 있음. 그의 부인은 汝南. 周閔의 딸로 이름은 馬頭였음.
【同穴】이는《詩經》王風 大車의 "穀則異室, 死則同穴"의 구절을 원용한 것임.

1.《郗氏譜》

超娶汝南周閔女, 名馬頭.

2.《毛詩》

『穀則異室, 死則同穴.』(鄭玄 注:「穴, 謂壙中墟也.」)

835(19-30)

사알(謝遏, 謝玄)이 자신의 누나謝道韞가 훌륭하다고 자랑을 심하게 늘어놓자, 장현張玄이 자신의 여동생을 늘 칭찬하며 그와 필적시키려 하였다. 그때 제니濟尼라는 어떤 비구니 여승이 두 집안을 모두 드나들고 있었다. 어떤 사람이 그 두 여인의 우열을 묻자 그 여승은 이렇게 설명하였다.

"왕부인王夫人 사씨는 신정산랑神情散朗하여 수풀 속의 바람과 같은 느낌이 있고, 고씨顧氏 집안에 시집간 장씨는 청심옥영淸心玉映하여 스스로 규방閨房의 빼어난 자태입니다."

謝遏絶重其姊, 張玄常稱其妹, 欲以敵之. 有濟尼者, 並遊張·謝二家, 人問其優劣?

答曰:「王夫人神情散朗, 故有林下風氣; 顧家婦淸心玉映, 自是閨房之秀」

【謝遏】謝玄(343~388). 자는 幼度. 어릴 때의 자는 遏(羯). 謝奕의 아들이며 謝靈運의 조부. 謝安의 조카. 徐州刺史로서 謝石, 謝琰 등과 肥水(淝水)에서 苻堅을 대파함. 그로 인해 康樂侯公에 봉해졌으며 죽은 뒤 車騎將軍으로 추증됨. 《晉書》(79)에 전이 있음.

【張玄】 자는 祖希. 顧和의 外孫. 吏部尙書, 冠軍將軍, 吳興太守, 會稽內史 등을 지냈으며 謝玄과 병칭되어 "南北二玄"이라 함.

【濟尼】 비구니 여승의 이름.

【王夫人】謝安의 딸이며, 謝遏의 누이인 謝道韞. 王凝之의 아내.

【顧氏婦】 張玄의 여동생으로 顧敷에게 시집간 것으로 여겨지나 확실치 않음.

참고 및 관련 자료

1. 楊勇 〈校箋〉

『王凝之夫人謝道韞(一作蘊), 謝玄姊, 顧家婦, 殆是顧敷與張玄中表再姻邪?』

836(19-31)

상서尙書 왕혜王惠가 일찍이 왕우군(王右軍, 王羲之)의 부인郗氏을 보고 이렇게 물었다.

"눈과 귀가 아직은 나빠지지 않았겠지요?"

왕우군 부인은 이렇게 대답하였다.

"머리가 희어지거나 이빨이 빠지는 것은 신체에 속한 일이오. 그러나 시력과 청력은 정신에 연관된 것입니다. 그러니 어찌 남에게 막힘이 되리오?"

王尚書惠, 嘗看王右軍夫人, 問:「眼耳未覺惡不?」

答曰:「髮白齒落, 屬乎形骸; 至於眼耳, 關於神明. 那可便與人隔?」

【王惠】자는 令明. 吏部尙書를 지냄.
【王右軍】王羲之(303~361, 혹은 309~365, 321~379). 王尊의 조카. 어려서는 訥言하였으나 뒤에 정치와 예술에 큰 업적을 남김. 특히 글씨에 뛰어나 書聖으로 추앙받았음. 右軍將軍을 지냈으며 자는 逸少. 山陰道士와 《道德經》 글씨를 거위와 바꾼 고사를 남겼으며 그 외에 작품으로 〈蘭亭集序〉·〈樂毅論〉·〈黃庭經〉·〈東方朔畫讚〉·〈姨母〉·〈初月〉·〈憂懸〉·〈喪亂〉 등을 남김. 《晉書》(80)에 전이 있음. 王右軍, 王逸少, 王羲之 등으로 불림. 그 아들 王獻之와 함께 글씨에 뛰어나 '二王'이라 함.
【惡】노쇠하여 기능이 불편함을 말함.

참고 및 관련 자료

1. 《宋書》
惠字令明, 琅邪人. 歷吏部尙書·贈太常.

2. 《婦人集》
謝表曰:「妾年九十, 孤骸獨存, 願蒙哀矜, 賜其鞠養.」

837(19-32)

한강백(韓康伯, 韓伯)의 어머니 은씨殷氏가 손자 한회지韓繪之를 따라 형양衡陽으로 가는 길에 합려주闔廬洲에서 우연히 환남군(桓南郡, 桓玄)을 만나게 되었다. 그런데 변국(卞鞠, 卞範之)은 은씨의 외손이었는데, 이때 환남군 밑에 있다가 은씨를 만나게 되자 문안을 드리게 되었다. 이에 은씨는 외손자 변국에게 이렇게 탄식하였다.

"내가 아직 죽지 않고 살아 있어 두 대代를 걸쳐 같은 역적질하는 꼴을 보게 되는구나!"

그리고 은씨는 형양에 몇 년을 살게 되었다. 과연 한회지는 환경진(桓景眞, 桓亮)의 반역에 말려들어 피살되고 말았다. 은씨는 그 시신을 어루만지며 이렇게 울었다.

"너의 아버지韓伯는 예장태수豫章太守를 그만둘 때 그 전출 문서가 아침에 도착하자 저녁때 벼슬을 버리고 떠나 버렸다. 그런데 너는 군읍郡邑의 벼슬에서 물러난 지 몇 년이 되고서도 쓸데없는 일에 얽매여 떠나지 않더니, 드디어 이런 환난을 만났구나. 내 다시 무슨 말을 하겠는가?"

韓康伯母殷, 隨孫繪之之衡陽, 於闔廬洲中逢桓南郡; 卞鞠是其外孫, 時來問訊.

謂鞠曰:「我不死, 見此豎二世作賊!」

在衡陽數年, 繪之遇桓景眞之難也, 殷撫尸哭曰:「汝父昔罷豫章, 徵書朝至夕發; 汝去郡邑數年, 爲物不得動, 遂及於難, 夫復何言?」

【韓康伯】韓伯. 자는 康伯. 潁川人. 秀才로 천거되어 著作郞에 부름을 받았으나 응하지 않음. 뒤에 侍中, 丹陽尹, 吏部尙書, 令軍將軍, 豫章太守 등의 벼슬을 지냄. 죽은 후 太常에 추증됨. 韓太常, 韓豫章으로도 불림.《晉書》(75)에 전이 있음.
【殷氏】韓康伯의 어머니.
【韓繪之】자는 季倫. 衡陽太守를 지냄.《晉書》韓伯傳에는 '瑜之'로 되어 있음.

【闔廬洲】地名. 자세히 알 수는 없으나 長江 중류의 어느 지역으로 여김.

【桓南郡】桓玄(369~404). 자는 敬道. 어릴 때는 靈寶라 부름. 桓溫의 아들로 江陵을 근거로 난을 일으켜 安帝를 협박, 나라를 禪讓 받아 국호를 楚라 하였음. 뒤에 劉裕에게 패하여 建康에서 참수당함.《晉書》(99)에 전이 있음.

【卞鞠】卞範之(?~405). 자는 敬祖. 어릴 때 이름은 鞠.《晉書》(99)에 전이 있음. 〈寵禮篇〉을 볼 것.

【桓景眞】桓亮. 桓溫(312~373)의 손자. 숙부 桓玄이 역모로 피살되자 무리를 이끌고 長沙에 모여 韓繪之 등 10여 명을 죽이고 자신도 끝내 郭珍에게 피살됨.

참고 및 관련 자료

1.《韓氏譜》

繪之字季倫. 父康伯, 太常. 繪之仕至衡陽太守.

2.《續晉陽秋》

桓亮字景眞, 大司馬溫之孫. 父濟, 給事中. 叔父玄, 簒逆見誅. 亮聚衆於長沙, 自號湘州刺史. 殺太宰甄恭·衡陽前太守韓繪之等十餘人. 爲劉毅軍人郭珍斬之.

20. 술해術解

총 11장 (838-848)

'술해術解'란 남의 속뜻이나 바라는 바를 알아차리고, 이를 풀어 줌을 말한다. 본 편은 이러한 이야기를 모아 적은 것이다. 양용楊勇 교전校箋에 "術解, 謂解譬精到也"라 하였다.

총 11장이다.

먹었던 종이를 똥으로 싼 사건. 847 참조.

순욱苟勖은 음악의 이해에 뛰어나 당시 사람들이 그를 두고 '암해闇解'라 불렀다. 드디어 그는 율려律呂를 조정하고 아악雅樂을 바로잡았다. 매번 정월 초하루 조회를 거행하여 궁중 뜰에서 음악을 연주할 때 그는 스스로 궁상宮商을 조정하였는데, 그 어느 하나 화운和韻을 이루지 않는 것이 없었다.

한편 완함阮咸은 음악의 감상에 뛰어났다. 그래서 당시 사람들은 그를 '신해神解'라 불렀다. 매번 공회公會에서 음악이 연주될 때마다 그는 내심으로 음악이 조화를 이루지 못하고 있다고 여겼다. 비록 그는 한 마디도 순욱에게 이를 직접 말하지는 않았지만 순욱은 마음속으로 그를 꺼려하였다. 그래서 드디어 완함을 시평태수始平太守로 멀리 보내 버렸다.

그 뒤 어떤 한 농부가 들에서 밭을 갈다가 옛날 주周나라 때의 옥척玉尺을 발견하였는데, 그것은 바로 천하의 표준 정척正尺이었다. 순욱은 이를 가지고 이미 조율하였던 종고鐘鼓·금석金石·사죽絲竹 등의 음을 교감해 보았더니 한결같이 일서一黍만큼씩 짧음을 알게 되었다. 이에 그는 완함의 그 신기에 가까운 식음識音에 탄복하고 말았다.

苟勖善解音聲, 時論謂之「闇解」. 遂調律呂, 正雅樂. 每至正會, 殿庭作樂, 自調宮商, 無不諧韻. 阮咸妙賞, 時謂「神解」. 每公會作樂, 而心謂之不調. 旣無一言直勖, 意忌之, 遂出阮爲始平太守. 後有一田父耕於野, 得周時玉尺, 便是天下正尺. 苟試以校己所治鐘鼓·金石·絲竹, 皆覺短一黍. 於是伏阮神識.

【荀勗】 자는 公曾(?~289). 荀爽의 증손으로 대장군 曹爽의 掾이 되었으나
  조상이 피살되자 司馬昭에게 발탁되어 記室로서 裴秀, 羊祜와 함께 機密을
  담당함. 뒤에 司馬炎이 晉나라를 일으키자 安陽令·侍中·中書監, 光祿大夫,
  儀同三司 등을 지냄. 晉初 晉律을 제정하였으며 음악에도 조예가 깊었고
  당시의 서적을 정리하기도 함.《晉書》(39)에 전이 있음.

【闇解】 闇中解音의 뜻.

【律呂】 음악. 六律六呂로 이루어짐.

【宮商】 음율. 宮·商·角·微·羽.

【阮咸】 자는 仲容(234~305). 阮籍의 從子. 죽림칠현의 하나.《晉書》(49)에
  전이 있음. 그 傳에 "咸妙解音律, 善彈琵琶"라 함.

【神解】 神妙解音의 뜻.

【始平】 郡이름. 지금의 陝西省 興平縣.

【玉尺】 옥으로 만든 律準. 音을 調律 기구.

【一黍】 미세한 차이. 黍는 4分이라 함.

참고 및 관련 자료

1.《晉書》荀勗傳

初, 勗於路, 逢趙賈人牛鐸, 識其聲; 及掌樂, 音韻未調, 乃曰:「得趙之牛鐸則
諧矣.」遂下郡國悉送牛鐸, 果得諧者.

2. 劉孝標 箋

『按晉書律曆志:「始平掘地得古銅尺, 歲久欲腐, 不知所出何代, 果長勗尺四分.」』

3.《晉後略》

鐘律之器, 自周之末廢, 而漢成·哀之間, 諸儒修而治之; 至後漢末, 復隳矣. 魏氏
使協律知音者杜夔造之, 不能考之典禮, 徒依於時絲管之聲, 時之尺寸而制之,
甚乖失禮度. 於是世祖命中書監荀勗依典制, 定鐘律. 旣鑄律之管, 募求古器,
得周時玉律數枚, 比之不差. 又諸郡舍倉庫, 或有漢時故鐘, 以律命之, 皆不叩
而應, 聲音韻合, 又若俱成.

4.《晉諸公贊》

律成, 散騎侍郎阮咸, 謂「勗所造聲高, 高則悲. 夫亡國之音哀以思, 其民困. 今聲
不合雅, 懼非德政中和之音, 必是古今尺有長短所致. 然今鐘磬, 是魏時杜夔所造,

不與勖律相應, 音聲舒雅, 而久不知夔所造, 時人爲之, 不足改易.」勖性自矜, 乃困事左遷咸爲始平太守, 而病卒. 後得地中古銅尺, 校度勖今尺, 短四分, 方明咸果解音, 然無能正者.

5.《晉紀》干寶

荀勖始造正德大象之舞, 以魏杜夔所制律呂, 校太樂八音不和. 後漢至魏, 尺長於古四分有餘, 而夔據之, 是以失韻. 乃依周禮積粟以起度量, 以度古器, 符於本銘, 遂以爲式, 用之郊廟.

839(20-2)

순욱荀勖이 일찍이 진晉 무제(武帝, 司馬炎)의 자리에 죽순과 밥을 진상하면서 앉은 사람들에게 이렇게 말하였다.

"이것은 고생하며 지친 나무로 장작불을 삼아 익힌 것이다."

그러나 모두들 믿지 않았다.

진 무제가 사람을 몰래 보내어 알아보도록 하였더니, 과연 밖에서 이렇게 말해 오는 것이었다.

"오래 된 수레바퀴를 때어 익힌 것입니다."

荀勖嘗在晉武帝坐上食筍進飯, 謂在坐人曰:「此是勞薪炊也.」

坐者未之信. 帝密遣問之, 外云:「實用故車脚.」

【荀勖】자는 公曾(?~289). 荀爽의 증손으로 대장군 曹爽의 掾이 되었으나 조상이 피살되자 司馬昭에게 발탁되어 記室로서 裴秀, 羊祜와 함께 機密을 담당함. 뒤에 司馬炎이 晉나라를 일으키자 安陽令·侍中·中書監, 光祿大夫, 儀同三司 등을 지냄. 晉初 晉律을 제정하였으며 음악에도 조예가 깊었고 당시의 서적을 정리하기도 함.《晉書》(39)에 전이 있음.

【晉武帝】司馬炎. 晉나라 첫 황제. 武帝. 재위 26년(265~290). 司馬昭의 長子. 자는 安世. 咸熙 2年(265)에 魏나라로부터 禪讓의 형식으로 나라를 이어받아 洛陽에 晉나라를 세움. 묘호는 世祖.《晉書》(3)에 紀가 있음.

【勞薪】오래되어 폐기된 수레바퀴를 땔감으로 사용한 것임. 다른 쓰임에 노고를 당한 장작이라는 뜻. 혹은 땔감을 실어나르느라 고생한 나무 장작이라는 뜻으로도 여김.

┌─ 참고 및 관련 자료 ─┐

1.《北史》王邵傳
昔師曠食飯, 云是勞新爨, 晉平公使視之, 果然車軸.
2.《晉書》荀勖傳
帝遣問膳夫, 乃云實用故車脚.

840(20-3)

어떤 지관地官이 양호羊祜 부친의 묘 자리를 보고 뒤에 반드시 하늘로부터 명을 받은 임금, 즉 천자가 나리라 하였다. 양호는 그의 그런 말을 꺼려 하여 결국 묘의 뒤쪽을 파서 그 산세의 맥을 끊어 버렸다. 풍수관이 즉시 가서 보고 다시 이렇게 말하였다.

"그래도 팔이 부러진 삼공三公 정도는 날 자리로군."

얼마 후에 양호는 말에서 떨어져 팔이 부러졌고 뒤에 그의 직위는 과연 삼공의 자리에 올랐다.

人有相羊祜父墓, 後應出受命君; 祜惡其言, 遂掘斷墓後, 以壞其勢. 相者立視之, 曰:「猶應出折臂三公」

俄而祜墜馬折臂, 位果至公.

【羊祜】羊叔子(221~278). 자는 叔子. 羊續의 손자이며 司馬師 羊皇后의 아우. 司馬昭가 권력을 독점하자 이에 좇아 中書侍郎, 給事中, 黃門郎, 秘書監 등의 직책을 담당하면서 荀勖과 더불어 국가 기밀을 관장함. 晉나라가 되면서 中軍將軍, 散騎常侍 등을 거쳐 尚書左僕射, 衛將軍 등을 역임함. 荊州를 지키면서 뭇나라 백성에게 잘해주어 오나라 사람들이 그를 羊公이라 불렀음. 선정을 베풀고 그가 죽자 백성들이 罷市를 할 정도였다 함. 그의 碑廟는 杜預가 짓고 〈墮淚碑〉라 불렀음. 《老子傳》이 있으며 《晉書》(34)에 전이 있음. 杜預를 천거하여 자기 뒤를 잇게 하였음.

참고 및 관련 자료

1. 《幽明錄》

羊祜工騎乘. 有一兒五六歲, 端明可喜; 掘墓之後, 兒卽亡. 羊時爲襄陽都督, 因盤馬落地, 遂折臂. 于時士林, 咸歎其忠誠.

왕무자(王武子, 王濟)는 말의 성질에 대해 잘 알았다. 한 번은 그가 말을
탈 때 연전連錢 장식의 장니障泥를 씌웠다. 이 말을 몰아 물가에 이르렀는데
말이 전혀 건너려 하지 않는 것이었다. 왕무자는 이에 이렇게 말하였다.

"아, 이 말이 장니를 더럽힐까 봐 아까워서 그러는군."

그러고는 사람을 시켜 장니를 풀어 주었더니 과연 말이 물을 건너는
것이었다.

王武子善解馬性, 嘗乘一馬, 箸連錢障泥; 前有水, 終不
肯渡.

王云:「此必是惜障泥.」

使人解去, 便徑渡.

【王武子】 王濟(240?~285?). 자는 武子. 王渾의 아들. 《易》과 《老莊》에 밝아
  裴楷와 이름을 날렸음. 武帝의 딸 常山公主의 남편. 侍中을 역임함. 말에
  대해서 잘 알았다고 함. 王愷와 사치와 호기를 다툰 일로도 유명함. 中書郎,
  驍騎將軍, 侍中 등을 역임함. 《晉書》(42)에 전이 있음.
【連錢】 동전을 연이어 묶어 무늬로 만든 말 장식.
【障泥】 말이 달릴 때 진흙이 묻지 않게 허리와 배에 씌우는 물건.

참고 및 관련 자료

1. 《語林》
武子性愛馬, 亦甚別之. 故杜預道:「王武子有馬癖, 和長輿有錢癖.」武帝問預:
「卿有何癖?」對曰:「臣有左傳癖.」

　진술陳述이　왕대장군(王大將軍, 王敦)의　부하로서　대단히　신임을　받고
있었다.　그가　죽자　곽박郭璞이　가서　문곡問哭하였는데,　심히　슬퍼하며　이렇게
부르짖는　것이었다.

　"사조(嗣祖, 陳述), 이렇게　일찍　죽는　것이　어찌　복이　아니겠는가?"

　얼마　후　과연　왕대장군은　반란을　일으켰으니　그가　말한　바와　같았다.

　陳述爲大將軍掾,　甚見愛重;　及亡,　郭璞往哭之,　甚哀,
乃呼曰:「嗣祖,　焉知非福?」

　俄而大將軍作亂,　如其所言.

【陳述】자는　嗣祖(?~322).　潁川人.　왕동이　발탁하여　연을　삼았으나　일찍　죽음.
【王大將軍】王敦(266~324).　자는　處仲.　어릴　때는　阿黑이라　부름.　王含의
아우이며　王導의　종제로　八王之亂　때　공을　세워　散騎常侍,　侍中,　靑州刺史,
鎭東大將軍　등을　지냄.　西晉이　망하자　司馬睿를　옹립하여　황제로　삼음.　뒤에
明帝　때　난을　일으켰다가　軍中에서　죽음.《晉書》(98)에　전이　있음.
【郭璞】字는　景純(276~324).　經·史·文學,　占術,　天文　등　각　방면에　박통하여
《爾雅》·《方言》·《山海經》·《穆天子傳》　등에　注를　씀.　王敦의　記室參軍이
되어　그의　起兵을　저지하다가　피살됨.《晉書》(72)에　전이　있음.

　　　참고 및 관련 자료

　1.《陳氏譜》

　述字嗣祖,　潁川許昌人.　有美名.

843(20-6)

진晉 명제(明帝, 司馬紹)는 분묘의 풍수지리에 밝았다. 그는 곽박郭璞이
남의 장지葬地를 봐준다는 소리를 듣고 몰래 평민의 복장을 하고 가 보았다.
다 끝난 후 명제가 장지의 주인에게 이렇게 물었다.

"왜 이 용각龍角의 지세에다 장지를 택하였는가? 이러한 장법葬法은
멸족을 당하게 되는데!"

그러자 주인은 이렇게 대답하였다.

"곽박이 이 지세에 무덤을 정하면 삼 년도 안 되어 천자가 다가오게 할
수 있다고 하였소."

그러자 명제가 되물었다.

"천자가 탄생한다는 말이냐?"

그는 이렇게 대답하였다.

"천자가 나오다니요. 다만 천자의 방문을 받을 뿐이라 하였소."

晉明帝解占塚宅, 聞郭璞爲人葬, 帝微服往看; 因問主人:
「何以葬龍角? 此法當滅族!」

主人曰:「郭云『此葬龍耳. 不出三年, 當致天子』」

帝問:「爲是出天子邪?」

答曰:「非出天子, 能致天子問耳」

【晉明帝】司馬紹. 元帝(司馬睿)의 맏아들이며 東晉의 제 2대 황제. 자는 道畿.
재위 3年(323~326). 묘호는 肅宗.《晉書》(6)에 기가 있음.

【郭璞】字는 景純(276~324). 經·史·文學, 占術, 天文 등 각 방면에 박통하여
《爾雅》·《方言》·《山海經》·《穆天子傳》 등에 注를 씀. 王敦의 記室參軍이

되어 그의 起兵을 저지하다가 피살됨. 《晉書》(72)에 전이 있음.

【龍角】풍수지리상 용의 뿔에 해당하는 地脈.

1. 《靑烏子相冢書》

葬龍之角, 暴富貴, 後當滅門.

844(20-7)

곽경순(郭景純, 郭璞)이 강江을 건너 남천南遷한 후 기양暨陽에 살고 있었다. 어머니가 죽자 장례를 치르게 되었는데 그 묘가 물에서 1백 보도 떨어지지 않은 가까운 곳이었다.

당시 사람들이 너무 물에 가깝지 않느냐고 묻자 곽박은 이렇게 말하였다.

"장차 이 모두가 뭍이 될 것이오."

과연 지금에는 모래가 쌓여 묘에서 수십 리가 모두 뽕나무밭이 되었다. 그의 시에 이렇게 노래하였다.

"북산의 험준함이여.

큰 바다는 혼혼混混하도다.

올망졸망 세 무덤,

어머니와 형들의 것"

郭景純過江, 居于曁陽, 母亡安墓, 去水不盈百步, 時人以爲近水.

景純曰:「將當爲陸」

今沙漲, 去墓數十里皆爲桑田. 其詩曰:『北阜烈烈, 巨海混混; 壘壘三墳, 唯母與昆』

【郭璞】字는 景純(276~324). 經·史·文學, 占術, 天文 등 각 방면에 박통하여 《爾雅》·《方言》·《山海經》·《穆天子傳》 등에 注를 씀. 王敦의 記室參軍이 되어 그의 起兵을 저지하다가 피살됨. 《晉書》(72)에 전이 있음.

【曁陽】지금의 江蘇 江陰縣.

【烈烈·混混】《詩經》小雅 蓼莪에 "南山烈烈"이라 하였고 《孟子》離婁章에 "原泉混混, 不舍晝夜"라 하였다.

> 참고 및 관련 자료

1. 《郭璞別傳》

璞少好經術, 明解卜筮. 永嘉中, 海內將亂, 璞投策歎曰:「黔黎將同異類矣!」便結親暱十餘家, 南渡江, 居于曁陽.

845(20-8)

왕승상(王丞相, 王導)이 곽박郭璞에게 명하여 점 한 괘卦를 쳐보라고 하였다. 괘를 뽑자 곽박의 표정이 대단히 일그러졌다.

그러더니 이렇게 일러주었다.

"당신은 벼락에 맞아 죽을 액운이 있소!"

승상이 물었다.

"없앨 방법은 없소?"

곽박은 이렇게 일러주었다.

"당신은 얼른 사람을 시켜 수레를 달려 서쪽 성문을 나서서, 몇 리를 가면 하나의 잣나무를 보게 될 거요. 당신과 키가 같은 나무를 찾아 잘라서 그것을 늘 당신이 잠자리에 두십시오. 그러면 재앙을 없앨 수 있을 것입니다."

왕승상이 그의 말대로 하자 며칠이 지난 후 과연 벼락이 그 잣나무를 때려 박살을 내어 버렸다. 자제들이 모두 승상을 위해 경축을 하였다.

곽박은 이 자리에서 이렇게 말하였다.

"당신은 죄를 그 나무에게 전가한 것이오!"

王丞相令郭璞試作一卦, 卦成, 郭意色甚惡; 云: 「公有震厄!」

王問: 「有可消伏理不?」

郭曰: 「命駕西出數里, 得一柏樹, 截斷如公長, 置牀上常寢處, 災可消矣」

王從其語. 數日中, 果震柏粉碎, 子弟皆稱慶.

大將軍云: 「君乃復委罪於樹木!」

【王丞相】 王導(276~339). 자는 茂弘. 어릴 때 자는 阿龍. 王敦의 從弟. 서진이 망하자 王敦과 함께 司馬睿를 황제로 추대하여 東晉을 세움. 그 공으로 丞相이 되었으며 號를 '仲父'라 하였음. 천하의 권세를 잡아 당시 "王與馬, 共天下"라 하였음. 元帝와 明帝, 成帝를 차례로 즉위시켰음. 아울러 남방 세족의 도움으로 강남에서의 동진 정권을 안정시킴. 《晉書》(65)에 전이 있음.

【郭璞】字는 景純(276~324). 經·史·文學, 占術, 天文 등 각 방면에 박통하여 《爾雅》·《方言》·《山海經》·《穆天子傳》 등에 注를 씀. 王敦의 記室參軍이 되어 그의 起兵을 저지하다가 피살됨. 《晉書》(72)에 전이 있음.

참고 및 관련 자료

1.《晉書》王隱
璞消災轉禍, 扶厄擇勝, 時人咸言京·管不及.

846(20-9)

환공(桓公, 桓溫)의 부하 중에 한 주부主簿는 술맛을 감별하는 데 능하였다. 그래서 환공은 술이 생기면 먼저 그에게 품평을 부탁하였다. 그는 좋은 술이면 이렇게 말하였다.

"청주靑州의 종사從事입니다."

그리고 나쁜 술이면 이렇게 표현하였다.

"평원平原의 독우督郵입니다."

이 뜻은 청주의 관할 중에는 제국齊國이 있고, 평원의 관할 중에는 격현鬲縣이 있어서 종사관은 하루 업무를 제군齊郡까지 할 수 있으니 이는 곧 배꼽臍과 같은 음音이므로 그 술기운이 배꼽까지 닿는다는 뜻이요, 독우는 그 지위가 태수의 아래요 현령의 위이므로 신체 부위로 횡격막橫隔膜, 즉 격膈에까지만 그 술기운이 닿음을 한 말이다.

桓公有主簿善別酒, 有酒輒令先嘗; 好者謂「青州從事」,

惡者謂「平原督郵」. 青州有齊郡, 平原有鬲縣. 「從事」言「到臍」,「督郵」言在「鬲上住」.

【桓公】桓宣武. 桓溫(312~373). 자는 元子. 明帝의 사위. 荊州刺史를 지냈
으며, 蜀을 정벌하고 前秦을 쳐부숨. 簡文帝를 세우고 자신이 다시 왕위를
빼앗고자 하였음. 시호는 武侯. 그의 아들 桓玄이 드디어 제위를 찬탈하여
楚나라를 세운 다음 아버지 환온을 宣武皇帝로 추존함.《晉書》(99)에 전이
있음.
【青州】지금의 山東 일대로 齊國·齊南郡·樂安郡·城陽郡·東萊國·長廣郡을
통할하고 있었음.
【平原】지금의 平原·高唐·花平·聊城·安德·西平昌·般·鬲縣 등 九縣을 통할
하고 있었음.

847(20-10)

치음郗愔은 도교道敎를 믿기에 대단히 정근精勤하였다. 그가 뱃속의 질환
으로 대단히 고통을 당하였는데 어떤 의원도 고쳐내지 못하였다.

그는 우법개于法開가 유명하다는 말을 듣고 모셔와 그에게 진료를 청하
였다. 그는 문득 맥을 짚어 보고는 이렇게 말하였다.

"그대의 병의 원인은 정진精進하기를 너무 지나치게 해서 생긴 것이오."

그러고는 약을 끓여 한 제를 지어주었다. 그가 약을 마시자 크게 뒤를
쏟았는데, 주먹 크기의 많은 종이가 쏟아져 나왔다. 이를 펼쳐보니 옛날에
삼켰던 부적符籍들이었다.

郗愔信道甚精勤, 常患腹內惡, 諸醫不可療, 聞于法開有名, 往迎之.

旣來, 便脈云:「君侯所患, 正是精進太過所致耳」

合一劑湯與之. 一服, 卽大下, 去數段許紙如拳大; 剖看, 乃先所服符也.

【郗愔】자는 方回(313~384). 太宰 郗鑒의 아들이며 郗超의 아버지. 黃門侍郎과 臨海太守 등을 지냈으며 王義之, 許詢과 이름을 함께 날렸음. 한때 병으로 은거하여 글씨에 정진하였음. 隷書에 능하여 道經 백 권을 베낌. 뒤에 다시 출사하여 會稽內史를 지냈으며 司空에 초빙되었으나 사양함. 侍中과 司空에 추증됨.《晉書》(67)에 전이 있음.

【于法開】진나라 때의 高僧. 于法蘭의 제자로 의술과 수술(數術)에 능하였다 함. 元華寺에서 수도한 후 靈鷲寺로 옮겨 支道林과 色卽是空에 대해 쟁론을 벌임.《隋書》經籍志에 그의 저서《議論備豫方》1권이 실려 있으며 慧皎 《高僧傳》(4)에 전이 있음.

참고 및 관련 자료

1.《高僧傳》(4) 于法開傳
嘗乞食, 投主人家, 值婦人在草危急.

2.《晉書》
法開善醫術, 嘗行, 暮投主人家, 值妻産, 而兒積日不墮. 法開曰:「此易治耳. 殺一肥羊, 食十餘臠而針之」須臾兒下, 羊膋裹兒出. 其精妙如此.

848(20-11)

은중군(殷中軍, 殷浩)은 맥을 짚어 병을 고치는 데 능력이 있었다. 그러나 중년 이후에는 싫증을 느껴 모두 그만두고 말았다. 어느 날 늘 심부름 시키던 급사給使 하나가 홀연히 머리를 찧어 피를 흘릴 정도였다. 은중군이 그 원인을 물었다. 그의 대답은 이러하였다.

"죽게 될 일이 있습니다만 끝내 말씀드릴 수 없습니다."

한참 힐문하였더니 그는 이에 이렇게 대답하는 것이었다.

"저의 어머니는 나이가 곧 1백 세 가까이 되오며 오랫동안 병을 앓고 계십니다. 만약 귀하의 진맥을 한 번만 내려 주시면 나을 것 같습니다. 그렇게만 되면 저는 도륙을 당해도 여한이 없겠습니다."

은중군은 그의 지성에 감복하여 드디어 어머니를 모시고 오게 하였다. 그리고 맥을 짚어 처방을 해 주었다. 그런데 처음 탕약 한 재를 복용하자 곧 나아 버렸다. 이로부터 은중군은 아예 의약서를 모두 태워 버리고 말았다.

殷中軍妙解經脈, 中年都廢. 有常所給使, 忽叩頭流血. 浩問其故?

云:「有死事, 終不可說」

詰問良久. 乃云:「小人母, 年垂百歲, 抱疾來久; 若蒙官一脈, 便有活理. 詑就屠戮無恨」

浩感其至性, 遂令舁來, 爲診脈處方. 始服一劑湯, 便愈. 於是悉焚經方.

【殷中軍】殷浩(?~356). 자는 淵源. 殷羨(洪喬)의 아들이며 弱冠에 이미 이름이
났으며 玄言에 뛰어나 당시 풍류 재자의 숭앙을 받음. 정사에도 뛰어나
사람들은 그를 管仲이나 諸葛孔明에 비유할 정도였음. 建武將軍, 揚州刺史,
記室參軍·安西將軍·中軍將軍 등을 역임하였으며 北征에 나섰다가 姚襄
에게 패배하여 서인으로 강등되기도 하였음. '咄咄怪事'의 고사를 남김.
《晉書》(77)에 전이 있음.

참고 및 관련 자료

1.《漢書》藝文志
經方有十一家, 凡言藥劑, 療治之法者, 屬之. 書今多不傳.

21. 교예巧藝

총 14장 (849-862)

  '교예巧藝'란 정교한 기능과 뛰어난 예술을 말한다. 본 편은 이에
대한 이야기를 모아 적은 것이다. 양용楊勇〈교전校箋〉에 "巧藝, 謂工
技精妙也"라 하였다.

  총 14장이다.

〈능운대〉 850 참조.

탄기彈棊는 위魏나라 궁중에서부터 시작된, 화장품 상자를 이용하여
하던 놀이였다. 그런데 문제(文帝, 曹丕)는 이 놀이에 대해 아주 뛰어난 재능을
보였다. 그는 수건의 귀퉁이로 이를 튕겨도 맞추지 못하는 경우가 없을
정도였다. 그때 어떤 객이 스스로 그 놀이에 자신 있다고 나섰다.

문제는 그를 불러 시범을 보이도록 하였다. 그는 갈건을 쓰고 그 늘여
뜨려진 귀퉁이로 머리를 숙인 채 바둑알을 튕겨 내어 그 묘함이 문제보다
뛰어났다.

彈棊始自魏宮內, 用妝奩戲; 文帝於此伎特妙, 用手巾角
拂之, 無不中. 有客自云能.
帝使爲之; 客箸葛巾角, 低頭拂棊, 妙踰於帝.

【彈棊】漢魏 時代 성행하던 博戲의 일종. 한 成帝 때에 시작되었다고 하며,
　　육조시대에 성행, 당나라 때에 쇠락함. 바둑알을 흑백으로 나누고 귀천을
　　정해 12개씩 포진해 놓고 손가락이나 기타 다른 물건으로 튕겨 상대의
　　바둑알을 밀쳐내고 棋門으로 들어가는 놀이.
【文帝】曹丕(187~226). 자는 子桓. 曹操의 둘째아들. 아버지 曹操가 죽고
　　魏王을 습봉하여 漢나라 丞相이 됨. 延康 元年(220)에 禪讓을 받아 황제가
　　되었으며 연호를 黃初로 바꾸고 국호를 魏나라로, 洛陽을 도읍으로 정함.
　　재위 7년에 졸하였으며 시호는 文皇帝. 문장에도 뛰어나 《典論》을 지었으며
　　그 중 〈論文〉은 문학 이론과 비평에서 유명한 글로 평가받고 있음. 그 외에
　　〈燕歌行〉은 현존 최초의 7언시로 알려짐. 《三國志》(2)에 紀가 있음. 《魏志》에
　　"帝諱丕. 字子桓, 受漢禪"이라 함.

1.《彈棊賦》序 (傅玄)

『漢成帝好蹴踘, 劉向以謂勞人體, 竭人力, 非至尊所宜. 御乃因其體, 作彈棊.
今觀其道, 蹴踘道也.』

2. 劉孝標 注

『按: 玄此言, 則彈棊之戲, 其來久矣. 且梁冀傳云:「冀善彈棊, 格五.」而此云
起魏世, 謬矣.』

3.《典論》自序

『戲弄之事, 少所喜, 唯彈棊略盡其妙. 少時嘗爲之賦, 昔京師妙工有二焉: 合鄕
侯東方世安·張公子. 常恨不得與之對也.』

4.《博物志》

帝善彈棊, 能用手巾角. 時有一書生, 又能低頭以所冠葛巾角撇棊也.

850(21-2)

능운대陵雲臺라는 누관樓觀은 아주 정교하게 지어졌다. 먼저 여러 나무의
경중을 달아본 후 건축하였기 때문에 한 치의 오차도 없었다. 이 누대는
아주 높아서 바람에 흔들렸지만, 그렇다고 쓰러지는 법도 없었다.

위魏 명제(明帝, 曹叡)가 이 누대에 올라보고 그 위태로움에 두려워 따로
목재를 갖다가 지지해 놓았다. 그랬더니 그 누대는 그만 쓰러지고 말았다.
논자들은 경중輕重이 한쪽으로 치우쳤기 때문이라 하였다.

陵雲臺樓觀極精巧, 先稱平衆材輕重當宜, 然後造構, 乃無錙銖相負. 揭臺雖高峻, 恆隨風搖動, 而終無崩隕. 魏明帝登臺, 懼其勢危, 別以大材扶持之, 樓便頹壞. 論者謂輕重力偏故也.

【陵雲臺】魏 文帝가 축수한 것으로 洛陽에 있었음.
【魏 明帝】曹叡. 魏나라 제 2代 황제.

참고 및 관련 자료

1.《洛陽宮殿賦》
陵雲臺, 上壁方十三丈, 高九尺. 樓方四丈, 高五丈. 棟去地十三丈五尺七寸五分也.

2.《河南志》卷2 (元)
陵雲臺, 魏文帝黃初二年築, 在宣陽門內. 楊龍驤洛陽伽藍記曰:「高二十丈, 登之見孟津」

851(21-3)

위중장(韋仲將, 韋誕)은 글씨에 아주 능하였다.
한 번은 위魏 명제(明帝, 曹叡)가 궁전을 짓고는 편액을 바르게 하고자 중장으로 하여금 사다리로 올라가 제題를 써넣게 하였다. 중장은 다 끝내고 내려와서 머리카락이 엉클어지고 얼굴이 창백해져 매우 무서웠던 모습이었다. 이로 인해 그는 자손들에게 절대로 글씨를 배우지 말라고 당부하였다.

韋仲將能書, 魏明帝起殿, 欲安榜, 使仲將登梯題之. 旣下, 頭鬢皓然; 因敕兒孫勿復學書.

【韋仲將】韋誕. 자는 中將. 삼국 시대 魏나라 京兆人으로 처음 漢나라 때 上計吏였으나 魏나라 明帝와 齊王(曹芳) 시절에 侍中과 光祿大夫를 지냄. 楷書에 아주 능하여 위나라 寶器는 거의 이 위탄의 글씨였음.《三國志》魏書 劉劭傳 注에 인용된 衛恒의《文章敍錄》과《晉書》衛恒傳에 인용된《문장서록》을 참조할 것.
【安榜】安은 바르게 고쳐 반듯하게 함. 榜은 匾額. 편액을 먼저 걸고 나중에 글씨를 써넣어 전체 균형을 살피고자 한 것으로 봄.
【登梯題之】衛恒의《四體書勢》에 의하면 명제가 궁전을 짓고 글씨를 쓰지 않은 편액을 먼저 걸어 할 수 없이 위탄에게 사다리로 올라가 글씨를 써넣게 하였다고 한다.

┌──────────────────┐
│ 참고 및 관련 자료 │
└──────────────────┘

1.《文章敍錄》
韋誕字仲將, 京兆杜陵人, 太僕端子. 有文學, 善屬辭. 以光祿大夫卒.
2. 衛恒《四體書勢》
誕善楷書, 魏宮觀多誕所題. 明帝立陵霄觀, 誤先釘榜, 乃籠盛誕, 轆轤長絙引上, 使就題之. 去地二十五丈, 誕甚危懼; 乃戒子孫絶此楷法, 箸之家令.

종회鍾會는 순제북(荀濟北, 荀勗)의 외삼촌이었으나 서로 사이가 좋지 않았다. 순제북은 좋은 보검寶劍 한 자루를 가지고 있었는데, 값이 1백만 금이나 되었다. 그는 늘 이것을 종태부인에게 맡겨 두고 있었다.

종회는 글씨를 잘 썼다. 그는 순제북의 필적을 모방, 편지를 써서 그의 어머니께 보내어 보검을 달라고 하여 얻은 다음 되돌려 주지를 않았다.

순제북은 종회의 짓인 줄 알았지만 되돌려 받을 방법이 없었다. 어떻게 하면 보복을 할까 생각을 하고 있었다. 뒤에 마침 종회 형제가 1천만 금을 들여서 집을 짓게 되었다.

그 순제북은 집이 다 이루어지자 그 집은 무척 훌륭하였고, 아직 이사를 들지 않은 상태였다. 그림에 능한, 순제북은 이때 몰래 들어가서 그의 문당門堂에 태부(太傅, 鍾繇)의 형상을 그려 놓았다.

의관이나 모습이 생전과 완전히 같았다. 종회 형제가 문에 들어서서 이 그림을 보고 크게 부친 생각이 나서 그 집을 그대로 비워두어 그만 폐가가 되고 말았다.

鍾會是荀濟北從舅, 二人情好不協. 荀有寶劍, 可直百萬金, 常在母鍾太夫人許. 會善書, 學荀手跡, 作書與母取劍, 仍竊去不還. 荀勗知是鍾, 而無由得也, 思所以報之. 後鍾兄弟以千萬起一宅, 始成, 甚精麗, 未得移住; 荀善畫, 乃潛往畫鍾門堂, 作太傅形象, 衣冠狀貌如平生. 二鍾入門, 便大感動, 宅遂空廢.

【鍾會】자는 士季(225~264). 鍾繇의 아들이며 鍾毓의 아우. 蜀을 평정한 후 그곳 장수 姜維와 蜀地를 갖기로 모의하다가 그 부하에게 죽음.《三國志》(28)에 전이 있음.

【荀濟北】荀勖. 자는 公曾(?~289). 荀爽의 증손으로 대장군 曹爽의 掾이 되었으나 조상이 피살되자 司馬昭에게 발탁되어 記室로서 裴秀, 羊祜와 함께 機密을 담당함. 뒤에 司馬炎이 晉나라를 일으키자 安陽令·侍中·中書監, 光祿大夫, 儀同三司 등을 지냄. 晉初 晉律을 제정하였으며 음악에도 조예가 깊었고 당시의 서적을 정리하기도 함. 濟北郡公에 봉해짐.《晉書》(39)에 전이 있음.

중국 제일의 楷書 대가〈鍾繇〉

【二鍾】鍾毓과 鍾會.

【鍾太傅】鍾繇(151~230). 자는 元常. 潁川人.《周易》과《老子》연구에 깊었으며, 大理 相國 太傅 벼슬을 지냄. 글씨로도 유명하여 唐 張彦遠의《法書要錄》(8)과 張懷瓘의《書斷》(中)에 그에 관한 기록이 전함.《三國志》(13)에 전이 있음. 즉 鍾毓·鍾會의 아버지.

참고 및 관련 자료

1.《孔氏志怪》
勖以寶劍付妻.

2.《世語》
會善學人書, 伐蜀之役, 於劍閣要鄧艾章表, 皆易其言; 令詞旨倨傲, 多自矜伐. 又毁文王報書, 手作以疑之. 艾由此被收也.

3.《孔氏志怪》
于時咸謂勖之報會, 過于所失數十倍. 彼此書畫, 巧妙之極.

853(21-5)

양장화(羊長和, 羊忱)는 박학한데다가 글씨에도 능하였으며, 말타기·활쏘기에다 바둑·장기 등 못하는 게 없었다.

그의 후손들은 글씨에 대해서는 이름이 알려졌으나 활쏘기·장기 등 그 나머지는 그에 미치지 못하였다.

羊長和博學工書, 能騎射, 善圍棊. 諸羊後多知書, 而射·弈餘藝莫逮.

【羊長和】羊忱. 자는 長和(?~311). 일명 陶. 西晉 때 인물로 太傅長史, 侍中, 揚州刺史, 徐州刺史 등을 지냈으며 永嘉의 亂에 죽음.

참고 및 관련 자료

1.《文字志》

忱性能草書, 亦善行隷, 有稱於一時.

854(21-6)

대안도(戴安道, 戴逵)는 범선范宣에게 학문을 배웠다. 그는 범선이 하는 대로 따라하였다. 범선이 독서를 하면 따라서 독서를 하였고, 글씨를 베끼면 따라서 글씨를 썼다. 그는 다만 특별히 그림 그리기를 좋아하였다.

　범선은 이를 두고 무용無用한 일이라 여겨 이런 일에 힘쓰는 것이 의당치 않다고 생각하였다. 그러나 그는 아랑곳없이 〈남도부도南都賦圖〉를 그렸는데, 범선이 이를 보고 찬탄하면서 결국 심히 유익한 것이라 여기게 되었다. 그로부터 그도 그림을 중시하게 되었다.

　戴安道就范宣學, 視范所爲: 范讀書亦讀書, 范抄書亦抄書. 唯獨好畫, 范以爲無用, 不宜勞思於此. 戴乃爲畫〈南都賦圖〉; 范看畢, 咨嗟, 甚以爲有益, 始重畫.

【戴安道】戴逵(326~396). 자는 安道. 거문고 연주에 뛰어났으며 회화에도 뛰어나 佛畫와 불상 조각을 많이 남김. 불교를 신봉했으나 인과설을 의심하여 〈釋疑論〉을 지었음. 영리를 추구하지 않고 기절을 중시하여 國子博士에 초빙되었으나 나가지 않음.《晉書》(94)에 전이 있음.

【范宣】자는 宣子. 陳留人으로 관계에 나가지 않고 儒學에 정진함.《晉書》(91) 儒林傳 참조.

【南都賦圖】〈南都賦〉는 後漢 때 張衡이 後漢 光武帝의 生地인 南陽을 두고 읊은 賦(《文選》卷4에 수록되어 있음). 이 부를 근거로 그린 그림.《名畫記》5 에《世說》을 인용하여 『逵乃與宣畫南都賦一. 御覽七五〇引世說作「戴安道爲范宣畫南都賦圖」』라 함.

　　📌 참고 및 관련 자료

1.《中興書》
逵不遠千里往像章詣范宣, 宣見逵, 異之, 以兄女妻焉.

855(21-7)

사태부(謝太傅, 謝安)는 이렇게 말하였다.

"고장강(顧長康, 顧愷之)의 그림은 이 세상에 사람이 생긴 이래 없었던 것이로다!"

謝太傅云:「顧長康畫, 有蒼生以來所無!」

【謝太傅】謝安. 字는 安石(320~385). 謝裒의 아들이며 謝琰(望蔡)의 아버지. 謝奕의 동생. 덕망이 있고 기개가 높아 桓彝, 王濛의 사랑을 받음. 처음에는 벼슬에 뜻을 버리고 王羲之, 支遁 등과 산수를 즐기며 조정의 부름에 응하지 않았으나 40이 넘어 桓溫의 司馬를 거쳐 吳興太守, 侍中, 吏部尙書, 太保錄尙書事 등의 관직을 지냄. 뒤에 다시 太傅에 추증되었으며 시호는 文靖.《晉書》(79)에 전이 있음.

【顧長康】顧愷之(대략 346~407). 진나라 최고의 화가. 그 외에 문장·해학에 뛰어났던 인물. 당시 사람들은 그를 才絶·畫絶·癡絶의 三絶로 불렀음. 《文集》과《啓蒙記》가 있었다 하나 전하지 않음.《晉書》(92) 文苑傳에 전이 있음.

참고 및 관련 자료

1.《續晉陽秋》

愷之尤好丹靑, 妙絶於時. 曾以一廚畫寄桓玄, 皆其絶者, 深所珍惜, 悉糊題其前. 桓乃發廚後取之, 好加理, 復愷之; 見封題如初, 而畫並不存, 直云:「妙畫通靈, 變化而去, 如人之登仙矣.」

2.《名畫記》

謝安謂顧長康曰:「卿畫, 自生人已來未有」又云:「卿畫蒼蒼, 古來未有」

3. 《晉書》顧愷之傳

嘗悅一鄰女, 挑之勿從, 乃圖其形於壁, 以棘針釘其心, 女遂患心痛, 愷之因致
其情, 女從之, 遂密去針而愈.

856(21-8)

대안도(戴安道, 戴逵)는 중년에 불상佛像그림이 아주 정묘精妙하였다. 그러나
유도계(庚道季, 庚和, 庚龢)가 이를 보고 대안도에게 이렇게 말하였다.

"신명神明이 너무나 속되군요. 이는 바로 그대의 세속에 대한 정을 아직도
다 벗어버리지 못한 때문입니다."

그러자 대안도는 이렇게 대답하였다.

"오직 무광務光이라면 그대의 그런 평을 면할 수 있겠군요!"

戴安道中年畫行像甚精妙, 庚道季看之, 語戴云: 「神明太俗,
由卿世情未盡.」

戴云: 「唯務光當免卿此語耳!」

【戴安道】戴逵(326~396). 자는 安道. 거문고 연주에 뛰어났으며 회화에도
뛰어나 佛畫와 불상 조각을 많이 남김. 불교를 신봉했으나 인과설을 의심
하여 〈釋疑論〉을 지었음. 영리를 추구하지 않고 기절을 중시하여 國子
博士에 초빙되었으나 나가지 않음. 《晉書》(94)에 전이 있음.

【庾道季】庾和, 庾龢. 庾亮의 막내아들. 丹陽尹·中領軍 등을 지냄.《晉書》(73)
에 전이 있음.

【務光】夏나라 때의 은사. 湯이 夏를 멸한 후 천하를 그에 맡기려 하자 돌을
지고 廬水에 빠져 죽었다 함.《莊子》讓王·《荀子》成相·《史記》伯夷列傳 등
참조.

> ### 참고 및 관련 자료

1.《列仙傳》

務光, 夏時人也. 耳長七寸, 好鼓琴, 服菖蒲韭根. 湯將伐桀, 謀於光. 光曰:
「非吾事也.」湯曰:「伊尹何如?」務光曰:「彊力忍詬, 不知其它.」湯克天下,
讓於光. 光曰:「吾聞無道之世, 不踐其土; 況讓我乎?」負石自沈於盧水.

857(21-9)

고장강(顧長康, 顧愷之)이 배숙칙(裴叔則, 裴楷)의 초상화를 그려주었다. 그런데
그 뺨에 세 올의 수염을 그렸다.

사람이 그 까닭을 묻자 이렇게 대답하였다.

"배해는 준랑雋朗하고 식견도 갖춘 인물이다. 바로 이것으로 그가 식견을
갖추었음을 표시한 것이다."

그림을 보던 자가 자세히 살펴보니 정말로 수염 세 올이 더 붙여짐
으로써 신명神明이 있을뿐더러 이를 더 그려 넣기 전보다 훨씬 나음을
알게 되었다.

顧長康畫裴叔則, 頰上益三毛. 人問其故?

顧曰:「裴楷雋朗有識具, 正此是其識具」

看畫者尋之, 定覺益三毛如有神明, 殊勝未安時.

【顧長康】顧愷之(대략 346~407). 진나라 최고의 화가. 그 외에 문장·해학에 뛰어났던 인물. 당시 사람들은 그를 才絶·畫絶·癡絶의 三絶로 불렀음. 《文集》과 《啓蒙記》가 있었다 하나 전하지 않음. 《晉書》(92) 文苑傳에 전이 있음.

【裴叔則】裴令公. 裴楷.(237~291). 자는 叔則. 河東 聞喜人. 裴徽의 셋째 아들이며 司空 裴秀의 從弟. 용모가 준수하고 깨끗하여 '玉人'이라 불렸음. 河南尹과 中書令을 지냄. 시호는 元. 《晉書》(35)에 전이 있음.

참고 및 관련 자료

1. 劉孝標 注

『愷之歷畫古賢, 皆爲之贊也.』

858(21-10)

왕중랑(王中郎, 王坦之)은 바둑을 좌은坐隱이라 표현하였고, 지공支公은 바둑을 수담手談이라 하였다.

王中郎以圍棊是坐隱, 支公以圍棊爲手談.

【王中郎】王坦之(330~375). 자는 文度. 태원 왕씨 王術의 아들이며, 王忱·王愷·王愉의 아버지. '江東獨步'라 하였으며 中書令, 北中郎將을 지냄.〈廢莊論〉을 써서 당시 사회의 방탕함을 비난함.《晉書》(75)에 전이 있음.

【坐隱】앉아서 조용히 은거하는 모습과 같아 붙여진 이름.

【支公】林公. 支道林. 支遁. 晉나라 때의 道僧. 河內 林慮人으로 속성은 關氏. 25세 때 출가하여 53세 때 洛陽에서 入滅함. 支硏山에 은거하여 支遁. 支道林. 林公 등으로 불림. 梁나라 慧皎《高僧傳》(4)에 支遁傳이 있음.

【手談】손으로 말한다는 뜻.

참고 및 관련 자료

1.《博物志》張華

堯造圍棊以敎子丹朱, 舜以子商均愚, 故作圍棋以敎之.

2.《語林》

王以圍棊爲手談, 故其在哀制中, 祥後客來, 方幅會戲.

859(21-11)

고장강(顧長康, 顧愷之)은 인물을 묘사하기 좋아하였다. 이에 은형주(殷荊州, 殷仲堪)의 모습을 그리려 하자 은형주는 이렇게 거절하였다.

"나는 생긴 것이 너무 못났소. 공연히 번거롭게 수고를 하지 마시오."

그러자 고개지는 이렇게 말하였다.

"명부明府께서는 눈동자 때문에 거절하시는 것 같은데, 다만 눈동자를 점찍을 때 백비白飛의 방법으로 그 위를 스쳐 그으면 마치 가벼운 구름이 해를 가리는 형상과 같아질 것입니다."

顧長康好寫起人形, 欲圖殷荊州; 殷曰: 「我形惡, 卿不煩耳」
顧曰: 「明府正爲眼爾. 但明點童子, 飛白拂其上, 便如輕
雲之蔽日」

【顧長康】顧愷之(대략 346~407). 자는 長康. 晉나라 최고의 화가. 그 외에
    문장·해학에 뛰어났던 인물. 당시 사람들은 그를 才絶·畫絶·癡絶의 三絶로
    불렀음.《文集》과《啓蒙記》가 있었다 하나 전하지 않음.《晉書》(92) 文苑傳
    에 전이 있음.
【殷荊州】殷仲堪(?~399). 殷融(洪遠)의 손자이며 殷仲文의 종형. 문장과 현언에
    뛰어나 韓康伯과 이름을 나란히 하였음. 振威將軍, 荊州刺史 등을 역임함.
    뒤에 桓玄에게 죽임을 당함.《晉書》(84)에 전이 있음.
【明府】상대를 높여 부르는 칭호.
【白飛】화법과 서법의 일종으로 글씨나 획 사이에 흰 공간이 자연스럽게
    나타나는 것.

참고 및 관련 자료

1. 楊勇〈校箋〉
『飛白, 筆勢飛擧而字畫中空者也. 東漢蔡邕所作, 靈帝時詔邕作聖皇篇成, 詣鴻
都門, 時方修飾, 見役以堊帚成字, 因歸作飛白書. 漢魏宮闕, 多其體. 此云飛白,
意指畫眉但以此法並之耳.』

2.《續晉陽秋》
愷圖寫特妙.

860(21-12)

고장강(顧長康, 顧愷之)이 사유여(謝幼興, 謝鯤)를 그렸는데 바위 사이에 있는 모습이었다. 어떤 사람이 그 연고를 묻자 고개지는 이렇게 대답하였다.

"사유여는 일찍이 '일구일학一丘一壑, 자위과지自謂過之'라 말하였으니 마땅히 구학丘壑을 배경으로 그려야지요."

顧長康畫謝幼興在巖石裏. 人問其所以?

顧曰:「謝云『一丘一壑, 自謂過之』此子宜置丘壑中」

【顧長康】顧愷之(대략 346~407). 자는 長康. 晉나라 최고의 화가. 그 외에 문장·해학에 뛰어났던 인물. 당시 사람들은 그를 才絶·畫絶·癡絶의 三絶로 불렀음. 《文集》과 《啓蒙記》가 있었다 하나 전하지 않음. 《晉書》(92) 文苑傳에 전이 있음.

【謝幼興】謝鯤(280~322). 자는 幼興. 謝衡의 아들이며 謝尙의 아버지. 老莊과 《易》에 밝았으며 豫章太守를 지냄. 東海王(司馬越)에게 발탁되어 掾을 거쳐 參軍을 지냄. 뒤에 다시 王敦에게 발탁되었으며 왕돈이 난을 일으키자 이를 극구 간언하였음. 《晉書》(49)에 전이 있음.

【一丘一壑, 自謂過之】본 《世說新語》〈品藻篇〉에 나오는 이야기로 明帝가 謝鯤에게 그대는 어떤 면이 庾亮보다 나으냐고 물었을 때 丘壑에 은거하는 데는 내가 그보다 낫다고 하였음.

861(21-13)

고장강(顧長康, 顧愷之)이 인물화를 그려 놓고 몇 년이 되도록 눈동자에
점을 찍지 않았다. 어떤 이가 그 까닭을 묻자 고개지는 이렇게 대답하였다.
"사체四體의 아름답고 아름답지 못한 것은 실로 그림의 묘처妙處와는
무관하다. 신명神明을 비춰 전달하는 것은 바로 아도阿堵 속에 있기 때문
이다."

顧長康畫人, 或數年不點目精. 人問其故?
顧曰:「四體妍蚩, 本無關於妙處; 傳神寫照, 正在阿堵中」

【顧長康】顧愷之(대략 346~407). 자는 長康. 晉나라 최고의 화가. 그 외에
문장·해학에 뛰어났던 인물. 당시 사람들은 그를 才絶·畫絶·癡絶의 三絶로
불렀음. 《文集》과 《啓蒙記》가 있었다 하나 전하지 않음. 《晉書》(92) 文苑傳
에 전이 있음.
【阿堵】이것, 이. 文學篇을 볼 것. 여기서는 '눈동자'를 가리킴.

862(21-14)

고장강(顧長康, 顧愷之)이 그림에 대하여 이렇게 말하였다.

"손으로 거문고를 타는 모습을 그리기는 쉬우나 기러기 날아가는 모습을 보내는 눈빛은 그려내기 어렵다."

顧長康道畫: 「『手揮五絃』易, 『目送歸鴻』難」

【顧長康】顧愷之(대략 346~407). 자는 長康. 晉나라 최고의 화가. 그 외에 문장·해학에 뛰어났던 인물. 당시 사람들은 그를 才絶·畫絶·癡絶의 三絶로 불렀음.《文集》과《啓蒙記》가 있었다 하나 전하지 않음.《晉書》(92) 文苑傳에 전이 있음.

【目送歸鴻, 手揮五絃】이는 嵇康의 〈贈秀才入軍詩〉의 한 구절로 顧愷之는 嵇康의 四言詩를 중시하여 그것을 그림으로 표현해 보려고 하였다. 이 문장의 뜻은 동작의 필법은 쉬우나 인물의 神態를 표현하기는 어렵다는 뜻이다.

참고 및 관련 자료

1.《晉書》顧愷之傳

每重嵇康四言詩, 因爲之圖, 恆云:「手揮五絃易, 目送歸鴻難.」

22. 총례寵禮

총 6장 (863-868)

'총례寵禮'란 나이나 신분, 귀천을 넘어 지극한 사랑과 예우를 베풂을 말한다. 본 편은 이러한 이야기를 모아 적은 것이다. 양용楊勇 〈교전校箋〉에 "寵禮, 謂禮遇寵異也"라 하였다.

총 6장이다.

왕순과 치초 865 참조.

863(22-1)

원제(元帝, 司馬睿, 中宗)가 정월 초하루 조회 때에 왕승상(王丞相, 王導)을 끌어 보좌寶座 곁으로 올렸다. 왕승상은 굳이 사양하였으나 원제(중종)는 억지로 끌어올리려 하였다. 이에 왕공은 이렇게 말하였다.

"만약 태양과 만물이 똑같이 빛을 낸다면 신하들이 어찌 우러러보리오!"

元帝正會, 引王丞相登御牀, 王公固辭, 中宗引之彌苦.
王公曰:「使太陽與萬物同暉, 臣下何以瞻仰!」

【晉元帝】東晉의 첫 임금 元帝. 司馬睿. 317~323 재위. 字는 景文. 西晉이 망하자 建康(지금의 남경)에 동진을 세운 황제로 묘호는 中宗. 《晉書》(6)에 기가 있음.

【王丞相】王導(276~339). 자는 茂弘. 어릴 때 자는 阿龍. 王敦의 從弟. 서진이 망하자 王敦과 함께 司馬睿를 황제로 추대하여 東晉을 세움. 그 공으로 丞相이 되었으며 號를 '仲父'라 하였음. 천하의 권세를 잡아 당시 "王與馬, 共天下"라 하였음. 元帝와 明帝, 成帝를 차례로 즉위시켰음. 아울러 남방 세족의 도움으로 강남에서의 동진 정권을 안정시킴. 《晉書》(65)에 전이 있음.

참고 및 관련 자료

1. 《中興書》
元帝登尊號, 百官陪位, 詔王導升御坐, 固辭然後止.

864(22-2)

환선무(桓宣武, 桓溫)가 일찍이 참좌參佐들을 초청하여 밤을 새우게 되었다. 원굉袁宏과 복도伏滔가 차례로 들어오게 되었다. 그런데 이름난 막료 중에는 원굉과 성姓이 같은 원참군袁參軍이 하나 있었다.

언백(彦伯, 袁宏)은 그 원참군을 초청한 게 아닌가 하고 의심스러워 전령을 시켜 다시 질문해 보도록 하였다. 전령은 이렇게 대답하였다.

"참군이라 하면 원복袁伏의 원袁입니다. 무엇을 의심하십니까?"

桓宣武嘗請參佐入宿, 袁宏·伏滔相次而至, 蒞名府中, 復有袁參軍; 彦伯疑焉, 令傳敎更質.

傳敎曰:「參軍, 是『袁伏』之袁, 復何所疑?」

【桓宣武】桓公. 桓溫(312~373). 자는 元子. 明帝의 사위. 荊州刺史를 지냈으며, 蜀을 정벌하고 前秦을 쳐부숨. 簡文帝를 세우고 자신이 다시 왕위를 빼앗고자 하였음. 시호는 武侯. 그의 아들 桓玄이 드디어 제위를 찬탈하여 楚나라를 세운 다음 아버지 환온을 宣武皇帝로 추존함. 《晉書》(99)에 전이 있음.

【袁宏】袁宏(328~376). 자는 彦伯. 어릴 때는 虎라 불렸으며, 어려서 고아가 됨. 문장이 뛰어나 謝尙의 발탁으로 大司馬 桓溫의 記室이 됨. 著述에 힘써 《後漢記》·《竹林名士傳》·《北征賦》·《三國名臣頌》을 지었으며 《三國名臣頌》은 《晉書》에 수록되어 있음. 《晉書》(92)에 전이 있음.

【伏滔】자는 玄度. 晉나라 安丘 출신. 桓溫이 발탁하여 參軍으로 삼아 모든 연회에 반드시 함께 데리고 다닐 정도로 매우 아꼈다 함. 太元 중에 著作郎을 지냄. 聞喜縣侯로 봉해졌었음. 《晉書》(92)에 전이 있음.

【袁伏】桓溫은 袁宏과 伏滔를 같이 취급하여 늘 '袁伏'이라 불렀음. 이에 대해 袁宏은 늘 불만을 품고 있어 같이 자리하기를 꺼려 하였음. 〈輕詆篇〉을 참조할 것.

1. 《晉書》袁宏傳

與伏滔在溫府, 府中呼爲「袁伏」, 宏心恥之. 每歎曰: 「公之厚恩, 未優國士; 而與
滔比肩, 何辱之甚!」

865(22-3)

왕순王珣과 치초郗超는 모두 뛰어난 재주가 있었고, 대사마(大司馬, 桓溫)
에게 사랑과 발탁을 받았다. 이에 왕순은 주부主簿에, 치초는 기실참군
記室參軍에 기용되었다. 치초는 수염이 덥수룩하였고, 왕순은 왜소한 체격
이었다. 당시 형주荊州 사람들은 이렇게 노래하였다.

"수염 많은 참군,
키 작은 주부,
능히 대사마를 웃게도 하고
화내게도 하네."

王珣·郗超並有奇才, 爲大司馬所眷拔; 珣爲主簿, 超爲記
室參軍. 超爲人多須, 珣形狀短小; 于時荊州爲之歌曰: 『髥
參軍, 短主簿; 能令公喜, 能令公怒.』

【王珣】자는 元琳(349~400). 어릴 때의 자는 法護, 혹은 阿瓜(阿爪). 王洽
(敬和)의 아들이며 王導의 손자. 王珉(僧彌)의 형. 安帝 때 尙書令, 散騎常侍
등을 역임함. 東亭侯에 봉해짐.《晉書》(65)에 전이 있음.

【郗超】자는 景興(336~377). 또는 嘉賓으로도 부름. 郗愔의 아들.《晉書》
(67)에 전이 있음.

【大司馬】桓溫(312~373). 桓荊州. 荊州刺史. 桓宣武. 桓公. 자는 元子. 明帝의
사위. 荊州刺史를 지냈으며, 蜀을 정벌하고 前秦을 쳐부숨. 簡文帝를 세우고
자신이 다시 왕위를 빼앗고자 하였음. 시호는 武侯. 그의 아들 桓玄이
드디어 제위를 찬탈하여 楚나라를 세운 다음 아버지 환온을 宣武皇帝로
추존함.《晉書》(99)에 전이 있음.

【須】'鬚'의 본자. 수염.

참고 및 관련 자료

1.《續晉陽秋》

超有才能, 珣有器望. 並爲溫所暱.

866(22-4)

허현도(許玄度, 許詢)가 도성에 한 달쯤 머물자 유윤(劉尹, 劉惔)이 단 하루도
거르지 않고 예방하였다. 그리고는 허현도에게 이렇게 말하였다.

"그대가 계속 이곳에 남아 있으면 나는 경박한 영윤令尹이 되고 말 것
입니다!"

許玄度停都一月, 劉尹無日不往, 乃歎曰:「卿復少時不去, 我成輕薄京尹!」

【許玄度】許詢. 字는 玄度. 許允의 현손으로 어릴 때 神童이라 불렸음. 高陽人. 벼슬에 뜻이 없어 孫綽, 郗愔, 王羲之, 謝安, 支遁 등과 會稽에서 산수를 유람하며 黃老에 관심을 보였음. 일찍 죽음. 司徒掾 벼슬을 지냈음.

【都城】당시 수도인 建康(지금의 南京)을 말함.

【劉尹】劉惔. 字는 眞長. 劉宏의 손자로 沛國 相 땅 출신. 明帝(323~326 재위)의 廬陵長公主에게 장가들어 駙馬가 됨. 司從左長史, 侍中, 丹陽尹 등을 지냄. 36세에 죽어 孫綽이 "居官無官官之事, 處事無事事之心"이라 誄文을 지어 명언이라 하였음. 《晉書》(75)에 전이 있음.

【輕薄】방탕함. 본업에 충실하지 않음.

【京尹】京兆尹. 劉尹은 당시 丹陽尹이었으며 丹陽은 당시 建康과 그 일대를 관할하여 京兆로 불렸음.

> ┌─────────────────┐
> │ 참고 및 관련 자료 │
> └─────────────────┘

1.《語林》

玄度出都, 眞長九日十一詣之, 曰:「卿尙不去, 使我成薄德二千石!」

867(22-5)

효무제(孝武帝, 司馬曜)가 서당西堂에서 연회를 베풀었을 때 복도伏滔도 참가하였다. 복도는 연회가 끝나고 집에 돌아와 수레에서 내리자마자 아들伏系을 불러 이렇게 말하였다.

"오늘 연회에 수백의 관료가 모였는데, 천자께서 자리에 앉으시면서 다른 말을 하기 전에 먼저 '복도가 어디에 있느냐? 이 자리에 참석하였느냐?'라 물으셨다. 이런 총례寵禮를 얻는다는 것은 쉽지 않다! 사람 됨됨이와 아버지로서의 모습이 이와 같다. 어떠냐?"

孝武在西堂會, 伏滔預坐, 還, 下車呼其兒, 語之曰:「百人高會, 天子臨坐, 未得他語, 先問: '伏滔何在? 在此不?' 此故未易得! 爲人作父如此, 何如?」

【孝武帝】司馬曜. 東晉 제 9대 황제 孝武帝. 재위 24년(373~396). 廟號는 烈宗. 자는 明昌. 簡文帝의 셋째아들. 11세 때에 재위에 올라 35세에 죽음. 《晉書》(9)에 紀가 있음. 王蘊의 딸 法惠를 비로 삼음.
【伏滔】자는 玄度. 晉나라 安丘 출신. 桓溫이 발탁하여 參軍으로 삼아 모든 연회에 반드시 함께 데리고 다닐 정도로 매우 아꼈다 함. 太元 중에 著作郎을 지냄. 《晉書》(92)에 전이 있음. 伏滔의 아들은 伏系였음.

참고 및 관련 자료

1.《文章錄》丘淵之
系字敬魯, 仕至光祿大夫.
2.《晉書》伏滔傳
百人高會, 天子先問伏滔在坐不?

868(22-6)

변범지卞範之가 단양윤丹陽尹으로 있을 때 양부羊孚가 남주(南州, 姑孰)에서 잠시 도성으로 돌아와 변범지 집을 찾았다.

그리고는 이렇게 말하였다.

"저는 약기운이 올라, 앉아 견딜 수가 없습니다."

그러자 변범지는 침상을 펼쳐 자리를 털어 주었다. 양부는 곧바로 침대에 올라 이불로 들어가 베개를 베고 누웠다.

변범지는 멀리 앉아 그를 주시하여 이른 새벽부터 밤늦도록 그렇게 지켜보았다. 양부가 떠나려 하자 변범지는 이렇게 말하였다.

"나는 그대가 제 일리第一理가 되기를 기대하고 있소. 그대는 나의 기대를 저버리지 마시오!"

卞範之爲丹陽尹, 羊孚南州暫還, 往卞許, 云:「下官疾動, 不堪坐」

卞便開帳拂褥, 羊徑上大牀, 入被須枕. 卞逈坐傾睞, 移晨達暮.

羊去, 卞語曰:「我以第一理期卿, 卿莫負我!」

【卞範之】卞鞠(?~405). 자는 敬祖 어릴 때 이름이 鞠. 桓玄을 도왔다가 伏誅당함.《晉書》(99)에 傳이 있음.

【丹陽尹】卞範之의 벼슬. 丹陽은 지금의 江蘇省 江陵縣.

【羊孚】자는 子道. 羊綏의 아들로 太學博士, 兗州別駕, 太尉記室參軍 등을 지냄. 46(혹 31)세에 죽음.

【南州】姑孰城. 지금의 安徽省 當塗縣 근처.

【疾動】五石散의 약 기운이 솟아오름.
【第一理】理談의 제일인자. 가장 뛰어난 理論家. 당시 淸談의 풍조를 알 수 있음.

참고 및 관련 자료

1.《文章錄》丘淵之

範之字敬祖, 濟陰冤句人. 祖巋, 下邳太守. 父循, 尙書郞. 桓玄輔政 範之遷丹陽尹. 玄敗, 伏誅.

2. 楊勇〈校箋〉

『疾動, 藥發動也. 羊亦服五石散者.』

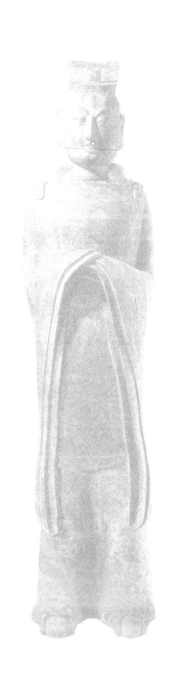

임동석(茁浦 林東錫)

慶北 榮州 上茁에서 출생. 忠北 丹陽 德尙골에서 성장. 丹陽初中 졸업. 京東高 서울
敎大 國際大 建國大 대학원 졸업. 雨田 辛鎬烈 선생에게 漢學 배움. 臺灣 國立臺灣師範
大學 國文硏究所(大學院) 博士班 졸업. 中華民國 國家文學博士(1983). 建國大學校
敎授. 文科大學長 역임. 成均館大 延世大 高麗大 外國語大 서울대 등 大學院 강의.
韓國中國言語學會 中國語文學硏究會 韓國中語中文學會 會長 역임. 저서에《朝鮮
譯學考》(中文)《中國學術槪論》《中韓對比語文論》. 편역서에《수레를 밀기 위해 내린
사람들》《栗谷先生詩文選》. 역서에《漢語音韻學講義》《廣開土王碑研究》《東北
民族源流》《龍鳳文化源流》《論語心得》〈漢語雙聲疊韻研究〉 등 학술 논문 50여 편.

임동석중국사상100

세설신어 世說新語

劉義慶 撰 / 林東錫 譯註
1판 1쇄 발행/2011년 5월 1일
2쇄 발행/2020년 6월 15일
발행인 고정일
발행처 동서문화사
창업 1956. 12. 12. 등록 16-3799
서울 중구 마른내로 144(쌍림동) ☎546-0331~6 (FAX)545-0331
www.dongsuhbook.com
잘못 만들어진 책은 바꾸어 드립니다.

*

*

사업자등록번호 211-87-75330
ISBN 978-89-497-0692-4 04080
ISBN 978-89-497-0542-2 (세트)